4차 산업혁명과 대안의 사회 2

4차 산업혁명과 간헐적 팬데믹 시대

4차 산업혁명과 대안의 사회

이도흠 지음

2

4차 산업혁명과 간헐적 팬데믹 시대

특별한서재

머리글

The 4th Industrial Revolution
and the Society
Beyond Capitalism

절체절명의 절박감! 억측과 망상일 수도 있고, 패턴을 읽은 자의 숙명일 수도 있다. 시중에 나온 수많은 책들이 말하고 있는 것이 4차 산업혁명이었다면, 필자는 문외한이 뭘 안다고 나서냐는 핀잔을 각오하고 굳이 이 책을 쓰는 모험을 감행하지는 않았을 것이다. 제러미 리프킨의 지적과 미국 과학계의 생각대로, 슈밥을 비롯한 대다수 석학들이나 정부가 묘사하는 4차 산업혁명은 3차 산업혁명/디지털 혁명의 연장이며 '혁명'의 조건에 충족하지 못한다. 반면에 리프킨은 새로운 변화마저 디지털 혁명으로 간주한다.

필자가 정의하는 4차 산업혁명은 1, 2, 3차 산업혁명만이 아니라 인류사 700만 년 이래 전혀 다른 세상을 연다. '혁명'이라는 말로도 부족하고 '개벽'이 어울린다. 4차 산업혁명 시대라는 '새 하늘'을 맞아 인간은 생명을 조작하고 창조하는 신의 위상에 올랐다. 앞으로 AI가 인간의 지능을 초월하며, 도구가 인간을 지배/통제한다. 거의 모든 사물이 스스로 말하며 거의 모든 인간과 네트워킹을 한다. 가상현실과 증강현실이 실제 현실을 대체하거나 공존하면서 '재현의 위기'와

'매트릭스적 실존'이 일상이 된다. 일부 인간은 초인적인 능력을 가진 포스트휴먼으로 거듭나고 디지털상으로 무한하게 존재하고 영생을 누린다. 빅브라더가 아닌 '빅마더the Big Mother'가 온화하지만 철저하게 개인의 행위는 물론 무의식마저 감시하고 조절한다. 하필 4차 산업혁명은 자본주의의 가장 야만적인 형태인 신자유주의 체제와 극단의 불평등, 간헐적 팬데믹, 환경위기와 기후위기, 인류세anthropocene/자본세capitalocene의 조건에서 수행되고 있다. 과학기술을 자본의 탐욕으로부터 독립시키지 않는다면, 패러다임과 사회체제의 대전환이 없으면, 그 끝은 인류 멸망이나 디스토피아다. 이에 아둔한 서생이 암 말기 판정을 받은 이의 절박감으로 지옥으로 가는 길을 막아설 바리케이드에 벽돌 한 장이라도 놓자는 마음으로 생소한 분야를 공부하고 글을 썼다.

하지만 절망이 절망으로 인식되지 않을 때 더 절망적이다. 시중의 4차 산업혁명 담론들은 내용이 천편일률적이고, 대다수가 권력과 자본 입장의 해석을 거듭하거나 가치중립적이다. 학자든, 언론이든, 정치인이든 인문학적 성찰이나 사회학적 분석은 거의 하지 않은 채 기술결정론이나 환원론에 입각하여 과학기술을 조합하고 이에 SF적 상상력을 보태고 있다. 기득권의 입장에서 '0.1%만의 천국'이 나머지 99.9%에게도 가능한 것처럼 호도한다. 유발 하라리Yuval Harari와 같은 인문학자조차 자유의지가 허구라는 전제 아래 기술결정론과 엘리트 중심적이고 제국주의적인 역사관에 입각하여 서사를 구성하고 이에 부합하는 과학적 성과만을 끌어 모아 아전인수식으로 해석하며 자본과 제국, 엘리트들의 욕망을 대변하고 있다. 다양한 변인과 차이들을 무시하고 치밀한 논증이나 쟁점의 종합 과정 없이 이루어지는 연구는 학문보다 이데올로기에 가깝다.

한국으로 국한하면, 이세돌과 알파고의 바둑 대결로 충격이 컸던 탓에 4차 산업혁명은 뜨거운 냄비다. 정부가 나서서 주도하고 언론과 대중이 호응하면서 정치·경제·사회문화의 전 영역에 걸쳐 지고의 가치로 떠받들고 있고, 기업과 대학도 이에 맞추어서 구조 조정이 한창이다. 그렇게 유난을 떨면서도 한국에서의 4차 산업혁명은 유령이다. 대통령이 'AI강국'을 선언하고 4차 산업혁명위원회를 인공지능범국가위원회로 전환하여 추진한다고 하지만 정치적 수사일 뿐이다. 1권의 2부 5장에서 자세히 논증하겠지만, AI 인재는 터키와 이란에도 뒤처진 15위이고, '2019 AI 100대 스타트업' 가운데 한국 기업은 단 한 곳도 없으며, 빅데이터 활용 비율은 OECD에서 꼴찌다. 이런 상황에서 2016년에 AI에만 미국과 중국이 각각 461조 원과 520조 원을 투자하고 이는 해마다 급속히 늘고 있는데, 매년 평균 0.44조 원을 4차 산업혁명에 5년 동안, AI반도체에 0.1조 원씩 10년 동안 투자하여 2030년에 최대 455조 원의 경제효과를 창출하겠다는 것은 사기다.

자연과학과 결합하지 못하는 인문학이 추론에 지나지 않는다면, 인문학이 없는 자연과학은 프랑켄슈타인을 양산할 것이다. 아무리 높은 자리에 오르고 부자가 되더라도 건강이 상하면 모든 것을 잃은 것이듯, 과학혁명, 산업발전, 경제적 풍요를 이루더라도 거기 인간과 생명이 없다면 인류는 모든 것을 잃은 것이다.

이에 필자는 "우리 몸의 중심은 뇌나 가슴이 아니라 아픈 곳이며(엘리 위젤Elie Wiesel)," "가장 먼저 아픈 자들이 이 사회의 퓨즈(신영전)"라는 입장에서 비판적으로 4차 산업혁명을 분석하고 이들의 고통과 억압을 해소하는 길을 내고자 한다. 그럼에도 열정과 이념이 과학적 객관성을 훼손하는 것 또한 학자의 길은 아니다. 미시사가 우물 안 개구리라면, 거시사나 빅히스토리는 현실의 모순을 은폐한다. 수입 오퍼상도, 고물상도 지양하자는 것이 변방의 학자로서 필자의 기본 자세다.

이에 형식주의와 마르크시즘, 자율성의 미학과 타율성의 미학, 텍스트와 사회 등을 화쟁과 대대待對의 논리로 아우른 이론인 화쟁기호학을 방법론으로 활용했다. 먼저 각 주제마다 거시사로 통찰한 다음에 우리가 발을 디디고 있는 현실의 맥락에서 촘촘하게 분석했다. 기초부터 쉽게 문제에 다가가되 쟁점이나 아포리아aporia를 설정하고 이에 대해 맞서는 입장의 논거들을 최대한 끌어 모아 논증하며 변증법적 종합을 모색하고 대대의 논리로 이항대립적인 것을 하나로 아울렀다. 여러 자연과학을 융합하여 분석하되, 인문학적으로 성찰하며 가장 아픈 생명들의 입장에서 대안을 모색했다. 과학기술이 하루가 다르게 변하기에, 2018년에서 2020년에 발간된 국제학술지의 관련 논문을 최우선으로 읽었다. 전일적이고 관계론적인 동양사상을 통하여 서양의 실체론과 기술결정론 너머를 사유하면서 카오스적인 인과관계를 살피고 과학의 객관성이 은폐하거나 놓친 '틈'을 엿보려 했다. 대신, 프리초프 카프라식의 사이비과학으로 전락하지 않고자 성인들의 직관적 추론에 의해 뚫린 구멍들을 서양의 자연과학으로 최대한 메우는 고단한 작업을 했다.

필자는 문학도이지만 새내기 때부터 프랑크푸르트 학파의 철학에 매료되고 보도금지된 기사를 보러 간 미국문화원과 영국문화원에서 최근 국제 학술지의 논문이나 원서를 읽는 재미에 빠졌다. 그런 덕분인지 청년 때부터 정보화사회/탈산업사회에 대한 진보적인 입장의 비판 작업을 수행했다. 1982년에 한양대 문과대 학생회 학술지인 『인문연구』에 30쪽 분량으로 「테크놀로기와 인간해방」을 기고한 이래 1985년에 '21세기 중앙논문상'을 받은 「첨단기술과 사회발전」을 거쳐서 여러 편의 논문을 발표하였고, 이를 『인류의 위기에 대한 원효와 마르크스의 대화』(2015)에 집적했다. 이런 전초 작업이 있었기에 작년에 절박감으로 〈4차 산업혁명: 융합적 분석과 인문학의 대안〉이라는 제목으로 K-mooc 강좌를 신청하고, 7, 8월에 200자 원고지 2,167장 분량의 강의록을 급히 작성하여 강의 촬영을 하고 개강과 함께 이를 홈페이지에 공지할 수 있었다. 이 책은 이 강의록을 보완한 것이다.

맨 먼저 의미를 중심으로 700만 년의 인류사를 새롭게 서술했다. 이 역사적 조망에 따라 과학기술과 진리의 관계를 따진 다음에 자동화와 로봇화로 인한 노동의 변화와 자본주의의 양상과 미래를 살펴보고, 인공지능의 쟁점에 대해 '인간 본성의 프로그래밍', '초지능과 자유의지의 프로그래밍', '감정의 프로그래밍과 공존의 문제'로 나누어 분석했다. 부록으로 조나스 소크가 5조 원가량을 특허료로 벌 수 있음에도 소아마비 백신을 무료로 개방한 길을 따라 선한 인공지능을 만드는 지혜를 인류와 공유하고자, 국제특허를 포기하고 시적/철학적 의미의 창조와 해석의 프로그래밍 방안을 실었다. 이렇게 1권을 엮어 『의미로 읽는 인류사와 인공지능』이라는 제목을 달았다.

집필 중에 코로나 사태가 발생했다. 코로나 19는 세계에 혁신적 변화를 몰고 오고 있다. 제1권에서 설정한 의미로 읽는 인류사에 코로나에 대한 상황인식을 곁들여 '디지털 사회와 빅데이터', '가상/증강현실과 재현의 위기', '초연결사회와 공유경제', '생명공학과 호모

데우스: 연기적 생명과 죽음의 의미', '인류세/자본세에서 생명위기와 생명정치'로 나누어 4차 산업혁명을 자연과학과 인문학, 동양과 서양을 융합해 분석하고, 정치적, 사회적, 윤리적, 교육적 대안과 대안의 패러다임과 사회를 모색했다. 이를 모아 엮어 2권에는 『4차 산업혁명과 간헐적 팬데믹의 시대』란 제목을 붙였다.

필자가 인문학도로서 잘못 이해한 것도 있을 것이고, 중요한 문건을 놓친 것은 너무도 많을 것이다. 계속 보완하겠다. 필자의 기존 저서인 『인류의 위기에 대한 원효와 마르크스의 대화』와 주제가 유사한 부분에서는 겹치는 부분도 꽤 있다. 다른 내용을 기술하려고 발버둥을 치며 수정하고 보완했음에도 필자가 해망쩍은 탓이다. 이런 한계에도 이 책이 4차 산업혁명을 올바르게 분석하고 전망하면서 사회적 약자들이 조금 더 잘사는 방향으로 나아가도록 하는 데 털끝만치라도 기여하기를 소망한다.

코로나 때문인가, 인공지능 때문인가? 생명의 합창을 뿜어대던 잎들이 조락凋落을 준비하는 품새가 더욱 안쓰러운 만추의 저녁이다.

2020년 10월에 성연재省緣齋에서

이도흠 씀

4차 산업혁명과 대안의 사회 2

4차 산업혁명과 간헐적 팬데믹 시대

제2부

4차 산업혁명/간헐적 팬데믹 시대의 대안

차례

Reading Human History and Artificial Intelligence Through Meanings

4차 산업혁명과 대안의 사회 1

의미로 읽는 인류사와 인공지능

제2부
인공지능과 인류의 미래

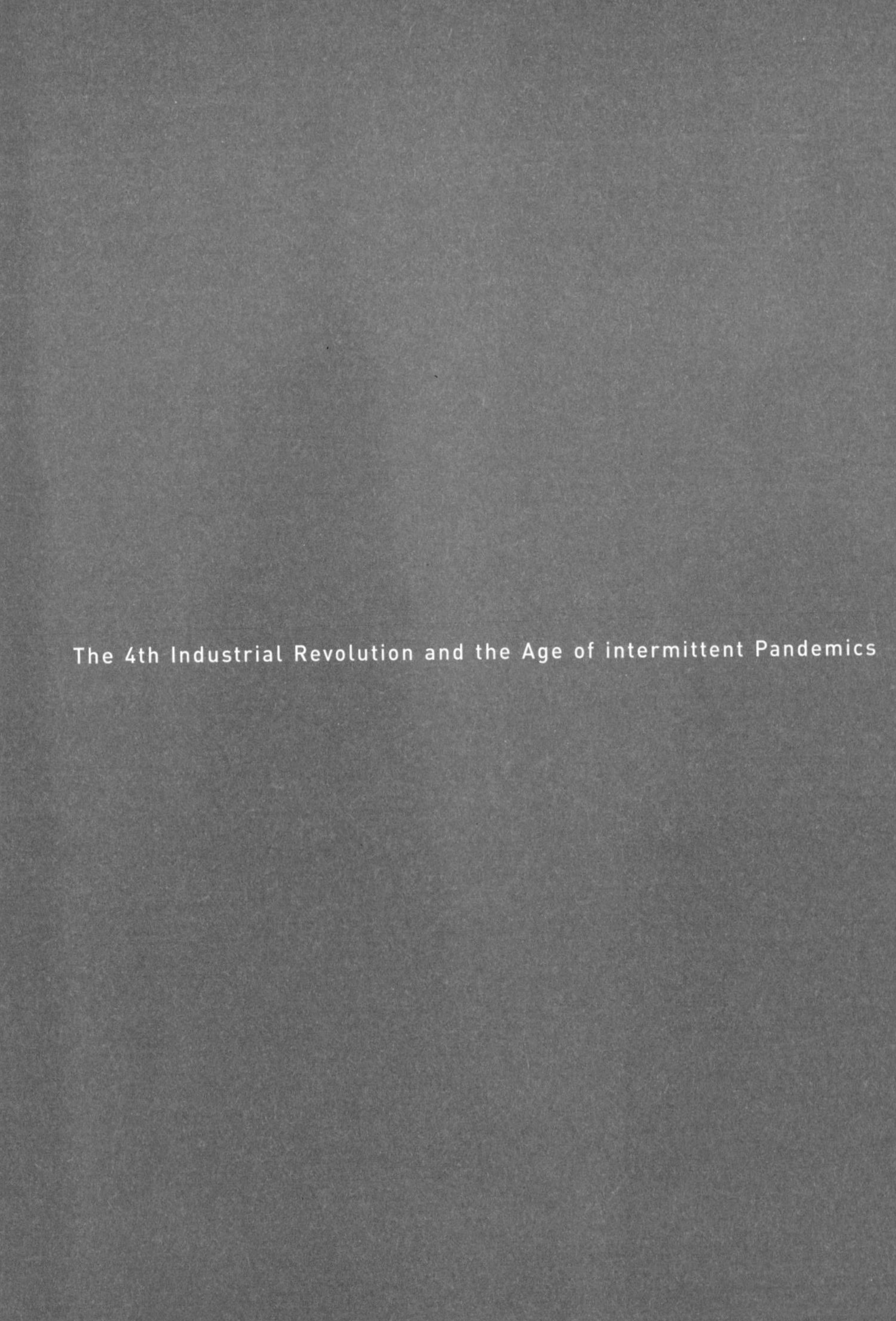
The 4th Industrial Revolution and the Age of intermittent Pandemics

제 1 부

4차 산업혁명의 융합적 분석

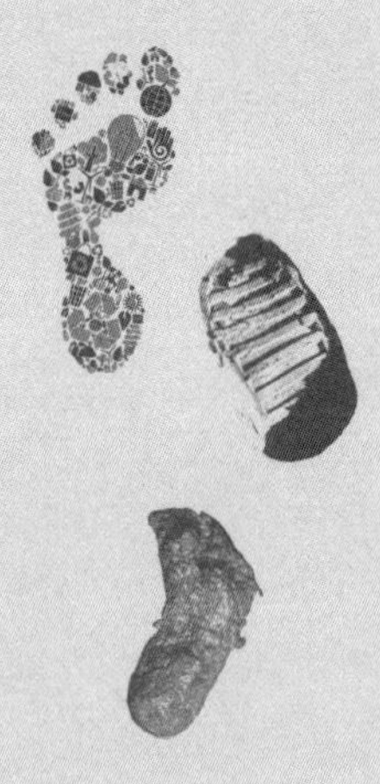

제1장

디지털 사회와 빅데이터

"지금 32억 명이 소셜 미디어를 사용한다. X세대는 77.5%, 밀레니엄 세대는 90.4%, 그 윗세대Baby Boomers는 48.2%가 소셜 미디어를 사용한다. 매일 5억 건에 이르는 인스타그램 스토리가 전 세계에 업로드된다. 이들은 하루 평균 3시간을 소셜 미디어에 투여한다."[1] 이렇게 많은 사람들이 스마트폰과 SNS를 이용해서 소통하고 정보를 공유하면서 지식과 정보의 양이 확대되었고, 네티즌들은 여러 가지 서비스를 효율적으로 활용하며 자신의 의견을 자유롭게 피력하고 있다. 1인 미디어가 현실이 되었다. 특히 2016년과 2017년에 우리나라에서 있었던 촛불집회 때 많은 시민들이 SNS를 통해 정보를 나누며 서로 참여를 독려했다. 이는 조직과 이념에 충실한 아날로그 세대와

1 Maryam Mohsin, "10 Social Media Statistics You Need to Know in 2020," *Oberlo,* Feb. 7, 2020.

달리 새로운 집회 문화를 낳았으며, 무능하고 부패한 정권을 무너트리는 데 결정적인 구실을 했다.

하지만, 반대로 역기능도 있다. 사적인 영역으로 보호받아야 할 사생활이 드러나고 개인의 정보들이 손쉽게 기업이나 국가의 손으로 넘어간다. 많은 대중들이 익명성의 커튼 뒤에 숨어서 혐오 발언과 악플 등 언어폭력을 쏟아낸다. 가짜뉴스가 여론을 호도하고, 자본과 국가가 산업사회와는 전혀 다른 차원의 기술과 방법으로 개인과 언론을 통제한다.

디지털 사회는 정치/경제/사회문화적으로 빛이 밝은 만큼 그 그림자도 짙다. 2012년에 타겟이라는 미국 2위의 마트 기업에서 고등학교에 재학 중인 한 소녀에게 유아용품 할인쿠폰을 보냈다. 그 소녀의 아버지가 항의했고, 타겟사의 매니저는 사과했다. 그러나 며칠 뒤에 사태는 역전되었다. 매니저가 재차 사과를 하기 위해 전화를 걸었더니, 소녀의 아버지가 자신의 딸이 실제 임신했으며 자신은 그것을 몰랐다고 사과했던 것이다. 타겟사는 어떻게 그것을 미리 알았을까? 타겟사는 2002년부터 앤드류 폴Andrew Pole이란 사람을 고용하여 빅데이터를 활용한 임신추적 시스템을 개발했다. 이것을 통해 임산부들이 처음에는 영양제를 구입하고 그 다음으로는 배가 불러 살갗이 트는 것을 방지하기 위해 향이 없는 로션을 구입하는 패턴을 알았다. 타겟사는 소녀가 영양제에 이어 향이 없는 로션을 구입하자마자 유아용품 할인쿠폰을 보냈던 것이다. 이처럼 빅데이터는 소녀의 아버지가 몰랐던 사실을 미리 알았던 것이다.[2] 한 사람이 구글에서 검

2 "How Companies Learn Your Secrets," *The New York Times*, Feb. 16, 2012.

색한 단어를 모아서 분석하면 그 사람의 의식만이 아니라 남들에게 감추고 싶은 무의식의 세계도 엿볼 수 있을 것이다. 이는 빅데이터가 패턴 분석 등을 통해 양의 확대를 질의 변화로 전환할 수 있음을 뜻한다.

빅데이터가 출현하면서 국가와 기업은 이를 활용하여 많은 부가 가치를 창출할 뿐만 아니라 시민을 좀 더 효율적으로 통제하고 소비자의 욕망을 부드럽게 조절하고 있다. 사람들이 데이터에 점점 더 의존하면서 '데이터교'라는 것이 생겼다. 데이터교도들은 인간의 지식과 지혜를 믿기보다는 빅데이터와 알고리즘을 더 신뢰한다. 이에 여러 문제들이 발생하고 있다. 이번 장에서는 디지털 사회의 역기능과 순기능, 빅데이터 출현에 따른 사회문화의 변화 양상과 문제점에 대해서 살펴보고 그 대안에 대해 함께 생각해보자.

1. 구술시대/활자시대/영상시대의 차이

먼저 이번 절에서는 인류의 역사를 구술시대, 활자시대, 영상시대로 나누어서 문명사적으로 살펴보겠다.

구술시대와 활자시대, 영상시대의 차이[3]

구술시대	활자시대	영상시대
시	산문과 소설	영화와 하이퍼텍스트
청중	개인(독자)	다중
소리와 음악 (청각적 총합)	문자(시각적 분할)	문자와 소리, 이미지 통합

생활세계에 밀착, 구체적	추상적	감성적/추상적
감정에 충실	이성에 충실	감정과 이성이 혼합
타인지향적	개인지향적	개인적인 동시에 타인지향적
정형구 있음	정형구 없음	정형구 있음
참여	소외	참여
비위계적	위계적	비위계적
언령(言靈) 존재함	언령 사라진 대신 지식과 정보의 습득, 의식화	언령의 부활

아득한 고대시대 때부터 금속활자가 발명될 때까지는 구술시대였다. 인류는 20만 년 전에서야 정교한 소통을 시작했고 은유와 환유를 발견한 이후 말을 통하여 사물을 묘사하고 의사와 정보를 전달했고 상징과 이야기들을 만들었다. 인간은 신화와 전설, 설화를 만들고 시를 짓고 사람들을 모아놓고 이야기하거나 노래했다. 문자가 만들어지고 인쇄술이 개발된 이후에도 책을 읽는 이들은 소수의 엘리트였고 대중들은 음유시인, 가객, 소리꾼들의 노래와 이야기에 귀를 기울였다.

구술시대 한 사례로 『삼국유사』를 보면, "월명은 항상 사천왕사에 있으면서 피리를 잘 불었다. 어느 날 달밤에 피리를 불면서 문 앞 큰 길을 지나가니 달이 그를 위해서 움직이지 않고 서 있었다. 신라 사람 가운데 향가를 숭상한 자가 많았는데 향가가 이따금 천지와 귀신

3 월터 J. 옹, 『구술문화와 문자문화』, 이기우·임명진 역, 문예출판사, 1995을 참고하되, 비판적으로 수정하고 대폭 보완함.

을 감동시킨 것이 한두 가지가 아니었다."[4]라고 기술하고 있다.

신라 경덕왕 때 월명사月明師라는 스님이자 화랑인 승려랑僧侶郎이 있었다. 신라인은 불교를 수용하기 전에는 풍류도風流道라는 고유의 신앙을 믿었고 이를 따르고 실천하는 집단이 바로 화랑이었기에 이들을 풍류도風流徒로 칭하기도 한다. 불교가 전래되자 신라인은 풍류도와 불교를 융합하여 믿었다. 월명사는 현존하는 신라 향가 14수 가운데 「제망매가」와 「도솔가」를 지은 사람이고, 호국사찰인 사천왕사에 머물렀다. 신라인은 지금의 기타처럼 피리를 허리춤에 꽂아 가지고 다니면서 흥이 나면 피리를 연주하며 노래를 부르고 춤을 추었다. 신라인은 보름달이 뜨면 거리에 나가서 서로 어울려 놀았다. 월명사가 보름달이 휘영청 떠올라 만물을 환하게 밝히는 밤에 사천왕사를 나와 신유림 숲을 지나 서라벌 시내로 가며 피리를 불었다. 신라 사람들이 그 피리 소리에 이끌려 집을 나와 춤을 추고 향가를 부르며 흥과 신명에 빠지자 달도 멈춘 것으로 보일 지경이었다.[5]

월터 옹Walter J. Ong은 "구술문화에서 배운다거나 안다는 것은, 알려지는 대상과 밀접하고도 감정이입적이며 공유적인 일체화를 이룩한다는 것을 뜻한다. 즉 그것은 '하나가 된다'는 것이다."[6]라고 말한다. 활자시대의 독자는 홀로 눈으로 읽으면서 텍스트를 객관화하여 시각적 분할에 충실하다면, 구술문화의 독자는 함께 참여하며 소리를 들으면서 청각적 총합을 이루며 공동체적 참여를 한다.

4 일연, 『삼국유사』, 「월명사(月明師) 도솔가(兜率歌)」 조.

5 이도흠, 「제망매가의 화쟁기호학적 연구」, 『한양어문연구』 제11집, 한국어문연구회, 1993년 12월. 『신라인의 마음으로 삼국유사를 읽는다』, 푸른역사, 2000, 244~255쪽 참고함.

6 월터 J. 옹, 앞의 책, 74쪽.

우리는 활자시대에 살고 있기 때문에 구술시대에 대한 인식이 부족하다. 구술시대에서는 시인이나 소리꾼이 음률에 맞추어 시를 읊거나 노래를 불렀고, 청중들은 그 자리에 모여 함께 울고 웃었다. 말에는 생명력과 힘이 있었다. 그에 영靈까지 깃들어 있다고 생각했으며 감정에 더 충실하게 말을 했다. 사람들은 농사를 지으며 생활세계에 밀착되어 있었다. 자연과 사물에 대해 구체적으로 사고했고, 타인과 집단의 시선을 늘 의식했다. 기억을 위해, 음률에 맞추기 위해, 노동이나 연대를 위하여 정형구를 활용했고, 소리 사이에 위계질서 같은 것은 없었다.

아래 그림은 〈평양도 10폭 병풍〉의 일부이다. 평양 대동강변의 능라도로 추정이 되는데, 당대 명창 모흥갑이 공연하는 장면이다. 여기에서 보듯이 모흥갑이 판소리를 불렀을 때, 이 자리를 주선한 양반만이 아니라 능라도로 놀러오거나 배를 타고 지나던 상춘객조차 그의 소리에 함씬 빠졌다. 많은 사람들이 같이 모여서 공동체적인 참여를

평양도 10폭 병풍

했고, 또 이들은 소리를 듣고 서로 마음의 울림을 주고받으면서 '청각적인 일체화'를 이루었다. 특히 판소리는 연희자와 관객의 구분이 없다. 관객도 추임새를 넣으며 참여하고 이에 따라 연희자의 사설도 달라진다. 해학과 풍자를 통해 관객과 연희자가 하나로 어우러지며 흥興의 미학과 신명에 이른다.

"751년경에 신라에서 목판 인쇄로 『무구정광대다라니경』을 제작하였으며, 1377년에 충청북도 청주시의 흥덕사에서 『직지심체요절』을 금속 활자로 인쇄하였다. 1450년에는 독일에서 구텐베르크가 독특한 활자 인쇄법을 개발하였다."[7] 고려에서 조선조 초기까지 한국이 세계에서 가장 앞선 인쇄국이었다. 그럼에도 왜 한국은 근대를 선도하지 못하고 오히려 식민지로 전락했는가. 사회경제적이거나 정치적인 요인은 배제하고 인쇄에만 국한하면, 고려와 조선에서 금속활자를 이용하여 한문으로 기술된 불경과 유교의 사서삼경四書三經 등 엘리트들이 보는 책을 인쇄하였기에, 서민들은 금속활자의 혜택을 거의 누리지 못했다. 반면에, 구텐베르크는 성직자와 귀족들만 볼 수 있던 필사본 〈성경〉을 금속활자를 이용하여 대량으로 인쇄하였고, 곧 이어 유럽에서도 많은 이들이 금속활자로 각 나라의 언어로 고전을 출간하면서 지

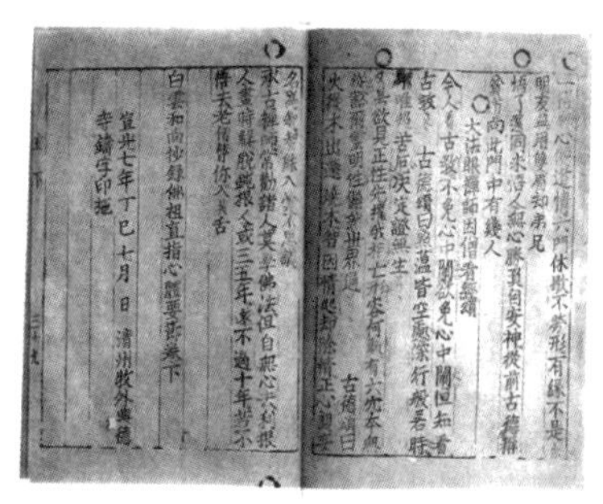

직지심체요절

7 『한국민족문화대백과사전』 '인쇄' 항목 참고함. (https://100.daum.net/encyclopedia/view/14XXE0046946)

구텐베르크가 인쇄하는 장면

식과 정보의 대중화가 이루어지며 활자시대로 이행했다. 이후 신문과 잡지도 발행되었고 많은 사람들이 문자로 된 텍스트를 보면서 사고하고, 그에 담겨진 정보와 지식을 공유했다.

1517년 10월 31일 마틴 루터는 로마 가톨릭의 면죄부 판매를 비판하는 95개조 반박문을 써서 비텐베르크성城 교회의 문에 붙였다. 이 글이 대량으로 인쇄되어 2주 만에 독일 전역에, 2개월 만에 유럽 전역에 퍼지며 종교개혁을 일으켰다.[8] 여기서 보듯이, 활자시대가 되면서 쓰기와 읽기가 보편화하면서 지식과 정보의 대중화가 일어났다. 개인이 창작을 하고 독자들은 홀로 일정한 공간에서 소설을 읽으며 거기서 메시지를 캐낸다. 문자에 영靈이 깃들었다고 생각하지는 않지만, 대중들은 텍스트를 통해 지식과 정보를 습득하고 세상을 바꾸었다. 독자들은 문자를 통해 추상적으로 사고하고, 근대적 개인들

8 〈위키피디아〉 한국어판 '종교개혁' 항목 참고함.

마틴 루터와 95개조의 반박문

은 감정에 휘둘리면서도 이성으로 절제하고 합리성을 추구한다. 문자 텍스트에서 음악은 사라졌고 문자로 시간을 붙들어 맸기에 정형구 또한 필요하지 않았으며, 글과 글 사이에 위계가 있어 독자들은 처음부터, 또는 1장부터, 1쪽부터 작가가 정해준 위계에 지배된다.

"1895년에 파리의 그랑 카페에서 프랑스의 뤼미에르 형제가 시네마토그래프Cinematographe를 공개하였으며, 1897년 카를 페르디난트 브라운Karl Ferdinand Braun이 브라운관을 발명하였고, 미국은 1935년에 처음으로 텔레비전 방송을 하였다."[9] 수많은 대중들이 텔레비전 드라마와 영화를 보면서 영상시대로 이전했다. 영상시대는 가상공간으로 영역을 넓히고, 사람들은 인터넷을 매개로 전 세계에 걸쳐 동시에 소통하게 되었다.

"우리의 말이 우리의 무기다!" 이것은 멕시코 치아파스 원주민 무장혁명단체인 사파티스타의 대변인이자 부사령관인 마르코스

---

9 〈위키피디아〉 한국어판, '영화', '텔레비전' 항목 참고함.

Subcomandante Marcos가 한 말이다. 마르코스는 무력보다는 언어와 인터넷의 힘으로 사파티스타의 투쟁을 주도했다. 그는 사파티스타의 이념과 운동을 다양한 형식의 글로 쓰고 인터넷에 올려 전 세계적으로 지지와 연대를 이끌어냈다. 이로 인해 멕시코 정부는 무력진압을 주저하게 되었다. 2001년에는 원주민 권익보호 법률의 입법을 촉구하며, 멕시코시티까지 평화행진을 했다.[10]

마르코스의 사례에서 잘 나타나듯이, 영상시대의 다중으로서의 네티즌들은 인터넷과 SNS에 문자와 이미지를 결합하여 무수한 하이퍼텍스트를 서로 만들고 옮기고 댓글을 달며 참여한다. 그들은 문자를 통해 추상적 사고를 하는 동시에 이미지를 느끼고 개인적 삶에 충실하면서도 타인의 목소리와 시선, 특히 댓글과 문자 답신과 클릭에도 깊은 관심을 기울인다. 검색 기능에서 보듯 위계질서는 무너졌다. 언령言靈이 다시 부활하여 네티즌들은 글의 생명력과 힘을 믿고 댓글을 올리며 접속빈도, 페이스북의 경우 좋아요 개수에 환호한다.[11]

10 〈위키피디아〉 영어판, 'Zapatista Army of National Liberation' 참고함.

11 이상 이도흠, 「현대 사회의 문화론 : 기호와 이미지, 문자 세대와 영상 세대의 소통」, 『인간연구』 No.11, 2006, 87~88쪽 참고하며 수정함.

2. 산업사회와 탈산업사회의 차이와 디지털 사회의 특성

산업사회와 탈산업사회의 차이

산업사회industrial society와 탈산업사회post-industrial society는 어떻게 다를까? 산업사회와 탈산업사회의 차이에 대해서 개괄적으로 알아보자. 산업사회가 물질과 에너지를 기반으로 한 사회라면, 탈산업사회는 정보를 중심으로 이루어진 사회이다. 산업사회가 화석연료를 바탕으로 산업 생산에 집중한다면, 탈산업사회는 정보, 전자, 서비스 등 하이테크의 탈산업생산에 주력한다. 산업사회는 모터가 발전의 원동력이다. 모터를 돌려서 증기선, 비행기, 공장의 기계를 움직인다. 반면에 탈산업사회는 적은 에너지로 데이터를 생산하고 이를 네트워킹하는 것이 발전의 원동력이다. 산업사회는 공업기술 중심이라면 탈산업사회는 정보기술 중심이다. 산업사회에서는 부르주아들이 전면에 나서서 귀족들을 밀어내고 사회의 주체가 되었다. 반면에 탈산업사회에서는 네티즌들이 인터넷과 스마트폰을 매개로 끊임없이 소통하면서 세상을 만들어가고 있다. 산업사회가 라디오와 텔레비전과 같은 매스미디어를 매개로 소통했다면, 탈산업사회는 컴퓨터와 인터넷, 스마트폰을 통해 여러 SNS를 매개로 소통한다. 산업사회가 대량 생산을 하고 대량 소비를 했다면, 탈산업사회는 그를 지양하여 맞춤 생산과 소비를 한다. 산업사회는 국민국가를 단위로 하여 국가끼리 자원과 시장, 인력을 가지고 경쟁했다면, 탈산업사회는 국경을 넘어 노동을 하고 교역을 하며 트랜스-내셔널trans-national과 글로컬라이제이션glocalization을 지향한다.

디지털 사회의 특성과 디지털 정체성

아날로그Analog는 주어진 시간에 따른 어떤 변화의 양을 이와 유사한 임의의 물리적인 연속선으로 재현하는 것을 뜻한다.[12] 사인sine곡선을 생각하면 이해가 쉽다. 반면에 디지털Digital은 어떤 양이나 데이터를 0과 1의 2진수로 표현하는 것을 뜻한다. 0이나 1로 나타내는 정보가 비트bit이며, 8개의 비트가 모여 1바이트byte가 된다. 이후 1,024를 곱할 때마다 킬로바이트KB, 메가바이트MB, 기가바이트GB, 테라바이트TB, 페타바이트PB, 엑사바이트EB, 제타바이트ZB의 순서로 커진다.

예를 들어, 소리를 기계진동으로 바꾸어 원반에 홈을 파서 기록한 후 원반의 홈에 바늘을 걸고 돌렸을 때 생기는 진동을 증폭시켜 음악으로 재생하는 LP판과 축음기가 아날로그라면, 음파의 정보를 0과 1로 이루어진 디지트digit로 전환한 후 인간이 인지하지 못하는 범주의 음파를 잘라내 압축하여 저장했다가 이를 다시 기계장치를 통하여 음파로 복원하는 MP3와 MP3 플레이어는 디지털이다.

스마트폰의 애플리케이션이 디지털이라면, 건전지를 넣고 끼는 것은 아날로그이다. 이처럼 20세기 말부터 아날로그 사회에서 디지털 사회로 빠른 속도로 이행하고 있지만, 둘은 서로 겹쳐 있다. 대량생산과 대량 소비가 아직 지배적인 생산과 소비 양식인 가운데, 이로부터 탈출하여 토플러가 『제3의 물결』에서 말한 대로 탈대량화, 탈규격화, 탈동시화, 탈중앙집권화가 진행되고 있다. 방송사에서 보내주는 뉴스나 드라마를 일방향으로 시청하던 이들은 이제 SNS를 매개

12 〈위키피디아〉 영어판, 'analog signal' 참고함.

로 수많은 하이퍼텍스트들을 쌍방향으로 주고받고 있다. 오프라인에서는 생산자와 소비자의 구분이 뚜렷하지만 온라인에서는 프로슈머prosumer들이 활동하고 있다. 물리적 공간에서는 지하철, 자동차, 비행기, 배로 이동하지만, 가상현실에서는 인터넷과 인공위성, SNS를 통하여 세계가 하나로 소통하고 있다. 무엇보다 패러다임의 전환이 일어나고 있다. 예전에 『화엄경』에서 "한 티끌 속에 이 세상이 들어간다."는 말은 형이상적으로는 올바른지 몰라도 물리적으로는 황당무계하다고 생각했다. 그러나 지금은 손톱보다 작은 칩에 백과사전 수천 권 분량의 정보가 들어간다. 디지털 사회에서는 한 티끌 속에 지구가 들어가는 일이 실제로 벌어진다.

네그로폰테Nicholas Negroponte는 디지털 시대의 급진적 변화를 비유를 들어 설명한다. "일당 1원짜리 일을 하는 사람의 급여를 매일 두 배로 올려주면 한 달 뒤엔 급여가 얼마일까? 처음엔 1원에 시작했지만, 그의 월급은 28일인 2월이라면 1억 3,000여만 원, 31일인 달에는 10억 7,000여만 원에 달한다. 디지털 시대의 우리는 28일에서 31일에 이르는 이 마지막 3일에 살고 있다는 것이 네그로폰테의 지적이다."[13] 그만큼 디지털에 관련된 기술이 야기하는 변화의 진폭은 인간의 거의 모든 상상을 현실로 바꿀 뿐만 아니라, 때로는 그 상상조차 뛰어넘을 정도로 혁신적이다.

디지털 사회에서 인간은 아날로그와 다른 디지털 정체성을 형성한다. 오프라인의 구체적 공간에서 사람과 직접 만나며 가졌던 정체성과 다른 정체성을 가상공간, 게임, SNS 등 온라인상에서 갖게 된다.

---

13 니콜라스 네그로폰테, 『디지털이다』, 백욱인 역, 커뮤니케이션북스, 2000, 6~7쪽.

세컨드라이프 닷컴(www.secondlife.com)에 들어가면, 가상의 공간이 만든 세계에서 오프라인의 자신과 전혀 다른 존재로서 활동할 수 있다. 다리가 불구라 하더라도 이곳에서는 축구선수가 되어 프리미어리그에 진출해서 손흥민처럼 축구를 하고, 친구들과 어울려 스위스에 가서 스키를 타거나 아프리카의 밀림 속의 마을을 찾아가서 어린이 축구교실을 열 수 있다. 실제로 세컨드라이프에 미국을 비롯하여 여러 나라가 대사관을 세우고, 삼성 등 여러 기업과 은행이 지점을 개설하고 있다. 오프라인에서는 수줍음이 많아서 이성 앞에서 말도 제대로 못하는 사람이 이곳에서는 연애를 주도할 수도 있고, 벌레도 무서워하는 이들이 온라인게임에서는 사람을 죽이는 것을 즐기기도 한다.

디지털 정체성의 긍정적인 효과는 많다. 우선 개인 간, 그룹 간의 신속한 상호연결성이 늘어나게 된다. 정부가 제공하는 서비스를 더 효율적으로 활용할 수 있고, 정보의 보급과 교환이 빨라진다. 또 고객맞춤형 정보, 뉴스, 광고를 제공할 수 있다. 온라인으로 손쉽게 사회운동을 실행할 수 있으며, 언론의 자유가 증대하고 투명성이 증가한다.

하지만 부정적인 효과도 있다. 사생활의 침해와 감시의 가능성이 매우 커진다. 디지털상에서는 익명으로 활동하기 때문에 마음 놓고 나쁜 짓을 할 수 있다고 생각하겠지만 실제로 익명은 없다. 우리가 올린 것들은 모두 빅데이터로 통합되고, 그걸 통해서 우리가 언제 무슨 글을 올렸는지, 또 어떤 성향을 갖고 있는지에 대해 더 깊이 사찰하고 감시하고 통제할 수 있는 시대가 바로 디지털 사회이다. 우리가 페이스북이나 블로그에 올렸던 글, 검색했던 낱말, 보았던 유튜브 영상이나 인터넷의 동영상, 방문했던 홈페이지와 블로그 등이 빅데이터로 항상 저장되어 있다. 누군가 원한다면 우리의 사고부터 행위,

더 나아가 무의식까지 일일이 감시가 가능하다. 게임이나 온라인상에서 본인이 구성한 디지털 정체성이 있다면, 다른 사람이나 기관이 우리의 신원, 건강, 취향, 관심, 검색 기록, 웹사이트 방문 기록, 시청한 유튜브 동영상에 대한 데이터를 종합하여 구성한 디지털 정체성도 있다. 고상한 성품과 훌륭한 인격을 갖춘 휴머니스트나 진보적인 어느 교수나 신부가 포르노 사이트를 즐겨 방문하고, 검색어는 아이돌 가수 일색이고, 유튜브에서 극우 인종주의자의 연설을 자주 시청했다면, 오프라인 정체성과 디지털 정체성은 상당한 괴리를 보일 것이다. 양자의 괴리에 의한 소외문제도 점증할 것이며, 후자의 정체성을 국가나 범죄단체가 악용할 수도 있다. 또 신원 도용, 온라인 괴롭힘과 스토킹도 증가할 것이다.

3. 디지털 사회의 빛과 그림자

2020년 6월 29일 현재 매달 페이스북 사용자는 24억 명, 매일 사용자는 16억 명에 달하며, 유튜브는 19억 명과 1억 4,900만 명, 트위터는 3억 3,000명과 1억 3,400만 명, 인스타그램은 10억 명과 6억 명, 왓츠앱은 15억 명과 10억 명에 달한다. 중국의 인구 13억 6,000만 명보다 많은 인구가 페이스북에 접촉하고, 인도의 인구 12억 4,000만 명보다 많은 사람들이 유튜브에 접촉하며, 미국 인구 3억 1,800만 명보다 많은 이들이 트위터를 한다.[14] 이렇게 세계는 디지털 사회로 급속히 이

14 https://dustinstout.com/social-media-statistics/(2020년 6월 29일)

행하고 있다. 그 빛이 너무도 환하지만, 그만큼 그림자 또한 짙다.

정치 영역에서 빛과 그림자

정치영역에서 긍정적인 면 디지털 사회는 텔레데모크라시, 즉 디지털을 매개로 대중의 정치 참여를 고양하고, 분권화와 민주주의를 증대할 수 있다. 민주주의는 국가와 국민 사이에서 주체적으로 행동하는 개인이 주권을 가지고 자유의지에 입각한 의사를 물리적, 정신적 장애와 압박을 받지 않은 채 표현하고 이것을 공론장에서 합리적인 토론과 숙의를 거쳐서 합의를 이루고 이를 정치로 구현하는 시스템이다.

근대 민주주의의 발전을 이루게 된 가장 큰 계기는 부르주아들이 형성한 공론장이다. 디지털 사회는 소셜미디어를 통해 공론장을 획기적으로 확대한다. 누구든 페이스북이나 트위터에 정부의 정책이나 국제 관계, 어떤 사건에 대해서 비평하거나 분석하는 글을 올리거나 남의 글을 읽고 댓글을 올린 경험이 있을 것이다. 어느 날 한 할아버지가 손자의 도움을 받아 서울시가 만든 홈페이지에 정책 하나를 이메일로 보냈다. 서울시장은 그것을 보고 좋은 생각이라 판단하여 그 다음 날 회의에서 채택하였고, 그 사실을 다시 이메일로 할아버지에게 보냈다. 그날 그 할아버지는 얼마나 마음이 뿌듯했을까? 한국인들은 청와대 홈페이지에 들어가서 어떤 것이든 국정 현안에 대해 국민청원을 할 수 있고, 어떤 국민이든 이에 동의할 수 있으며, 30일 동안 20만 명 이상이 추천한 청원에 대해서는 정부의 관련자가 답해야만 한다.

때로는 촛불 항쟁 때처럼 SNS에 글을 올리는 데서 그치지 않고 집단행동으로 참여하거나 정부에 정책으로 제안하기도 한다. 실제로 2001년 1월 17일에 필리핀 대중은 문자로 "EDSA로 모이자."라고 하였고, 100만 이상의 시민이 집결했다. 1월 20일에 조지프 에스트라다 대통령이 해임되었다. 2004년에 스페인에서도 문자메시지로 조직화한 시위대가 호세 마리아 아스나르 스페인 총리를 퇴진시켰다. 이처럼 소셜미디어는 전 세계 거의 모든 정치운동의 조직화의 도구가 되고 있다.[15] 우리나라에서도 SNS를 활용해서 촛불 항쟁을 했다. 박근혜 대통령 퇴진 운동에 모인 사람은 크게 두 가지 유형이다. 옛날 산업화 시대의 아날로그 사유를 가진 사람들은 노동, 시민사회단체의 조직을 통해서 나왔다. 반면에 젊은 사람들은 SNS로 서로 소통하면서 광장으로 모였다. 아날로그 세대와 디지털 세대가 서로 공론장을 형성하고, 그 공론장에서 형성된 합의를 직접 몸으로 실천하면서 촛불 항쟁이 일어났고, 결국 박근혜 대통령을 탄핵시켜 새로운 정권으로 바꾸는 변화를 만들었다.

이처럼 정보화사회는 지식과 권력의 원천인 정보를 공유하고 분점한다. 자연히 권력의 위계질서가 파괴되고 탈중심화한다. 누구든 인터넷을 통해 자기 의사를 표현하고 정책을 제안하고 자신이 원하는 후보와 정책에 투표를 하고 곧바로 답, 또는 피드백을 확인할 수 있다. 디지털상에 가상의 아고라를 만들어 특정 정책마다 이에 대한 대중의 의견을 묻고 이를 계량화하는 것이 가능하다. 직접 민주정치의 길이 다시 열린 것이다. 인구가 많아지고 영토가 넓어지면서 직접

15 클레이 셔키, 「소셜미디어의 정치적 힘 — 기술, 공공영역, 정치적 변화」, 슈밥 외, 『4차 산업혁명의 충격』, 흐름출판, 2016, 206~207쪽.

민주주의가 간접 민주주의로 바뀌었다. 스위스처럼 영토나 인구가 적은 나라에서나 직접 민주주의가 행해지고 있다. 그러나 이제 온라인을 통해서 직접 민주정치를 복원할 수 있게 되었다. 그러니 디지털 사회는 텔레데모크라시를 실현해서 대중의 정치참여를 고양하고 다양한 의사와 견해를 수렴할 수 있다.

정치 영역에서 부정적인 면 가장 큰 문제는 정보를 몇몇 파워엘리트와 포털, 플랫폼이 독점하는 것이다. 미국처럼 엄청난 양의 빅데이터를 축적하고 통제하는 국가, 구글이나 페이스북처럼 플랫폼 기업과 포털 운영자, 알고리즘을 만들고 운영하는 이들이 디지털 시대의 파워엘리트이다. 이들은 알고리즘과 플랫폼을 독점한 채 빅데이터를 활용하여 개인의 성향을 파악하고 이를 상업적, 정치적, 군사적으로 이용하고 감시하고 통제할 수 있다.

민주주의의 전제인 자유롭고 보편적인 접근, 합리적인 해석과 판단, 억압을 받지 않은 자유로운 토론, 특권을 허용하지 않는 공정한 절차와 평등한 권력, 자유의지에 따른 선택의 입장에서 보자. 플랫폼에 접근하려면 자신의 정보를 무료로 제공해야 하며, 정부와 기업의 데이터에 접근하는 것은 어렵다. 대중들은 합리적인 해석과 판단을 하는 반면에 가짜뉴스에 휘둘리고 편견과 확증편향을 가진다. 조국 사태 때 잘 보여준 것처럼 이념과 당파에 따라 합리성을 벗어나서 생각하고 실천하며 이성보다 감성과 이미지에 더 이끌린다. 중국이나 북한, 중앙아시아, 아프리카, 남미의 몇몇 나라처럼 독재국가나 권위적인 정부에서는 자유로운 토론이 불가능하다. 한국과 유럽처럼 토론의 자유가 보장된 곳에서도 댓글과 법, 제도, 종교 등이 내부 검열을 하여 억압한다. 특권을 허용하지 않는 공정한 절차와 평등한 권력에서 보면 보편적 규범이 작동하지만 권력은 평등하지 않다. 예외가 있기는 하지만, 대체적으로 정치적으로 권력이 강한 자나 대중적으로 유명한 이들이 더 큰 영향력을 가지고 더 자주 거론되고 더 많은 '좋아요'를 받으며, 더 많이 공유된다. 억압을 받지 않고 자유의지에 따라 자유롭게 행한다 하더라도 이미지나 선동을 통하여 자유의지 자체를 조작하는 경우가 많다.

근대에서 민주주의에 크게 기여했던 공론장이 빠른 속도로 붕괴되고 있다. 플랫폼이 빅데이터를 활용하여 대중들이 검색한 건과 관련 있는 정보나 프로그램을 선별적으로 보내고, 대중 또한 SNS에서 보고 싶고 읽고 싶은 것만 읽는다. 이 바람에 확증편향과 반향실효과가 증대하면서 건설적이고 창조적인 토론은 사라지고 합의를 끌어내는 것이 어려워져 계급, 이념, 세대 사이의 갈등이 더 첨예해졌다. 디지털 사회가 된 후 정보의 양이 늘고 의사소통이 활발해졌지만, 국가의 권력은 아날로그 시대의 권위적인 양식을 유지하고 있다. 시민들은 공론장을 제대로 형성하지 못하고 조직화하지 못한 반면에 첨단의 과학기술들이 새로운 양상의 억압과 감시체계를 만들고 있기에 민주주의는 점점 더 위협당하고 있다.

대선 때 한국의 국정원을 비롯한 국가기관이 나서서 박근혜 후보를 지지하고 야당의 후보를 비방하는 댓글을 2,000만 건이 넘게 달아 여론을 조작하고 선거부정을 했다. 미국의 NSA는 이미 오래전부터 전 세계 시민과 지도자들을 도·감청했다. 요원이었던 에드워드 스노든Edward Snowden은 2007년부터 이어져온 미국 국가안보국의 국가

보안 전자 감시 체계인 프리즘을 통해서 미국 정부가 일반 대중까지 감청했다고 고발했다. 이미 NSA는 90년대부터 전 세계 시민이 주고받는 팩스, 문자, 이메일을 도·감청하고 있었다. 『워싱턴포스트』는 NSA가 매일 50억 개에 이르는 개인 휴대전화의 위치를 추적했다고 보도했다.[16]

디지털 사회는 플랫폼이라는 새로운 공론장을 제시하는 대신, 소비자가 모르는 사이에, 혹은 소비자의 묵시적 동의 아래 소비자의 행동에 관한 정보를 수집하여 현금화하는 데이터 마이닝Data Mining, 눈동자 추적기술pupil-tracking-technology 등에 의해 정보 접근과 선택을 제한하고 조작할 수 있다.[17] 유튜브에 들어갔을 때, 자신이 본 것과 같은 종류의 동영상이 초기화면에 뜨는 것을 보았을 것이다. 광고판을 거리에 설치하고, 지나가는 사람들의 눈동자를 추적하는 것도 가능하다. 그 광고의 어느 문구, 모델의 어느 부분에 눈길이 얼마만큼 머물렀는지 분석하고 빅데이터로 모아서 소비자의 취향은 물론, 무의식의 세계까지도 들여다볼 수 있다. 아마존에서 전자책을 구입하면 킨들시스템이 가동되어 어느 문장에서 얼마 동안 머물렀는지, 어느 문장에서 책읽기를 끝냈는지에 대해 빅데이터를 형성한다. 이렇듯 빅데이터는 우리의 의식세계만이 아니라 무의식의 세계도 엿본다.

가짜뉴스 범람도 민주주의를 파괴한다. 가짜뉴스는 공론장을 해체한다. 대중들은 가짜뉴스가 조성한 선동에 쉽게 휘둘리고, 거짓에

---

16 "NSA tracking cellphone locations worldwide, Snowden document show," *Washington Post,* December 4, 2013.

17 일라 래자 누르바흐시, 「다가오는 로봇 디스토피아 — 로봇과 인간의 상호작용을 위해」, 슈밥 외, 『4차 산업혁명의 충격』, 김진희 외 역, 흐름출판, 2016, 199~200쪽.

쉽게 속는다. 코로나 사태 때 전 세계에 가짜뉴스가 떠돌았고, 이 영향으로 수많은 사람들이 살균제를 처방약으로 마시기도 했다. 이란에서만 "2월 20일 이후 2개월여 간 전국에서 5,011명이 소독용 알코올을 마셔 이 중 525명이 사망했다."[18] 이와 더불어 많은 정보와 자본, 기술을 독점하고 있는 기업과 국가가 언론을 통제하고 여과하고 조작하는 알고리즘과 기술이 발전한 것도 큰 문제이다. 기술적으로는 사후에도 거의 걸리지 않는 선거조작 알고리즘을 만들 수 있다.

빅브라더는 실제로 도처에 있다. 국가와 자본의 파워엘리트들은 데이터를 독점하고 몰래카메라가 개인의 사생활을 엿보듯 개인을 통제하고 있다. 스마트폰을 꺼놓더라도 방문한 장소와 통화내역은 유심에 기록되고, 필요에 따라 포렌식으로 분석하여 모든 데이터를 파악하고, 빅데이터로 모아 광고, 국가 정책, 개인 통제에 활용할 수 있다. 애플사는 간단한 앱을 이용하여 전 세계 스마트폰 사용자의 문자, 음성, 일정, 메모 등을 동시에 엿볼 수 있다. 카드나 스마트폰으로 결제하는 한, 우리의 화폐 사용내역 또한 마찬가지이다. 국가는 물론 사설업체 또한 간단한 기술로 특정인의 컴퓨터를 해킹하여 실시간으로 그의 모든 작업을 관찰할 수 있다. 집회 현장에 모인 100여만 명의 군중의 신원을 단번에 파악하고 그들의 핸드폰에 동시에 "5분 안에 떠나지 않으면 체포하겠다."라는 문자를 보낼 수 있다. 얼굴인식 컴퓨팅을 통하여 100만의 군중 가운데 특정인을 단 몇 초만에 찾아낼 수 있다.

우리는 현관을 나서자마자 엘리베이터, 아파트 주차장, 동네 골목,

18 「코로나 막겠다며 소독용 알코올 마신 이란인 525명 사망」, 『파이낸셜뉴스』, 2020년 4월 28일.

거리, 지하철이나 버스 정거장, 직장, 공공장소에 이르기까지 몰래카메라가 우리의 일거수일투족을 감시하고 촬영한다는 것을 인지하고 있다. 우리의 비밀스런 잠자리까지도 몰래카메라로 감시되고 빅브라더의 뜻에 어긋날 경우 연예인의 비디오처럼 공개된다고 생각해보자. 텔레데모크라시는 꿈일 뿐, 우리는 개인의 사생활마저도 철저히 감시되고 통제되는 사회로 가고 있다. 컴퓨터와 인공위성, 로봇공학을 결합한 이 메커니즘의 통제력과 조정력, 수용 능력은 가히 상상을 불허한다.

디지털 사회의 네티즌은 사파리의 동물과 유사하다. 자유로운 주체인 것 같지만, 제국과 권력이 만든 틀과 구조 안에서 정보를 생성하고 소비하고 있다. 그들이 익명으로 자유롭게 검색하고 글을 쓰고 동영상을 감상하고 자료들을 공유하는 것 같지만, 그들은 제한된 알고리즘 안에서 노닐 뿐이며 제국, 국가, 구글, 플랫폼 운영자 등 디지털 사회의 빅브라더들은 이를 빅데이터로 저장하여 언제든 필요할 때마다 원하는 사람에 관한 정보를 분석하고 개인의 취향, 행동, 심지어 무의식까지 파악하며 의도대로 활용할 수 있다.

노동과 경제 영역에서 빛과 그림자

노동과 경제 영역에서 긍정적인 면 정보혁명으로 산업구조가 유통과 전자, 통신 위주로 재편되고 공장자동화FA, 사무자동화OA, 가정자동화HA가 단행되었다. 물론 첨단기기와 환경변화로 새로운 가사노동이 발생했지만, 세탁기 사용하는 것 하나만으로도 매일매일 엄청난 양의 가사노동에서 벗어났는데, 휴대전화와 사물인터넷과 가전제품과 로봇을 연결하여 밥을 짓고 빨래를 하고 청소를 하는 집의 주부는 얼마나 자유롭겠는가. 노동자들은 중금속으로 가득한 작업실에 로봇을 대신 보내고, 남는 시간을 여가로 활용할 수 있다.

자동화로 인해서 우리 생활이 편리해지고, 개인의 여가시간이 증대되고, 자원과 비용의 획기적 절감을 이룰 수 있다. 다양한 상품을 소규모로 주문 생산할 수 있고, 고도의 사고능력과 전문성을 지닌 근로자들이 양산될 수 있고, 재택근무도 가능하다. 또, 이렇게 정보가 분권화하고, 권력이 분권화하면서 평등이 증대한다. 한편으로는 금융의 세계화가 이루어져 거의 빛의 속도로 거래가 이루어지고 있다. 한국의 사무실에서 나스닥에 상장된 증권에 투자할 수 있다. 남 캘리포니아의 요트를 인터넷상에서 구매하고 전자 결제하면 며칠 안에 그 요트가 주문자의 집에 당도한다. 사물인터넷을 매개로 공유경제가 점점 늘어나고 있다.

포디즘Fordism의 역기능을 극복할 수 있다. 포디즘에서는 노동자가 기능에 따라 분업화하여 시스템의 구성요소나 기계 부품처럼 취급당하면서 소외된 노동을 했다. 반면에 디지털 사회에서는 노동자가 볼보시스템처럼 시스템의 혁신을 하거나 증강현실을 이용하여 전체 제작 과정에 참여하고 협력하면서 덜 소외된 노동을 할 수 있다.

디지털화와 자동화는 자원과 비용을 획기적으로 절감한다. "자율주행자동차는 이동 시간을 최대 40% 단축하고, 통근과 혼잡으로 인해 발생하는 최대 800억 시간의 손실을 복구하며, 연료 소비를 최대 40%까지 줄일 수 있다. 이러한 비용과 시간 절약 혜택은 미국에서만 1년에 약 1조 3,000억 달러(1,445조 6,000억 원)일 것으로 예상된다. 이것만이 아니다. 자율주행자동차는 교통사고를 90% 줄여 생명을 구하고, 이산화탄소 배출을 60%를 줄일 것이다."[19]

"모바일 금융혁명으로 비용을 획기적으로 절감하고 빈민의 소득과 삶의 질을 증대한다. 예를 들면, 세계 빈민 77%가 저축예금 계좌가 없어서 대출이나 저축에서 소외되었다가 그 가운데 2억 명이 소액 금융산업을 통하여 대출의 혜택을 받았다. 하지만 관리비용이 늘어나면서 이자율과 수수료가 가파르게 상승했다. 이의 대안으로 아프리카와 아시아 빈민의 90%가 모바일 통신 서비스를 활용하여 휴대전화 계좌를 개설했다. 이는 거래비용이 거의 무료이며, 풍부한 정보를 제공하고 있고, 실시간으로 은행과 고객을 연결할 수 있다. 인도의 경우 결제를 디지털화하여 연간 220억 달러를 절약했고, 멕시코 정부가 전자 결제로 전환하면서 13억 달러를 절감했다.[20]

노동과 경제 영역에서

부정적인 면 디지털 사회는 제국의 착취를 더 강화한다. 발전론자들은 전자매체의 확산으로 근대화와 산업화가 미진했던 영역에도 이의 혜택이 고루 퍼지리라고 주장한다. 하지만 케이블, 위성통신, 컴퓨터를 매개로 선진 중심국가에 의한 제3세계의 잉여착취와 저발전과 억압과 통제는 오히려 강화되고 있다. 초국적 금융자본의 세계 지배와 제3세계의 파산, 붕괴도 빈번히 발생하고 있다. 빛의 속도로 거래한다는 것은 빛의 속도로 착취할 수 있음을 뜻한다. 헤지펀드는

19 Pete Goldin, "10 Advantages of Autonomous Vehicles," *Itsdigest,* Feb. 20, 2018.

20 제이크 켄들·로저 부어하이즈, 「모바일 금융혁명 — 휴대전화는 어떻게 경제개발을 추동하는가」, 슈밥 외, 앞의 책, 73~78쪽을 요약함.

한국이 IMF사태 때 당했듯이 하루 만에 수백 억 달러를 빼내서 한 나라를 언제든 국가 부도의 위기에 놓이게 할 수 있다.

또한 노동의 소외를 심화한다. 빅데이터 기업들은 대중들이 SNS에서 생산한 정보는 물론, 소비하고 생활하며 생산한 정보를 무보수로 착취한다. 무료로 플랫폼이나 앱을 사용한다고 좋아할 것이 없다. 그 순간 대중들은 무보수로 정보를 생산하고 스스로 상품이 된다. 그들은 빅데이터 기업이 만든 알고리즘에 따라 생산에 참여하면서 자신의 정체성과 다른 디지털 정체성을 형성하며 자신으로부터 소외된다. 디지털 사회는 계획수립으로부터 작업의 감시, 평가에 이르기까지 전 노동의 공정을 기술적으로 통제할 수 있다. 자동화가 지금의 추세로 진행될 경우 20%만이 노동을 하고 80%가 실업의 소외와 좌절감에서 나날을 연명할 '2 대 8의 사회'를 형성할 수 있다. 인공지능이 노동자의 일자리를 대체할 경우 '0.1 대 99.9의 사회'가 될 수도 있다.

디지털 사회의 자본은 노동의 저항에 대해서 다양하게 대응하고 있다. 노동자가 노동 거부를 하면, 자본은 공장자동화를 시행한다. 노동자가 연대와 협력을 통해서 노동조합을 만들고 파업을 하면, 자본은 이를 막기 위해 컴퓨터와 감시체계를 이용해서 노동자를 하나하나 관리하고 분리시킨다. 신자유주의 체제에서는 정규직과 비정규직 노동자의 대립을 유도하여 노동자의 연대를 해치고 분열시킨다면, 4차 산업혁명 시대에는 이에 더하여 첨단기술을 다루는 숙련노동자와 비숙련 노동자로 분열시킨다. 노동자가 임금인상을 요구하면, 이를 수용하는 한편, 소비를 조장시켜서 그들의 실질소득이 더 떨어지게 만든다. 무엇보다 자본이 노동거부에 대해 로봇화로 맞설 수 있다는 것은 노동자가 자본을 압박할 유일한 무기마저 해제당하였음을 뜻한다.[21] 그러면서도 자본은 안면·눈동자 인식 컴퓨팅을 이용하여 노동자의 작업량만이 아니라 집중도까지 분석하고 감시할 수 있다.

노동자들은 부르주아처럼 소비하며 계급의식을 상실한다. 이미 프랑크푸르트 학파가 지적한 대로, 대중문화 시대 이후에 노동자들은 욕망을 부추기는 매스미디어에 조작당하고 대중문화가 구성한 문화상품을 과잉소비하면서 사이비 행복 의식에 빠져서 계급의식과 변혁을 향한 동경을 잃어버린다. 심지어 소비만 부르주아처럼 함에도 부르주아라고 착각하여 자신으로부터도 소외된다. 백화점에 가서 쇼핑하고 주말에는 흔들의자에 앉아 캔맥주를 마시며 프로야구를 시청하며 행복하다고 생각하는 노동자에게 파업하자거나 집회에 나오라고 하면 대다수가 거부할 것이다.

'자본가적 노동자capitalist worker'들도 출현하고 있다. 계급적으로는 노동자인데 부동산이나 주식에 재테크를 하면서 자본가적 의식을 갖게 된다. 노동자끼리 모였을 때는 자본을 비판하다가도 집에 돌아오면 컴퓨터에서 증시나 부동산 시세를 확인한다. 공장에서는 보수정당을 비판하지만, 투표장에서는 자신의 주식이나 부동산 가치를 올려줄 성장정책을 선호하여 보수정당에게 투표한다. 이처럼 계급은 분명히 노동자임에도 노동자로서 계급의식을 상실하고 자본가적인 가치를 지향하며 실천하는 자본가적 노동자가 디지털 사회에서 와서 점점 더

21 안토니오 네그리·마이클 하트, 『디오니소스의 노동 2 : 국가형태비판』, 이원영 역, 갈무리, 1997, 158쪽 참고하여 필자가 보완함.

늘어나고 있다.

또 디지털 사회는 불평등을 심화한다. "증기기관은 큰 공장과 대량 생산, 철도와 대중교통을 탄생시켰다. (…) 산업혁명을 통해 인류는 제1의 기계시대 — 기술혁신이 인류 발전의 주된 원동력이 된 첫 번째 시대 — 에 들어섰고, (…) 우리는 제2의 기계시대에 들어서고 있다. 증기기관과 그 후속 기술들로 근력이 대폭 강화된 것처럼, 컴퓨터를 비롯한 디지털 기술로 우리의 정신적 능력 — 뇌를 써서 환경을 이해하고 변모시키는 능력 — 이 대폭 강화되는 시대이다. 디지털 기술의 발전에 힘입어 우리는 이전의 지적 한계를 뛰어넘어 신세계로 들어서고 있다."[22]

디지털 사회를 주도하는 것은 생명공학, 전자공학, 빅데이터, 인지과학, 로봇공학, 양자역학 등의 첨단과학기술이다. 자연히 이 기술을 구사하거나 융합할 수 있는 학자와 기술자, 이 기술과 연관된 상품을 생산하는 노동자들의 가치가 상대적으로 높아진다. 실제로 미국에서 이 분야의 박사학위 소지자들은 초임부터 3~4억 원 이상의 연봉을 받고 원하는 곳에 쉽게 취업한다. 특히 전자적 알고리즘과 생화학적 알고리즘을 융합하여 인공지능 로봇과 연관 상품을 만들 수 있는 이들의 가치가 치솟고 있다. 이렇게 숙련된 노동력의 수요가 증가하면, 곧 숙련 편향적 기술 변화skil-biased technical change가 산업사회와 비교가 되지 않을 정도로 발생한다. "빅데이터와 분석학, 초고속통신, 쾌속조형rapid proto-typing 같은 기술들은 더 추상적이고 자료 중심적 추론

22 에릭 브린욜프슨·앤드루 맥아피, 『제2의 기계시대 — 인간과 기계의 공생이 시작된다』, 이한음 역, 청림출판, 2014, 13쪽.

의 산물들을 증가시켰고, 공학적이거나 창의적이거나 설계 능력을 갖춘 사람들의 가치를 증대시켜왔다. 그것은 숙련된 노동력의 수요를 증가시키는 반면, 덜 숙련된 노동의 수요는 감소시키는 순효과를 낳았다."[23] 이에 디지털 시대의 하이테크놀로지는 노동의 자리를 컴퓨터, 로봇, 사물인터넷, 3D프린터 등으로 대체하고 숙련된 사람들에게만 편향적으로 부를 안겨줄 수 있다.

▮ 사회문화 영역에서 디지털 사회의 빛과 그림자

사회문화 영역에서 긍정적인 면 산업사회의 대중문화 속에서 부품화하고 원자화하던 대중의 위상이 바뀌고 있다. 산업사회의 대중은 영화든 텔레비전이든 작가의 의도대로 감상하고 해독하도록 강요당했다. 예술 작품과 영화와 드라마의 감상과 비평에서 대중은 작가/감독의 의도대로 웃고 울고 흥분하는 욕망의 대상, 조작의 대상, 상품 소비의 대상에 지나지 않았다. 엘리트인 작가와 비평가, 학자들이 해석을 독점하면서 대중의 자유로운 해석을 용납하지 않았다. 비평 이론 가운데서도 작가의 의도와 작품의 의미를 동일화하는 역사주의 비평이 다른 비평을 압도했다.

그러나 디지털 사회에서 네티즌들은 하이퍼텍스트를 만들어 끊임없이 피드백을 하고 공유하면서 쌍방향으로 소통한다. 여기서 작가/제작자/감독과 독자/소비자/관중의 구분은 무너지고 모두가 프로슈

---

23 위의 책, 173쪽.

머로서 존재한다. 모두가 쌍방향의 미디어를 활용하고 스스로 미디어를 선택하면서 텍스트를 창조하는 주체로 거듭나고 있다.

인터넷은 말 그대로 정보의 바다이다. 여기서 네티즌은 항해를 하며 정보를 취합하여 단순히 양적 확대만 취하는 것이 아니라 새로운 지식을 창조하고 있다. 인터넷을 통해 무한한 정보를 서로 나누고 전혀 다른 나라, 문화권, 종교권의 사람과 소통하며, 이로부터 새로운 정보는 물론, 지식과 지혜를 무진장하게 창출하고 문화교류를 활발하게 할 수 있다. 이것은 인류가 창조한 어떤 매체보다 효과적이고 기하급수적이다. "인터넷은 네트워크 사회의 모든 사람이 다른 모든 사람과 중개 없이 직접적으로 연결되는 사회적 조건이다."[24]라고 말할 수 있다. 사람들은 인터넷을 통해 소통하고 지식과 정보를 공유하고, 〈위키피디아〉에서 보듯 협력을 통해 업그레이드하며 무료로, 공개적으로 상호 발전을 도모하고 있다.

사이버공간은 익명성과 다중정체성, 쌍방향 소통으로 인해 현실 공간에서 작용하던 여러 권력과 위계질서가 무너지는 장이기도 하다. 아날로그와 달리 사이버공간에서는 다중정체성과 익명성의 글쓰기가 난무한다. 물론 추적하면 드러나지만, 일단 내 이름을 드러내지 않으니 마음껏 원하는 사이트에 들어가 열람할 수 있고 특정인과 특정 기관을 비판하는 글을 올릴 수 있다. 어떤 사이트에선 순진하고 고독한 소녀나 청년으로 행세할 수 있고, 어떤 사이트에선 지적이고 예리함을 갖춘 지식인처럼 글을 쓸 수 있다. 네트ネット와 여장남자를 가리

24 Serhat Koloğlugil, "Digitizing Karl Marx: The New Political Economy of General Intellect and Immaterial Labor," *Rethinking Marxism,* Vol. 27 No. 1, 2015, p. 125.

키는 오카마おかま의 합성어인 넷카마ネカマ들은 실제 성별은 남성이지만 인터넷상에서 여성 행세를 하며 이성/동성을 유혹하고 사기를 치기도 한다. 이처럼 익명성과 다중정체성이 어느 정도 보장되기에 현실 공간의 권력과 권위를 마음껏 조롱하고 풍자하고 공격할 수 있다.

현실에서는 국가, 자본, 남성이 권력을 행사한다면, 디지털이 빚어낸 가상 영역에서는 이런 권력이 약화하며 외려 권력의 중심을 해체하려는 경향이 강해진다. 따라서 현실세계에서 차별적이고 제한적인 영역에서 활동할 수밖에 없었던 주체들은 여성성의 글쓰기를 하고 저항의 담론을 생성할 수 있다. 이는 남근중심주의적 체계를 지배하는 담론에서 벗어남은 물론, 계산되지 않은 증여와 타자성alterity을 추구한다. 여성성의 글쓰기는 남근중심주의적 체계를 지배하는 담론에서 벗어남은 물론, 생물학적 구분과 억압으로부터 해방을 추구할 수 있다. 여성은 어머니가 자식에게 조건 없이 헌신하는 것에서 잘 알 수 있듯, "결과에 대해 계산하지 않는 증여로 특징되는 타자와의 관계"[25]를 추구하는 모성을 가졌다. 남의 자식에도 젖을 물리는 사례에서 잘 볼 수 있듯, 여성은 타자를 인정하고 포용한다. 여성은 "그녀에게 의탁하는 타자, 즉 방문자를 살아 있는 채로 간직할 수 있는 여성성이다. 그녀는 그것을 타자로서 사랑할 수 있다. 타자가 되기를, 다른 사람이 되기를 사랑하는 것이다."[26]

디지털 리터러시는 정보기기 이용기술의 보유뿐만 아니라, 콘텐츠 및 정보의 비판적·능동적 소비와 생산, 소셜 미디어 기반 사회관

25 엘렌 식수·카트린 클레망, 『새로 태어난 여성』, 이봉지 역, 나남출판, 2008, 165~166쪽.
26 위의 책, 155쪽.

계 확장, 경제·사회참여 등을 통해 다양한 가치를 창출할 수 있는 창의적 정보역량을 의미한다. "디지털 툴은 정보를 이해하고 처리하는 데 새롭고도 효과적인 방법을 제공한다. (…) 컴퓨터는 새로운 문해력을 만들어낸다."[27] 어린 시절부터 스마트폰을 사용한 디지털 원주민the digital natives은 책을 별로 읽지 않고 문자에서 비롯된 개념적 사유를 하지 않아 비판력과 성찰력이 모자라는 반면에 다양한 소프트웨어나 앱을 활용하여 수많은 정보를 접하고 새로운 방식으로 사고하며, 아날로그 세대는 상상도 하지 못했던 작업을 아주 짧은 시간에 수행한다.

디지털 사회는 네트워킹을 통한 공동체를 활성화한다. 네이버에 들어가면 익명의 모르는 사람을 위하여 질문에 부합하는 정보를 올려준다. 페이스북에서 친구를 맺고 글을 쓰고 읽고 '좋아요'를 눌러주고 댓글을 달고 공유한다. 한 사람이 수십 개에 이르는 카톡 단체방을 만들어 그 방의 회원끼리 수시로 문자나 동영상을 주고받는다.

사회문화 영역에서 부정적인 면

울리히 벡Ulrich Beck이 말한 위험사회risk society가 바로 디지털 사회의 사회문화적인 모순을 지적하는 좋은 용어다. 여기서 위험사회는 시민의 안전과 행복을 위협하는 위험이 직접적으로 자주 발생하는 사회를 뜻하는 것이 아니다. 벡은 위험사회를 "근대화 자체에 의하여 유발되고 도입된 위험과 불안을 다루는 체계적인 방식a systematic way of dealing with hazards and insecurities induced and introduced by

27 클라이브 톰슨, 『생각은 죽지 않는다』, 이경남 역, 알키, 2015, 130~131쪽.

modernization itself"[28]이라고 정의한다. 태풍으로 인하여 집이 무너지고 사람이 죽는 것처럼 근대 이전에 자연에 의해 야기된 안전하지 못한 상태가 위험danger이라면, 체르노빌 원자로 붕괴 사건처럼 근대화 이후 인간의 과학기술이 야기한 불안전한 상태가 위험risk이다.

과학기술에 의하여 눈부신 발전을 하고 이를 바탕으로 근대화를 달성한 이후에 유럽 사회는 과학기술이 오히려 인간을 죽음과 위기로 몰아넣고 환경을 파괴하는 것을 반성하는 성찰적 근대성reflexive modernity의 관점에서 사회를 새롭게 보았다. 위험사회란 성찰적 근대성의 틀에서 과학기술이 야기할 위험을 인지하고 이에 대해 의심과 불확실성의 눈으로 보면서 이 위험을 줄이려는 여러 노력과 행위가 체계화한 사회를 뜻한다. 이 사회의 특성은 측정과 예측이 가능한 위험과 현대 과학기술로도 측정하거나 예측하지 못하는 위험의 경계가 모호해지면서 불안전과 불확실성, 이에 대한 불안이 늘 상존하는 것이다.

원자력 발전소를 예로 들자. 원자력에 관여하는 관료와 학자들은 수십 단계의 안전장치를 마련하여 핵의 연쇄 반응을 100% 완벽히 통제하는 과학기술을 적용하고 있다고 자신한다. 반면에 이를 반대하는 환경운동가들과 학자들은 "통제할 수 없는 위험을 통제한다."[29]라는 모순적인 목표를 추구하는 오만을 범하고 있다고 비판한다. 실제로 핵 안전 신화의 주역이었던 일본에서 2011년 3월 11일에 지진과 해일로 후쿠시마 제1 원자력 발전소의 원자로가 붕괴하여 누출된

---

28 Ulrich Beck, *Risk Society: Towards a New Modernity*, London; Sage, 1992, p. 21.
29 2012년 11월 11일. 탈핵에너지교수모임 창립 1주년 탈핵교수 선언문.

방사능은 지금까지도 전 세계의 대기와 바다를 오염시키고 있다. 이 원전은 여러 단계의 안전장치가 있고 내진설계도 해서 평소에는 지진이 일어나도 비상용 발전기가 돌아가며 노심에서 발생하는 열을 제거하기 위한 노심 냉각 시스템이 정상적으로 작동했다. 하지만 최대 5.7미터 높이의 쓰나미를 방어할 수 있는 비상대책 시스템을 넘어서는 14~15미터의 해일이 발전소를 덮치자 사고가 발생했다. 비상용 디젤발전기가 침수되어 정지하고 발전소 내의 모든 전기시설이 손상되면서 블랙아웃 상태에 빠졌다. 이로 인하여 냉각수 펌프를 가동하지 못하자 원자로 내부의 온도가 1,200도까지 상승하여 노심이 녹고 수소폭발이 일어났다. 이에 방호벽에 구멍이 뚫리고 핵연료가 바깥으로 누출되기 시작했다.[30]

이처럼 위험사회는 모든 시스템이 정상적으로 작동되고 고도의 기술로 관리가 되는 완벽에 가까운 사회임에도 매우 작은 실수나 전혀 예측하지 못했던 돌발 사태로 인해서 시민의 안전을 위협하는 커다란 사고가 날 위험을 내재하고 있다.

찰스 페로Charles Perrow는 정상사고normal accidents라는 개념을 끌어냈다. 그는 스리마일 원자력발전소 사고를 분석하면서 "정상사고는 일반적으로 부품이 빈틈없이 결합되어 고도로 상호작용을 하고, 그 상호작용이 이해할 수 없고, 예측할 수 없고, 예상할 수 없고, 예방할 수 없는 방식으로 증폭되는 시스템에서 발생한다."[31]라고 말했다. 부품들이 빈틈없이 결합되어 고도로 상호작용을 하는 시스템의 경우

30 다음백과, '후쿠시마원전사고'(https://100.daum.net/encyclopedia/view/47XXXXXXX117) 참고함.

31 Charles Perrow, "Normal accident at three Mile Island," *Society,* v.18 no.5, 1981, p.17.

모든 것이 정상적으로 작동되는 상황에서도 상호작용이 예측할 수 없는 방향으로 일어나면서 사고가 발생할 수 있다는 것이다.

챌린저호 폭발 참사 또한 정상사고의 전형이다. 미국이 야심차게 만든 우주왕복선 챌린저호는 발사되자마자 73초 만에 폭발하는 바람에 7명의 승무원 전원이 사망했다. 사고 이후 조사위원회가 구성되어 그 원인을 밝혔는데, 뜻밖에도 고무 재질로 된 O링O-ring이 추운 날씨로 인해 유연성을 발휘하지 못하는 바람에 그 틈으로 고온 고압의 연료가 새어나오면서 폭발했다는 것이다. 사전에 전문가들이 이를 지적하고 발사 연기를 주장했음에도 NASA의 관리들이 이를 무시한 관료주의 때문만은 아니었다. 그들은 모든 기술적 문제를 검토했고 그 정도의 오류는 충분히 시스템상으로 극복될 수 있다고 판단하면서 발사를 연기할 정도는 아니라고 '합의'했다.[32] 이 참사의 대통령 직속 사고 조사위원회 위원을 맡은 노벨상 수상 물리학자 리처드 파인만Richard P. Feynman은 사고의 근본 원인이 O링에 있었음을 찾았다. 그는 부록의 보고서에서 "성공적인 기술을 위해서는 현실이 공적 관계에 우선해야 한다. 왜냐하면 자연은 속일 수 없기 때문이다."[33]라고 지적했다.

수많은 노드들이 네트워킹으로 엮어진 디지털 사회 전체의 시스템 자체가 상호작용을 하면서 어떤 사고를 낼지 아무도 모른다. 수백만 개의 부품을 정밀하게 결합한 인공지능이나 자율주행자동차 등의 디지털 사회의 기계들이 상호작용을 하며 어떤 오작동을 하고 그

32 〈위키피디아〉 영어판, 'Space Shuttle Challenger disaster'

33 Richard P. Feynman, "Appendix F- Personal Observations on the reliability of the Shuttle," 1986. 〈위키피디아〉 영어판 'Space Shuttle Challenger disaster'에서 재인용.

결과가 어떨지에 대해서도 예측이 불가능한 영역이 많다. 물론, 디지털은 이를 미리 예방하는 보안 장치를 겹겹이 마련하는 데서도 아날로그의 상상을 불허할 정도로 완벽하다. 그럼에도 네트워크로 철저히 보안을 하는 것이 역설적으로 정상사고의 가능성을 증대할 수도 있다. 보도가 되지 않거나 인지하지 못할 뿐이지, 지금도 병원이나 공장 컴퓨터의 미세한 오류로 인하여 수많은 생명이 죽거나 위기에 놓이는 경우가 많을 것이다.

디지털 사회에는 부정확한 정보, 가짜뉴스의 보급과 소통이 발생하고, 반향실효과echo chamber effect가 크게 작동한다. 반향실효과란 것은 폐쇄된 공간에서 비슷한 정보와 아이디어가 돌고 돌면서 강화되고 악순환을 일으키는 것을 뜻한다. 부정확한 정보가 점점 눈덩이처럼 불어나면서 사람들을 집단적으로 공포에 휘둘리게 하거나, 집단적으로 잘못된 행동을 낳게 할 수도 있다. 또 무한하고 자유롭게 어디든 방문하고 글을 올릴 수 있는 것 같지만, 모든 것은 알고리즘에 따라 작동하는데 개인들은 정보 알고리즘에 접근하기 어렵다. 이 때문에 겉으로 보면 투명성이 증대한 것 같지만, 심층적 차원에서는 오히려 폐쇄성이 더 강화한다.[34]

디지털 사회에서는 대중문화 시대보다 문화제국주의가 강화되고 미국 문화의 동시화, 획일화, 표준화가 일어나고 있다. 인터넷이나 가상공간의 정보들은 압도적 다수가 영어로 작성되어 있고 주로 미국의 사고와 세계관, 이해관계가 반영된 것이다. 대중들은 인터넷과

34 반향실효과와 디지털 정체성에 대한 논의는 슈밥, 『클라우스 슈밥의 제4차 산업혁명』, 송경진 역, 새로운현재, 2016, 177~178쪽에서 간단히 기술한 것에서 아이디어를 얻어 필자가 수정, 보완함.

스마트폰을 매개로 같은 시간대에 동시에 미국의 문화상품을 향유한다. 약간 저항하기도 하지만, 그들은 알게 모르게 이에 담긴 이미지와 메시지들을 수용하며 미국인으로 획일화한다.

GAFA로 불리는 4대 글로벌 디지털 기업(구글, 애플, 페이스북, 아마존)을 비롯하여 마이크로소프트, 트위터, 인스타그램 등 수억 단위의 네티즌들이 이용하는 플랫폼은 모두 미국에서 만들고 운용하는 것들이다. 이들은 로마, 당唐, 몽골, 영국, 2차 대전 직후의 미국 등 역사상 어떤 제국보다 가장 강력한 권력을 누리고 있다. "전 세계 트래픽을 총괄하는 루트 서버root server를 (…) 관리하는 12개 기관 중 아홉 곳이 미국 소속이며, (…) 도메인 네임을 할당하는 곳도 (…) 미국 상무부 산하 기관 아이칸ICANN이다."[35] 35억 명의 소셜 미디어 사용자들은 미국인이 만들어놓은 플랫폼에 들어가서 그 기업이 짜놓은 알고리즘에 따라 글을 쓰고 읽고 사진과 동영상을 올리고 보며 자발적으로 아무런 대가를 받지 않은 채 정보를 생산하고 이들 빅데이터 기업들은 이 정보를 상품으로 전환한다. "구글의 검색엔진은 세계 최대 도서관인 미국 의회 도서관에 저장된 데이터의 1,000배에 달하는 24페타바이트의 데이터를 매일 처리한다."[36] "2025년에 빅데이터 시장은 519억 달러에 이를 것이다."[37] 빅데이터 기업들은 공짜를 미끼로 대중들이 자신의 프라이버시에 해당하는 정보를 자발적으로 바치면 플랫폼의 입장을 허가하며, 검색어와 방문한 사이트, 구매한 상

35 마르크 뒤갱·크리스토프 라베, 『빅데이터 소사이어티』, 김성희 역, 부키, 2019, 26쪽.
36 위의 책, 28쪽.
37 Grand View Research, Inc., "Big Data as a Service Market Size Worth $51.9 Billion By 2025," *PRNewswire,* Sep 17. 2019.

품, 인터넷상에서 행한 모든 것들을 빅데이터로 저장하여 거저로 상품으로 활용한다. "자신의 일부인 디지털 발자국digital footprint을 도난당하고 있는 것이다."[38] SNS나 인터넷만이 아니다. 사람들은 매일 카드로 계산을 하고 휴대전화로 통화를 하고 앱을 사용하고 송금을 하면서 국가, 기업, 인터넷 서비스 사업자, 금융기관, 통신판매사에 자발적으로 데이터를 제공하고 있다.

여기서 그치는 것이 아니다. 이들 기업들은 메타데이터를 생성하여 대중의 내면까지 들여다보며, 때로는 미국의 정보기관에 정보를 넘겨주고 그 대가로 국가의 지원을 받는다. 자유는 허울일 뿐, 실제로는 권력이 언제나 감시하고 통제하고 있으며 대중은 이를 내면화하여 스스로 자신을 검열하고 통제한다. 이들 기업은 언론과 정부, 민주주의마저 무력화하고 있다. 자신들의 이익과 가치에 맞는 정보와 언론사 기사들이 더 많이 소통되고 그와 반대되는 정보와 기사들은 잘 나타나지 않도록 알고리즘을 작동한다. 이에 "벨기에대학에서 법을 연구하는 앙투아네트 루브루아는 빅데이터 기업들이 '알고리즘적 통치'를 목표로 한다고 본다. 이는 행동을 규제하기보다는 행동의 가능성을 미리 파악하고 개인의 지적 능력과 의지에 기대기보다는 오직 반사작용을 유발하는 경고의 방식으로 개인들과 상대하는 새로운 통치방식이다."[39] 대통령과 국회의원들은 이들의 도움 없이는 선거에서 이기기 힘들고 정책을 펴는 데도 엄청난 장애를 받기에 이들 기업이 조세를 회피함에도 징계를 하거나 세금을 규정대로 징수

38 마르크 뒤갱·크리스토프 라베, 앞의 책, 29쪽.
39 위의 책, 34쪽.

하지 못함은 물론 오히려 막대한 예산을 지원한다.

디지털 사회는 문화지체로 전통의 파괴와 가치관의 혼란을 야기한다. 디지털 사회의 과학기술의 발전과 이에 따른 사회변화의 양상은 속도가 매우 빠른 바람에 그 속도에 맞추어 사람, 문화, 가치관이 변하기 어렵다. 양자의 괴리로 인하여 스마트폰을 사용하면서도 산업사회의 가치관과 문화를 유지하는 사람들이 많다. 어느 시대나 세대갈등이 있었지만, 디지털 원주민은 밀레니엄 세대, 그 전 세대인 X세대, 이보다 더 전 세대인 베이비붐 세대와 가치관과 세계관, 문화양식의 차이로 인하여 세대갈등이 더 첨예하다.

디지털 격차digital devide는 국가별, 계층별, 소득별, 직업별, 연령별로 나타나고 있다. 대부분의 나라에서 하드웨어의 격차가 아직 크지만 스마트폰 기술의 발전과 보급으로 빠른 속도로 좁혀지고 있다. IT 강국인 한국의 경우 하드웨어의 디지털 격차는 별로 없어서 산골의 초등학교와 보건소, 마을회관에도 양질의 컴퓨터가 구비되어 있고 스마트폰 보급률은 95%로 세계 최고 수준이다.[40] 하지만 소프트웨어의 디지털 격차는 크다. 같은 스마트폰을 쓴다고 하더라도 서너 개의 앱을 활용하는 사람이 있는가 하면, 수십 개의 앱을 자유자재로 활용하는 사람도 있다. 디지털 빈자는 정책, 정보, 집단에서 소외되거나 정보활용을 통한 여러 혜택에서도 배제될 수 있다. 무엇보다 디지털 리터러시digital literacy의 격차가 크다. 날마다 페이스북이나 트위터에 수십 억 개의 글들이 올라가지만, 글의 질이나 품격, 글이 갖는 힘과 영향력은 천차만별이다. 양적인 정보를 모으는 데 급급한 집단과 정

40 "국민 95%가 스마트폰 사용… 보급률 1위 국가는?", 〈KBS 뉴스〉, 2019년 2월 11일.

보를 모아 새로운 지식과 지혜를 창출하는 집단 사이의 격차는 새로운 지배관계를 설정하고 있다. 스마트 사회는 정보사회·연결사회·문화적 혁신사회·모바일 경제사회라는 중층적이고 복합적인 사회 특성을 가지며, 이러한 스마트 사회에 편입된 집단과 배제된 집단 간에는 지식·관계·참여·창의·소득 격차라는 다면적 격차가 발생한다.[41] 때문에 정보화사회가 진행될수록 현재의 불평등과 독점, 억압구조가 산업사회보다 더 굳건하고 깊게 뿌리를 내릴 가능성 또한 크다.

디지털 사회에서 도덕은 점점 황폐화하고 있다. 반성적 사고는 쇠퇴하는 반면에 즉흥적이고 감각적인 반응들이 난무한다. 약간의 제재만 있을 뿐, 음란물과 폭력물이 전 세계에 걸쳐서 빠르게 유통되고 소비된다. 스마트폰의 앱이나 SNS를 이용하여 여러 장애와 위험에서 벗어나 성매매를 하고 범죄를 모의하고 테러를 행한다. 미국 국방성의 한 사무실에서 한 직원이 인터넷 화면을 보며 드론을 조종하여 이란과 이라크, 예멘 등의 표적인물과 민간인을 살해하는 예에서 잘 드러나듯, 가상공간을 매개로 하여 현실 공간에서 범죄를 저지르기에 죄책감마저 사라지고 있다.

디지털 사회는 정보 과잉으로 인한 혼란을 증대한다. 옛날에는 정보가 없어서 이로부터 소외되거나 대중이 무지한 것이 문제였다면, 이제는 정보가 너무 넘쳐서 어떤 정보가 옳은지 그른지, 진실인지 허위인지, 유용한 것인지 아닌지 구별하기가 어렵다. 정보홍수로 인해

41 한국정보화진흥원, 『2012 신(新) 디지털 격차 현황 분석 및 제언 — 2012 정보격차지수 및 실태조사 요약보고서』, 2013년 4월, 7~40쪽 참고함.

서 개인은 무기력에 빠지고 의미 없이 감각만 만족시키는 정보들을 접하면서 단순화하고 획일화할 수 있다.[42]

인터넷을 떠도는 네티즌은 전 세계를 향하여 무한대로 열린 대화를 하는 어엿한 주체가 아니다. 무한대로 수십억 명의 사람과 연결되어 있지만 실제로는 혼자이다. 그는 대화를 시도하지만 항상 혼자인, 인터넷 바다의 고독한 조난자일 뿐이다. 마음대로 지껄이는 것 같지만, 정해진 틀과 울타리, 알고리즘 안에서 위험하지 않을 정도로 불만과 갈등을 해소하는 잔뜩 주눅이 든 소시민일 뿐이다. 무한한 접속을 하지만 그 접속이 구체적 현실에서의 만남과 대화로 이어지지 않는다. 심지어 아무도 만나지 않은 채 방에 틀어박혀 인터넷과 게임만 하는 은둔형 외톨이가 늘고 있고, 이들 중 일부는 묻지마 범죄를 저지르기도 한다. "인터넷을 이용할 때 우리는 자신이 자율적이고 자유롭다고 생각하지만 사실은 기계에 종속된 상태에 있다. 소통은 규칙에 종속되고, 메시지는 형식에 종속되고, 인간관계는 프로그램에 종속되고 (…) 우리 디지털 정체성의 기본 틀조차 알고리즘이 정해준다."[43]

대안은 구체적 현실에서 만나 대화를 하고 서로 공감하며, "데이터의 수집과 보존을 제한하는 것에 초점을 맞추던 방식에서 벗어나, 가장 중요한 지점인 데이터가 사용되는 그 순간을 통제해야 한다."[44]

---

42 그 밖에 디지털 사회는 재현의 위기를 증가시키는데, 이 점에 대해서는 1부 2장에서 상세히 설명하겠다.

43 마르크 뒤갱·크리스토프 라베, 앞의 책, 43쪽.

44 크레이그 먼디, 「사생활 실용주의 — 데이터 수집보다 활용이 중요하다」, 슈밥 외, 앞의 책, 258쪽.

4. 아날로그형 인간과 디지털형 인간

아날로그 카메라로 사진을 찍었을 때는 필름값과 인화비가 적지 않게 들었으며, 한번 찍은 사진은 수정이 불가능하기에 잘못 찍으면 그 현장으로 가서 다시 찍어야 했다. 하지만, 디지털 카메라의 사진은 메모리칩에 정보를 저장하고 이를 컴퓨터 파일로 전환하는 방식이기에 지우고 다시 찍는 것이 몇 번이든 가능하고 찍은 사진도 프로그램을 활용하여 얼마든지 보정하거나 조작할 수 있다. 디지털 카메라처럼 디지털 방식에서는 시스템 안에서 입력과 출력, 피드백의 순환 시스템이 작동하는 반면에, 기존의 사진기처럼 아날로그 방식에서는 피드백이 불가능하다.

시침과 분침이 있는 것이 아날로그 시계라면, 시간이 아라비아 숫자로 표시되는 것이 디지털 시계이다. 요즈음 아날로그 시계를 보고 시간을 파악하지 못하는 초등학생이 늘고 있다는 말을 들었다. 아날로그 시계의 시간을 파악하려면 짧은 바늘이 시時, 긴 바늘이 분分을 표시하며, 1시간이 60분이고 시계판이 12등분으로 나누어졌기에 긴 바늘이 가리키는 숫자에 5를 곱하여 분을 계산해야 한다는 것을 알아야 한다. 하지만 디지털 시계는 '3:15'식으로 시간과 분이 아라비아 숫자로 표시되기에 아날로그 시계를 읽을 때와 같은 논리적 추론작업이 필요하지 않다.

아날로그 기기를 사용하며 자란 세대의 가치관, 세계관, 문화양식은 디지털 기기 사용 세대와 많은 차이를 보인다. 전후세대나 베이붐 세대는 아날로그형 인간의 특성이 압도하고, X세대와 밀레니엄 세대, 디지털 원주민은 디지털형 인간의 특성이 압도할 것이다. 물론,

100:0의 비율은 없을 것이고 한쪽이 압도하는 가운데 다른 특성이 약간 혼재할 것이다.

아날로그형 인간과 디지털형 인간의 차이

아날로그형 인간	집단과 조직	명령과 위계질서	자기 지키기	여단이문	욕구 추구	부정의 언명	붙박이형/수목형
디지털형 인간	개인과 자아	게릴라	다중인격성, 타자지향성	회전문	욕망 추구	긍정적 언명	장돌뱅이형/리좀형

아날로그형 인간은 집단과 조직에 충실하여 집단과 조직에 자신의 가치관과 세계관, 문화양식을 맞추려 하고, 집단과 조직을 위하여 개인을 어느 정도 희생하는 것을 당연히 여긴다. 반면에 디지털형 인간은 개인의 삶과 자아실현에 충실하다. 예를 들어, 아날로그 세대의 직장인이 10시까지도 회사에서 일하는 것을 당연히 여겼다면, 디지털 세대는 퇴근시간이 되면 곧바로 자리에서 일어난다.

아날로그형 인간은 명령과 위계질서에 충실하다. 그들은 수시로 아랫사람들에게 명령을 하고 위계질서를 당연한 것으로 받아들이며 그 질서 안에서 작동하는 권력을 행사한다. 그래서 이들은 "하지 마라!"와 같은 부정적 언명에 익숙하다. 반면에, 디지털형 인간은 한마디로 게릴라다. 이들은 위계질서에서 벗어나 수평적 인간관계를 지향하고 합리적이지 않은 윗사람의 명령이나 행동을 갑질로 비판한다. 부정적 언명을 싫어하고 거부하며 칭찬은 고래도 춤추게 한다고 말한다.

아날로그형 인간은 정체성이 분명하고 자기 지키기를 한다. 이들은 김구 선생이나 안중근 의사처럼 자신의 정체성이 확고하고, 이에 부합하는 생각과 행동을 하려고 노력한다. 이들은 자신의 정체성을 바탕으로 동일성을 형성하여 자신의 가치관과 세계관, 이념, 종교, 문화양식이 다른 이들을 타자화한다. 하지만, 디지털형 인간은 가상공간에서 여러 아바타를 만들어 활동하며 고정된 정체성을 갖지 않는다. 이들은 가상공간에 따라, 게임의 종류에 따라, 문화의 장에 따라, 상대방에 따라 언제든 자신의 정체성을 바꿀 수 있는 다중인격의 특성을 보여준다. 대신 이들은 타자의 감정이나 사고를 배려하는 경향이 아날로그 세대보다 조금 더 강한 편이다.

아날로그형 인간은 수목樹木처럼 한 영토에 머물기를 좋아하며, 여닫이문처럼 안과 밖, 나와 남, 우리의 문화와 남의 문화에 대한 구분이 분명하다. 나와 우리의 문화 속에 있을 때 평안함을 느끼기에, 그곳을 영토로 설정하고 소나무처럼 붙박이로 사는 것을 좋아한다. 그 울타리 안에서 벗어나길 싫어하고, 또 직장이든 학교든 어떤 한 곳을 계속 유지하려고 한다. 울타리 바깥을 타자로 규정하고 배제하는 특성을 보이기도 한다. 반면에, 디지털형 인간은 회전문처럼 안과 밖, 나와 남, 우리의 문화와 남의 문화에 대한 경계가 모호하고 오히려 퓨전음식이나 퓨전패션처럼 양자의 혼성을 지향한다. 이들은 들뢰즈가 말한 리좀Rhizome, 곧 찔레가 그런 것처럼 땅속줄기처럼 입구와 출구의 구분이 없이 이곳저곳으로 퍼져나간다. 나무가 어느 한 곳에 머물러서 뿌리를 내리고, 그 뿌리로부터 영양분과 물을 끌어 올려서 꽃을 피우고 열매를 맺는다면, 땅속줄기들은 땅속으로 무한하게 뻗어 나가며 여기저기 구분을 하지 않는다. 그러기에 잘라내고, 또 잘라내도 파괴할 수 없다. 이들은 유목민처럼 영토를 떠나 떠돌기를 좋아한다.

아날로그형 인간은 굶주려서 밥을 먹고 싶은 욕구가 일었을 때 밥을 양껏 먹으면 포만감과 충족감으로 더 먹기를 멈추는 데서 잘 나타나듯, 욕구를 추구하기에 충족될 경우 만족감을 느끼며 추가의 행동을 절제한다. 이들도 인간이기에 내면에서는 욕망이 활활 불타고 있지만, 이들은 공동체의 규약과 시선, 윤리와 도덕, 이데올로기, 교육, 훈육권력 등 때문에 어릴 때부터 욕망을 억압하는 것이 습관화했다. 반면에 디지털형 인간은 욕망을 추구한다. 욕망은 욕구와 달리 결코 충족되지 않기에, 이들은 아날로그 세대와 달리 욕망을 억압하기보다 발산하는 문화에 익숙하다. 이들은 신기루를 좇는 나그네처럼 끊임없이 욕망을 욕망하고 그것을 따라 행동한다.

아날로그와 디지털 인간 사이에는 우열이 없다. 맥락과 목적에 따라 양자의 종합이 필요하다. 계급갈등이나 빈부격차 등 근대적 모순을 극복하고 주권권력, 훈육권력, 생명권력 등 거시권력에 저항하기 위해서는 지사적 인간 주체의 실천이 필요하다. 탈근대적 상황에서 다양한 유형의 미시권력에 저항하며 개인의 자유와 평등을 추구하려면 리좀적 인간의 노마드적 삶이 바탕이 되어야 한다. 지사가 노마드를 '변절자'로 생각하거나 노마드가 지사를 '꼰대'나 '벽창우'로 여기면 소통은 가능하지 않다. 지사는 노마드가 미치지 못하는 영토에 들어가 탈영토화의 깃발을 꽂을 수 있다. 노마드는 지사가 탈영토화를 한다면서 재영토화한 곳에 침투해 땅속줄기를 뻗을 수 있다. 그럴 때 양자는 소통하는 것이고, 그 소통이 인류의 더 나은 삶에 새로운 지평을 열 것이다.[45]

45 이 절은 이도흠, 「현대사회 문화론 : 기호와 이미지, 문자세대와 영상세대의 소통」, 『인간연구』

5. 빅데이터와 데이터교

빅데이터

2020년 4월 기준으로 78억 2,000만 명의 인류 가운데 35억 명이 스마트폰을, 45억 8,000만 명이 핸드폰을 사용한다.[46] 앞에서 말한 대로 35억 명이 소셜 미디어를 하면서 엄청난 양의 글을 쏟아내고 있다. "현재 전 세계에서 1분마다 30만 건의 트윗과 1,500만 건의 문자 메시지, 2억 400만 건의 메일이 전송되고, 200만 개의 키워드가 구글 검색 엔진에 입력된다."[47] 스마트폰으로 통화하고 앱을 사용하는 것만이 아니라 사용하지 않는다 하더라도 스마트폰을 소지한 채로 식당을 가고 은행을 이용하고 이동하는 자체가 정보이다. "정보의 98%가 디지털 형태로 기록된다."[48] 클라우드 컴퓨팅 기술을 통해 누구든 필요에 따라 상당히 빠른 속도로 인터넷상의 서버에서 무한하게 데이터를 저장하고 처리하고 네트워크를 형성하고 필요할 때 콘텐츠로 활용할 수 있다. 스마트폰, 소셜 미디어, 클라우드 컴퓨팅 — 이 세 가지가 어우러지면서 빅데이터가 형성되었다.

빅데이터는 일반적인 데이터베이스로 저장, 관리, 분석할 수 있는 한계를 넘어서며, 데이터의 규모가 방대하고, 데이터의 종류가 다양하고, 데이터 처리와 분석을 적시에 해결해야 하고, 그 정보가 정확

11호, 2005, 82~84쪽을 참고하되 약간 보완하여 기술함.

46 https://www.bankmycell.com/blog/how-many-phones-are-in-the-world/(2020년 8월20일)

47 마르크 뒤갱·크리스토프라베, 앞의 책, 24쪽.

48 위의 책, 25쪽.

성을 담보해야 하며, 그 결과로 새로운 가치를 창출해낼 수 있어야 한다. 볼륨Volume, 버라이어티Variety, 벨로시티Velocity, 베라시티Veracity, 밸류Value — 이 다섯 가지의 가치를 창출해내는 것이 바로 빅데이터이다.[49]

빅데이터는 인류 미래의 핵심 자원이다. 슈퍼컴퓨터 없이도 여러 대의 컴퓨터를 연결하여 분산처리하는 아파치 하둡Apache Hadoop과 같은 기술을 이용하여 막대한 양의 데이터를 저장하고 처리할 수 있게 되었다. 딥러닝도 처음에는 문제가 많았지만, 빅데이터를 활용한 이후에 정확성과 지능이 획기적으로 높아졌다. 구글의 자동번역 시스템도 통사론과 문법구조를 이용하는 것이 아니라 빅데이터를 활용하여 유사한 문장과 어구를 대조하고 전후 관계를 추론하며 번역한다. 그러면서 번역의 질과 정확도가 획기적으로 높아졌다. 현재 한국어와 영어는 70% 남짓에 그치지만, 유럽어끼리는 90% 이상의 번역 완성도를 보인다. 앞으로 10년 안에 99%에 도달할 것이다. 오바마의 대통령 당선에 빅데이터 활용이 결정적 영향을 미쳤다.

산업혁명 시대의 화석연료와 철처럼, 빅데이터는 앞으로 다가올 미래 스마트사회의 핵심 자원이다. 빅데이터는 정치, 경제, 사회문화, 마케팅, 경영, 스포츠, 의료와 보건, 기상 등 거의 모든 분야에서 획기적인 결과를 산출하고 있다. 빅데이터는 혁신과 창조의 도구이다. "빅데이터는 향상된 데이터 저장/처리기술과 분석기술을 통해 이제까지 다루지 못했던 방대한 규모의 데이터를 활용하여 기존 비

---

49 Anushree Subramaniam, "What is Big Data? A Beginner's Guide to the World of Big Data," *Edureka,* Jun 30, 2020.

즈니스에 효율화, 개인화, 지능화를 통한 혁신을 제공하고 새로운 지능형 서비스를 제공한다."[50]

"미국의 멤피스 시는 경찰 인력을 25% 줄이고 IBM의 수학자, 빅데이터 전문 컴퓨터과학자, 인류학자가 융합적으로 개발한 범죄분석 소프트웨어 '블루크러시'를 활용했다. 범죄자의 조서, 증언 등 범죄에 관련된 경찰의 자료를 비롯하여 범죄의 사전 행태에 이르기까지 빅데이터를 날짜와 장소별로 분류하고 500대의 감시카메라와 순찰차를 연결하여 데이터를 계속 업데이트하면서 범죄확률을 계산하여 영화 〈마이너리티 리포트〉처럼 범죄를 사전에 예방하는 데 주력하고 있다. 오바마 대통령의 당선을 예측한 네이트 실버의 말대로, '미

50 안창원·황승구, 「빅데이터 기술과 주요 이슈」, 『정보과학회지』 Vol. 30 No. 6, 2012, 10~17쪽.

래는 방정식이다.'"[51]

하지만, 빅데이터는 우리의 사생활을 통제하고 개인의 자유를 억압하며 대중의 노동을 착취한다. 우리가 SNS에 올린 글과 주고받은 문자, 신용카드로 결제한 내역, 인터넷에서 검색한 것과 방문한 사이트, 이동하여 간 곳과 만난 사람, '좋아요'를 누른 사람 등을 빅데이터 기업들은 거저로 수집한다. 또, 이를 저장했다가 필요에 따라 빅데이터 분석을 통하여 한 개인이나 특정 집단의 의식과 무의식, 소비와 정치, 문화 성향을 파악하여 언제든 정치나 마케팅에 이용할 수 있다.

네티즌은 전혀 임금을 받지 않고 자발적으로 소프트웨어를 사용하고 포털에 접속하면서 서로 소통한다. 이 때문에 올린 글이나 콘텐츠는 사적 소유물이 아니라 공유물이며, 상품교환의 법칙을 따르지 않고 선물교환의 법칙을 따르므로 잉여가치를 생산하지는 않는다는 강남훈 교수의 주장은 어느 정도 타당성이 있다. 네티즌이 자발적으로 자기 기쁨을 위해서, 혹은 남을 위해서 콘텐츠를 생산하고 접속자들이 능력에 따라 콘텐츠를 생산하고 필요에 따라 소비하는 것 또한 상당 부분 공감이 간다.[52]

"하지만, 접속자들이 자기 기쁨을 위해서나 남을 위해서 능력에 따라 생산하고 필요에 따라 소비하는 것 같더라도 이는 표층일 뿐이다. 접속자들은 인터넷과 스마트폰에 중독이 되어 과잉으로 콘텐츠를 생산하고 소비한다. 양상은 차이가 있지만, 산업사회에서 노동자들이 기계에 포섭되어 과잉 노동을 하여 잉여가치를 생산하는 것과

---

51 마르크 뒤갱·크리스토프 라베, 앞의 책, 126~128쪽 참고함.

52 강남훈, 「착취와 수탈: 김창근에 대한 답변」, 『마르크스주의연구』 제5권 4호(통권12호), 2008년 11월, 246쪽. 참고함.

다르지 않다. 잉여가치란 기계에 포섭된 노동자가 노동을 통해 새로운 가치를 창출하여 기존의 가치보다 더 증가된 가치를 뜻한다. 포털사는 자본을 투여하여 포털을 만들고 네티즌은 이 기계와 프로그램에 포섭되어 기존의 것보다 가치가 증대된 콘텐츠나 빅데이터를 생산하고 이 가치는 고스란히 광고비로 전환되어 포털사가 차지한다. 네티즌이 자발적으로 창조한 잉여가치를 생산 과정에서 고스란히 자본가가 착취한 것이며, 이에 대해 단 한 푼도 지불하지 않는다. 곧, 네티즌의 참여와 소통은 (가치를 생산한 대가에 대해 아무 임금도 받지 못하는) 무불노동이다."[53]

우리는 자유롭게 객관적으로 정보를 검색하고 있다고 생각하지만, 시스템을 설계하고 정보를 다루는 자들이 이미 그들에게 유리한 방향으로 정보를 구조화한 알고리즘을 구성해 놓았다. 빅데이터를 다루고 입력하는 이들이 백인 중산층 남성이기에 빅데이터에 학습된 딥러닝을 비롯한 시스템들은 이들에게 유리하게 작동한다. 구글에서 'professor, pastor, doctor'를 치면 남자 교수, 목사, 박사 이미지만 90% 이상 나온다. "3년 전만 해도 '흑인 소녀'를 검색하면 '해변에 누운 풍만한 흑인 소녀'나 '달콤한 흑인 소녀 성기' 등의 사이트가 구글 검색 결과의 첫 페이지에 표출됐다."[54] "2016년 6월 6일에 카비르 알리는 '10대 흑인 3명'을 검색했더니 범인 식별용으로 구금과정에서 촬영하는 얼굴 사진인 머그샷을 검색 이미지로 주로 표출하고, "10대 백인 3명으로 검색했더니 주로 건전한 모습의 백인 소녀들이 나타난

---

53 이도흠, 『인류의 위기에 대한 원효와 마르크스의 대화』, 자음과모음, 2015, 657쪽. 참고함.
54 사피야 우모자 노블, 『구글은 어떻게 여성을 차별하는가』, 노윤기 역, 한스미디어, 2019, 107쪽.

동영상을 트위터에 올렸다."[55]

2019년에 미국 뉴욕대학교와 '에이 아이 나우 연구소'AI Now Institute의 라시다 리처드슨Rashida Richardson 등이 범죄예측 시스템에 대해 조사한 결과, "이를 운용하였거나 운용하고 있는 미국의 13개 시 경찰 시스템 가운데 9곳에서 오류와 편견이 발견되었다. 이 시스템에 학습시킨 빅데이터가 백인 중산층에 유리한 정보들로 이루어져 있기에 흑인이나 소수인종이 범죄를 더 많이 저지르는 것으로 예측했다. 경찰은 흑인과 소수인종의 거주지역과 마을을 주로 순찰하고 검문을 벌였다. 이는 악순환을 야기한다. 이렇게 더 순찰하고 검문하면 그 지역의 범죄율이 더 높아지고, 그러면 범죄예측 시스템이 범죄 가능성을 더 높게 예측하고, 이는 경찰이 편견과 순찰, 검문을 강화하도록 이끈다."[56]

"우리는 흔히 '빅데이터'나 '알고리즘'을 공공의 이익에 수렴되는 중립적이고 객관적인 소프트웨어라고 생각하지만 이는 사실이 아니다. (…) 구글의 직원들이 성차별적이고 인종차별적인 가치관을 품고 있었다."[57] "서양의 인터넷이 백인과 남성, 자산계급, 이성애자, 기독교문화 등을 구조적으로 옹호한다. (…) 이러한 이념은 웹 브라우저의 설계나 그에 따른 정보 오용에 의해 임의로 통제된다. 영어를 쓰는 인터넷 사용자와 콘텐츠 사업자, 정책 결정자, 설계자 등은 자신의 인종적 관점을 인터넷으로 유포하고, 인종적 갈등을 해석하고, 문

55 위의 책, 132~133쪽 요약함.

56 Richardson, Rashida · Schultz, Jason · Crawford, Kate, "Dirty Data, Bad Predictions: How Civil Rights Violations Impact Police Data, Predictive Policing Systems, and Justice," *94 N. Y. U. L. REV. ONLINE 192,* 2019. pp.192~233. 참고함.

57 사피야 우모자 노블, 앞의 책, 7~8쪽.

화적 자원을 배분한다. 이런 현실은 여성과 유색인종이 상품화의 도구가 되고 인종에 대한 관념이 재생산되는 온라인 사회역학을 그대로 보여준다."[58] 범죄 시스템만이 아니라 빅데이터를 활용한 인사시스템, 심판시스템, 판결시스템에서도 백인에게 더 유리한 판정을 하는 것으로 나타났다. 이제 유색인과 소수인종, 여성, 장애인, 노인 등은 AI로부터도 차별을 받기가 쉽다.

빅데이터는 '가짜 같은 진짜'를 양산하여 혼란을 야기할 수 있다. 한 교수가 가난하고 여러 불이익을 당해도 권력과 자본과 타협하지 않고 이들의 지원을 거부하며 평생 약자의 입장에서 진보적이고 비판적인 학문을 해왔고 높은 도덕성을 견지해왔다. 그런데 국가의 정보기관에서 그에 대해 수많은 빅데이터를 확보하여 그와 똑같은 음성과 말투와 영상으로 정부와 자본을 찬양하는 딥페이크 동영상을 유튜브에 올린다면 그 교수는 충격과 분노에 휩싸일 것이다. 아들의 목소리를 똑같이 재현한 딥페이크 음성으로 보이스 피싱을 한다면 사기의 성공률이 아주 높을 것이다. 유명한 앵커의 목소리를 모방한 딥페이크 가짜뉴스는 기존의 가짜뉴스보다 훨씬 더 사회를 혼란에 빠트릴 것이다.

빅데이터의 지배자들은 자신들이 원하는 정보와 이미지가 쉽게 검색되게 하고 대중들의 마음을 조작할 수 있는 정보와 이미지들을 지속적으로 노출시키는 알고리즘을 작동시켜서 그들의 불만과 저항을 받지 않은 채 의식과 무의식을 조종하고 통제할 수 있다. 예를 들

58 André Brock, "Beyond the Pale: The Blackbird Web Brower's Critical Reception," *New Media and Society*, 13〈7〉, 2011, p.1088. 사피야 우모자 노블, 앞의 책, 147쪽 재인용.

어, 앞으로 아마존의 킨들 시스템이 구매자의 몸과 연계된다면 문장마다 맥박, 땀의 양, 체온 등도 정보로 저장될 것이다. 지금도 아마존이 킨들시스템으로 읽은 빅데이터를 활용하여 특정 책에 대한 수요를 미리 예측하고 구매자의 기호에 맞는 책을 미리 알려주고 독자들이 좋아하는 문장과 낱말을 출판사에 알려줄 수 있다. 하지만 앞으로는 독자들의 맥박을 뛰게 하거나 땀을 흘리게 하는 문장과 이미지만 모아 책을 출간할 수도 있을 것이다. 이를 아마존과 독자가 아니라 권력과 시민의 관계라고 생각해 보라. 끔찍하지 않은가?

▮ 데이터교

디지털 시대를 맞아 새로운 종교가 형성되고 있다. 바로 데이터교Dataism다. 이는 디지털 정보화를 바탕으로 한다. 우리가 영화를 디지털로 본다면 영화에 나오는 모든 배경과 인간의 동작, 배우의 감정에 따른 다양한 표정, 목소리와 배경음악 등 모든 것이 0과 1의 디지트로 전환한 것이다. 그처럼 인간이 만든 정보만이 아니라 다른 생명, 자연, 우주까지도 디지털로 전환하여 정보화하고 있다. 작은 벌레에서 인간, 사회, 더 나아가 지구촌과 우주에 이르기까지 우주 삼라만상이 끊임없이 움직이고 이 움직임들이 서로 관련을 맺고 있기에 생명과 인간, 우주가 빚어내는 운동과 사건은 무한하다. 그럼에도 게임이나 페이스북의 알고리즘을 알면 그 동작과 사건이 이루어지는 원리를 이해할 수 있을 뿐만 아니라 예측할 수도 있다. 이런 취지에서 데이터교도들은 생명체 또한 인간이 만든 기계와 게임처럼 알고리즘으로 이루어져 있다고 간주하여 양자를 융합하여 생명과 기계의 장벽을 허물어버렸다. "데이터교는 우주가 데이터의 흐름으로 이루어져 있고, 어떤 현상이나 실제의 가치는 데이터 처리에 기여하는 바에 따라 결정된다고 말한다. (…) 데이터교는 정확히 똑같은 수학적 법칙들이 생화학적 알고리즘과 전자 알고리즘 모두에 적용된다고 지적한다. 데이터교는 그렇게 함으로써 동물과 기계의 장벽을 허물고, 결국 전자 알고리즘이 생화학 알고리즘을 해독해 그것을 뛰어넘을 것으로 본다."[59]

이들이 볼 때, 생명이 창조하고 진화하고 살아가는 것이든, 해와 달과 무수한 별들이 나고 운동하고 사라지는 것이든 알고리즘에 따른 데이터의 흐름이다. 그러니 그 알고리즘만 캔다면 생명이든, 물질이든, 우주든 신처럼 창조하고 조정하는 것이 가능하다. 신보다, 인간의 지혜와 통찰보다 빅데이터와 알고리즘, 과학을 더 믿는 이들이 바로 데이터교의 교도들이다. 미국의 뇌신경과학자, 생명공학자, 전자공학자, 컴퓨터공학자들 가운데 대다수가 데이터교의 신도들이다. 이들은 생화학적 알고리즘과 전자적 알고리즘을 융합하여 물질과 생명을 창조하고 조정하는 작업에 몰두하고 있다.

데이터교의 관점에서 보면, 인간이라는 종은 단일한 데이터 처리 시스템이고, 개인은 시스템을 이루는 칩이다. 이 관점에서는 역사 전체를 시스템의 효율을 높이는 과정으로 이해할 수 있다. 역사는 크게 네 가지 방법 ― 곧, 인구가 많은 도시의 연산능력이 인구가 적은 도시보다 더 큰 데서 잘 드러나듯 프로세서의 수를 늘리는 것, 프로세서들이 다양할수록 역동성과 창의성이 높아지므로 프로세서의 다양

59 유발 하라리, 『호모 데우스 ― 미래의 역사』, 김명주 역, 김영사, 2017, 503쪽.

성을 늘리는 것, 더 잘 연결된 도시들이 고립된 도시보다 경제적, 사회적, 기술적 혁신을 잘하므로 프로세서 사이의 연결을 늘리는 것, 이동이 자유롭고 활발할수록 효율성이 높아지므로 현존하는 연결을 따라 이동할 자유를 늘리는 것 — 으로 진행해왔다는 것이다.[60]

데이터교도들은 과학이 모든 것을 아우르는 하나의 교의로 수렴하고 있고, 이 교의에 따르면 유기체는 알고리즘이며 생명은 데이터의 처리과정에 지나지 않는다. 이들은 지능을 의식에서 분리시키고, 의식은 없지만 지능이 매우 높은 알고리즘이 곧 우리보다 우리 자신을 더 잘 알게 될 것이라고 본다. 이에 대해 우리는 세 가지 질문 — 곧 유기체는 단지 알고리즘이고, 생명은 실제로 데이터 처리 과정에 불과한 것인가? 지능과 의식 중에 무엇이 더 가치 있는 것인가? 의식은 없지만 지능이 매우 높은 알고리즘이 우리보다 우리 자신을 더 잘 알게 되면 사회, 정치, 일상에 어떤 일이 일어날까? — 를 던질 수 있다.[61]

하지만, 데이터교도들이 착각하고 있는 것이 있다. 인간의 모든 것을 데이터로 환원할 수는 없다. 인간은 데이터 이상의 존재이기 때문이다. 인간의 생명과 죽음, 노화, 사유와 행위에 대하여 모든 유전자와 단백질을 해독하여 해명할 수는 없을 것이다. 설혹 그런 단계에 이른다고 하더라도 인간의 사유와 행위는 유전자와 단백질에만 존재하는 것이 아니라 인간의 몸과 정신 전체가 네트워킹을 하여 이루어지는 것이기에 영원히 미지의 영역은 남을 것이다.

데이터교에 맞서서 크게 아홉 가지 작업이 필요하다. 첫째, 우리는

60 위의 책, 517~518쪽 참고하며 요약함.
61 위의 책, 544쪽 참고함.

유전자와 단백질의 기능만으로는 해명할 수 없고 따라서 알고리즘으로 계량화할 수 없는 인간의 본성, 생명성을 추구하여야 한다. 둘째, 수많은 원인과 결과, 토대와 상부구조, 우연과 필연, 권력과 저항이 계량할 수 없는 카오스적인 작용과 반작용에 의해 이루어진 인류의 역사를 데이터로 환원하고 역사 발전을 위한 인간의 자유의지와 지향을 효율성으로 대체한 역사관을 비판해야 한다. 셋째, 1권 2부 3장 "인공지능의 쟁점 2: 초지능과 자유의지의 프로그래밍"에서 논증하였듯이, 자유의지 허구론을 과학적으로 비판하고 몸과 뇌신경세포 사이의 연기적 관계로 사유하고 행동하여야 한다. 넷째, 빅데이터와 알고리즘보다 인간의 마음과 지식, 이것이 축적해서 이룬 인류의 역사와 문명을 신뢰하여야 한다. 다섯째, 끊임없는 반복 속에서 알고리즘으로 분석하거나 파악할 수 없는 차이들을 찾고 그에 의미를 부여하여야 한다. 여섯째, 매일 일정한 시간에 접속을 끊고 본래의 자기를 성찰하여야 한다. 일곱째, 책읽기와 교육을 통하여 비판적이며 성찰적이며 저항적인 동시에 타자의 고통에 공감하는 주체를 길러야 한다. 여덟째, 시민사회는 빅마더에 저항하는 연대를 구성하여야 한다. 아홉째, 딥페이크 등 진짜 같은 가짜들을 강력하게 통제하여야 한다.

디지털 원주민

디지털 원주민the digital natives은 밀레니엄 세대와도 다르다. "디지털 원주민들은 모두가 컴퓨터, 비디오 게임, 인터넷의 디지털 언어를 잘 구사하는 원어민이며,"[62] 다른 유형의 경험이 다른 유형의 뇌 구조를 형성하기에 이들은 뇌 구조와 사고패턴이 그 전 세대와 다르다.[63] 이들은 어릴 때부터 비디오게임을 하고 스마트폰을 작동하면서 이미지와 동영상을 주로 보며 자라왔기에 문자를 통해 의미를 생각하고 표현하고 해석하는 것보다 이미지를 감각적으로 느끼고 표현하는 데 익숙하다. 이들은 긴 글보다 짧은 글, 문자보다는 이미지를 선호한다. 이들은 긴 글을 기피하고 140자(한글 70자) 이내로 한정된 트위터식의 글쓰기와 읽기를 선호하며, 텔레그램이나 카톡을 통해 서너 단어 위주의 문장이나 이모티콘으로 대화하기에 사고가 단편적이고 표층적이다. 진지한 비판이 사라지고 인신공격성 비판과 장난으로 올리는 글과 가짜뉴스들이 정보의 바다에서 쓰레기로 떠다니는데, 이들은 이성적으로 오랜 시간을 사고하고 해석하고 판단하는 것이 아니라 즉흥적으로 감성이 끌리는 데 따라 빠른 순간에 정보를 선택한다. 때문에 이들은 감각적인 대신에 그 전 세대에 비하여 깊이 있게 사고하고 성찰하는 능력이 현저히 떨어진다.

"디지털 시대는 청소년을 소셜그룹과 경쟁의 소용돌이 속에 휩싸이게 했고, 이는 젊은이의 지적 발달에 심각한 위협이 되고 있다. 이것은 오래된 미디어에서 새로운 미디어로, 전통적인 독해·작문 능력에서 새로운 독해·작문 능력으로의 진화가 아니다. 이탈이다."[64] "그들은 자기 자신에게 몰입할수록 과거는 잊어버리고 미래에 대한 비전

62 Marc Prensky, "Digital Natives, Digital Immigrants," *On the Horizon*. 9(5), October, 2001, p.1.

63 *ibid.*, p.1.

64 마크 바우어라인, 『가장 멍청한 세대』, 김선아 역, 인물과사상사, 2014, 10쪽.

도 잃어버린다. (…) 청소년은 사막에 모여 앉아 이야기, 사진, 텍스트만을 주고받으며 또래의 주목을 받는 기쁨에 산다. 그동안 그들의 지성은 지금의 우리를 만들어온 문화적·시민적 유산을 거부한다."[65]

"실험군을 둘로 나누어 동일한 소설을 각각 종이책과 전자책으로 읽게 했더니, 전자책을 읽은 쪽은 75%가 스토리를 따라가기 어려웠다고 답한 반면에 종이책은 10%만 그같이 답한 것이다. (…) 인터넷을 많이 하면 심층 지식의 습득과 귀납적 분석, 비판적 사고와 상상, 성찰의 능력이 약화될 수 있다."[66] 종이책과 전자책을 읽을 때 뇌가 활성화하는 영역이 다르며, 이에 따라 읽기가 행해질수록 뇌도 변한다.

빅데이터와 플랫폼을 좌지우지하는 이들이 이 모순을 누구보다 잘 알고 있다. 빅데이터 기업의 영지인 실리콘 밸리의 로스 앨토스에 있는 월도프 스쿨은 4학년이 될 때까지는 스마트폰, 태블릿, 컴퓨터를 사용하지 못하게 하는데, 학생 가운데 4분의 3이 휼렛 패커드, 애플, 야후, 구글 직원의 자녀다. 스티브 잡스는 집에서 가족끼리 저녁 식사를 할 때 아이폰이나 아이패드의 사용을 엄격하게 금지했다.[67] 태블릿이 주된 자극도구가 될 경우 "주의력 장애를 키우고, 언어 발달을 지연시키고, 인과율과 시간 개념 형성을 방해하고, 국소적·전체적 운동성의 발달에 피해를 주고, 조화로운 사회화에 해를 끼치는 행동의 결과를 가져온다."[68]

---

65 위의 책, 281쪽.

66 마르크 뒤갱·크리스토프 라베, 앞의 책, 106쪽.

67 위의 책, 102~103쪽 참고함.

68 "Les tablettes, à éloigner des enfants," *Le Monde*, 16 September, 2015. 마르크 뒤갱·크리스토프 라베, 앞의 책, 103쪽 재인용.

반면에 책은 막대한 네트워크와 끊임없이 밀려드는 정보나 유혹도 미치지 못하는 최후의 보루 중 하나다. "종이책은 선형성과 유한성을 통해 속도의 숭배를 저지하는 침묵의 공간을 만들어내고, 혼돈의 한 가운데서 일관성을 유지할 수 있게 해준다."[69]

우리는 책을 읽으면서 활자들이 나타내는 1차적 의미와 함께 행간에 담긴 2차적 의미들을 생각한다. 독서를 하며 사람들은 가슴으로 감동하고 머리로는 상상하고 사고한다. 더 나아가 이 세계, 곧 인간과 사회, 자연, 우주의 본질과 원리에 대해 이해하고, 이를 통해 자신을 성찰하고, 현실의 모순에 대해 비판적인 인식을 하며, 기존의 것과 다른 새로운 원리와 예술, 세계를 꿈꾼다. 시공간을 넘나드는 사유, 의미의 다채로운 향연, 동일성과 차이, 내면으로의 여행, 속도와 흐름에 저항하는 빈틈과 침묵, 낡은 나를 깨는 고통과 새로운 세계로 나아가는 황홀감 — 이런 것들이 종이 책에서 얻는 가치다. 디지털 원주민은 4차 산업혁명의 주역이자 디지털 사회의 미래다. 이들에게 종이책을 읽게 하고 이로부터 사색하고 상상하고 사고하는 것과 타인과 협력하는 것을 제대로 가르치지 않는다면 우리의 미래는 어두울 것이다.

무엇보다도 교사들이 디지털 원주민의 언어로 소통해야 하며, '읽기, 쓰기, 수학, 논리적 사고, 이해'와 같은 전 시대의 유산을 '소프트웨어, 하드웨어, 로봇공학, 나노공학, 유전학'과 같은 미래의 콘텐츠와 함께 디지털 언어로 번역하여 디지털 원주민 세대에게 전해야 한다.[70]

---

69 위의 책, 109쪽.

70 Marc Prensky, *op. cit.*, p. 4. 요약함.

마무리

우리는 구술시대와 문자시대를 지나 영상시대를 살고 있고, 아날로그 사회에서 디지털 사회로 빠르게 이행하고 있다. 디지털 사회에는 아날로그 사회와 전혀 다른 실상이 펼쳐지고 있다. 모든 정보를 디지털로 전환하여 디지털 정체성이 형성되고 인터넷과 스마트폰을 통하여 동시에 전 세계의 사람들이 서로 소통할 수 있다. 디지털 사회는 정치, 경제, 사회문화의 모든 장에서 빛과 그림자를 동시에 드리우고 있다. 여기에 빅데이터가 더해지면서 혁신이 일어나고 있다. 빅데이터는 상상할 수 없을 정도로 방대하고 다양한 데이터를 정확하고 빠르게 전달하며 새로운 가치를 창출하고 있다. 대중은 광속으로 소통을 하고 거래를 하고 무한한 정보에 접속하게 된 대신 정보를 빅데이터 기업에 무료로 공급하고 그들의 통제를 받게 되었다. 빅데이터 기업과 이를 운영하는 이들은 대중들을 즐겁게 하면서도 그들의 의식은 물론 무의식마저 통제하고 조작하는 빅마더가 되었다.

데이터교도들은 온 우주와 자연과 생명이 데이터로 이루어져 있기에 생화학적 알고리즘과 전자적 알고리즘을 해독하여 양자를 융합하면서 무한한 창조를 이룰 수 있으며 생명 또한 알고리즘에 지나지 않는다고 본다. 이로 지능이 의식에서 분리되고 과학은 모든 것의 교의로 수렴하고 있다. 하지만 인간의 모든 것을 데이터로 환원할 수는 없다. 인간은 데이터 이상의 존재이기 때문이다. 이에 우리는 인간의 이름으로 매일 일정한 시간에 접속을 끊고 자신을 성찰하면서 사랑, 우애, 공감, 자비, 궁극적 진리, 무한 등 알고리즘으로 계산되고 산출될 수 없는 가치를 추구하여야 한다.

앞으로 4차 산업혁명 시대에도 인간이 인간다운 삶을 구성하려면 아날로그 시대의 지사적 인간형과 디지털 시대의 리좀적 인간의 노마드적 삶을 종합하는 것이 필요하다. 그래야 지사는 노마드가 미치지 못하는 영토에 들어가 탈영토화의 깃발을 꽂을 수 있고, 노마드는 지사가 탈영토화한다면서 재영토화한 곳에 침투해 땅속줄기를 뻗을 수 있다. 그럴 때 양자는 소통하는 것이고, 그 소통이 인류의 더 나은 삶에 새로운 지평을 열 것이다.

아울러, 디지털 사회의 주역이자 미래인 디지털 원주민에게 종이책을 읽게 하고 이로부터 사색하고 상상하고 사고하는 것과 타인과 협력하는 것을 제대로 가르쳐야 한다. 꼰대처럼 강요할 것이 아니라 읽기, 쓰기, 수학, 논리적 사고, 이해 등 아날로그 세대의 유산을 디지털 언어로 번역하여 디지털 원주민들이 가장 좋아하는 양식에 담아 전해야 한다. 끊임없는 반복 속에서 알고리즘으로 분석하거나 파악할 수 없는 차이들을 찾고 그에 의미를 부여하면서 책읽기와 토론, 교육을 통하여 비판적이며 성찰적이며 저항적인 동시에 타자의 고통에 공감하는 주체를 길러내고 빅마더에 저항하는 연대를 구성해야 한다.

제 2 장

가상현실/증강현실과 재현의 위기

1. 왜 재현의 위기인가

〈매트릭스〉라는 영화를 보았는가. 1999년에 개봉된 이 영화에서 인공지능 컴퓨터가 인간으로부터 에너지를 얻기 위해 인간의 뇌에 매트릭스라는 프로그램을 입력하고, 인간들은 매트릭스의 프로그램에 따라 가상현실을 실제 현실로 착각하고 살아간다. 당시 사람들은 영화에서 묘사된 가상현실이 감독의 기발하고 독특한 상상력이라며 감탄을 했었는데, 이제 가상현실은 감독의 '상상력'이 아닌 '현실'이 되었다. 누구든 세컨드라이프 닷컴(www.secondlife.com)과 같은 곳에 들어가서 또 하나의 삶을 살 수 있다. 누구든 헤드 마운티드 디스플레이Head Mounted Display, HMD를 장착하면 실제와 구분이 되지 않는 가상현실Virtual reality을 체험할 수 있다. 증강현실Augmented Reality, AR은 '포켓몬 고Pokémon GO'와 같은 게임의 영역만이 아니라 군사, 교통, 교육, 의료 등 여러 분야에서 활용되고 있다. 이러면서 우리는 "가상과 실제 현실의 경계는 무엇인가?, 가상현실과 실제 현실은 서로 어떤 영향을 미치는가?, 우리가 살고 있는 이 세상이 가상현실이 아닐까?"라는 의문을 갖게 되었다. 현실과 텍스트, 현실과 가상이 전도되는 '재현의 위기'가 도래하고 있다. 우리는 어떻게 이 위기에 대처해야 할까?

'재현의 위기the crisis of representation'란 무엇인가. 독일의 빈프리트 뇌트Winfried Nöth는 "낱말은 지시대상을 상실했고, 이미지는 현실에 전혀 닻을 내리지 않으며, 미디어는 점점 더 자기지시적이 되었으며, 그 결과는 하이퍼리얼리티와 가상의 세계이다."[1]라고 말했다. 카셀대학에서 여러 차례 콜로키움을 하면서 이를 학술 담론으로 부상시킨 당사자가 바로 빈프리드 뇌트이다. 이 말에 재현의 위기가 무엇인지에 대해 잘 요약되어 있다.

구글의 온라인 미술관인 '아트프로젝트Art project'에 들어가서 원하는 그림을 찾아 클릭하면, 어찌나 정밀한지 실물 크기의 100%까지 확대할 경우 붓 터치, 칠을 하지 않거나 칠이 벗겨진 곳에 드러난 캔버스의 섬유질까지 생생하게 확인할 수 있다. 실제 그림과 너무도 똑같이 재현해놓았지만, 그것은 그림을 0과 1의 디지트 정보로 전환한 것을 다시 색과 모양으로 전환한 가상일 뿐이다.

여기 사랑하는 두 남녀가 있다. 두 남녀가 사랑하는 현실을 한 편의 소설이나 영화로 재현한다. 독자들은 소설과 영화를 실제實際라고 생각하지 않는다. 하지만 21세기에 와서 우리는 이것이 전도되는 새

---

1 Winfried Nöth · Christina Ljungberg, "Introduction," *Semiotica*, V.143 No.1/4, 2003, p.3.

로운 상황과 마주치고 있다. 요새 청년들은 소설, 영화, 심지어 30초짜리 광고 속의 허구적 이야기로 펼쳐지는 사랑을 모방하여 사랑을 한다. 현실이 소설과 영화로 재현되는 것이 아니라 거꾸로 텍스트가 현실을 '구성'하는 것이다.

"인스타그램에는 하루에 8,000만 장의 사진이 올라온다. 중요한 것은 사진 속의 순간 그 자체가 아니라 그 순간을 디지털 기록으로 남기는 일이다."[2] 진실로 자신이 그 식당에 가서 음식의 맛과 향, 식당의 분위기와 풍경을 누리려고 가는 것이 아니라 유명한 사람, 혹은 자신이 좋아하는 연예인이 간 곳이기에, 또는 인스타그램이나 페이스북에 사진을 올리고 페친들의 '좋아요'를 받기 위해 그 식당을 찾는다. SNS를 하는 이들 가운데 절대 다수가 인스타그램이나 페이스북에 올리기 위하여 여행을 하고 유명한 식당을 찾고 행사에 참여한다. 여행과 식사와 행사의 실상이 아니라 페친들의 환상에 부합하는 모습에 가까운 이미지들을 올린다. 아날로그 시대에는 자신과 가족, 친지, 동료들과 함께 즐기기 위해 그곳에 갔고, 그 즐거움의 한 자락이라도 기억 속에 붙들어 매서 필요할 때마다 추억으로 환기하기 위해 사진을 찍었다. 그것은 늘 과거의 공간이었다. 하지만, 디지털 시대에는 현재의 공간으로 전환하였고, 자신이 아무리 즐겁더라도 '좋아요'가 없으면 우울함을 느낄 정도로 즐거움의 대상이 전도되었다. 귄터 안더스Gunther Anders의 말대로, "환영이 현실이 되면 현실이 환영 같은 존재가 된다."[3]

---

2 마르크 뒤갱·크리스토프 라베, 『빅데이터 소사이어티』, 김성희 역, 부키, 2019, 37쪽.

3 위의 책, 38쪽.

미디어도 마찬가지이다. 우리는 큰 지진이나 쓰나미가 일어나서 수만 명이 죽었다는 말을 들으면 반신반의하다가 텔레비전 뉴스에서 리포터의 발언과 현장 장면 영상을 보면 진짜라고 생각하게 된다. 뒤이어서 가슴이 아픈 반응이 일어나고 후원금이라도 내야겠다는 생각을 한다. 하지만, 여기에 나온 영상과 리포터의 발언은 '실제 현실'이 아니라 '미디어가 구성한 현실'일 뿐이다. 언론사의 입장, 사진이나 동영상을 찍은 기자의 관점과 프레임, 더 나아가 자본과 국가, 제국의 이데올로기와 이해관계가 투영된 것이다.

무엇보다 언론사는 수많은 장면 가운데 언론사의 이해관계에 부합하는 일부 장면만 선택하여 보여주며 성급한 일반화의 오류를 유도할 수 있다. 이라크전 때 미국의 방송사는 미군이 스마트 폭탄을 이용하여 정확히 이라크의 군사 시설만 타격하는 장면을 보여주며 이 전쟁이 '깨끗한 전쟁'임을 표방했다. 왜 그랬을까? 미국은 베트남전에 대한 트라우마가 있었다. 호치민을 지도자로 한 북베트남 정권은 청렴하고 민주적이었고 인민과 민족을 위한 정책을 펼쳤지만, 남베트남 정권은 부패했고 소수의 엘리트와 프랑스와 미국을 위하여 인민을 탄압하는 독재를 행하였다. 미국은 호치민이 표방하는 사회주의가 인도차이나로 확산하는 것을 막고 무기를 팔아먹기 위해 통킹만 사건을 조작하여 참전했고, 네이팜탄, 고엽제 등 금지된 대량살상무기나 화학무기를 무분별하게 사용하여 200만 명이 넘는 민간인을 죽이고 미라이 등에서 민간인 학살까지 자행했다.[4] 이에 베트남

4 1995년에서야 베트남 정부는 베트남전 희생자에 대해 공식 발표했다. 200만 명의 민간인이 사망했고, 110만 명의 북베트남 정규군과 베트콩, 20만에서 25만 명의 남베트남 군인이 사망했으며, 고엽제 등 화학무기에 의해서 40만 명이 사망하거나 불구가 되었고 50만 명의 아기가 선

전은 '역사상 가장 더러운 전쟁'이란 별명이 따라다녔다. 반전시위가 끊이지 않았고 국제적인 비난도 강하게 받았으며, 결국 미국은 압도적으로 우월한 무기와 군사력을 가졌음에도 전쟁에서도 졌다.

미국은 이 '더러운 전쟁'의 트라우마에서 벗어나고자 글라이더처럼 활강하면서 목표로 유도되는 '스마트 폭탄'을 개발하여 걸프전에서 군사 시설만 정밀하게 타격하는 장면을 CNN을 통해 전 세계 대중에게 보여주면서 '깨끗한 전쟁'을 표방했다. 대중들도 그렇게 믿었다. 하지만, 전쟁이 끝난 후에 참전 군인들은 사막의 모래 먼지와 악천후로 인하여 스마트 폭탄의 오폭률이 높았다고 증언했다. 2차 걸프전에는 스마트 폭탄이 획기적으로 개선되었다. 그럼에도 이라크전에서 사망한 민간인은 15만 명에 이른다.[5] 부시 대통령이 이라크에 대량살상무기가 있으니 중동의 평화를 위하여 이를 제거하겠다는 명분으로 이라크를 침공했는데, 전쟁이 끝날 때까지 대량살상무기를 찾지 못했다. 큰 사건만이 아니다. 이제는 SNS와 유튜브는 물론이거니와 공영 방송에서조차 가짜뉴스가 양산되고 있다.

우리는 가상과 현실이 전도되거나 경계가 해체되는 '매트릭스적 실존'을 겪고 있다. 한 소년이 자기 동생을 칼로 난자하여 죽였다. 상당한 시간이 지난 후에 기자가 감옥에 있는 그 소년을 찾아가서 몇 가지 질문을 해보고는 놀랐다. 그 소년은 동생을 죽인 데 대한 후회나 죄책감이 전혀 없었다. 롤플레잉 게임 마니아였던 그 소년은 자신

천적 결함을 안고 태어났다. ("The number of Vietnamese people died in the Vietnam war," Vietnam Embassy in Pretoria, South Africa, April 25, 2019.
(https://vietnamembassy-southafrica.org/the-number-of-vietnamese-people-died-in-the-vietnam-war/)

5 「이라크전 민간인 희생자 15만 명」, 『연합뉴스』, 2006년 11월 1일.

이 동생을 죽인 것이 아니라 게임 속의 악마를 죽인 것으로 착각하고 있었다. 게임 중독에 빠진 부모가 아이를 굶겨서 죽이는 일도 심심치 않게 발생한다. 미국이나 일본에서는 몇몇 이용자가 증강현실을 이용한 게임인 포켓몬 고 게임을 하면서 실제 도로나 강변에 있는 포켓몬스터를 잡으려다가 교통사고를 당하거나 강에 빠지기도 했다. 극단적인 예이기는 하지만 정도의 차이일 뿐, 많은 사람들이 가상세계와 현실 세계를 구분하지 못한다.

언어기호 또한 디지털 사회에서 점점 그런 속성을 드러내고 있다. '나무'라는 언어기호에서 발성기관을 통해 '나무[namu]'로 발음하여 청각적 이미지를 나타내는 부분이 기표signifiant이고, 이 소리를 듣고 뇌 속에서 '목질의 줄기를 가진 여러 해 살이의 식물'이라는 의미를 떠올리는 부분이 기의signifié이다.[6] 디지털 사회에서 언어기호를 이미지가 대체하고 있다. 기호 또한 내용이나 뜻을 지시하지 못한 채 기표로만 떠다니고 있다.

예를 들어, 가장에게 구매의 권력이 있던 80년대에 거의 모든 자동차 광고는 자동차보다 젊은 여인의 육감적인 몸매와 미끈한 다리를 보여주는 데 더 많은 시간을 할애했다. 자동차라는 기호에서 '기름이나 가스를 동력으로 하여 바퀴를 움직여 빠른 속도로 달리는 탈 것'이라는 의미는 사라지고 여배우의 성적 매력이 넘치는 이미지가 그 자리를 대체한다. 자동차를 여성의 몸과 동일화한다. 그 이미지에는 여자를 조수석에 태우고 자동차를 몰거나 여성의 몸 위에 올라타서

6 Ferdinand de Saussure, *Course in General Linguistics,* tr. Wade Baskin, New York: Philosophical Library, 1959, pp.65~70.

운전을 하고픈, 당시 자동차의 구매력이 있던 '부유한 사장님'의 욕망을 반영한다. 자동차 구매자들이 중산층 여성으로 바뀌자 '여행의 동반자, 가족의 행복을 증진시키는 도구, 반려견마저 행복감을 느끼는 이동수단' 등 그 계층이 선호하는 이미지로 전환했다.

이처럼 허구인 텍스트, 환영, 미디어가 현실을 구성하는 것, 가상현실과 실제 현실의 경계가 해체되거나 가상현실이나 증강현실이 실제 현실을 전도하는 것, 기호가 지시대상을 상실하고 이미지로 대체되는 것, 가짜가 진짜를 대체하는 것, 원본은 사라지고 복사본이 원본을 대체하는 것을 통틀어서 '재현의 위기'라 칭한다.

2. 시대에 따른 현실 개념의 변화

현실이란 무엇인가. 현실은 시시각각 변한다. 현실에 대한 개념도 문명사에 따라 달라졌다. 문명사의 관점에서 현실에 대해서 통시적으로 추론하겠다.

▮ 숲생활기의 현실

인류가 700만 년 전에 침팬지-보노보 선에서 분기된 이래 석기를 발명하여 사용하기 전까지 인류는 숲에서 수렵채취를 하며 살았다. 지도자로 있는 인간이 열매가 익을 때에 맞추어 그 열매가 있는 숲으로 무리를 끌고 갔고, 무리들이 먹는 것에 취해 있을 때 시간이 더 지체되면 천적인 표범이나 사자가 이 숲에 당도할 것이라며 무리를 이

끌고 원래 살던 숲으로 돌아왔을 것이다. 때로는 인간보다 약한 동물을 사냥하러 갔을 것이고, 석기는 없었지만 나뭇가지나 돌 등 자연을 이용하여 견과류를 깨거나 천적을 내쫓았을 것이다. 이때 현실이란 '인간이 자연을 대상으로 맨몸이나 간단한 자연의 도구를 이용해 수렵채취하고 생존하며 삶을 꾸려 나가는 현장'이다. 먹을 것이 충분하고 건강하고 무리의 구성원들과 사이가 좋을 때는 행복한 현실이었고, 먹을 것이 충분하지 못하여 굶주리거나 병에 걸리거나 천적에게 부상을 당했거나 무리의 구성원들과 사이가 좋지 않았을 경우에는 불행한 삶이었을 것이다. 당시 인류는 주로 이 문제에 대해 많은 이야기들을 했을 것이다.

석기 사용기의 현실

최소한 330만 년 전에 석기를 발명한 이후 인류는 석기를 이용하여 사냥을 하고 열매를 채집했다. 인류는 용도와 목적에 맞게 도구를 제작하고 사용하면서 도구를 매개로 자연을 변형하는 노동을 하였고 이로 새로운 가치를 생산했다. 모루떼기, 직접떼기 등 여러 기술을 개발하여 석기를 제작하고, 용도에 맞게 주먹도끼, 밀개, 찍개 등을 만들었다. 이것을 이용해 사냥한 짐승의 가죽을 벗기고 고기를 썰고 견과류의 단단한 껍질을 깼으며 집을 짓고 옷을 만들어 입었다. 이때 현실이란 '도구를 매개로 인간의 목적과 의도대로 자연을 개발하고 변형하며, 노동을 하여 새로운 가치를 생산하고 이를 무리에서 공유하는 경험과 사건'이다.

도구를 이용하여 많은 먹을거리를 확보하고, 이를 잘 가공하여 무리에서 잘 살아가는 것이 당시의 삶의 목표였다. 구석기인들은 도구의 제작법이나 이용법을 배우고 익히며 먹을거리를 확보했다. 용도에 맞게 도구를 만들고 이용하여 자연을 변형한다는 것은 당시 인류에게 경이적인 일이었다. 오늘날 격투기 선수라 할지라도 총이나 칼을 든 소년을 이기기는 어려울 것이고, 숙련된 농부라 할지라도 맨손으로 낫을 가진 도시 소년보다 더 많은 밀이나 벼를 벨 수는 없을 것이다. 당시에 도구를 잘 제작하고 능숙하게 이용하는 자가 그러지 못한 자보다 생존할 확률이 높았을 것이다. 당시에 인류는 도구의 제작과 이를 이용하며 벌어진 사건에 대해, 또 옷과 집, 음식 등 도구를 이용하여 변한 생활과 삶에 대해 이야기했을 것이다.

▌언어소통과 집단수렵채취기의 현실

20만 년 전에 FOXP2 유전자의 돌연변이가 일어나는 바람에 인류는 혀와 입술과 같은 발성기관을 그 전 시대와 비교할 수 없을 정도로 정교하게 움직이면서 차원이 다른 언어 소통을 했다. '흠의 언어 Hmmmm' 사용에 머물던 인류는 발성기관을 정교하게 움직여 다양한 모음과 자음을 발음하면서 무수한 낱말을 만들어냈다. "저기 가자." 라고 하던 말을 "저 강 건너 숲에 무화과 열매가 익었으니 따러 가자."로 바꿀 수 있었다. 인류는 언어적 소통을 정교하게 하면서 자신의 의도와 마음을 정확하게 표현하게 되었으며, 듣는 사람도 상대방의 의도와 마음을 비교적 정확하게 읽을 수 있게 되었다. 이로 인류는 상대방에 대한 공감을 증대하고 사회적 협력도 활발하게 했다. 이 당시 현실이란 '인간이 이기적 본능을 추구하면서도 언어적 소통을 하여 상대방에 대한 공감을 증대하고 사회적 협력을 하며 도구를 방편으로 자신의 목적과 의도대로 자연을 개발하고 변형하여 새로운 가치를 생산하고 공유하는 경험과 사건'이다. 이때 인류는 자연과 접촉할수록 자연을 세분하여 낱말을 만들고 이를 활용하여 활발하게 소통과 사냥과 수렵채취를 했다. 남는 시간에는 현실을 재현하는 여러 다양한 이야기를 했을 것이다. 무리를 지어 매머드를 사냥하러 가서 누가 창을 정확히 심장에 꽂고 누구는 실수를 하여 다치고, 때로는 매머드를 계속 놓치는 바람에 굶주렸다는 식의 이야기들을 했을 것이다.

▌농경혁명과 경제생활기의 현실

1권 1부 1장에서 기술했듯, 농경을 한 이후 8,000년 동안 인류는 평등한 공동체를 유지했다. 하지만 소가 끄는 쟁기로 10배의 생산성을 올리고 인구가 증가하면서 사적 소유, 권력, 계급이 형성되었다. 가진 자가 가지지 못한 자를 지배하고 잉여생산물을 차등적으로 분배하면서 기원전 4,000년부터는 본격적으로 계급이 형성되고 사회는 불평등해졌다. 상대적으로 힘이 세고 무기를 다룰 줄 아는 남성이 권력을 형성하면서 남녀 사이에 위계가 발생하였고, 가부장 사회가 되었다. 권력을 가진 자들은 경쟁을 하기도 하고 연대를 하기도 하면서 권력과 땅, 부富를 늘렸고 인민이 생산한 것을 착취했다. 노동 또한 진정한 자기실현의 수단이 되지 못하고 지배계급을 위한 강제적 생산행위로 전락했다. 이때 상층의 엘리트 집단은 자신들이 하층의 인민을 지배하는 것을 정당화하기 위해서 신화와 이데올로기를 만들고 그것을 퍼트렸다. 이때 현실이란 '평등한 공동체나 상위의 계급이 인민을 지배하고 착취하는 권력의 장 안에서 지금 여기의 맥락에서 농경과 목축을 하고 생활하고 갈등하며 벌어지는 사건과 구체적인 경험과 인식의 총체'라고 정의할 수 있다.

▌철기와 종교 시대의 현실

현실 개념에 획기적 변화가 온 것은 '타계'란 개념을 상상하고 이를 기억하고 공유한 이후이다. 길게는 호모 날레디가 매장을 한 약 23만 6,000년 전에서 33만 5,000년 전에,[7] 짧게는 1만 5,000년 전에 터키의 괴베클리 테페의 유적지에서부터[8] 인간은 내세에 대한 상상을 하고 죽음에 대하여 성찰했다. 농경 이전에 타계의 개념이 형성되었지만, 이 타계의 삶이 현실의 삶을 압도하지는 못했으며 현실의 삶 이후에 돌아갈 곳 정도로만 상상했다.

이후 조로아스터교 등 유일신을 중심으로 한 고등종교가 만들어지고 기축시대Axial age에 이르러 석가, 공자, 예수, 무함마드 등의 성인이나 신의 아들이 나타나 위대한 가르침을 전하면서 천국/극락/천상계와 지옥 등의 타계는 현실의 삶을 압도하는 시공간이 되었다.

당시 인류의 삶의 목적은 현세의 행복이 아니라 타계인 천국이나 극락에서 다시 태어나서 영생을 누리는 것이었다. 신라 경덕왕 대에

---

7 Lee R. Berger·John Hawks·Paul Dirks·Paul Elliott·Eric M Roberts, "Homo naledi and Pleistocene hominin evolution in subequatorial Africa," *eLife*, v.6, 2017, p.1.

8 Klaus Schmidt, "Göbekli Tepe, Southeastern Turkey. A Preliminary Report on the 1995-1999 Excavations," *Paléorient*, v.26 no.1, 2000, pp.45~54.

여자 종으로 있던 욱면은 극락으로 가기 위하여 주인의 방해를 받으면서 매일 벼 두 섬씩 찧고 졸음이 올까 봐 두 손바닥에 구멍을 뚫고 노끈을 꿰어 합장하는 고행을 감내한 끝에 마침내 부처가 되었다.[9] 유럽에서는 천국에 간다는 확신을 갖고 많은 청년들이 십자군 전쟁에서 기꺼이 목숨을 바쳤다. 이 시기에 현실이란 '상위의 지배계급이 인민을 지배하고 착취하는 권력의 장 안에서 타계/내세와 구분되는 지금 여기의 맥락에서 신이나 초월적 존재의 은총과 섭리에 따라 일하고 생활하고 갈등하면서 벌어지는 사건과 구체적인 경험과 인식의 총체'이다.

과학/산업/시민혁명기의 현실

근대에 들어 인류는 과학혁명과 시민혁명, 산업혁명을 이룩한다. 과학혁명을 통해 주술의 정원에서 벗어났을 뿐만 아니라 신의 영역에 있었던 것들을 과학적으로 해명했다. 시민혁명을 통해 교회로부터 독립된 시민사회와 공론장을 형성했다. 시민들이 공론장에서 합리적으로 토론하면서 진리와 허위를 구분하고 합의에 이르렀다. 국가는 공론장을 통해 시민을 지배하고, 시민은 공론장을 통해 자신들의 의사를 정책으로 구현했다. 산업혁명을 통해 발전기, 방직기 등 도구의 혁신을 하고 대량생산을 하고 대량으로 소비하게 된다. 국민국가가 형성되어, 국가가 국민으로부터 세금을 걷고 국민에게 국방의 의무를 부여한다. 대신 국가는 국민의 안전과 복지에 대해 책임을

9 『삼국유사』, 감통 편, '여자 종 욱면이 염불을 하여 극락으로 가다'조.

졌다. 아직 공론장이 형성되지 않고 주술의 정원에서 벗어나지 못한 이슬람의 몇몇 국가나 극단적인 광신도를 제외하면, 설혹 내일 천국에 가는 것이 보장된다 하더라도 오늘 현실의 삶을 끊는 선택을 하지는 않을 것이다. 많은 사람들이 과학을 근거로 신을 부정하며, 종교를 가진 사람조차 가난의 구제나 병의 치료를 신보다 국가와 병원에 더 의존한다. 근대에서 현실이란 '국민이 국민국가의 장 안에서 타계와 구분되는 지금 여기에서 자연, 사물, 세계, 타인과 마주치면서 벌어지는 사건과 일, 구체적인 경험과 인식, 재현의 종합체로 실제 객관적으로 현존하는 것이자 이상, 꿈, 환상, 허구와 대립되는 원본'이다. 실제로 이런 현실들을 그대로 보도하는 신문이 만들어지고 이를 재현한 소설과 영화들이 창작되었다.

4차 산업혁명과 인공지능 시대의 현실

탈근대를 맞아 현실의 개념은 해체된다. 시간과 공간이 통합되고, 시간이 포개진다. 지금 필자가 대학의 강의실에서 강의를 하고 있다면 그 자리에 참석한 이들은 이것이 지금 여기에서 벌어지고 있는, 눈으로 보고 귀로 듣고 있는 구체적인 경험과 사건으로서 객관적으로 현존하는 원본이라고 생각할 것이다. 하지만, 이 강의는 이전에 했던 강의를 되먹임feedback하여 행하는 것이다. 이처럼 과거가 되먹임하여 현재를 구성한다.

자, 여기에 A, B, C라는 3명의 연인을 동시에 사귀는 남성이 있다. 그의 아버지가 한 달 뒤에 열릴 환갑 잔치에서 며느리감의 절을 받겠다고 선언했다. 이 남자는 세 여인 가운데 누구를 배우자로 선택할 것인가. 그 남성은 결혼 이후 자신이 어떤 삶을 살 것인가에 따라 그에 부합하는 연인을 선택할 것이다. 『타임*Time*』지의 아시아판과 미주판, 유럽판이 다르듯이 미래에 어떤 삶을 지향하느냐에 따라서 다양한 선택을 할 수 있고, 그 선택에 따라서 그 사람 앞의 현실은 버전 A, 버전 B, 버전 C 등 세 버전의 삶으로 전개될 것이다. 이처럼 미래가 현재를 구성한다. 또, 현실은 흐르는 강물처럼 지나간다. 강의도 찰나의 순간에 지나가고 "그 강의가 좋았다, 나빴다." 등 해석만 남는다. 이후에 자세히 설명하겠지만 재현은 불가능하고 원본은 없다. 따라서 현실이란 '객관적으로 현존하지 않고 재현도 불가능한, 과거를 되먹임하고 미래를 앞당겨 서로 중첩되는 사건으로 해석하는 것'으로 정의할 수 있다.

3. 이데아와 그림자

플라톤

재현의 위기에 대해서 말하기 위해서, 그리스 시대부터 이 재현의 위기에 관련된 핵심 개념에 대해 알아보자. 먼저 이데아와 그림자, 궁극적인 진리와 허위의 차이는 무엇인가.

플라톤의 『국가·정체政體』 7권을 보면 동굴의 비유가 나온다. 이를 간략히 하면, 그림처럼 동굴이 있고 죄수들이 머리조차 돌릴 수 없도록 묶여 있다. 죄수의 뒤에서는 나무조각으로 만든 병사와 말과 개의 상들을 담 위로 쳐들고 지나고 있다. 더 뒤에서는 불이 활활 타오르

동굴의 비유

고 있다. 이 죄수들은 병사와 말과 개의 그림자를 보며 그것이 실제 병사, 개나 말이라고 착각할 것이다. 이 그림자는 허상이고 허위이다. 그러면 죄수들이 실제의 병사와 말, 개를 보게 하려면 어떻게 해야 될까? 누구인가 와서 이 죄수를 풀어주고 그 죄수가 햇빛이 비추는 대지에서 실상을 실상대로 보게 하는 것이다. 그러면 죄수들은 그 전에 병사, 말, 개라고 간주했던 것이 실은 병사, 말, 개를 조각한 나무의 그림자일 뿐이라고 판단할 것이다.

이렇게 태양빛 아래에서 실상을 실상대로 보는 것이 이데아를 인식하는 것이고, 반면에 동굴에 갇혀서 잘못 봤던 것이 그림자다. 죄수를 묶었던 줄을 풀어서 태양빛 아래 실제의 이데아를 만날 수 있게 하는 자, 그가 바로 철학자이다. 그래서 플라톤은 철학자가 국가를 다스려야 한다고 보았다. 이데아는 단일하고 영원불변하지만 그림자는 변화무쌍하기에 덧없고, 참이 아니라 거짓이다. 플라톤은 인간이 가짜인 그림자의 세계에서 참된 이데아의 세계로 상승해야 한다고 주장했다.[10]

이어서 플라톤은 10권에서는 세 가지 침대의 비유를 한다. 첫 번째 침대는 신이 만든 이데아의 침대이고, 두 번째는 목수가 제작한 침대이며, 세 번째는 화가가 그린 침대이다.[11] 여기에 이데아의 침대가 있다. 눕자마자 바로 잠이 들고 5분만 자도 모든 피로가 다 해소된다. 목수가 이 이데아의 침대를 본따서 침대를 정교하게 만든다. 이데아의 침대에 이르는 것이 목표이지만, 그 어떤 목수도 그에 도달할 수는 없다. 그래도 목수는 모든 노력을 다하여 모든 사람이 잠을 잘 자고 쌓였던 피로가 금방 해소되도록 만든다. 화가는 목수가 만든 침대를 본떠서 그림으로 그린다.

이데아의 침대를 모방해서 목수가 침대를 만들고 목수의 침대를 모방해서 화가가 침대를 그림으로 그렸다. 그러면 예술이란 것은 이데아를 모방한 것을 또 이중으로 모방한 것이다. 실재를 모방한 것이 아니라 보이는 현상을 모방한 것이므로, 이렇게 원상을 이중으로 복사한 예술은 그림자의 그림자란 것이다. 한마디로 예술은 진리의 세계에서 두 단계나 떨어진 허위이고, 현상의 그림자인데 대중들이 실재라고 착각하게 하는 것이다.

플라톤은 이어서 "그런데도, 그 화가가 훌륭할 것 같으면, 목수를 그린 다음 멀리서 보여주어. 진짜 목수인 것처럼 여기게 함으로써 아

10 플라톤, 『국가·政體』, 박종현 역주, 서광사, 2005, 448~462쪽 참고하되 필자가 요약하며 풀어씀. 원본에는 인물상과 동물상이라 함.

11 위의 책, 615~616쪽.

이들과 생각 없는 사람들이 속아 넘어가게 하네."[12]라고 말한다. 솔거가 그린 소나무를 실제 소나무로 알고 앉으려다가 죽은 새처럼, 아이나 바보들이 화가의 침대 그림을 보고 깜빡 속아서 실제 침대라고 착각한다. 그렇듯 예술은 이데아나 진실이 아닌 거짓이며 사람들을 속이는 것이라고 주장했다. 모방의 모방이란 것이 예술에 대한 존재론적인 규정이라면, 거짓말로 보는 것은 예술에 대한 인식론적 규정이다. 물론, 플라톤이 예술을 전면적으로 부정한 것은 아니다. 『국가·정체政體』의 3장에서는 좋은 음악과 훌륭한 예술은 이상 국가를 지키는 훌륭한 성품을 가진 용사들을 길러내는 데 필요하다고 주장했다. 그럼에도 시와 예술은 허위이기 때문에 예술은 검열해야 하고 시인은 '거짓말하는 자'이기 때문에 공화국에서 추방해야 된다는 것이 플라톤의 생각이었다.

주지하듯, 유럽 문화의 두 축은 헤브라이즘과 헬레니즘이며, 헬레니즘에서도 가장 핵심 사상가는 플라톤과 아리스토텔레스이다. 더구나, "유럽 철학 전통은 플라톤에 대한 일련의 각주로 구성되어 있다."[13] 라고 할 정도로 플라톤은 서양 사유의 근본 바탕이다. 이 때문에 20세기까지도 동굴과 침대의 비유는 시와 같은 예술 장르의 부정론이나 검열론의 기원이 되었다.

12 위의 책, 619쪽.

13 A.N. Whitehead, *Process and Reality*, New York: Free Press, 1985, p.39.

▌아리스토텔레스의 시학과 모방론

플라톤은 유럽 사상과 문화의 토대를 이루는 현인이지만, 그에게도 한계가 있다. 실상과 현실에 대한 재현이나 표현은 모방하는 대상과 모방하는 주체 사이의 역동적이고 변증법적인 관계를 통하여 모방이 현상을 넘어 본질을 드러낼 수 있음을 간과하고 있다. 이 본질을 드러내는 미메시스는 이데아를 담을 수 있다. 또, 모방은 있는 현실만이 아니라 있어야 할 현실도 드러낼 수 있다. 이에 아리스토텔레스가 『시학』에서 플라톤의 논지를 비판하는 논리를 편다.

> 시인의 임무는 실제로 일어난 일을 이야기하는 데 있는 것이 아니라, 일어날 수 있는 일, 즉 개연성 또는 필연성의 법칙에 따라 가능한 일을 이야기하는 데 있다는 사실이다. 역사가와 시인의 차이점은 운문을 쓰느냐 아니면 산문을 쓰느냐 하는 점에 있는 것이 아니라 한 사람은 실제로 일어난 일을 이야기하고 다른 사람은 일어날 수 있는 일을 이야기한다는 점에 있다. 따라서 시는 역사보다 더 철학적이고 중요하다. 왜냐하면 시는 보편적인 것을 말하는 경향이 더 많고 역사는 개별적인 것을 말하기 때문이다. '보편적인 것을 말한다' 함은, 다시 말해 이러이러한 성질의 인간은 개연적으로 또는 필연적으로 이러이러한 것을 말하거나 행하게 될 것이라고 말하는 것을 의미한다.[14]

시인은 화가나 다른 모상 작가模像 作家와 마찬가지로 모방자이므로, 사

---

14 아리스토텔레스, 『詩學』, 천병희 역, 문예출판사, 1993, 61쪽.

> 물을 언제나 그 세 가지 국면 중 한 가지 국면에서 모방하지 않으면 안 된다. 즉 그는 사물이 과거나 또는 현재에 처하고 있는 상태를 모방하거나, 혹은 사물이 과거나 또는 현재에 처하고 있다고 말하여지거나 생각되는 상태를 모방하거나 혹은 사물이 마땅히 처하여야 할 상태를 모방하지 않을 수 없다.[15]

실제로 18세기 조선시대에 기생이 양반집 도령과 사랑을 하다가 신분 차이 때문에 혼인을 하지 못하자 자살한 역사적 사건과, 이에 상상을 보태어 소설적으로 구성한 판소리 〈열녀춘향수절가〉가 있다고 설정하자. 전자는 실제 일어난 역사적 사실이고 후자는 허구이다. 하지만, 전자는 개별적 사건이기에 보편적 진리를 담고 있지는 않다. 반면, 당시에 〈열녀춘향수절가〉를 판소리로 공연하면 사람들이 구름 떼처럼 몰려들어 함께 울고 웃었다. 왜 그랬을까? 그것이 "기생도 양반처럼 정절의 이념에 충실한 사랑을 할 수 있다.", "인간은 신분을 초월하여 사랑할 수 있으며 다 같이 존엄하다."라는 보편적인 진리를 담고 있었기에 대중들을 감동시킨 것이다. 이처럼 플라톤의 생각과 달리, 시와 예술은 보편적인 진리를 담고 있기에 허구의 양식이라 하더라도 이데아를 드러낼 수 있는 것이다. 아리스토텔레스의 이런 시학이 있었기 때문에 시와 예술이 존재할 수 있는 정당성을 갖게 되었다. 만약 아리스토텔레스가 이렇게 플라톤의 논리를 잘 반박하지 못했다면, 아마 시와 예술은 상당히 오랜 기간 동안 권력의 압박이나 검열을 피하여 지하 예술처럼 음성적으로 창작되

15 위의 책, 138쪽.

었을 것이다.

아리스토텔레스는 모방의 세 국면에 대해서도 말한다. 시와 예술은 시인이나 작가가 사물이나 사건의 실상을 직접 보고 모방하거나, 자신이나 사람들의 머릿속에서 생각하거나 말해지는 사물이나 사건을 모방하거나, 마땅히 존재해야 할 사물이나 사건을 모방한다. 시와 예술은 실제의 현실, 상상과 추론의 현실, 당위의 현실을 모방한다는 것이다. 『춘향전』에서 양반이 권력과 토지를 기반으로 서민과 천민을 지배하고 착취하는 양상, 원님의 중앙파견과 지방의 양반과 중인층이 결합한 행정체제, 탐관오리들의 부패와 과도한 수탈, 암행어사제 등이 실제 현실이다. 춘향과 이도령의 사랑이 상상의 현실이고, 춘향과 이도령이 신분의 벽을 뛰어넘어 혼인을 하고 그 자식도 최상층의 벼슬살이를 하는 것이 당위의 현실이다. 『춘향전』은 양반이 서민과 천민을 지배하고 착취하는 당대 현실을 객관적으로 잘 묘사하고 있을 뿐만 아니라 "인간이 신분을 뛰어넘어 사랑을 하며, 누구든 신분에 관계없이 존엄하고 평등하다."라는 보편적 진리를 잘 나타내고 있다. 그러기에 시와 예술은 대상, 현실, 사건의 피상적인 모습과 현상만 모방하는 것이 아니라 그 너머의 내적 의미와 본질까지 모방한다. 현상계만 모방한 것이 아니라 실재계를 모방하고 그에 담긴 보편적 진리를 드러낼 수 있다.

4. 예술과 현실의 거리 문제

이렇게 예술이 가짜이고 허구이면서도 한편에서는 본질과 보편적 진리를 드러낸다면, 우리는 그다음 문제로 예술과 현실 사이의 거리 문제에 대해 고민하게 된다.

현실, 텍스트, 해석의 관계

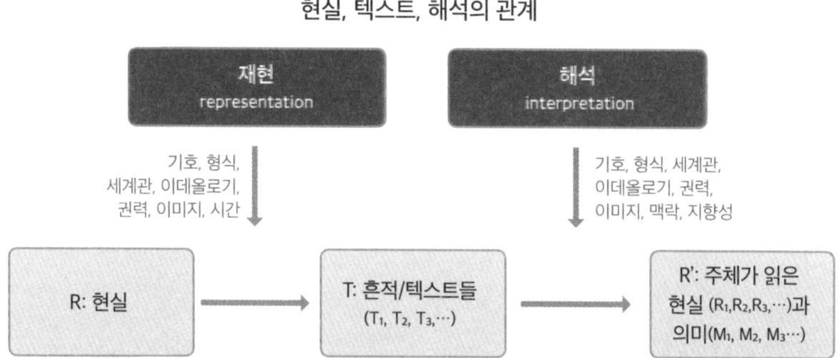

여기 구체적인 현실이 있다. 프랑스의 1789년 5월 혁명에 이어서 1832년에 6월 봉기가 일어났다. 수많은 사람들이 현실에 참여했다 하더라도 이 중 몇몇만이 프랑스 혁명이란 현실이 형성한 세계의 의미를 읽는다. 또 읽는 자 가운데 소수만이 이를 기억하여 텍스트로 재현representation한다. 실제로 카를 마르크스Karl Marx, 알베르 소불Albert Soboul 등이 역사서로 기술하고, 빅토르 위고Victor Hugo는 『레 미제라블』이라는 소설로 재현한다. 이 역사적 기록과 소설로 인하여 당시에 태어나지도 않았던 사람들이 그 기록과 소설에 재현된 현실(R')을 통하여 실제 현실(R)을 구체적으로 유추할 수 있다. 그래서 많은 이들이 바스티유 감옥이 무너지고 루이 16세와 왕비인 마리 앙투아네트가 단두대에서 목이 잘리고 군주제가 폐지되고 새로운 헌법에 의하여 공화국이 들어서기까지 현실을 구성하는 여러 사건들을 추억하듯 떠올릴 수 있다. 이전에는 실제 현실(R)과 재현된 현실(R')이 일치하는 것으로 간주했다. 하지만, 기억만이 아니라 기호의 한계, 형식의 매개, 세계관의 투영, 이데올로기의 반영, 권력의 개입, 시간과 기억투쟁에 의해서 현실은 늘 왜곡되어 재현되기 마련이다. 해석의 과정에서도 기호의 한계, 형식의 매개, 세계관의 투영, 이데올로기의 반영, 권력의 개입, 시간과 기억투쟁에 더하여 읽는 주체가 놓인 맥락과 그가 지향하는 바에 따라서 다양한 해석의 파노라마가 펼쳐진다. 그래서 구체적인 현실 R과 독자가 해석한 현실 R_1', R_2', R_3'는 같지 않으며 차이를 생성한다.[16]

현실과 재현의 관계

기호의 한계 우리는 기호를 이용하여 현실을 말이나 글로 재현할 수밖에 없는데, 이 기호가 현실을 실상 그대로 재현하는 데 한계를 보인다. 기호란 한마디로 '다른 무엇을 대신하는 무엇aliquid stat pro aliquo, something stands for something else'이다.[17] 여기서 라틴어 'stat pro'는 '나타내다stand for', '전이하다transfer', '재현하다represent'와 통한다. 필자가 강의실에서 강아지에 대해 설명하기 위하여 강아지를 데려올 필요는 없다. '강아지'라고 말하거나 강아지 그림을 보여주면 학생들은 강아지에 대해 사고하거나 상상한다.

하지만 기호는 한계를 갖는다. 세계는 언어보다 더 다양하고 복

16 이도흠, 「역사 현실의 기억과 흔적의 텍스트화 및 해석 — 화쟁기호학을 중심으로」, 『기호학 연구』 제19집, 한국기호학회, 2006년 6월, 140~142쪽.

17 Winfried Nöth, *Handbook of Semiotics*, Bloomington and Indianapolis: Indiana University Press, 1995, p.84.

잡하고 심오하기 때문에 언어로는 이를 온전히 나타낼 수 없다. 한국 사람들은 무지개를 흔히 빨주노초파남보 7가지 색이라고 말한다. 인간이 빛의 파장, 채도, 명도 등의 객관적 준거를 만들어, 파장이 625nm에서 740nm 사이에 있는 빛은 빨강, 590nm에서 625nm 사이에 있는 빛은 주황, 565nm에서 590nm 사이에 있는 빛은 노랑으로 범주화하여 구분했기에 그렇게 보이는 것이다.[18] 하지만, 얼마 전까지만 하더라도 '주황'이라는 낱말은 없었다.

현재도 유럽 사람들은 파랑과 남색을 하나로 묶어서 무지개를 여섯 가지 색으로 본다. 성소수자기나 평화기는 빨강, 주황, 노랑, 초록, 파랑, 보라의 여섯 가지 색깔로 이루어져 있다. 지금 한국에서 주황색을 보고 빨강이나 노랑이라고 말한다면 그 사람은 색맹 소리를 들을 것이다. 하지만 '주황'을 '주황'이라고 부른다고 하더라도 오류이기는 마찬가지이다. 실제 무지개를 자세히 바라보면, 빨강과 주황 사이에도 거의 무한에 가까운 색깔이 존재하기 때문이다. 그것을 세분하여 '극도로 진한 주황'에서 '극도로 흐린 주황'까지 1,000가지, 만 가지로 나눈다고 하더라도 실제 색깔에 이르지 못한다. 목숨을 구해주어서 진정 고마운 이에게는 오히려 "고맙습니다."라는 말이 나오지 않는다. 진정한 고마움이 100이라면 어떤 미사여구를 동원한다 하더라도 그는 80이나 90밖에 미치지 못하기 때문이다. 부모상을 당한 상가의 조문 인사도 원래 "선친/선비를 잃은 슬픔을 어떤 말로도 표현할 수 없을 것입니다."였다. 언어로는 생각을 다 표현할 수 없고, 생각은 이 우주를 모두 인식할 수 없다. 이렇게 기호가 실제의 세

---

18 〈위키피디아〉 영어판, 'Color' 참고함.

계를 실상 대로 재현하는 데 한계를 갖기 때문에, 어떤 현실을 기호로 재현한 순간 그 기호로 재현된 텍스트는 실제 현실을 왜곡하기 마련이다.

언어에는 실체가 없다. '나무'라는 낱말 안에 나무의 실체가 없다. '나무'는 실제 '나무'와 아무런 관련이 없다. 일종의 사회적 약속일 뿐이다. 우리 조상이 '너무', '노무', '낭무'로 불렀다면 그 낱말이 실제 나무를 대신하는 기호가 되었을 것이다. 나무의 의미를 드러내는 것은 나무의 속성이 아니라 나무와 다른 낱말의 관계다. '나무'는 '풀'과의 '차이, 구조, 관계'에 따라서 '목질의 줄기를 가진 여러해살이의 식물'이란 의미를 갖는다. '풀'이 없다면 '나무' 또한 없다. 또 '풀'이 아니라 '쇠'와 관계를 설정하면, '쇠'는 '문명'이고 '나무'는 '자연'을 뜻하며, '하늘'과 관계를 설정하면 '나무'는 '하늘과 땅의 중개자'라는 의미를 드러낸다. '불, 뿔, 풀'이 'ㅂ/ㅃ/ㅍ'의 음운의 차이로 의미가 갈리고 다른 낱말이 되듯, "언어에는 차이가 있을 뿐이며,"[19] "이러한 차이들은 이 자체가 실체가 아니라 구조 자체가 만들어내는 효과이다."[20]

재현의 위기를 학술 담론으로 부상시킨 빈프리트 뇌트 또한 "소쉬르에 따르면 기호 뒤편에 세계가 있다. 세계는 단지 뭉게뭉게 모여 있는 성운일 뿐이다. 기호는 다른 기호와의 차이에 의해 존재하며 재현은 세계를 재현하는 것이 아니라 기호들 사이에 존재하는 차이를 재현할 따름이다."[21]라고 말한다.

---

19 Ferdinand de Saussure, *Course in General Linguistics,* tr. Wade Baskin, New York: Philosophical Library, 1959, p. 120.

20 자크 데리다, 『해체』, 김보현 편역, 문예출판사, 1996, 132쪽.

21 Winfried Nöth, "Crisis of Representation?," *Semiotica*, 143:1/4, 2003, p. 13.

지극히 아름다운 풍경이나 예술품을 보면 "아!"라는 감탄사로 끝내거나 "어떤 말로도 이 아름다움을 표현할 수 없다."라고 말하듯, 현실은 기호를 통하여 재현될 수밖에 없는데 그 기호가 한계를 갖기에 현실은 기호의 매개를 거치는 순간에 축소되거나 왜곡된다.

형식의 매개 현실은 형식의 매개를 통하여 존재한다. 마이클 라이언Michael Ryan은 "형식이란 합리적인 개념인 동시에 유물론적인 개념이다. 그것은 물질성과 관념성 사이에, 즉 사물들의 객관 세계와 사고 및 관념이라는 정신세계 사이에 있다. 형식은 정신적 실체에 경험적 형상을 부여한다. 다시 말해, 말, 행위, 재현 등이 그렇듯이, 형식은 사고를 물질적으로 구체화한다."[22]라고 말한다. 규칙과 정석에 따라 바둑을 두는 사람처럼, 개인은 사회구조 속에서 각 집단이 행해온 재현의 형식에 따라 호명interpellation되면서 주체로서 기능을 하고 실천을 행하며 현실을 형성하고 재현한다. 따라서 같은 현실도 형식과 표현양식에 따라 다양하게 재현되며, 이 형식에 힘force들이 상호관계를 하고 있다. 권력은 형식을 지배하여 현실을 자신들에게 유리한 방향으로 재현하려고 한다.

형식이 어떻게 사고를 물질적으로 구체화할까? 예를 들어 똑같은 현장에서 똑같은 시간에 사건 현장을 찍었다고 하더라도 사진의 시점에 따라, 좀 더 구체적으로는 기자의 위치와 사진기의 각도에 따라 별개의 현실이 존재한다. 기자가 80년대에 한 대학 정문 앞에서 학생들의 민주화 운동 장면을 경찰 뒤편에서 찍어 보도했다면, 대중은

22 마이클 라이언, 『포스트모더니즘 이후의 정치와 문화』, 나병철·이경훈 역, 갈무리, 1996, 23~24쪽.

경찰의 시각에서 과격한 학생들이 국가와 사회의 안전을 위해 공무를 수행하는 경찰에게 돌을 던지고 각목을 휘두르는 현실을 보고 있다고 생각한다. 반대로 학생의 뒤편에서 사진을 찍거나 촬영했다면, 대중은 학생의 시각에서 폭력적인 경찰들이 어리고 선량한 학생들에게 최루탄을 쏘고 진압봉을 휘두르고 방패로 가격하는 현실을 보고 있다고 생각한다.

또 권력은 형식을 지배한다. 5공화국 때 전두환 정권은 기사의 제목부터 내용, 사진 등을 정권의 뜻대로 조작하고 통제하는 '보도지침'이란 것을 만들어 언론사로 보냈다. 언론사에 기관원이 상주하면서 이를 지킬 것을 강제하였고, 그래도 이를 어겼을 경우 해당 언론인을 고문하거나 구속했다. 전두환 정권은 이 보도지침을 통해 학생들의 집회나 시위 현장을 보도할 경우 경찰 뒤편에서 찍거나 촬영한 사진과 장면만 게재하도록 했다. 이에 따라 당시의 대중들은 학생들이 충직하게 공무를 수행하는 경찰을 향하여 과격하게 폭력을 행한 것으로 현실을 해석했다. 이처럼 형식은 정신적 실체에 경험적이고 물질적인 형상을 부여하여 사고를 물질적인 현실로 구체화한다. 이 때문에 권력은 형식을 지배하여 자신들의 지배 이데올로기와 이해관계에 맞게 현실이 구성되고 해석되도록 한다.

세계관의 투영 필자가 화쟁을 바탕으로 마르크시즘과 형식주의를 종합하여 창안한 이론인 화쟁기호학에 따르면, 인간 주체는 세계관에 따라 현실을 해석하고 구성한다. 화쟁기호학에서 세계관에 대해, "집단으로서 사회관계 속에 있는 인간주체가 세계와 마주쳤을 때 세계의 모순과 부조리를 인식하고 세계의 분열을 조화로 전환하기 위하여 오랜 동안 세계의 장애에 대해 집단적으로 적응하거나 극복하는 가운데 만들어진, 공동적·사회적 상황에 대한 집단무의식적인 대응 양식의 체계, 세계의 의미를 구성하고 해석하는 기호체계의 바탕체계, 특정 시대에 특정의 맥락에서 상호주관적인 실재를 구성하는 인간과 사회, 세계에 대하여 통일된 의미망의 체계"[23]로 정의했다.

세계의 부조리에 대한 집단무의식적 대응양식 체계에 대해 먼저 설명하면, 내 누이가 지극히 선하게만 살아왔는데 갑자기 전염병에 걸린 것은 세계의 부조리다. 이 똑같은 부조리에 맞서서, 내가 샤머니즘 세계관에 있는 고대 한국인이라면 무당을 찾아가 전염병 귀신을 달래거나 쫓는 굿을 행할 것이다. 불교적 세계관에 있는 신라인이라면 절을 찾아가서 재를 올리며 부처님께 병이 낫기를 발원할 것이다. 근대 과학적 세계관에 있는 현대 한국인이라면 병원으로 가서 진단을 하고 그에 따른 처방을 받을 것이다. 세 사람 모두 누이의 중병으로 맞은 혼란과 불안, 불행에 맞서서 집단무의식적으로 대응하여 다시 질서, 안정, 행복으로 전환하고 세계와 조화를 모색한다. 이처럼 인간은 세계관에 따라 세계의 모순과 부조리를 인식하고 이에 맞서서 집단무의식적으로 대응하여 다시 질서와 조화를 이루고자 한다.

기호체계의 바탕체계라는 것은 은유와 환유를 매개로 의미를 구성하는 바탕의 틀로 작용하는 것을 뜻한다. 똑같이 "보름달이 높이 떠서 산과 들을 고르게 비춘다."라는 달의 짓[用]/기능을 은유화할 때, 불교적 세계관에 있는 신라인이 "보름달처럼 원만圓滿하고 원융圓融한 관음보살께서 자비의 빛을 산처럼 높은 귀족과 들처럼 낮은 양인들에게

---

23 이도흠, 『화쟁기호학, 이론과 실제』, 한양대학교 출판부, 1999, 205쪽 참고하며 약간 수정함.

고루 비추고 있다."라고 해석한다면, 조선조의 선비들은 "보름달처럼 하늘 높이 계신 임금님께옵서 커다란 은총을 산처럼 높은 양반과 들처럼 낮은 서민에게 고루 베풀고 있다."라고 해석한다. 이처럼 의미의 존재로서 인간은 자기 앞의 대상의 현상[相], 그 너머의 본질[體], 기능과 작용, 상관관계[用]를 인식하고 이를 유사성의 유추 — 은유 — 를 하거나 인접성의 유추 — 환유 — 를 하여 2차적 의미로 전환한다.

'상호주관적인 실재를 구성하는 의미망의 체계'란 허구이지만 특정 시대에 특정한 맥락에서 집단에 속한 절대 다수의 개인에게 일관되게 믿음의 체계로 작동하면서 현실을 구성하는 것을 뜻한다. 최근 10년 동안 혜성이 숱하게 지구상의 하늘에 출현했지만 어떤 대통령이나 수상도 그 때문에 죽지 않았다. 하지만, 『삼국사기』를 보면 혜성이 출현하자 왜구가 침입하거나 반란이 일어나거나, 아니면 왕이 죽었다는 기사가 꼭 뒤따르고 있다. 거짓으로 기록한 것이 아니다. 당시에는 '혜성의 출현=흉조凶兆'라는 것을 모든 이들이 믿었기에 왜구나 반란군은 이에 맞추어 침략을 하거나 봉기를 하고, 반대로 신라의 군대는 사기를 잃어서 전쟁에서 패배하고, 병든 왕은 살려는 의지를 상실하여 그 후에 죽은 것이다. 사관史官들은 양자 사이에 인과관계가 있다고 생각하여 두 사건 사이에 거리가 있을지라도 그 사이에 놓인 다른 사건은 생략한 채 기술한 것이다. 오늘날에도 국가가 허구임에도 그 나라 국민 모두가 이를 믿고 세금을 내고 국방의 의무를 수행하고 폭력을 독점하는 것을 인정하며, 이에 따라 국민들은 국가에 소속된 구성원으로서 국가 안에서 국가가 만든 시스템에 따라 다양한 현실을 구성한다. 하지만, 소련처럼 해체되는 순간에서야 그것이 허구임을 인식한다. 해체되지 않더라도 국민 모두가 세금내기를 거부하기만 해도 국가는 존속하지 않는다. 이처럼 특정한 시대에 특정의 맥락에서 집단에 속한 절대 다수의 개인들이 일관되게 믿는 것을 바탕으로 실재처럼 작동하면서 현실을 구성하는 통일된 의미망의 체계로 작동하는 것이 세계관이다.[24]

쓰는 주체는 세계관에 따라 현실에서 세계를 구성하고 이를 은유와 환유를 매개로 재현하며, 읽는 주체 또한 텍스트에 내재된 은유와 환유를 풀며 현실을 해석한다. 한 시대에 단일한 세계관만 존재하지 않는다. 향가를 불교에, 시조를 유교에만 연관시켜서 해석하면 많은 것들을 놓친다. 한 시대에는 주동적 세계관, 잔존적 세계관, 부상적 세계관 등 여러 세계관이 공존할 수 있으며 한 텍스트나 한 사람에게 여러 세계관이 중첩될 수 있다.

70년대까지만 해도 임산부가 커피를 마시지 않았다. 카페인이 아기에게 나쁘다는 근대과학적 세계관과 함께 커피처럼 피부가 까만 아이를 출산할 것을 꺼리는 토테미즘의 세계관이 남아 있었기 때문이다. 21세기 오늘에서 보면 대다수가 자식이 병이 나면 병원으로 달려간다. 주동적 세계관이 근대 과학적·합리적 세계관이기 때문이다. 하지만, 극히 일부의 사람들은 무당에게 가서 굿을 하기도 하고, 또 어떤 목사 부부는 병이 걸린 딸을 두고 며칠 동안 안수기도를 하여 죽였다. 그들에게는 샤머니즘이나 중세적 기독교가 잔존적 세계관으로 작동하기 때문이다. 반면에 몇몇 사람들은 주동적 세계관을 넘어서 새로운 세계관인 포스트휴머니즘을 지향한다.

---

24 상호주관적 실재에 대해서는 유발 하라리, 『사피엔스』, 조현욱 옮김, 김영사, 2015, 175~177쪽에서 시사 받음.

"하나의 세계관, 하나의 이념이 강요될 수는 있어도 이것이 현실적으로 유일한 인간의 실천으로 기능을 하는 사회문화 집단이란 스탈린 체제와 같은 전체주의 사회에서도 불가능하다. 또 신라사회가 화엄만다라의 세계관 아래 미륵사상, 미타사상 등 다양한 이념을 추구하고, 현대 사회의 대중 대다수가 과학적이고 합리적인 세계관을 자기 집단의 대응양식으로 취하면서도 사회주의자나 자유주의자, 칸트주의자나 헤겔주의자로 나뉘듯 인간 개인은 세계관 아래 다양한 스펙트럼의 이념과 사상, 종교를 추구한다."[25]

이데올로기의 반영 화쟁기호학은 현실에서 세계의 부조리를 인식하고 세계를 해석하고 이를 텍스트로 전환하며 세계를 다시 구성하는 자를 '쓰는 주체'라 명명하는데, "쓰는 주체는 텍스트를 쓸 때 세계관, 이데올로기 등과 더불어 자신의 지향의식, 무의식, 전의식前意識, 무의식 속에 있는 텍스트, 텍스트의 내적 구조와 외적 구조를 투영한다."[26] 그 가운데 세계관 다음으로 현실을 굴절시키는 것은 이데올로기다. 쓰는 주체는 현실을 이데올로기라는 프리즘에 의하여 굴절시켜서 재현한다.

한 사례로, 여기 미군이 1950년에 충북 영동군 노근리에서 어린이를 포함하여 100~400여 명의 양민을 학살한 '노근리 양민 학살사건'이란 현실이 있고 리얼리즘의 입장을 견지하는 사진작가가 있다고 설정하자. 그가 자유주의적 휴머니스트였다면 전쟁의 광기가 빚어

25 이도흠, 『화쟁기호학, 이론과 실제』, 206쪽.
26 위의 책, 177쪽.

내는 야만과 인간애를 대조시키려 할 것이다. 그는 전쟁의 두려움과 광기로 이성을 잃은 군인에 의해서 야만스럽게 학살당한 양민의 시신과 자신의 목숨을 바쳐 자식이나 타인을 살리려 한 양민, 또는 그와 아무런 관련 없이 피어 있는 들꽃을 대조시켜서 사진을 찍을 것이다. 반면에 그가 반제국주의자라면 제국주의가 제3세계 민중에 대하여 얼마나 야만적이었나에 대하여 사진으로 고발하고 싶을 것이다. 그는 아기를 어떻게든 살려보려고 몸부림을 친 어머니와 그 품에 있는 아기와 무표정하게 기관단총을 쏘고 있는 미군 병사를 대조시키며 사진을 찍을 것이다. 그러나 그가 오리엔탈리즘을 가진 미국의 사진작가였다면 수백 명의 제3세계 사람이 죽은 것은 별로 안중에 없고, 최고 선진국의 미군 병사가 미개의 땅에 와서 미개한 나라의 군인이나 백성에게 민주주의나 휴머니즘 등 서양의 가치를 전달하는 장면에 초점을 맞추어 사진을 찍을 것이다. 그가 보기에 노근리 학살 사건이란 가브리엘 마르케스의 『백 년 동안의 고독』의 '마콘도'처럼 없는 것이다.

다음 사진은 6·25 전쟁 장면 가운데 한 사진으로 한국의 전쟁기념관에 〈부상당한 국군에게 담뱃불을 붙여주고 있는 미군 대위〉라는 제목과 함께 전시된 사진이다. 이 사진에는 미군 대 한국군, 장교 대 졸병, 큼 대 작음, 온전한 자 대 부상자, 좋은 옷 대 후줄근한 옷 사이의 이항대립이 존재한다. 이 사진은 "전자의 자가 모든 면에서 열등한 후자에게 담뱃불을 붙여주는 은혜를 베풀고 있다."라는 신화를 담고 있다. 이 사진은 그대로 한미관계의 환유로 작동하며 실제 한미의 관계를 왜곡한다. 이처럼 텍스트는 현실을 투명하게 재현하지 않는다. 쓰는 주체는 자신이 가진 이데올로기의 프리즘을 통해 현실을 바

부상당한 국군에게 담뱃불을 붙여주고 있는 미군 대위

라보고 현실을 새롭게 구성하여 다시 존재re-presence하게 한다.

읽는 주체 또한 이데올로기의 프리즘으로 텍스트를 해석한다. 그가 오리엔탈리즘을 가진 독자나 시청자라면 작가의 이데올로기와 관계없이 자신의 이데올로기, 곧 오리엔탈리즘으로 읽을 것이다. 자유주의자의 사진을 보면서 그는 서양의 휴머니즘이 반영된 것으로 읽을 것이다. 반제국주의자의 사진을 본다면, 조작이라고 생각하거나 사실이라 하더라도 극히 일부 미군의 실수라고 해석할 것이다. 오리엔탈리즘의 이데올로기가 내포된 사진을 본다면, 미국이란 맹방 덕분에 6·25에서 남한이 적화통일을 당하지 않았을 뿐만 아니라 근대화와 산업화를 달성할 수 있었다고 해석할 것이다.

권력의 개입과 재현의 폭력

권력은 이데올로기, 제도, 폭력을 통하여 현실을 왜곡한다. 현실은 투명하게 재현되는 것이 아니라 권력의 공모에 따라 다시 만들어진다. 재현은 단순히 의미생산에서 그치지 않고 당대 권력과 유착해 지식을 생산하고 그 지식은 이데올로기적 속성을 띤다. "재현은 본질적으로 정치성을 지닌다."[27] 권력은 다양한 전략과 전술을 동원하여 모든 장의 모든 세력을 포섭하고, 포섭되지 않는 개인과 집단은 철저히 배제하면서 체제의 유지를 도모한다. 여기서 현실이란 권력의 목적과 이해관계에 따라 권력이 허용하는 형식에 의해 구성된 재현에 불과하다.

재현의 폭력the violence of representation이란 권력이 예술, 문화, 언론을 매개로 재현한 것이 실제 현실에서 특정 집단과 개인에 대한 편견을 확대하고 이들을 타자화하여 배제하거나 폭력을 행하는 것을 정당화하는 것을 의미한다. 흑인이 원래 폭력적인가. 폭력성에는 인종에 따른 차이가 없다. 하지만, 70년대까지만 하더라도 미국의 드라마와 영화를 보면 악역은 흑인이고, 반면에 이들로부터 선량한 시민을 구하는 영웅은 백인이다. 이를 본 대중들은 흑인이 더 폭력적이라고 생각한다. 이것으로 그치는 것이 아니라 이로 형성된 편견이 흑인에 대한 차별을 정당화한다.

실제로 2010년에 미국 인구에서 13%에 달하는 흑인이 전체 범죄의 40%를 저질렀다. 반면에 인구의 64%를 차지하는 백인은 39%

27 김상률, 「탈식민시대의 재현의 정치」, 인문학연구소 편, 『탈근대의 담론과 권력 비판』, 한양대학교 출판부, 2002, 92쪽.

의 범죄를 행했다. 백인은 0.45%가 범죄자가 되는 반면에 흑인은 2.306%가 범죄자가 되었다.[28] 이 수치만 보면 실제 현실에서 흑인이 백인보다 월등하게 폭력성이 강하거나 악하여 범죄자가 많은 것으로 보인다. 하지만, 로크 카운티의 경우 2017년에 흑인 1,000명 당 414명이 검거된 데 반하여 백인은 1,000명 당 57명이 검거되었다. 흑인의 검거율이 백인보다 7배 이상에 달한 것이다.[29] 정도 차이는 있겠지만 다른 지역도 대동소이할 것이다. 언제인지 날짜는 기억나지 않지만 〈뉴욕타임즈〉에서 "미국에서 청소년이 음주운전을 했을 때, 경찰은 그 청소년이 백인일 경우 아버지 핸드폰 번호를 달라고 하여 전화한 후 훈방하지만, 흑인일 경우 바로 수갑을 채워 입건한다."라는 칼럼을 읽은 적이 있다. 그 마지막 문장이 진한 여운을 남겼다. "흑인 청년은 아버지가 없는가?"

이처럼 언론과 드라마, 영화에서 부당하게 재현된 흑인의 악하고 폭력적인 이미지가 흑인에 대한 편견을 구성했다. 이것이 흑인에 대한 차별에서 비롯된 경찰의 검문과 검거를 낳고, 결국 흑인의 범죄란 결과를 야기한 것이다. 검거율보다 더 원천적으로 작용하는 것은 경제와 교육의 격차이다. 국적과 인종을 떠나서 가난한 자와 교육을 덜 받은 자가 범죄를 범하기 쉬운데, 백인의 자산은 흑인의 5배에 달하며[30] 흑인의 교육 수준도 낮다. 이처럼 권력이 형식을 지배하고 이데올로기와 이해관계에 따라 현실의 내용마저 조작하여 재현의 폭력

---

28 〈위키피디아〉 영어판, 'Incarceration in the United States' 참고함.

29 "The race factor: Black arrest rate seven times higher than whites," *GazetteXtra*, Feb 10, 2019.

30 사피야 우모자 노블, 앞의 책, 267쪽.

을 행하여 현실을 왜곡한다.

이미지의 굴절 서양은 오랫동안 이데아를 추구했고 반면에 이미지는 배척해야 할 그림자, 거짓, 가짜였다. 중세시대엔 성상이 신의 실체를 왜곡한다고 보아 이를 파괴하려는 이들이 지키려는 자들을 압도하였고, 근대엔 과학과 실증의 이름으로 이미지를 무시해버렸다. 이미지는 현실을 그대로 모사하지 않는다. 이미지는 감각적으로 주어지는 상象이다. 현실의 지극한 부분과 만나 우리의 감각이 작동하는 바를 상으로 구체화한 것이 이미지이다. 때문에 이미지는 부분을 전체로 일반화한다는 면에서 유비추리類比推理의 오류를 범하고, 서로 다른 것을 감각을 통해 동일화한다는 면에서 동일성의 오류를 낳으며, 감각에 근거하고 호소한다는 면에서 실체와 동떨어진 가상이다.

또, 대중매체는 현실과 아무런 관계없이 이미지를 만들어 현실을 조작하고, 대중들은 현실을 그대로 바라보는 것이 아니라 대중매체가 만들어주는 이미지에 따라 바라보고 행위한다. 대중은 상품을 소비하는 것이 아니라 이미지를 소비하기 때문에 이미지에 조작된다. 예를 들어 이라크의 후세인이 독재자이긴 하지만, 후세인과 히틀러 사이에는 많은 차이가 있다. 그럼에도 미국 언론은 후세인을 히틀러로 동일화시켰고, 이를 기반으로 부시 대통령은 존재하지도 않는 대량살상무기 제거를 명분 삼아 이라크를 침공했다. 하지만, 그 전쟁에서 수십만 명의 민간인과 군인이 죽었음에도 대량살상무기는 없었다.

이처럼 이미지는 현실을 왜곡하고 사람들의 감각을 자극하여 이미지를 만든 자가 의도하는 행동을 이끌어낸다. 그리고 이는 다시 의

도된 현실을 구성한다. 이미지가 의도된 현실을 만드는 것이다. 그러기에 21세기의 영토는 치열한 이미지 전쟁의 터로 변하고 있다. 이미지를 지배하는 자가 세계를 지배하기에 정치에서 사회문화의 전 영역에 걸쳐 치열한 이미지 전쟁이 벌어지고 있다. 유럽/미국과 제3세계, 백인과 유색인, 자본/국가/중산층과 서민/노동자, 사회적 다수자와 사회적 소수자 사이에 이미지 전쟁이 벌어지고 있다. 대개 전자가 후자의 이미지를 자기의 것으로 대체하면서 지배를 더욱 공고히 한다. 한 나라의 차원에서 보면 지배층과 피지배계층의 헤게모니 투쟁은 이미지 투쟁에서 극에 달하며 전자의 승리로 끝나기 십상이다.

물론 이미지가 이데아에 대한 그림자로만 기능을 하는 것은 아니다. 개떡의 쑥 향기를 통해 어릴 적 추억을 떠올리듯 이미지는 근원으로 다가가는 열쇠이다. 시와 예술이 아름다운 것은 그에 이미지가 담겨 있기 때문이며, 시와 예술을 감상하며 황홀할 수 있는 것은 시어들이 엮어내는 이미지의 세계에서 노닐 수 있기 때문이다. 노년의 신사가 문득 어머니 자궁이 빚어내는 원초적인 따스함 속에 푹 파묻히고, 감옥에 갇혀 있는 무기수가 고향의 향기로운 꽃밭을 마음껏 뛰놀도록 '매개'하는 것, 바로 그것이 이미지이다.

이미지는 언어기호나 이성으로 다다를 수 없는 실체로 우리를 다가가게 한다. 머리가 아닌 온몸으로 세계를 느끼고자 하면서 상징과 코스모스가 가려버린 카오스를 향한다. 그러나 이미지는 가상이다. 기호와 이성의 한계를 넘어 초월과 환상과 경이의 세계로 다가가는 것도 좋지만, 가상을 해체하고 실체를 직시하는 이성 또한 필요하다. 야만과 무지몽매함을 밝혀주는 것은 이성의 빛, 계몽의 힘이다. 진정 필요한 것은 이미지와 기호의 변증법, 감성과 이성의 종합이다.

시간의 개입과 기억투쟁

시간도 현실의 재현에 작용한다. 시간에 따라 기억이 변하면서 이에 의한 현실의 재현도 달라진다. 시간에 비례하여 현실에 관련된 정보가 양적으로 감소하지만, 모든 정보에 시간이 고루 영향을 미치는 것은 아니다. 대니얼 샥터Daniel Schacter에 따르면, 기억의 왜곡에 관여하는 요인은 일곱 가지다. 시간에 따라 정신이 흐려지는 소멸transience, 주의를 기울이지 않아서 잊어버리는 정신없음absent mindness, 혀끝에 맴돌면서 기억이 나지 않는 막힘blocking, 강간당한 여성이 텔레비전에서 본 얼굴을 강간범으로 착각하는 것처럼 잘못 귀속시키는 오귀속misattribution, 최면술의 암시처럼 암시에 의하여 기억이 왜곡되는 암시성suggestibility, 살인 현장의 목격자가 평소 폭력적이었던 사람이 칼을 휘두른 것으로 착각하는 것처럼 편향된 생각에 따라 왜곡되는 편견bias, 원치 않는 기억을 계속적으로 회상하는 지속성persistence 등이 있다.[31]

이를 지양하고자 문자로 기억을 정박시켜도 왜곡이 일어난다. 세계관 및 참조체계, 권력과 이데올로기, 형식과 구조에 따라 정보는 취사선택되기에, 어떤 정보는 오랜 시간이 흘렀음에도 흔적으로 남고 어떤 정보는 시간이 별로 지나지 않았음에도 흔적 없이 사라진다. 이 중에서도 권력의 요인이 강하게 작용하면서 기억투쟁이 전개된다.

예를 들어, 제주 4·3 민중항쟁은 1948년에 사건이 벌어진 이래 50여 년 동안 '빨갱이 폭도들에 의한 폭동과 반란'이란 기억이 '미군정과 남한 정부의 공권력에 의한 양민 학살'이라는 기억을 압도했다.

---

31 마이클 가자니가, 『윤리적 뇌』, 김효은 역, 바다출판사, 2009, 169쪽.

3만에서 8만에 이르는 양민이 무고하게 살해를 당했음에도,[32] "이승만 정권부터 제주 4·3 항쟁은 빨갱이 무장폭동의 담론으로 재현되는 것만이 허용되었다. (…) 그러다가 제주 4·3 항쟁의 진실을 담은 김석범의 『화산도』(1967~1997)와 『까마귀의 죽음』(1967), 현기영의 『순이 삼촌』(1978) 출간을 계기로 재현의 폭력에 맞서는 담론들이 서서히 생성되기 시작했다. 그럼에도 공식 기억official memory의 장에는 오르지 못하고 사회기억social memory으로만 떠돌다가 (…) 존 메릴 교수의 「제주도 반란the Cheju-do Rebellion」(박사학위 논문), 김봉현의 『제주도 — 피의 역사』 등이 번역되어 소개되고, 1988년에 『잠들지 않는 남도 — 제주도 4·3항쟁의 기록』(온누리)을 기점으로 이를 다룬 책들이 출간되기 시작했다. 이후 '빨갱이들의 무장폭동론'과 '민중항쟁 및 공권력에 의한 양민 학살론' 사이에 기억 투쟁과 헤게모니 투쟁이 본격적으로 벌어졌다.

1999년 12월 26일 국회에서 「제주 4·3 사건 진상규명 및 희생자 명예회복을 위한 특별법」이 통과되고 정부 차원의 진상조사가 시작되었다. 2003년 10월 15일 조사위원회에서 보고서를 확정하였고, 조사위원회의 의견에 따라 2003년 10월 31일 노무현 대통령이 제주도민에게 공식적으로 사과하면서 4·3의 진실이 공식 기억official memory의 반열에 올랐다."[33]

---

32 양정심, 「제주 4·3 항쟁에 관한 연구」, 『성대사림』 11집, 성균관대학교 사학회, 1995, 4쪽. 제주 4·3특별법에 의한 조사 결과에 따르면, 공식 사망자만 1만 4,032명인데 이 가운데 진압군에 의한 희생자 1만 955명, 무장대에 의한 희생자가 1,764명이다.(제주 4·3사건 진상규명 및 희생자 명예회복위원회, 『제주 4·3사건 진상조사보고서』, 2003)

33 Doheum Lee, "Aspects of Violence in the April 3rd Jeju Rebellion and the Measures to Restore the Community"(제주 4·3민중항쟁에서 폭력의 양상과 공동체 복원 방안), *IBYE 2018 KOREA-The International Conference to Commemorate the 70th Anniversary of the Jeju*

이제 대한민국 국민의 최소한 절반 이상은 제주 4·3 항쟁을 공권력에 의한 양민학살로 기억한다. 그럼에도 최고의 가해자인 미국이 사과하지 않았고 자료들을 공개하지 않고 있다. 아직도 적지 않은 피해자와 유가족이 후환이 두렵거나 후손의 안위를 걱정하여 진실을 증언하지 않아 재현의 폭력은 극복되지 못했다. 2020년 1월에 우리공화당은 "제주 4·3 사건은 남로당이 일으킨 폭동·반란"이라는 광고를 신문에 게재하여 시민사회단체가 항의하는 성명서를 발표했다.[34] 이처럼 시간의 흐름에 권력이 개입하면서 기억 투쟁이 전개되며 이에 의하여 현실은 기억 투쟁에서 승리한 세력이 구성한 대로 재현된다.

현실과 해석의 관계

해석의 장에서 현실은 투명하게, 객관적이거나 보편적으로 재구성되지 않는다. 읽는 주체, 혹은 역사가로부터 분리된 객관적 사실은 존재하지 않는다. 일체의 주관을 제거하고 역사나 사실의 객관성을 추구할 수 있다는 실증주의 역사학의 전제 자체가 텍스트와 해석의 관계에 대해 잘못 인식한 데서 발생한다. 『조선왕조실록朝鮮王朝實錄』처럼 양적·질적으로 지극히 충실한 텍스트도 조선 사회 전반의 현실을 재현하지 못한다. 그 또한 조선조의 과거 현실을 알려주고 재현하는 실증 가운데 하나일 뿐이다. 설사 이것이 세계관, 이데올로기, 형식

April 3rd Uprising and Massacre-Reflection on Massacre and Restoration of the Community, World Fellowship of Buddhist Youth(WFBY). Memorial Committee for the 70th anniversary of the Jeju April 3rd Uprising and Massacre, 16th Mar, 2018, p.8.

34 「우리공화당 4·3왜곡 중단하고 제주도민에게 사과하라!」, 『제주도민일보』, 2020년 1월 14일.

등에 의해 전혀 왜곡되지 않은 채 조선조 현실을 순수하게 재현했다 하더라도, 해석자는 자신이 놓인 맥락, 자신의 세계관과 역사관, 지향성에 따라 해석하며 해석 당시의 권력과 이데올로기, 텍스트의 형식과 해석자를 둘러싼 구조 등이 이에 영향을 미친다.

기호의 한계 의미는 현실, 실상, 텍스트 그 자체에 존재하지 않는다. 앞에서 말한 대로, 기호는 다른 기호와의 차이에 의해 존재하며 재현은 세계를 재현하는 것이 아니라 기호들 사이에 존재하는 차이를 재현할 따름이기에, 해석 또한 차이의 체계에서 발생한다. '나무'와 '풀'의 차이를 통해 '나무'의 의미를 파악하는 것처럼, 읽는 주체는 텍스트의 구조, 수사, 기호들을 분석하고 이를 다른 구조, 수사, 기호들과의 차이들 속에서 의미를 산출한다. 요컨대 의미는 하나의 구조, 수사, 기호 속에 있는 것이 아니라 다른 것들과의 관계 속에 있다.

같은 사물을 놓고 '소젖', '우유', '밀크'라 할 때, 같은 사람에 대해 '빨갱이', '진보적 지식인', '실천적 지식인'이라 할 때, 그 의미가 천차만별인 데서 잘 나타나듯, 기호에 이데올로기가 내포되어 있다.

형식의 매개 형식과 구조 또한 해석에 영향을 미친다. 앞에서 말한 대로, 형식은 해석에 경험적 형상을 부여한다. 작게는 텍스트의 문체에서 양식, 코드, 크게는 해석 양식이나 텍스트가 수용되는 사회체제나 국가체제에 이르기까지 형식은 해석을 관장한다. 읽는 주체는 사회구조 속에서 각 집단이 행해온 해석의 형식에 따라 텍스트를 해석한다. 같은 현실도 형식과 해석 양식에 따라 다양하게 해석된다. 앞 절에서 현실이 재현되는 것과 역방향으로 해석이 발생한다.

세계관의 투영 읽는 주체는 자기 나름의 세계관의 구조 아래 텍스트를 해석하며, 이것은 행위의 주체나 쓰는 주체의 세계관과 일치하지 않을 수 있다. 읽는 주체는 세계관과 주어진 문화체계 안에서 약호를 해독하여 의미를 산출한다. 그러기에 텍스트를 올바로 해석하려면 읽는 주체는 쓰는 주체의 세계관으로 들어가야 한다. 그렇지 않을 경우 불교적 세계관으로 쓴 텍스트인 『삼국유사三國遺事』를 유교적 세계관을 가진 사대부가 읽는 경우처럼, '관음보살'의 뜻으로 쓰인 보름달을 '임금님'으로 해석하는 것처럼, 텍스트의 겉으로 드러난 외연의미denotation와 숨어 있는 내포의미connotation 사이에 심각한 괴리가 발생하고 이는 오독을 낳는다.

이데올로기의 통제 세계관의 구조 아래 이데올로기가 해석에 관여한다. 똑같이 근대 과학적 세계관을 가졌다 하더라도 다양한 이데올로기에 따라 현실을 해석한다. 지금은 두 사람이 진정으로 사랑한다면 여성이 남자보다 나이가 많은 것이 하등 문제가 되지 않는다. 하지만, 1980년대까지만 하더라도 대다수 남자 대학생들이 연상의 여자 선배를 사랑하더라도 이를 표현하지 못한 채 짝사랑으로 그쳤다. 표현하더라도 여자 선배로부터 거절당했다. "여자가 연상인 결혼은 안 된다."라는 생각이 실제 두 사람을 서로 남남으로 살게 하는 현실을 구성한 것이다.

1970년대에 한국의 정치현실은 반공이데올로기라는 프리즘에 따라 왜곡되어 재현되었다. 1970년대까지만 하더라도 한국의 많은 학생들과 일부 어른들이 북한에는 도깨비가 살고 있다고 생각했다. 박정희 군사독재정권에 맞서서 민주화운동을 하는 대학생이나 재야인

사들도 인간의 탈을 쓴 도깨비라고 생각하여 마을에서 만나면 도망을 가거나 피했다. 박정희 군사독재정권은 이를 제도화하여 국가보안법과 유신헌법을 만들어 시민의 자유를 합법적으로 제한하고 통제하면서 장기 집권을 하였다. 무고한 시민과 학생, 재야인사들을 독재를 비판한다는 이유로 구속하고 고문하고 죽였다. 정권이 부패하고 과도한 폭력과 독재를 행하는 바람에 시민과 학생이 대규모 집회를 하여 권력이 위기에 놓일 때마다 땅굴을 터트리거나 간첩 사건을 조작해 반대세력을 탄압하고 권력을 유지했다.

당시에 자본주의를 더 활성화하기 위하여 정경유착을 비판하고 민주주의를 위하여 독재를 비판해도, 정권이나 사법부, 언론은 그를 '빨갱이'로 규정했다. 그 경우 그가 아무리 고매한 성직자이고 세계적 위상을 가진 학자라 할지라도 누구나 죽여도 좋은 '호모 사케르homo sacer'로 전락했다.[35] 박정희 정권은 결국 시민과 내부의 저항으로 파멸했지만, 부패와 독재를 하면서도 18년 동안이나 권력을 유지했다. 물론, 수출드라이브 정책과 성장과 재벌 위주 경제 정책의 성공, 병영체제의 교육, 언론과 사법부의 통제와 권력 유착, 군과 경찰의 독점 등 여러 요인이 영향을 미쳤다. 하지만 당시에 기득권은 물론 과반수 이상의 시민과 학생, 노동자와 농민이 반공이데올로기에 의해 박정희 정권에 대한 비판 발언이나 행위를 북한을 이롭게 하거나 이

35 "주권의 영역은 살인죄를 저지르지 않고도 또 희생제의를 치르지 않고도 살해가 허용된 영역이며, 신성한 생명(…)이란 바로 이러한 영역 속에 포섭되어 있는 생명을 말한다. (…) 주권으로부터 추방된 생명이란 근본적으로 저주받은 생명, 곧 살해할 수 있으나 희생물로 바칠 수 없는 생명이며, 또 이런 의미에서 벌거벗은 생명을 생산하는 일이 주권의 본래 활동이다." Giorgio Agamben, *Homo Sacer, Sovereign Power and Bare Life*, (tr.) Daniel Heller-Roazen, Stanford: Stanford University Press, 1995, p.83.

들과 결탁한 빨갱이 짓거리로 해석한 것도 중요한 요인으로 작용했다. 이처럼, 읽는 주체들은 이데올로기에 따라 현실을 다양하게 해석한다.

권력의 개입 권력은 권력의 유지에 유리한 방향으로 해석을 독점하려 한다. 권력은 학교, 언론, 학계, 문화예술계를 지배하고 이를 통하여 권력에 유리한 해석양식과 약호code를 확대재생산하면서 현실을 재현한다. 이에 읽는 주체들은 자유롭게 텍스트를 해석하는 것이 아니라 권력이 점유하고 배포한 해석양식과 약호에 따라 해석한다. 그러나 권력이 포섭하지 못하는 장場이 있으며 이 틈을 따라 읽는 주체들은 권력에 저항하는 해석과 실천을 행한다.

예를 들어, 유신시대에 대다수 학생이 반공 영화를 보며 반공이데올로기를 수용하고 박정희 대통령을 비판하는 이들을 '빨갱이'로 인식했다. 하지만, 드물게도 몇몇 학생은 민주주의나 휴머니즘의 입장에서 영화를 해석하기도 하고, 반공 영화의 상투적인 인물과 서사에 식상하여 비판적인 읽기를 하기도 했다. 심지어 포르노 영화를 보면서도 대다수가 정치적 불만을 성적 쾌락으로 풀어버리지만 극히 소수의 쓰는 주체들은 체제를 위협하는 욕망을 하거나 자유의 메시지를 읽는다.

그러기에 텍스트 해석의 장은 권력과 피지배층이 마주치는 헤게모니 투쟁의 장이다. 또, 읽는 주체가 역사가일 경우 그를 지배하는 가치의 준거는 역사관이다. 그는 사실을 모은 결합체에 대해 사관에 따라 해석한다. 같은 사실을 놓고도 영웅사관과 민중사관, 실증주의 사관과 해석학적 사관, 모던의 사관과 포스트모던의 사관의 해석이 충돌한다.

맥락의 구체성 맥락 또한 마찬가지이다. 읽는 주체가 기호와 텍스트를 공시적으로 만나는 것은 아니다. 철저한 모더니스트조차 현실의 맥락 속에서 기호와 텍스트를 만나 이 맥락 속에서 해석한다. 그리고 읽는 주체는 이 해석 과정에서 텍스트에 재현된 현실을 그 자체로 해석하는 것이 아니라 자신이 놓인 맥락 속에서 해석한다. '달'에서 떠오르는 낱말을 적어보라고 하면 초등학생도 100가지 이상의 낱말을 적는다. 이 연상된 낱말이 모두 달의 2차적/시적 의미이다. 텍스트는 열려 있지만 여기에 울타리를 치는 것은 맥락이다. 텍스트는 현실을 소거하지만, 여기에 현실의 구체성을 부여하는 것이 맥락이다. "(나는) 달을 그렸다."라는 간단한 문장도 미술 시간의 맥락에서는 "지구의 위성을 그림으로 그렸다."이지만 산수 시험을 치르고 와서 몇 점을 맞았냐는 어머니의 질문에 대한 답일 경우 "0점을 맞았다."이며, 화투판의 맥락에서는 "8광 패를 들었다."이다.

역사에서도 마찬가지이다. 19세기에 전봉준을 필두로 동학교도와 농민이 조선조 정부에 맞서서 항쟁한 사건에 대해 양반이나 기득권의 맥락에 있는 이들은 대개 보수적인 영웅사관이나 실증주의 방법론에 이끌리며 '동학란'으로 규정한다. 이들은 당시 농민들이 기존 질서나 체제에 대해 혼란을 가져온 실증들에 주목하여 당대의 현실을 재구성한다. 반면에, 민중 계급의 맥락에 있는 이들은 대개 경제사관이나 마르크스주의 사관 등을 추구하며 '동학혁명'이나 '갑오농민전쟁'으로 해석한다. 농민이 부패한 봉건왕조에 맞서서 근대적 이념과 세계관을 가지고 구체제를 혁파하고 새로운 질서와 세계를 건설한 것에 초점을 맞추어 그 당시의 현실을 다시 구성한다.

이미지의 왜곡 앞 절에서 말한 대로, 이미지는 현실을 왜곡하고 사람들의 감각을 자극하여 이미지를 만든 자가 의도하는 대로 현실을 해석하게 만든다. 제국과 권력이 만든 지배적인 이미지에 올바로 저항해야만 그 이미지의 포장을 벗겨내고 실체의 현실과 마주할 수 있다. 제국/엘리트/권력/남성/다수자에 맞선 제3세계/민중/피지배층/여성/소수자의 이미지 투쟁이 해석의 과정에 필요하다.

미국의 가수이자 작사자, 배우인 아리아나 그란데Ariana Grande의 〈하나님은 여성God is a Woman〉의 뮤직 비디오 스틸 사진을 보면, 미켈란젤로의 〈천지창조〉를 패러디하여 하나님과 아담을 여성으로 대체했다. 또, 쿠바계의 미국 화가 하모니아 모랄레스Harmonia Rosales는 이를 한 번 더 전복시켜서 하나님과 아담 역을 흑인 여성으로 바꾸어 그린 후 〈신의 창조〉라고 명명했다. 이들은 미켈란젤로의 〈천지창조〉가 담고 있었던, 더 나아가 서양의 기독교가 내포하고 있었던 남성중심주의, 백인우월주의를 뒤집고 있다.

미래의 지향성 시간은 과거에서 현재를 지나 미래를 향해 직선으로 흐르지 않는다. 현재에 과거와 미래가 겹쳐 있다. 앞에서 말한 대로, 우리는 과거를 되먹임하여 현재를 구성하며, 미래에 어떤 삶을 지향하느냐에 따라서 여러 선택을 할 수 있고 그 선택에 따라서 여러 버전의 현실을 만든다. 박정희 정권 때 한 회사원이 집회에 참석하라는 권유를 받았을 때, 독재를 하더라도 경제적으로 잘사는 대한민국을 바라고 개인적으로도 정치에 관심 없이 소시민으로서 내 가족만의 행복을 추구하는 사람이라면 이를 거절하고 집으로 달려갈 것이다. 반대로, 자유롭고 정의로운 민주주의 국가 대한민국을 바라고 가족의 행복만이 아니라 사회의 정의와 민주화에 참여하는 의식이 있는 삶을 추구하는 직장인이라면 집회 현장으로 달려갈 것이다. 또, 그런 지향을 하더라도 용기가 부족하여 집회 참여를 선택하지 않는 바람에 집으로 가지만 내내 마음이 편치 않은 사람도 있을 것이다.

이처럼 현실을 형성하는 현재의 선택과 행위, 실천에 미래가 겹쳐 있다. 주체가 어떤 미래를 지향하고 선택하느냐에 따라 현실은 다양한 이본異本을 갖는다. 역사 해석 또한 마찬가지이다. E.H 카는 실증주의 역사관을 비판하고 크로체의 역사관과 해석학을 수용하여 역사가 "과거와 현재 사이의 끊임없는 대화"라고 말했지만, 이 또한 미래를 놓치고 있다. "역사가는 과거를 상상하고 미래를 기억한다. They imagine the past and remember the future."[36]

현재에 대한 해석은 역사관과 이념에 따라 다양하다. 텍스트의 의미는 결정되지 못한 채 연기되고 미끄러진다. 하지만, 오늘의 맥락에서 무엇을 지향하느냐에 따라 우리는 울타리를 칠 수 있다. 미래의 대한민국이 모든 국민이 자유로운 민주주의 국가라고 생각한다면 박정희 정권의 독재를 비판하지만, 반대로 엘리트만이 잘사는 부자나라를 지향한다면 긍정적으로 평가할 수 있다. 읽는 주체로서 역사가는 어떤 미래를 지향하느냐에 따라 텍스트를 해석하여 하나의 역사적 사실에 대해서도 다양하게 해석하고 여러 판본의 역사를 구성

36 Lewis B. Namier, *Conflicts: Studies in Contemporary History*, London: Macmillian & Company Limited, 1942, pp.69-70.

한다. 사실과 텍스트, 흔적을 놓고 취사선택하여 해석하는 기준은 현재나 과거가 아니라 미래에 있다.[37]

5. 실재의 허구성

실재하는 것 또한 실은 허구에 지나지 않는다. 우리는 흔히 세 가지 실재, 곧 객관적 실재, 주관적 실재, 상호주관적 실재가 있는 것으로 생각한다. "산과 들처럼 객관적 실재는 자연의 원리나 과학적 법칙에 의하여 존재하며 구체적이고 보편적으로 경험하는 현존으로 우리의 믿음이나 느낌과 관계없이 존재한다. 누가 때리면 분명하게 아픔을 느끼듯 주관적 실재는 추상적이고 개별적으로 경험하는 현존으로 개인의 믿음과 느낌에 따라 존재한다. 기업, 국가, 화폐처럼 상호주관적 실재는 상상에 의한 허구이지만 여러 사람의 의사소통에 따라 당대의 의미의 그물망에 의해 집단적 믿음의 체계에 의하여 실재하는 것처럼 작동하며, 우리의 사고와 의식을 규정하며 현실을 구성하는 현존이다."[38] 하지만, 이 세 가지 실재도 얼마나 허구적인지 한번 분석해보자.

우선 우리가 객관적으로 실재한다는 것의 허구성이다. 우리는 산과 들, 별, 달, 책상, 안경 등이 누구에게나 객관적으로 실재한다고

---

37 지금까지 논의는 이도흠, 「현실의 재현과 진실 사이의 차이에 대하여」, 『한국언어문화』, 제25집, 한국언어문화학회, 2004년 6월 ; 「역사 현실의 기억과 흔적의 텍스트화 및 해석 — 화쟁기호학을 중심으로」, 『기호학 연구』 제19집, 한국기호학회, 2006, 6월을 참고함.

38 유발 하라리, 『호모 데우스』, 김명주 역, 김영사, 2017, 203~214쪽. 요약함.

생각한다. 하지만, 객관적 실재는 착시이고 가상이다. 불교에서 주장하는 대로, 모든 사물들은 임시적인 혼합체일 뿐이고 찰나의 순간에도 변한다. 여기 사과가 있지만 원자 상태로 분해된 것을 사과라 하지 않는다. 인간이 어떤 개입도 하지 않은 채 지켜보면 시간만 흘러도 그것은 썩어서 술이 되고 식초가 된다. 사과식초를 보고 사과라고 할 사람은 없다. 사과를 보고 사과라고 하지만 이미 술과 사과로 변하는 과정에 있는데 우리가 보지 못할 뿐이다. 산과 들도 더 많은 시간이 흐르면 산이 침식당하여 바다가 되고 거꾸로 바다가 솟아올라 히말라야처럼 높은 산이 되기도 한다. 그뿐인가. 저것을 무슨 근거로 산이고 들이라 하는가. 뇌과학자들의 주장대로, 우리는 사물을 그 실상대로 보는 것이 아니라 뇌에서 인지하는 대로 볼 뿐이다. 우리는 우리 앞에 있는 사물의 실제 모습을 볼 수 없다. 착시만이 착시가 아니라 인간의 보는 모든 행위가 착시이다. 또, 앞 장에서 무지개를 예로 들어 설명한 것처럼, 모든 대상들은 우리가 자의적으로 범주화하여 이름을 부여한 것에 지나지 않는다. 그것이 산인지 들인지 소나무인지 전나무인지 우리 인간이 나름대로 객관적 준거를 만들어 범주를 만들고 그 범주로 구분한 만큼 이름을 부여한 것일 뿐이다. 더 나아가, 가장 객관적 관찰을 하는 것이 물리학인데, 양자역학에 따르면 물질을 구성하는 양자는 관찰에 따라 파동이 되기도 하고 입자가 되기도 하며, 한 양자의 회전을 전환하면 그것과 얽혀 있는 양자는 수억 광년이 떨어져 있다 하더라도 빛보다 빠른 속도로 변하는 양자 얽힘 현상이 일어난다.[39] 그러므로, 우리가 객관적으로 실재한다는

---

39 다야마 야수히사, 『양자역학의 세계』, 김명수 역, 전파과학사, 1979, 3장 2절 ; 브라이언 그린,

어떤 물질적인 존재 자체도 실재성을 입증하기가 어렵다.

주관적 실재도 마찬가지이다. 흔히 누가 나를 송곳으로 찌르면 아픔이 금방 인지되고 화라는 감정이 일어난다. 아픔과 화의 정도는 찌르는 강도, 상황, 상대방에 따라 다르다. 이처럼 감정은 주관적으로 차이가 있을지라도 실재한다고 생각한다. 하지만, "감정은 세계에 대한 인간의 반응이 아니라 이 세계에 대한 경험을 능동적으로 구성한 것이다."[40] 감정은 대상/타자와 어우러져 일어나는 현상과 사건에 대해 감각신경세포가 즉각적으로 반응하여 발생하는 것이 아니다. 똑같은 강도로 송곳으로 찔렀다 하더라도 찌른 상대방이 사랑하는 애인이고 그가 원래 친근감의 표시로 자주 그런다는 것을 안다면 아픔도 크지 않고 화도 나지 않는다. 일부이지만 쾌감을 느끼는 사람도 있다. 감정은 내 몸과 대상/타자, 과거의 경험과 현재의 감각 정보, 지각과 세계, 뉴런과 몸이 상호작용이나 소통을 해서 이루어지는 복합적 의미구성의 결과이다. 주관적 실재 또한 나와 상대방의 사회적 관계와 기억의 총합에서 이루어진 상호주관적 실재인 것이다.

상호주관적 실재는 유발 하라리Yuval Noah Harari도 허구라고 말했지만, 이것이 우리의 현실을 구성하는 의미망의 체계로서 작동한다. 화폐, 기업, 국가는 분명히 허구이지만, 그 구성원들이 모두 인정하는 한, 실재처럼 작동한다. 국가가 국민에게 신체가 정상적인 남성은 나이가 되면 군대를 가고 일정 소득이 있는 이들은 세금을 내라고 하면 국민들은 병역 의무와 조세 의무를 행한다. 국가가 폭력을 독점하여

『우주의 구조』, 박병철 역, 승산, 2005, 156~165쪽 참고함.

40 Katie Hoemann · Maria Gendron · Lisa Feldman Barret, "Mixed emotions in the predictive brain," *Current Opinion in Behavioral Science*, V.15, 2017, p.51.

시민이 정의이고 국가가 불의였다 하더라도 경찰이 시민을 체포하고 판사가 구속 명령을 내리면 억울해도 감옥에 간다. 기업도 마찬가지이다. 노동자가 그 기업에 가서 열심히 일하고 자신이 생산한 가치의 절반 이상을 착취당하고 나머지를 임금으로 받는다 하더라도 그를 인정하여 취업해서 일하고, 임금 받은 것으로 필요한 물품을 구매하고 살림을 살며 때로 놀러도 간다. 하지만, 소련은 협정 문서 하나로 해체되었고, 기업도 부도 판결이 나면 공중분해되며, 화폐개혁이 이루어지면 그 전의 화폐는 종잇장에 지나지 않는다. 이처럼 상호주관적 실재는 소속된 구성원이 서로 의미를 부여하고 그 의미가 작동할 때만 실재처럼 작동한다.[41]

이처럼 현실이란 본질적으로 허구이지만 실제로 존재하는 것처럼 작동하는 세 가지 실재가 이러저러한 요소들의 구성체인 인간과 맞서기도 하고 어우러지기도 하며 빚어내는 사건과 경험, 기억과 공유의 총체이다.

6. 증강현실의 개념과 응용분야

포켓몬 고 게임을 하는 사람들은, 실제의 도로나 건물에 나타난 가상의 피카츄를 잡는다. 어떤 사람들은 도로 위의 피카츄를 잡으려다가 교통사고가 나기도 한다. 이처럼 증강현실Augmented Reality은 "1) 실재와 가상을 결합하고, 2) 실시간으로 상호작용하며, 3) 3차원으로

41 위의 책, 같은 쪽 참고함.

구현되는 세 가지 특성을 갖는 것"[42]으로, 실제로 존재하는 환경에 이음새 없이 가상의 사물이나 정보를 결합하여 마치 원래의 환경에 존재하는 사물처럼 보이도록 함으로써 사용자에게 향상된 현실감과 몰입감을 주는 3차원의 컴퓨터 그래픽 기법이다. 영화 〈쥬라기 공원〉처럼 3차원으로 구현되고 실재와 가상을 결합했다 하더라도 상호작용을 하지 않는 것은 증강현실이 아니다.

증강현실은 여러 분야에 응용되고 있다. 의료영상 분야에서는 MRI나 CT 영상을 이용하여 구성된 3차원 모델을 실제 신체와 합성하여 수술하거나 치료에 이용할 수 있다. 상품과 기계의 제작 및 수리 분야에서는 3차원 모델을 실제 제품과 합성해서 상품과 기계를 제작하거나 수리하는 데 활용할 수 있다. 주석과 시각화annotation & visualization 분야에서는 사용자가 주변 사물을 바라볼 때 주변 사물에 대한 정보를 실시간으로 주석 또는 시각화하여 제공할 수 있다. 로봇 분야에서는 로봇의 사전 작동을 증강현실로 구성하여 실험할 수 있다. 오락 분야에서는 포켓몬 고를 비롯하여 다양한 오락에 증강현실을 활용해 몰입감과 현실감을 높인 게임과 오락을 할 수 있다. 군사무기 분야에서는 실제 지형과 증강현실을 합성하여 작전 계획, 실행, 수정 등에 응용할 수 있다.[43] 네비게이션 시스템Navigation System에서는 사용자에게 실제 도로와 결합한 증강현실의 도로망과 건물을 실시간 영상정보로 제공할 수 있다.

교육 분야에서는 맥락인식context-awareness을 향상시키는 데 증강현

42 Ronald T. Azuma, "A survey of augmented reality," *Presence*, vol.6 no.4., 1997, p.356.
43 위의 책, pp.358~364 참고함.

실이 효과적이다. 역사 현장이나 의학교육에서 인간의 신체나 역사 유적을 증강현실로 띄워주면, 학생들은 실제 인간의 신체를 해부하지 않고도 폐나 심장 등을 입체적으로 볼 수 있고, 역사 현장에 가지 않고서도 3차원적으로 간접 체험할 수 있다.

안전 분야에서도 소방 구조, 수색 등에 증강현실이 활용되고 있다. 재난과 위기 상황에서 지형과 건물의 구조를 알아야 구조를 잘 할 수 있는데, 소방관이나 구조대가 현장을 파악하기는 어렵다. 하지만 증강현실로 현장을 3차원적으로 재현하면 어떻게 구조 루트를 확보할지, 어느 장소가 더 위험하고 어느 장소가 더 안전한지 대략 파악할 수 있다.

7. 가상현실과 우리

▌가상현실의 긍정적 효과

가상현실Virtual Reality은 과연 우리와 어떤 관련을 가질까? 가상현실의 긍정적인 면은 누구나 짐작할 수 있는 것처럼 꿈과 상상이 가상현실에서는 얼마든지 실현된다는 점이다. 달이나 화성에 직접 가지 않고도 달 기지나 화성기지에서 살아볼 수 있고, 한국에 있으면서 세계 곳곳의 유명 예술품이나 명승지의 풍경을 감상할 수 있다. 또, VR 게임이나 VR로 유토피아를 가상현실로 만들고 체험하는 사례에 잘 나타나듯 쾌락과 재미를 극대화 한다.

호워드 라인골드Howard Rheingold는 가상현실이 가상 공동체Virtual

Community를 형성한다고 주장한다. 그는 가상현실을 원형감옥에 비유하는 것을 두고 60~70년대 중앙집중식 컴퓨터시대에나 가능한 이야기라고 일축한다. 그에 따르면, 가상현실은 국경과 인종의 경계를 넘어서 전 지구 차원의 온라인 공동체를 형성하고, 시공간을 압축하여 광속으로 실시간 쌍방향 소통을 하면서 사회를 재조직한다.

> 가상 공동체의 사람들은 화면상의 단어를 사용하여 즐거움을 주고받으며 논쟁하고, 지적 담론에 참여하고, 상거래를 수행하고, 지식을 교환하고, 정서적 지지를 공유하고, 계획을 짜고, 브레인스토밍을 하고, 험담을 하고, 반목을 하고, 사랑에 빠지고, 친구를 찾거나 잃고, 게임을 하고, 추파를 던지기도 하고, 약간의 고차원적인 예술도 창조하고 한가하게 대담도 나눈다. 가상 공동체의 사람들은 사람들이 실제 생활에서 하는 모든 일을 수행하지만, 몸을 뒤로 남겨 둔다. 당신은 누구에게도 키스할 수 없고, 아무도 당신의 코를 때릴 수는 없지만, 그 경계 안에서 수많은 일이 일어날 수 있다. 이에 이끌린 수백만의 사람들에게 컴퓨터 연결 문화의 풍부함과 활력은 매력적이며 심지어 중독적이다.[44]

우리는 친구나 동창회, 시민사회단체는 물론 기호나 취미가 같은 사람들이나 동호회, 어떤 사안이나 사건에 대하여 뜻과 이념을 같이 하는 사람들끼리 밴드, 카톡방, 텔레그램 방을 만들어 실시간으로 소

---

44 Howard Rheingold, *The Virtual Community: Homesteading on the Electronic Frontier*, New York: Harper Perenial, 1993, p.3.

통한다. 그 방 안 사람들의 관심이 많은 정보나 글을 공유하고 그에 대한 의견을 서로 피력하고, 회의를 하고, 감정을 주고받으며 공감을 하고 유대를 돈독히 한다. 특히 자신의 의사, 이념, 지향성과 유사한 대화를 주고받거나 자신의 글에 동의를 표하는 글, 자신의 하소연에 공감하는 글을 만날 때 친밀감과 유대감이 높아지면서 '사회적 현존감social presence'을 강하게 느낀다.[45] 시공간은 하등 장애가 되지 않는다. 집단으로서 소속감을 느끼고 지식과 정보는 물론 상징과 의미를 공유하면서 서로에게 영향을 미친다.

때로는 오프라인으로도 이어져 집회나 공지된 모임에 참석하기도 하지만, 오프라인 공동체처럼 물질적인 가치를 공유하지 못하고 육체적 접촉은 하지 않는다. 상호작용은 가상공간에서만 일어난다. 물질적인 가치를 공유하지 못하고 육체적 접촉이 없고 물질 노동을 통한 생산이 없기에 구체성이 없으며, 이를 바탕으로 한 구체적 결속력과 연대도 없다. 오프라인 공동체에서 볼 수 있는 도덕적 헌신, 친밀성과 깊이 있는 유대감이 부족하다. 가입과 탈퇴가 자유롭다는 장점이 있는 반면에 사회적 결속력과 지속성이 약하다. 주로 개인적인 관심이 많은 지식과 정보를 주고받으며 상호작용을 하기에 이해관계에 충실하다.

---

45 사회적 현존에 대해서는 Matthew Lombard·Theresa Ditton, "At the Heart of It All: The Concept of Presence," *Journal of Computer-Mediated Communication*, Volume 3, Issue 2, 1 September 1997, JCMC321, https://doi.org/10.1111/j.1083-6101.1997.tb00072.x를 참고함.

가상현실의 특성과 원격현존

가상현실의 중요한 특성은 언제나 들어갈 수 있고 벗어날 수 있다는 것이다. 잠자는 동안에는 잠을 보존하려는 메커니즘이 작동하기에 악몽에서 깨어나기 힘들지만, 이와 달리 가상현실에서는 적이나 괴물, 악마 등에게 쫓긴다면 'esc'키만 눌러 이탈할 수 있다. 또, 언제나 마음만 먹고 글자판 서너 개만 작동하면 들어갈 수 있다. 대신, 그렇기 때문에 가상현실은 책임감도, 구체적 현존도 없는 허구에 지나지 않는다. 그럼에도 사람들은 가상현실이 주는 황홀감에 취하여 이 쾌락을 쉽게 포기하지 못한다.

가상현실의 가장 큰 특징은 시공간적으로 그 현실과 거리를 두고 있음에도 현존의 느낌을 체험한다는 것이다. "원격현존telepresence은 원격으로 조종되는 사이트에 가상의 대상과 더불어 실제로 거기에 물리적으로 존재하는 것처럼 느끼는 감각을 뜻한다. 가상의 현존virtual presence이란 컴퓨터에 의해 생성된 시각적이고 청각적인 디스플레이 환경에 물리적으로 존재한다고 느끼는 감각이다."[46] 어떤 행위자가 실제 현실에서 가상현실로 들어가서 이 가상세계의 대상이나 인물, 배경을 실제 현실의 대상이나 인물과 동일한 것으로 착각하여 이와 유사한 감각적 반응을 하고 행위를 한다. HMD로 숲을 보는 사람은 가상세계의 숲에서 날아다니는 나비를 좇아 머리를 돌리고 이를 잡으려 실제 손을 뻗는다. VR 게임을 하는 사람은 게임 속의 상대

46 Thomas B. Sheridan, "Musings on Telepresence and Virtual Presence," Presence Teleoperators & Virtual Environments, 1(1), January 1992, pp.120~121.

방이 칼을 휘두르면 몸을 움찔거리고, 좀 더 예민한 이들은 머리를 재빨리 숙인다. 앙코르와트를 가지 않고 한국에 있음에도 그 사원의 회랑에 있는 것처럼 조각품이나 기둥을 감상하며 감동한다.

현존presence과 원격현존telepresence의 차이는 공간과 몸이다. "프레젠스presence를 느낄 수 있는 근거가 되는 것은 '자연발생적 공간'에 대한 자각인 반면, 텔레프레즌스는 신체가 그것이 존재하는 현실의 세계를 떠나 다른 공간에 머물게 되는 탈신체화의 상태로서 '매개된mediated 환경'에 대한 지각에 근거한다.(…) VR을 보면서 현전을 느끼고 자연발생적 시공간에 대하여 지각하고 실감하며, 현실의 굴레를 벗어나 다른 시공간에서 탈신체화한 상태에서 매개된 환경을 지각하고 판타지의 즐거움에 만끽한다."[47]

이에 원격현존은 개인적 차이도 존재한다. 똑같이 공포 영화를 보더라도 소리를 지르며 놀라는 사람이 있는가 하면 어떤 관객은 느긋하게 미소 지으며 본다. 이처럼 VR에 대해서도 감각이 예민한 사람은 그렇지 못한 사람보다 더 실제 현실에 가까운 현존감을 느낄 것이다. "텔레프레즌스는 수용자의 개인적 특성도 작용하지만, 생동감이 클수록, 메시지가 선명할수록, 속도가 빠를수록, 상호작용이 많을수록, 오감을 자극할수록, 몰입할수록, 객관적 사실에 부합한다고 인지할수록 더욱더 실감을 느끼게 된다."[48]

---

47 전혜숙, 「가상현실 기반의 뉴미디어아트: 물질 혹은 비물질」, 『서양미술사학회 논문집』 제34집, 2011, 278쪽.

48 김태용, 「텔레프레즌스 경험 확률에 영향을 미치는 수용자 특성에 관한 연구」, 『한국방송학보』, 제17권 2호, 2003, 113~114쪽.

가상현실의 문제점

가상현실은 위와 같은 장점과 더불어 문제도 많다. 첫째로는 무엇보다도 우리는 궁극적 진리로서 도道를 상실한다. 실제 현실에서는 현상 저 너머에 진리를 담고 있지만, 가상현실은 알고리즘에 의해 작동되는 허구일 뿐이다.

둘째, 현실과 가상의 전도와 혼란을 일으킨다. 게임에 빠져 딸을 굶겨 죽인 부부처럼 가상현실이 주는 쾌락에 만족하는 사람들은 현실을 돌아보지 않기가 십상이다. 동생을 죽이고 게임 속의 악마를 죽였다고 착각하는 소년처럼 현실과 가상현실을 전도하여 사고하고 실천할 수도 있다.

셋째, 둘째의 요인은 현실에 대한 인식 저하와 현실도피를 야기한다. 실제 현실은 모순과 부조리로 가득한 반면, 이런 모순과 부조리가 없는 유토피아를 가상현실에서 보고 만족하는 사람들은 20세기 노동자들이 부르주아의 일상을 소재로 한 드라마를 보며 계급의식을 상실하고 반역을 향한 꿈과 열정을 누그러뜨린 것 이상으로 현실에 대한 인식을 하지 못할 것이다. 그 가운데 상당수는 섹스와 마약에 빠진 사람처럼 현실에서 도피하여 가상현실이 주는 쾌락에만 탐닉할 것이다.

넷째, 정체성의 혼란을 겪을 것이다. 가상현실에 대한 원격현존감이 높아지면 높아질수록 실제 현실의 정체성과 가상현실의 정체성의 괴리는 커질 것이다. 실제 현실에서는 개미도 죽이지도 못하는 사람이 가상현실의 게임에서는 수많은 사람들을 고문하고 학살하는 폭군의 역할을 하고, 아내 외에는 어떤 여인과도 성적 접촉이 없는 도덕적인 사람이 그곳에서는 색마로 활동할 수도 있다.

다섯째, 실제 세계와 가상세계를 구분할 때는 폭군과 색마행위를 가상현실로 끝내야 하지만, 그렇지 못할 경우 가상현실의 정체성이 실제 현실의 정체성에도 영향을 미칠 것이다. 이럴 경우 소외는 심화한다.

여섯째, 네트워킹을 통해 가상현실에 대한 빅데이터를 국가나 기업이 취합하여 개인의 무의식마저 감시하고 통제할 수 있다.

일곱째, 타자에 대한 책임과 윤리가 없다. 미국 국방성의 몇몇 직원들은 드론을 조종하여 이라크와 예멘의 실제 현실에 현존하는 사람들인 테러리스트와 민간인을 살상한다. 전혀 없는 것은 아니지만, 그들은 그다지 죄책감을 느끼지 않는다. 가상현실에는 실제 현실에 존재하는 구체적 타자가 없다. 타자와 마주침, 대화, 공감, 연대 등 타자성이 없기에 타자에 대한 책임과 윤리 또한 존재하지 않는다.

여덟째, 가상현실에서는 전쟁, 기근, 자연재해, 독재 정권에 대한 저항, 대형사고의 구조 등에 대한 공통의 경험과 연대를 경험하지 못한다. 이로부터 비롯된 동지애, 우정, 박애, 연대감 등도 없다.

8. 대안의 지평과 모색

▮ 개인 차원의 대안

그럼 가상현실에 대한 대안은 무엇일까. 우선 실상을 직시하는 눈을 길러야 한다. 가상세계에서 우리가 남북통일을 1,000번, 만 번 한다 하더라도 실제 통일은 이루어지지 않는다. 때문에 현실과 실재를 직시하고 가상으로부터 구분하여 바로 보지 못하면, 게임과 실재를 착각하여 동생을 죽이는 것과 유사한 전도현상이 난무할 것이다.

둘째, 어떤 것이 가상이고 실상인지 구분할 수 없을 경우에는 인과 효력으로 인식하고 판정하는 것이다. 가상의 사건이 알고리즘으로 구성된다면, 현실은 인과로 사건이 일어난다. 다르마키르티Dharmakirti라는 사람이 제안한 대로, 저것이 불이라면 태우는 능력, 물이라면 갈증을 해소할 수 있을 때 바른 인식이 되는 것이다.[49]

셋째, 가상현실이 작동하는 알고리즘을 파악하는 것이다. 이럴 경우 우리는 가상현실의 수용자의 입장이 아니라 창작자의 입장에서 그것이 어떻게 실제 현실처럼 조작되는지에 대하여 파악할 뿐만 아니라 예측할 수도 있다. 가상현실과 실제 현실에 대해 혼란스러울 경우 알고리즘에 없는 행동을 하면 구분이 가능한 경우가 많다.

넷째, 디지털 유령을 향한 글쓰기의 극복으로서 구체적 체험을 향한 글쓰기를 하는 것이다. 인터넷, 이메일, 스마트폰, 트위터, 페이스북 등으로 오가는 글들은 프란츠 카프카Franz Kafka가 연인인 '밀레나에게 쓴 편지'처럼 '디지털 유령'을 향한 글쓰기이다.[50] 그 때문에 이를 극복하려면 구체적인 사건을 체험하면서 실제 오프라인으로 인간과 소통하는 것이다.

다섯째, 개인의 정체성의 혼란과 위기에 대해서는 타자와 긴밀하게 인과로 맺어진 네트워크 안에서 자율성을 갖는 타자 지향의 주체

49 강형철, 「가상현실을 통한 불교이론의 재검토」, 『불교와 4차 산업』, 한국불교학회, 2017, 241쪽.
50 한병철, 『투명사회』, 김태환 역, 문학과지성사, 2014, 189쪽.

로서 정체성을 올바르게 정립하고 이에 맞는 실천을 하는 것이다. 개인은 '세계 내 존재'로서 자각하고 늘 자기 앞의 세계에 대해 올바르게 의미를 해석하고 지향하는 바에 따라 실천하는 주체가 되도록 노력해야 한다. 세계를 올바르게 인식하도록 비판의식을 기르고, 그러면서도 동일성에 포획되어 타자를 배제하거나 폭력을 가하지 않도록 타자의 아픔을 내 병처럼 아파하는 공감을 기르고, 오프라인에서 타자와 만남과 대화, 유대를 자주 나누는 것이 필요하다.

여섯째, 자유와 덕목의 조화가 필요하다. 가상 공동체의 경우 접속의 자유를 보장하는 가운데 정직과 관용의 덕목을 추구해야 하며, "인연에 대한 자각을 바탕으로 자신과 타자를 구분하지 않는 가운데 자연스럽게 발현되는 자비심"[51]을 가져야 한다.

일곱째, 가상현실은 실제 현실과 대립 관계만 형성하는 것은 아니다. 가상현실은 현실의 제도, 가치, 사회적 삶을 반영하며, 실제 현실 또한 가상성과 허구성을 지닌다. 가상현실과 실제 현실의 모호한 경계 속에서 양자를 잘 구분해야 하지만, 이보다 더 필요한 것은 가상현실에서 실제 현실을 찾아내고 실제 현실에서 그 허구성과 가상성을 분석해내는 지혜이다.

화쟁기호학과 틈과 참의 리얼리즘

필자가 창안한 이론인 화쟁기호학의 한 부분을 활용한 틈과 참의 리얼리즘도 대안이다. 순수한 현실도 존재하지 않지만, 이제 19~20세

51 박병기, 「가상공간의 문화철학적 의미와 윤리적 지향」, 『범한철학』 28집, 2003년 봄. 322쪽.

기의 순수한 리얼리즘도 효력을 상실했다. 예술텍스트의 리얼리티가 가상현실이 연출하는 텔레프레즌스를 넘어설 수 없다. 소설 『레 미제라블』을 읽으며 프랑스 혁명 당시의 현실을 객관적/구체적으로 묘사한 문장을 통해 느끼는 현실감이 VR로 재현한 프랑스 혁명의 입체적 현실에서 느끼는 원격현존감만 못할 것이다. 이제 예술에서 추구한 리얼리티와 핍진성의 영역은 가상현실에서 더 활성화할 것이다. 하지만, 영화와 드라마가 소설을 주변화한 영상시대에도 소설로부터 유추한 리얼리티가 어느 정도 효력을 발휘하는 것처럼, 디지털 시대에도 예술의 리얼리티는 작지만 확고한 영역을 차지할 것이다.

우리말에서 틈과 참은 시공간적인 개념어이다. '틈'은 '어떤 행동을 할 만한 기회나 겨를', '모여 있는 사람들 사이', '벌어져 사이가 난 자리'를 뜻한다. 우리말에서 '참'은 '사실이나 진리에 어긋남이 없이 옳고 바른 것이나 진리의 명제'를 가리키는 동시에 '일을 하다가 쉬는 시간에 먹는 음식이나 아침과 점심 또는 점심과 저녁 사이의 끼니때', '길을 가다가 쉬거나 밥을 먹을 수 있는 장소', '일을 하다가 쉬는 횟수나 몇 번 쉬었다 가야 하는 거리의 단위', '일부 동물 명사나 식물 명사, 사물 명사 앞에 붙어 품종이 좋은, 품질이 우수한, 올바르고 진실한의 뜻을 더하는 말'의 뜻을 나타낸다.[52]

화쟁기호학을 재현의 위기에 응용하자. 여기에 수많은 행위자들과 대상이 다른 행위자와 대상은 물론 환경과 연기적으로 관계를 맺으며 현실을 구성한다. 세월호 참사처럼 실제 현실은 알 수도 없고 다다를 수도 없다. 하지만, 인간의 사건과 상징적 상호작용 행위[用]를

52 〈네이버 국어사전〉, '틈', '참' 항목 참고함.

통해 일부 드러난다. 세월호를 예로 들면 어떤 사람은 구조하러 달려가고 어떤 사람은 현장에 있으면서도 팔짱을 낀 채 지켜보고만 있었다. 이는 세월호에 관한 신문과 방송보도, SNS, 유튜브 동영상, 진상보고서, 책 등의 텍스트를 만든다. 이 텍스트가 몸을 품고 있기에 읽는 주체들은 이 텍스트를 해석하면서 그 안에 담긴 세월호의 현실을 읽는다. 어떤 이는 『조선일보』를 통해 박근혜 정권의 입장에서 사고의 관점으로 현실을 읽고, 어떤 사람은 이에 비판적인 입장에서 국정농단과 직무유기가 야기한 인재人災의 관점으로 현실을 읽는다. 이런 '몸의 현실'이 일상의 차원에서 감지하는 현실이라 할 것이다. 실제 현실인 참의 현실[體1]과 텍스트를 통해 재구성한 몸의 현실[體2]은 동일하지 않다. 세월호에 관련된 모든 텍스트를 동원한다 하더라도 영원히 실제 현실에 이를 수 없다. 실제 현실에 다가간다 하더라도 그 현실을 구성하고 있는 진리를 알 수도 없다. 현실은 있지만 우리는 실제 현실에 다다를 수 없다. 대다수는 그 현장에 없었다. 그 현장에 있었다 하더라도 물이 점점 차오르는 공포와 함께 몸이 차가워지고 숨이 막히는 고통을 겪으며 죽은 자의 현실을 가늠할 수 없다. 죽은 자 또한 장소에 따라, 마음과 체력에 따라, 최후의 순간에 세계의 부조리에 대해 저항하는 방식이 달랐을 것이며 이는 다른 현실을 구성한다. 무엇보다도 그들의 욕망과 무의식, 상상이 천차만별이기에 이것이 다양한 현실을 구성하였을 것이다.

문재인 정권조차 진상조사에 미온적이지만, 설혹 세월호 참사에 대한 모든 진상들이 밝혀진다 하더라도 그 참사 너머의 진리를 알 수는 없다. 우리는 각자 역사관과 사회관, 지향의식에 따라 해석할 뿐이고 그 해석 또한 다양하다. 이에 우리는 몸과 참의 틈 사이에서 진동한다. 우리는 이상과 현실 사이에서, 당위와 존재 사이에서, 이념과 실상 사이에서 진동한다. 이상을 바라지만 이루어지지 않을 듯하여 불안하고 현실과 거리나 괴리를 떠올릴 때마다 절망한다. 현실에 머물면 권태롭고 의미를 잃어버린다. 당위를 좇으면 마음은 편하지만 차이를 상실하고, 존재에 충실하면 삶은 공허하다. 이념을 추구하면 정당성으로 충만하지만 교조의 늪에 빠지고, 실상에 천착하면 삶의 좌표가 사라진다. 이 딜레마를 맞아 어디 한편에 머물지 않고 치열하게 진동할수록 진리에 다가갈 것이다. 그 치열한 떨림을 통하여 허구로부터 분리하여 객관적 사실들을 많이 모을수록, 거짓의 장막을 걷어내고 진실을 더 캐낼수록, 이데올로기와 편견의 프리즘을 극복할수록, 객관적 사실과 주관적 해석 사이에서 더 깊이 번민할수록, 객관에 묻혀버린 주체들의 마음과 무의식까지 헤아리려 할수록, 우리는 실제 현실에 다가갈 것이다.

반영상과 굴절상으로 텍스트를 분리해서 분석할 수 있다. 반영상은 구체적 현실을 이념과 지향성에 따라 거울처럼 객관적으로 재현한 텍스트를 가리킨다. 반영상은 현실을 반영하여 생동하는 구체적 현실을 보여주고 이에 담긴 삶의 진실을 드러내지만, 그만큼 '쓰는 주체'를 현실을 반영하는 '모방적 예술가'로 머물게 하며, '읽는 주체'를 텍스트에 담긴 반영상과 현실을 관련시키며 텍스트의 의미를 역사주의 비평식으로 해석하게 하는 '역사적 독자'에 머물게 한다.

반면에 굴절상은 프리즘에 비춘 빛이 무지개로 변하듯이 구체적 현실을 상상과 판타지, 무의식에 따라 굴절하여 형상화한 텍스트를 가리킨다. 굴절상은 '쓰는 주체'를 '내포적 예술가'로 거듭나게 하여 그가 예술적 형상화를 고차원적으로 수행하게 하고 텍스트를 다채롭고 깊이있게 의미화하게 하며, '읽는 주체'를 텍스트에 담긴 현실을 다양하면서도 구조적으로 해석하는 '내포적 독자'로 이끈다. 독자는 읽기의 틈을 통해 세계의 참을 형성하고 참에 머물며 생각하고 상상하면서 참, 곧 진리에 다다른다. 작가의 의도를 찾지만 이에 머물지 않고 독자가 놓인 다양한 맥락에서 의미의 파노라마를 형성한다.

예를 들어, 피카소의 〈게르니카〉에서 반영상은 누워 있는 시민과 부러진 칼, 절규하는 여인, 말과 소이다. 반영상은 스페인과 독일의 파시즘 동맹이 1937년 4월에 바스크 마을 게르니카Guernica에서 무고한 시민 200명에서 1,000명을 학살한 야만을 고발한다.[53] 반영상에서 소는 인간을 미로에 빠지게 하고 잡아먹은 미노타우르스, 말은 군마와 군대, 부러진 칼은 패배, 여성은 약자/소수자, 흑백은 지배와 억압의 이분법의 세계, 당시 파시즘이 발흥한 조국의 절망적인 상황의 환유이다. 소는 폭력과 파시즘, 태양은 야만적인 현장의 명료한 고발, 삼각형은 안정적인 기존 체제의 은유이다. 독일과 스페인의 파시즘 세력이 게르니카에서 어린이와 여성을 포함하여 무고한 시민을 학살한 현장을 고발함과 동시에 그 파시즘 세력의 부조리에 맞서서 자유와 정의를 추구하는 사람들이 저항했지만 패배하였음을, 그리고 파시즘이 강력한 무기와 군대를 가졌기에 그 체제가 적지 않은 시간 동안 안정적으로 유지될 수 있음을 표현한다.

---

53 물론, 피카소 자신은 현장에 가보지 않은 채 조지 스티어(George Steer) 기자가 『*The Times*』에 쓴 「게르니카의 비극 : 공중폭격으로 파괴된 도시 : 목격자의 기술(The Tragedy of Guernica: A Town Destroyed in Air Attack: Eye-Witness's Account)」이란 기사를 보고서 착상을 얻어 그림을 그렸으며 소와 말과 같은 상징에 대해 묻는 사람들에게 "이 황소는 황소이고 이 말은 말이다. 내 그림의 특정한 것에 의미를 부여한다면, 그것은 상당히 진리일 수도 있지만, 이렇게 의미를 부여하는 것은 내 생각이 아니다."라고 말했다. (M. Arbeiter, "15 Fascinating Facts about Picasso's Guernica," *Mentalfoss,* April 22, 2015.)

피카소의 <게르니카>

또한, 이 그림은 반영상을 넘어서서 굴절상을 제시한다. 반영상으로 그쳤다면 〈게르니카〉는 좋은 리얼리즘 작품에 머물렀을 것이다. 그림을 자세히 보면, 부러진 칼에서 꽃 한 송이가 피어나고 있다. 이는 희망, 평화, 아름다움의 은유이다. 야만적인 학살로 빚어진 비통과 절망의 현장 위로 여신이 희망의 은유인 등불을 들고 나타난다. 들라크루아Eugène Delacroix의 〈민중을 이끄는 자유의 여신〉과 상호텍스트성intertextuality을 갖는다. 구체제의 환유인 왕정 군인의 시신 위로 자유, 평등, 박애의 가치를 상징하는 삼색기를 들고 노동자와 시민, 청년 등 여러 계층으로 이루어진 혁명군을 이끄는 자유의 여신 마리안느처럼, 죽은 채 누워 있는 시민과 절규하는 여인의 위로 여신은 등불을 비춘다. 이를 통해 현실은 어둡고 절망적이지만, 부러진 칼 사이로 피어나는 꽃처럼 비극의 현실에서도 시민들이 다시 저항과 혁명의 꽃을 피울 것이며, 신도 이에 부응하여 등불을 밝힐 것이라고 넌지시 말하고 있다.

화쟁기호학을 통해 우리는 이성으로 명료하게 현실을 해석하지만, 이성의 한계를 넘어 상상과 이미지를 매개로 현실 저편의 참에 다가갈 수 있다. 반영상을 통하여 현실의 모순을 읽을 수 있지만, 굴절상을 통해 현실의 굴레를 넘어 다양하게 해독하며 꿈을 꿀 수도 있다. 반영상은 굴절상이 현실을 버리고 비상하는 것을 붙잡아매고, 굴절상은 반영상이 쳐버린 울타리를 풀어버린다. 좋은 텍스트일수록 반영상과 굴절상의 이런 상호작용이 1차로 끝나지 않고 계속 반복된다. 이렇게 해서 텍스트의 의미는 끊임없이 드러나고 반영상이 야기할 수 있는 닫힌 읽기와 표층적 읽기를 넘어 열린 읽기와 구조적 읽기를 하며, 굴절상이 수반할 수 있는 비정치성과 비역사성도 지양하여 구체적 해석을 할 수 있게 된다.[54]

이처럼 인공지능 시대에서 예술의 감상이란 인간 존재가 작품을 매개로 가상/증강/실제 현실로 이루어진 세계를 만나서 동일성에서 벗어나 가상현실과 실제 현실, 이상과 현실, 사실과 상상, 로고스와 뮈토스, 사상과 정서, 세계와 자아, 형식과 내용, 반영상과 굴절상, 인쇄된 문자와 여백, 미메시스와 판타지, 작가와 독자, 텍스트와 맥락의 사이에서 끝없이 진동하는 가운데 '세계의 틈'을 창출하고, 그것이 지닌 아름다움과 의미들을 새롭게 해석하면서 프레즌스와 텔레프레즌스, 실존과 초월을 모두 체험하며 참을 향하여 다가가는 것이다.

▮ 정치적 대안

정치적 대안으로는 우선 권력에 대한 비판과 저항을 한다. 앞 절에

54 이도흠, 『화쟁기호학, 이론과 실제』, 서울: 한양대학교 출판부, 1999, 191~199쪽.

서 말한 대로, 현실은 투명하게 재현되는 것이 아니라 권력의 공모에 따라 다시 만들어지는 것이므로 재현된 현실에 내포된 권력을 분석하고 비판하고 저항해야 한다. 박정희 시대에 노골적으로 강요된 유신체제와 새마을운동을 홍보하는 드라마뿐만 아니라 21세기에도 여전히 부르주아의 행복한 일상을 보여주며 계급의식을 무화하는 소시민적 행복 드라마, 노동자와 서민의 비참한 현실에 대해서는 침묵하고 방관한 채 젊은이들이나 중산층의 사랑과 갈등, 이별, 불륜에만 초점을 맞춘 한국적 로맨티시즘 드라마에 대해서도 비판하고 저항해야 한다.

이와 더불어 지배 이데올로기에 대하여 비판할 뿐만 아니라 이를 해체하고 대체하는 대항 이데올로기counter-ideology를 개발해야 한다. 소극적으로는 권력이 재현한 현실에 담긴 지배 이데올로기ruling ideology를 비판해야 한다. 모든 인간이 신분을 떠나서 다 같이 존엄하고 평등하다는 휴머니즘의 이데올로기는 신분차별을 당연한 것으로 정당화하는 지배 이데올로기를 해체하는 대항 이데올로기였으며, 이것이 중세를 끝내고 근대를 여는 데 일익을 담당했다. 21세기 오늘에도 인권과 인간의 존엄과 평등을 해치는 영역에서 휴머니즘은 대항 이데올로기로 작동할 것이다. 하지만 할리우드 영화에서조차 휴머니즘을 상품화하는 신자유주의 체제에서는 노동중심과 민중의 입장에서 부르주아 이데올로기로서의 휴머니즘을 비판해야 한다. 그처럼, 서양의 오리엔탈리즘에 대해선 동일성에서 벗어나서 모든 문명이 우열이 없고 다 같이 소중하고 나름대로 미적, 정치적, 사회적 가치를 지닌다는 차이의 문화관을 펼치고, 엘리트의 문화가 우수하고 아름답다는 엘리트주의에 맞서서 중심이 상실하고 있는 주변부의 독창성과 민중층의 삶에 기반한 구체성과 진정성을 옹호하는 민중주의를 제시해야 한다.

근본적으로는 체제를 해체하는 운동이 끊임없이 전개되어야 한다. 아버지를 중심으로 한 가족 체제를 수평의 체제로 전환해야 가부장적 억압과 폭력이 근절되는 것처럼, 재현의 위기에서 진실을 회복하는 궁극적인 작업은 체제 자체를 해체하고 재구성하는 것이다. 미국과 유럽의 중심이 주변의 아시아, 라틴아메리카, 아프리카를 착취하는 세계체제를 공존공영의 세계체제로, 신자유주의 체제를 평등한 공동체로 전환하는 운동과 이를 위한 연대가 필요하다. '오큐파이 월스트릿Occupy Wallstreet'처럼 전 세계의 착취받고 억압받는 이들의 연대 투쟁에 의한 체제 전복, 체제 안에 평등한 진지 구축, 민중의회 수립, 노동 3권 쟁취 운동, 법개정 운동 등 다양한 전략과 전술이 수행되어야 할 것이다.

미국과 유럽 중심의 정보 독점도 해체해야 한다. 알자지라를 통해 미국에 편향된 이라크전 보도를 수정한 것처럼, AP, UPI, REUTER, AFP 등 서방 중심의 통신사에 대항해 제3세계의 통신사와 매스미디어를 활성화하고 인터넷과 유튜브에도 제3세계의 눈과 재현된 것들을 많이 올리는 것이다. 현실이든, 가상이든 우리가 보고 있는 재현들은 90% 이상 미국과 유럽인의 이해관계와 이데올로기에 따라 그들의 양식에 의하여 만들어진 것이다. 이제 미국식 생활양식은 물론 꿈의 양식과 이미지, 상징은 전 세계의 보편이나 표준이 되었다. 제3세계의 어린이는 꿈마저 미국식으로 꾼다. 미국의 드라마와 헐리우드 영화를 보고 자란 어린이들은 제니퍼 로렌스나 스칼렛 요한슨, 크리스 햄스워스와 같은 이성을 만나 미국식 대저택에 살며 와인을 곁

들어 스테이크를 먹고 멋진 캐딜락을 타고 상류사회의 파티에 참석하고 크루즈를 타고 세계 일주를 하는 꿈을 꾼다.

이럴 때 반면교사로 삼아야 하는 것이 NANAP이다. 70년대에 미국과 유럽의 4대 통신사가 세계 뉴스 흐름의 80% 이상을 점유하고 있는 것에 대항하여 전 세계 뉴스와 정보 흐름의 새로운 질서를 수립하자는 운동이 일었다. 1974년에 유고슬라비아의 타뉴그Tanjug 통신사가 주도하고 후원하여 제3세계의 비동맹국가 80여개 나라들이 모여서 NANAPNon-Aligned News Agency Pool라는 대안의 통신사를 만들었다. 하지만 서양의 언론에 맞서서 별다른 성과를 내지 못했으며, '세계의 정보와 커뮤니케이션의 새로운 질서New World Information and Communication Order, NWICO'를 수립하자는 논의가 유네스코UNESCO로 넘어가고 티토의 사망 이후 다른 지도자들은 이 통신사에 대한 지원을 등한시한 데다 미국과 영국이 탈퇴하면서 서서히 몰락하였고 1990년에 문을 닫았다.[55] 이 경험을 잘 성찰하면서 제3세계가 다시 연대체를 만들어 미국과 유럽 중심의 뉴스, 정보, 이미지의 일방적 흐름과 재현양식을 차단하고 공정한 흐름과 재현양식을 복원해야 한다. 이것이 유럽과 미국에 맞서서 구체적인 헤게모니를 형성할 수 있도록 제3세계 국가 간, 비정부기구 간 수평적이고 수직적인 연대를 활성화하여 한다.

한 국가의 차원에서는 민중적 세계관을 가지고 민중적 이미지와 상징, 민중이 쓰는 담론과 스타일을 따르는 대안의 신문과 방송, 유튜브 채널, 플랫폼을 세워야 한다. 아울러 재현을 왜곡하는 것을 제한하는 법을 만들어야 한다. 이런 모든 것이 가능하려면, 시민사회를

55 〈위키피디아〉 영어판, 'NANAP' 참고함.

조직화하여야 한다. 대한민국 시민이 촛불을 들고 새로운 정권을 세웠지만, 그 뒤에 별다른 변화가 없는 핵심 이유는 시민들이 주권자로 인식하고 광장에 모였지만 시민사회를 조직화하는 단계로 가지는 못한 채 권력을 자유주의 정당과 기득권에게 양도했기 때문이다.[56] 그 다음으로는 '자본–국가–보수언론–종교권력층–사법부–전문가 집단과 어용지식인'으로 이루어진 기득권 동맹이 조금도 균열되지 않았고, 민주당과 문재인 정권도 이 동맹에 속해 있기 때문이다.

마무리

우리는 장자의 호접몽처럼, 영화 매트릭스처럼 어느 것이 가상이고 어느 것이 실제인지 구분하기 어려운 시대에 살고 있다. 가장 허구에서 벗어난 것이 과학인데 과학 또한 현실과 물질 자체의 비실재성에 대해서 지적한다. 인간은 결코 순수하게 객관적인 세계에서 살 수 없다.

그 반대도 마찬가지이다. 이미지와 환상은 현실과 실상을 보게 하는 거울이기도 하다. 현실의 모순이 환상을 만들고 환상의 부정성이 현실을 구성한다. 현실의 권태로움이 환상을 구성하고 환상의 허탈

56 이상 이 장에서 따로 각주를 달지 않은 부분은 필자의 이 주제와 관련한 글들, 곧 『화쟁기호학, 이론과 실제』, 한양대학교 출판부, 1999, 197~204쪽 ; 「현실의 재현과 진실 사이의 차이에 대하여」, 『한국언어문화』 25호, 한국언어문화학회 2004, 27~55쪽 ; 「재현의 위기론의 타당성과 한계」, 『미학·예술학연구』 제22집, 한국미학예술학회, 2005, 125~156쪽 ; 『인류의 위기에 대한 원효와 마르크스의 대화』, 689~762쪽 ; 「기호와 현실 사이의 역동적 세미오시스에 대한 기호학과 맑스주의의 비교와 종합」, 『기호학연구』, V.58, 한국기호학회, 2019년. 111~139쪽.을 참고함.

함이 현실을 호명한다. 결국 인간은 가상과 실상, 원본과 복사본, 현실과 비현실 사이에서 시계추처럼 진동하면서, 그 때문에 끊임없이 고뇌하고 방황하지만, 그것에 의미를 부여하고 더 나아가 의미를 찾아 실존을 모색하는 존재이다.

그럼에도 우리는 실상을 직시하고, 현실 너머에서 현실을 구성하는 요인과 원리를 파악하며 실제 현실로 다가가야 한다. 그것에 스민 권력과 이데올로기를 비판하고 근본적으로는 체제를 해체하는 운동을 끊임없이 전개하여야 한다. 우리는 가상현실과 실제 현실, 이상과 현실, 사실과 상상, 로고스와 뮈토스, 사상과 정서, 세계와 자아, 형식과 내용, 반영상과 굴절상, 인쇄된 문자와 여백, 미메시스와 판타지, 작가와 독자, 텍스트와 맥락의 사이에서 끝없이 진동하는 가운데 '세계의 틈'을 창출하고 그 속에서 그것이 지닌 아름다움과 의미들을 새롭게 해석하면서 프레즌스와 텔레프레즌스, 실존과 초월을 모두 체험하면서 참을 향하여 다가가야 한다.

제 3 장

초연결사회와 공유경제

1. 연결되어 있다, 고로 나는 존재한다

연결과 접속! 우리는 타인과 연결 속에서 삶과 자신의 의미를 찾고 타인의 인정을 받는 것을 즐거워하며, 연결되어 있는 한 타인이 거기에 상상한 대로 존재한다고 생각한다. 대다수 사람들이 스마트폰을 집에 두고 외출하면, 하루 종일 불안감과 불편함에서 벗어나지 못한다. 연결이 되면, 그만큼 나의 자유가 제한되고 타인에게 시간을 할애해야 하고 때로는 상처받는 일도 발생하고, 연결되는 만큼 모든 것들이 데이터로 기록되며 내 신상이 털리고 사찰과 감시의 체계 속으로 들어가는 것인 줄 알면서도 부나방처럼 네트워킹 속으로 달려간다. 단절의 두려움과 연결의 충족감이 디지털 사회의 사람들을 지배하고 있다. 그런데, 더 많은 사람과 더 다양한 방식으로 더 잘 연결된 지금, 우리는 왜 더 고독한가.

처음에 인류는 마음과 몸으로 연결되어 있었다. 마음이 통하는 사람끼리 모여 살고, 마음이 끌리는 사람에게 몸을 움직여 만나고, 마음이 가는 사람에게 고기 한 점 더 주었다. 7만 년 전부터는 문자를 만들고 그림을 그려서 의사를 전달했다. 고대에는 문서나 편지, 봉화, 비둘기를 매개로 소통하였고 이는 중세에 들어 더욱 정교해졌다. 근대에 들어 전화, 전신, 무전기는 공간의 장벽을 뛰어넘어 사람을 이어주었다. 디지털 시대를 맞아 인류는 인터넷과 스마트폰을 매개로 전 세계를 하나로 연결했다. 연결은 공간을 압축하고 시간도 초월했다. 텔레비전, DMB, 스마트폰, 온라인게임, 인터넷, 유튜브 모두 연결의 산물이다. 문자를 씹히면 기분이 언짢고 페북에 올린 글에 '좋아요'를 많이 받으면 기분이 좋아지듯, 우리는 연결 속에서 의미를 찾고 정체성을 형성한다. 카톡과 텔레그램 방의 구성원들이 하나로 연결되듯, 이 세상의 모든 사물들이 연결되면 어떤 일이 벌어질까?

"2020년에만 연결센서가 내장된 204억 개의 장치가 작동할 것이다."[1] 이는 초연결사회의 목표에 1% 남짓에 지나지 않는다. 지구촌 사회는 사물인터넷을 매개로 모든 사물과 데이터를 연결하는 초연결사회를 향해 달리고 있다. 스마트폰으로 집 밖에서도 집 안의 전기와 가스를 끌 수 있다. 환자가 제시간에 약을 먹지 않으면, 약병에 있는 센서가 환자를 담당하는 병원으로 환자가 약을 먹지 않는다고 경고 메시지를 보낸다. 초연결사회가 되면, 사물들은 말을 하고 한계비용 제로의 공유사회의 영역이 점점 확대될 것이다. 연결이 모두 끊어

---

1 Nick Monaco et al., *The Hyper-connected World*, Institute for The Future, 2020, p. 1.

졌을 때 고독과 소외로 몸부림을 치면서도 친밀한 가족에게서조차 떨어져 자신만의 공간에서 자유를 누리는 것이 인간의 이중적인 본성이다. 모든 것이 연결되었다는 것은 독립된 공간, '나만의 섬'이 없음을 의미한다. 수많은 사람과 수많은 네트워킹으로 연결되었지만, 실제로 얼굴을 맞대고 대화를 하고 때로는 싸우면서 정을 도탑게 하는 친밀함과 진정성을 가진 만남은 거기 없다. 초연결사회에서 인간의 생체정보까지 시스템의 사물로 전락할 수도 있다.

2. 도구, 에너지, 커뮤니케이션, 공감을 중심으로 읽는 인류사

문명사를 가르는 중요한 요소는 도구, 에너지, 커뮤니케이션, 공감이다. 사물인터넷을 기반으로 한 초연결사회가 문명사적으로 어떤 의미를 갖는가에 대해 통시적으로 통찰하기 위해서 에너지, 커뮤니케이션, 의식, 공감을 중심으로 인류사를 스케치하겠다.

▌수렵사회

수렵사회의 에너지원은 인간의 신체 그 자체였다. 인간은 몸을 움직여 숲으로 가서 열매를 채취하고 동물들을 사냥했다. 그 채집한 열매와 사냥한 짐승을 먹고 에너지를 내서 다시 채취와 사냥을 했다. 이때 커뮤니케이션은 사람과 사람이 직접 만나서 언어로 소통하는 것이었다. 1권 1장에서 언급한 대로, 인류 역사 700만 년 가운데 680만 년 동안 인간은 단순한 말인 '흠의 언어hmmmmm'를 하다가 20만 년 전에서야 FOXP2 유전자의 돌연변이가 일어나 언어를 정교하게 사용하여 활발한 소통을 할 수 있게 되었고, 더 나아가 은유와 환유를 활용한 추상적인 개념과 시적 의미들도 만들었다. 그 후 상당한 시간이 지난 후에 은유와 환유를 매개로 자연지능, 사회지능, 과학기술지능을 결합하여 인지혁명을 이루었다.

이때 의식은 신화적인 의식과 주술적 사고를 했다. 초월적이고 절대적인 존재가 있어서 우주 삼라만상과 인간사를 주재한다고 생각했다. 초월적이고 절대적인 존재란 처음에는 사물이나 동식물 등 자연이었지만, 차츰 형이상학적 신으로 옮겨갔다. 태풍에 사람이 날아가고 홍수로 사람이 빠져 죽고 가뭄이 들어 굶주리는 것 등 모두가 그런 존재의 뜻에 의해서 벌어지는 것이라 간주하고 그런 존재에게 소망을 빌었다.

인간은 이기적 유전자를 가진 생존기계이지만, 엄마가 사랑으로 아기를 키우고 아기는 사랑을 받고 커서는 사회적 협력을 하면서 타인의 아픔에 공감하고 이타성alterity을 형성했다. 그리고 이타성을 점차 가족에서 부족으로 확대했다. 이로 가족과 부족을 위하여 희생하고 헌신하는 것이 가능해졌다. 공감과 혈연적 이타성, 협력을 바탕으로 자연스레 인간적이고 평등한 공동체를 구성했다.

농경사회

인간은 대략 1만 4,000여 년 전에 농경과 정착을 했다. 이때 에너지원은 곡물과 가축이었다. 인간은 귀리, 콩, 쌀과 밀을 재배했을 뿐만 아니라 토기, 그릇, 나무상자, 바구니를 제작하고 이를 이용하여 곡물을 저장했다. 인간은 야생에서 살던 돼지, 소, 양, 개, 닭, 오리들을 키웠다. 인간은 저장된 곡물과 가축을 먹고 에너지를 얻었다. 곡물이 주로 탄수화물을 공급했다면, 가축은 주로 단백질을 제공했다.

농경사회의 커뮤니케이션은 여러 가지가 작동했다. 가장 중요한 것은 문자였다. 인류는 늦어도 7만 년 전부터 문자를 사용하기 시작했다. 문자기호를 사용하면서 기억을 정박시키게 되었고, 시간을 초월한 의사소통이 가능해졌다. 인류는 문자로 텍스트를 만들고, 그 텍스트를 통해서 지식과 정보를 공유하고 계승했다.

문자기호에 이어서 중요한 커뮤니케이션 수단은 수리水利 체계였다. 농경은 물을 필요로 했다. 특히, 쌀은 아열대 습지에서 야생하던 것이라 물이 찰랑찰랑 채워진 밭인 논에서만 자랐다. 가뭄이 들면 쌀은 쉽게 말라 죽었고, 밀과 옥수수, 수수, 기장, 감자 등도 작물에 따라 차이는 있지만 오랜 가뭄을 견딜 수는 없었다. 계절이나 절기마다 강우량이 다르고 가뭄과 홍수도 어느 때 올지 몰랐기에 당시에 농사를 결정짓는 요인은 기후와 토질, 그리고 인간의 노력이었다. 세계 4대문명이 큰 강가에 성립된 것은 이 때문이다. 당시 인간은 신께 좋은 기후를 소망하는 의례를 행하고, 기후에 영향을 덜 받도록 수리水利 관리체계water management system를 건설했다. 지도자는 많은 사람들을 동원하여 둑을 쌓고 커다란 호수를 만들고 수로를 놓았다. 우기에 비를 모았다가 건기에 수로를 따라 물을 각 논밭에 공급했다. 이렇게 물을 공급하는 중앙집권형의 농업체계가 이 당시 커뮤니케이션의 중요한 수단이었다.

농경사회에서도 먼 지역과 서로 교역을 했다. 1권 1장에서 이미

터키의 차탈회유크가 멀리 홍해와 메소포타미아 지역과 교역을 했다고 말한 것처럼, 남는 농산물을 다른 지역에서 생산한 필요 물품과 교환했다. 시장이 형성되고 상인이란 조직도 생겨났다. 이로 도로체계가 중요한 커뮤니케이션 수단이 되었다. 도로를 통하여 사람, 물품, 정보와 지식의 교환과 교류가 활발하게 이루어졌다.

사회가 복잡해지자 다양한 사람과 직업을 아우르는 상위의 도덕과 윤리, 가치체계로서 고등종교가 필요해졌다. 원시적이고 주술적이었던 의식은 이제 신학적으로 체계를 갖춘 종교의식으로 발전했다. 그러면서 좀 더 체계적인 고등종교를 형성하게 되었고, 그중 일부는 일신교를 표방했다. 그런 바탕 아래 붓다, 공자, 예수, 무함마드와 같은 성인이나 신의 아들이 이 땅에 나타나서 가르침을 전했다. 농경사회는 종교가 압도하던 시대였다. 종교의 가르침과 이데올로기가 정치, 경제, 사회문화 모든 영역을 지배했고, 도덕과 윤리, 예술 또한 이에 종속되었다.

이 당시 공감과 이타성은 혈연관계에서 종교적 동질성을 기반으로 한 가상의 가족으로 확대된다. 불교든 기독교든 이슬람교든 같은 종교를 믿는 이들을 형제와 자매로 삼았고 그리 불렀다. 그래서 같은 신을 믿는 형제나 자매의 아픔에 공감하고 그들을 위해서 희생하거나 헌신할 수 있는 이타성이 형성되었다. 세 종교에서 추구하는 가장 중요한 가치는 붓다의 자비, 공자의 인仁, 예수의 사랑인데, 그 바탕은 모두 공감이다.

▌산업사회

산업혁명기의 에너지원은 화석연료이다. 석탄과 석유를 때서 증기의 힘으로 엔진이나 모터를 돌리기 시작했다. 이 엔진이나 모터를 이용하여 방직기를 비롯한 큰 기계들을 돌리고 배와 기차를 움직였다. 외연기관은 부피가 크고 무게가 무거워 이동이 어려웠고 자동차나 비행기와 같은 기계를 움직이는 데 한계가 있었다. 이에 기관의 내부에서 연료를 연소시키고 여기서 발생한 고온·고압의 가스로 에너지를 얻는 내연기관을 만들었고, 이는 가솔린 기관, 디젤 기관, 가스 터빈 기관, 제트 기관, 로켓 기관으로 발전하며 기차, 자동차, 비행기, 로켓을 움직이게 되었다. 용도에 따라 이 내연기관을 사용하여 공장의 다양한 기계를 돌리며 산업혁명을 이루었다. 산업혁명은 포드시스템과 분업체계, 표준화와 규격화와 결합하며 대량생산 시대를 열었다.

산업혁명기의 커뮤니케이션은 금속활자를 중심으로 한 인쇄술과 미디어, 철도와 배를 매개로 한 장거리 수송체계이다. 구텐베르크는 금속인쇄술을 이용하여 성직자들의 전유물이었던 비싼 필사본 성경을 라틴어에 이어서 독일어로 대량 인쇄하여 대중들에게 보급했고, 금속인쇄술은 빠르게 유럽으로 전파되었다. 금속 인쇄술을 바탕으로 책과 신문이 발행되고, 이를 매개로 지역과 지역, 나라와 나라, 관료와 시민, 상층의 엘리트와 시민 사이에 커뮤니케이션이 활발하게 이루어졌다. 또 공간적으로는 기차와 배를 통해서 굉장히 먼 지역도 며칠 사이로 소통이 가능한 공간의 압축화가 일어났다. 기차와 배를 매개로 수많은 사람들이 국경과 대륙을 넘어 이동했고 자원과 상품을 활발하게 교역했다.

산업혁명과 함께 과학혁명, 시민혁명이 일어나면서 시민들이 사회의 전면에 등장했다. 이들은 합리주의와 계몽주의, 근대 사상의 영향을 받고 교육을 받아 읽기와 쓰기를 하며 공론장을 형성했고 이곳에서 합리성을 바탕으로 진리와 허위를 토론하며 합의를 도출했다. 신문은 공론장 형성과 발달에 막대한 영향을 미쳤다. 이어서 대량생산이 가능해지고 라디오가 보급되고 대중mass이 형성되면서 본격적으로 매스미디어 시대에 접어들었다.

대중들은 많은 자유를 누리게 되었으며, 개인에 대한 의식을 형성하여 개인의 프라이버시, 자유, 권한, 책임을 원했다. 대중들은 주술의 정원에서 벗어나 합리적이고 과학적으로 세계를 인식하였으며 신분사회를 정당화한 중세의 봉건 이데올로기를 해체하고 모든 인간이 다 같이 존엄하고 평등하다는 휴머니즘을 보편적 가치로 지향하여 근대의 계몽사상으로 무장했다. 이들은 언어와 역사, 문화의 동질성을 바탕으로 정체성을 형성하고 이를 바탕으로 자신들을 하나의 집단으로 자각했다. 이에 이들을 구성원으로 하여 일정한 영토에서 주권을 행사하면서 이들의 안전과 복리를 제공하는 통치기구로서 국민국가가 시민과 합의를 통하여 구성되었다. 이로 공감과 이타성은 혈연과 소속 집단을 넘어 민족과 국가에까지 확대되었다. 지배층의 민족 이데올로기에 동원된 것이지만, 근대의 국민들은 독립운동가처럼 다른 가족, 다른 가문으로 피가 전혀 섞이지 않았음에도 '우리 민족', '우리 국민'을 위하여 그들의 아픔에 공감하고 이타적 협력과 희생을 하는 민족적 이타성을 구현했다. 인류애와 사해동포주의, 꼬뮤니즘 등이 민족의 울타리를 넘어 타자에 대한 공감과 연대를 요청했다.

▮ 디지털 혁명과 공유경제시대

디지털시대의 에너지원은 전기, 원자력, 재생에너지이다. 산업사회와 관련된 분야는 다르지만, 스마트폰, 인터넷, 인공지능 등 디지털 영역은 산업사회와는 비교할 수 없을 정도로 작은 에너지만 소비할 뿐만 아니라 환경오염과 기후변동, 화석연료의 고갈 문제로 인하여 화석연료의 비중은 낮추고 재생에너지의 비중을 높이고 있다. "2030년의 에너지 인프라는 태양광으로 100% 충족될 것이다."[2]라고 추정하는 학자도 있다.

디지털 사회의 커뮤니케이션은 사물인터넷을 중심으로 한 초연결 사회이다. 이 사회는 인터넷을 매개로 지구상의 모든 사물, 모든 사람을 하나로 연결시키는 것을 목표로 한다. 의식은 산업혁명 시대를 지배했던 인간중심주의를 극복하여 다른 생물권을 포함하고 기계가 인격을 갖는 시대에 부합하는 트랜스휴머니즘과 포스트휴머니즘으로 이행하고 있다.

지구 온난화로 인해서 얼음이 일찍 녹는 바람에 북극곰이 사냥을 하지 못하여 굶어 죽어가는 모습을 촬영한 다큐멘터리가 있다. 산업혁명의 여파로 지금 지구상에 존재하는 생명체 가운데 38%나 되는 생명체들이 멸종위기에 놓였다. 이제 인류의 공감과 이타성은 인간 존재를 넘어서서 우리 인류와 같이 살고 또 우리 인류와 깊은 연관

---

2 토니 세바, 『에너지혁명 2030』, 박영숙 역, 교보문고, 2015, 75쪽.

속에 있는 생물에게까지 확장되고 있다. 공감과 이타성은 생명적 이타성으로 발전했다. 자연 상태의 동물을 보호하고 인간이 양육한 가축이나 양식 물고기라 할지라도 가장 고통이 적은 방식으로 도축하도록 법으로 규정하고 있다. 아예 채식주의자를 자처하는 사람들도 점점 늘어나고 있다. 더불어, 인류애와 도덕의 실천 입장에서 유전자가 전혀 섞이지 않은 사람과 동물에게도 이타적 협력과 희생을 실천하는 윤리적 이타성도 중요한 인간 본성의 구현 방안으로 점점 자리를 잡고 있다.[3] 근대를 성찰하고 인간이 포스트휴먼으로 거듭나고 인공지능이 등장하면서 의식은 탈근대의 사상과 포스트휴머니즘으로 이행하고 있다. 가상과 실제 현실이 전도되거나 공존하면서 매트릭스적 실존을 하고 정체성의 혼란과 소외를 겪을 것이다.

3. 3D/4D 프린팅/사물인터넷을 통한 초연결사회의 양상

초연결사회의 개념과 송도 스마트 시티 사례

"초연결hyper-connected이라는 용어는 2008년 미국의 IT 컨설팅 회사 가트너The Gartner Group가 처음 사용했다. 초연결사회hyper-connected society는 사람과 사람, 사람과 사물, 사물과 사물, 온라인과 오프라인, 하나

3 이상 1장 2절은 제러미 리프킨, 『한계비용 제로사회 — 사물인터넷과 공유경제의 부상』, 안진환 역, 민음사, 2014, 481~487쪽을 참고하되, 거의 아이디어만 얻고 필자가 나름대로 기술함.

와 하나, 하나와 다수, 다수와 다수를 디지털 기술을 이용하여 연결하거나 네트워크를 통해 센서와 모바일 단말기가 수집한 데이터를 저장, 분석, 관리하는 디지털 기반 사회를 뜻한다."[4]

기존의 정보화사회가 인터넷을 통하여 인간과 인간을 연결했다면, 초연결사회는 인간은 물론 전 세계의 사물과 데이터들을 연결한다. 현재 200억 개의 사물이 연결되어 있지만, 이것은 1%도 되지 않는다. 초연결사회는 세상의 모든 만물을 100% 연결하는 것을 목표로 하고 있다. 여기 그림에서 보듯이 사람과 사람, 사람과 사물, 기계와 기계, 이런 것들과 모든 공간들을 인터넷과 모바일을 통해서 모두 하나의 네트워크로 연결한다.

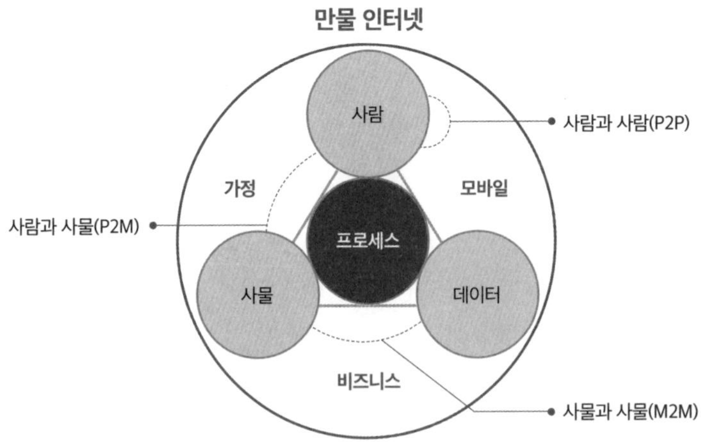

4 Seungwha Chung · Sunju Park · Seungyong Lee, "The Era of Hyper-connected Society and The Changes in Business Activities: Focusing on Information Blocking and Acquisition Activities," *International Journal of Management and Applied Science*, Volume-3, Issue-4, April. 2017, p.16.

송도 스마트 시티는 초연결사회로 다가가고 있다. 존 체임버스John Chambers와 윔 엘프링크Wim Elfrink는 「도시의 미래, 만물인터넷이 삶의 방식을 바꾼다」라는 글에서 "한국의 송도는 처음부터 경제, 사회, 환경적 지속 가능성이라는 기준을 염두에 두고 개발한 세계 최초의 진정한 녹색도시이다. 도시의 네트워크를 통해 시민들은 거실에서 또는 걸어서 12분 거리 내에서 의료와 정부, 운송과 편의시설, 안전과 보안, 교육 등 여러 가지 도시 서비스를 이용할 수 있다."라고 말하고 있다.[5]

'2030년 송도시에 거주하는 진현進賢 씨의 하루'라는 제목으로, 이야기 하나를 상상으로 구성하겠다. 스마트 도시인 송도시에 사는 진현 씨가 아침 8시에 자율주행자동차를 불러 아파트 앞 현관에서 사무실로 출근을 한다. 자율주행자동차 주행 이후 도로의 차량은 1/10로 줄어들었다. 이 도시의 모든 차량이 센서로 연결되어 교통량과 위치를 실시간으로 모니터링하기 때문에 최소한 이 도시 안에서는 교통체증도, 교통사고도 거의 일어나지 않는다. 그가 다니는 도로나 교각도 실시간으로 결함을 측정하기에 안전할 뿐만 아니라 늘 최상의 상태를 유지한다.

송도시는 소셜행정 플랫폼을 통해 스마트 시티 관련 앱이나 센서로 수집된 도로, 주택과 건물, 범죄, 인천 앞바다의 오염도, 각 동네의 공기 질 등의 빅데이터를 분석하여 그중 대다수의 문제를 실시간으로 해결하고 있다. 또, 시민들의 불만과 고통을 실시간으로 모니

5 존 체임버스·윔 엘프링크, 「도시의 미래 — 만물인터넷이 삶의 방식을 바꾼다」, 슈밥 외, 『4차 산업혁명의 충격』, 흐름출판, 2016, 187쪽.

터링 하고, 시에서 가능한 것은 즉각 해결하고 있다. 물론 화재나 교통사고 등이 아주 드물지만 일어날 때도 있지만, 예전과 완전히 다른 것은 즉각적으로 빨리 대처해서 해결하고 있다는 점이다. 진현 씨가 있는 사무실의 빌딩 조명은 모두 그 건물 옥상에 있는 태양광 발전기로 얻은 재생에너지로 밝히는 것이다. 또, 빌딩 곳곳에 센서가 있어서 태양의 밝기에 따라 자동으로 조도를 조정하고, 냉난방과 온수 공급, 습도 조절, 공기 정화 같은 것들도 지능형 센서를 이용해서 관리시스템으로 처리하고 있다. 그가 근무하는 회사는 남은 전력을 사물인터넷망을 통해 다른 회사로 팔고, 이로 얻는 이익은 사원들의 복지비에 보태고 있다. 시 안의 모든 건물과 도로가 서로 실시간으로 연결되어 주변 상황에 따라 가로등의 밝기와 냉난방을 조절하기에 시 전체로서는 매년 1,000억 원 이상의 비용을 절감하고 있다.

저녁 6시의 퇴근길에는 운동을 할 겸 지하철로 갈아타고 집에서 다섯 정거장 떨어진 곳에 내려서 앱으로 연결한 자전거 셰어링을 이용해 자전거를 타고 간다. 진현 씨는 중간에 아내가 동창들과 만나 늦어진다는 전화를 받고서, 자전거를 잠시 멈추고 스마트폰으로 집의 창을 열어 환기하고 전기밥솥을 가동한다. 그는 집에 돌아오자마자 손과 발을 씻고 밥을 먹는다. 그리고는 조금 전에 자전거를 타고 가다가 아이디어가 떠올라 앱으로 시청에 건의한 정책이 채택되었다는 문자를 받는다. 설거지를 하고는 3D프린터로 비너스 모형을 만들어 거실에 설치한 후에 이를 보며 그림을 그리는 취미 생활을 한다. 아파트 정문 센서가 거실에 있는 모니터로 아내의 진입을 알리자 아내를 위해 커피포트에 물을 올려놓는다. 진현 씨는 아내와 함께 거실 소파에 앉아 커피를 마시며 인터넷에서 내려받은 영화를 보고는 몸을 씻고 잠자리에 든다.

사물인터넷의 기초기술 및 개념

네트워크의 개념과 사회적 의미

"네트워크는 일련의 상호 연결된 노드이다."[6] 노드node란 것은 어떤 회로들이 만나는 지점, 또 시간과 공간이 겹쳐지는 지점을 뜻한다. 이 노드들이 서로 밀접하게, 긴밀하게, 또 상호 연관성을 갖고 연결된 것이 바로 네트워크이다.

"네트워크는 인간이 대단히 오랫동안 실행해온 관행의 한 형태이다. (…) 네트워크는 급변하는 환경 속에서 생존하고 번영하는 데 중대한 특성인 타고난 유연성과 적응성 때문에, 조직하는 도구로서 비상한 이점을 가지고 있다. (…) 네트워크는 주로 개인 생활의 영역이었다. 중앙집중화된 위계질서는 권력과 생산의 봉토였다. 그러나 이제 컴퓨터를 기반으로 한 정보통신기술, 특히 인터넷의 등장으로 네트워크는 유연성과 적응성을 구사할 수 있게 되었으며, 이에 따라 진화적인 성격을 내세울 수 있게 되었다. 동시에 이런 기술들은 업무조정과 복잡한 관리를 가능하게 한다. 그 결과 유연성과 업무성, 조정된 의사결정과 분산된 실행, 개인화된 표현과 지구적이며 수평적인 커뮤니케이션이 유례없이 결합되었다. 이는 인간활동을 위한 초

6 마뉴엘 카스텔, 『인터넷 갤럭시』, 박행웅 역, 한울아카데미, 2004, 14쪽.

우량 조직형태를 제공한다.[7]

"인터넷은 최초로 다수의 사람들이 다수에게 지구적 규모로 선택된 시간에 커뮤니케이션할 수 있는 매체이다. 서방에서 인쇄 언론의 전파가 맥루한이 '구텐베르크 은하계Gutenberg Galaxy'라고 이름 붙인 것을 창조한 것과 마찬가지로, 우리는 이제 커뮤니케이션의 새로운 세계인 인터넷 은하계Internet Galaxy에 진입하였다."[8]

사물인터넷의 기초기술

사물인터넷에 적용된 기술에 대해 알아보겠다. 'RFID'는 Radio Frequency IDentifcation의 약자로 '무선전파인식'이다. 아래 그림에서 보듯이, 무선 전파를 이용해서 사물에 부착된 소형 전자 칩과 안테나로 구성된 전자 태그에 담긴 정보를 실시간으로 송수신하는 정보통신기술을 말한다.

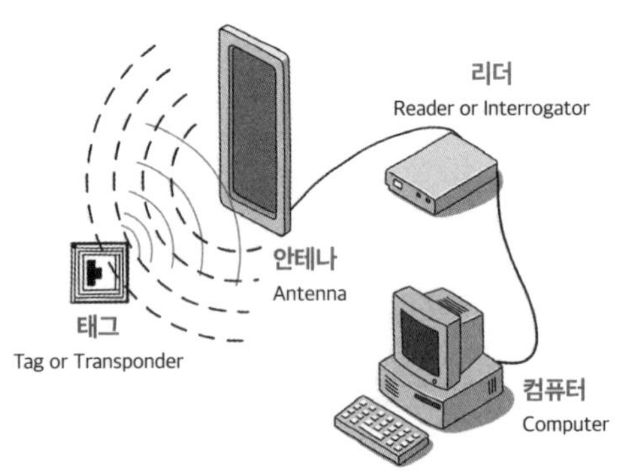

7 위의 책, 14~15쪽.
8 위의 책, 16쪽.

'USN'은 Ubiquitous Sensor Network의 약자로 '유비쿼터스 센서 네트워크'다. 언제 어느 곳에서나 사물에 부착된 태그로부터 사물에 대한 것이나 온도, 습도, 오염도, 가속도, 위치 정보 등 다양한 센서에서 감지한 정보를 무선으로 수집하고 다양한 서비스를 제공하여 인간 생활에 폭넓게 활용하도록 구성한 네트워크를 가리킨다.

'M2M'은 Machine To Machine의 약자로 '사물지능통신'이다. 사람이 직접 통제하지 않는 상태에서 지능화한 장비나 사물들이 사람을 대신하여 통신하는 시스템을 말한다.

3D프린터의 특성 — 대량생산에서 대중생산으로

제러미 리프킨이 대량생산에서 대중생산으로 가는 중요한 테크놀로지가 바로 3D프린터라고 말했다.

첫째, 3D프린터는 소프트웨어를 만드는 것 외에 인간이 관여하는 부분이 거의 없다.

둘째, 3D프린팅 선구자들이 물리적 제품을 프로그래밍하고, 출력하는 데 사용한 소프트웨어를 오픈 소스로 남기는 훌륭한 관행을 정착시켜놓았다. 그 덕분에 우리들, 아니면 프로슈머들이 DIY Do IT Yourself 취미생활자 네트워크를 통해 서로 새로운 아이디어를 공유할 수 있으며 지적재산권 보호 문제가 없다. 즉, 공짜로 이 소프트웨어를 마음대로 활용해서 3D프린터로 제품들을 생산할 수 있는 것이다.

셋째, 생산 과정이 1차 및 2차 산업혁명의 제조 과정과는 전혀 다른 구조를 이루고 있다. 전통적인 제조 과정은 덜기 과정이기 때문에, 원료를 자르고 다듬고 자투리를 제거하고 남은 것을 조립하여 최종 생산물을 완성했다. 그러나 3D프린팅은 한마디로 더하기 과정이다. 이는 기존 방식의 1/10에 해당하는 재료를 사용한다.

넷째, 3D프린터는 자체적으로 예비 부품을 출력할 수 있어서 설비 교체에 많은 돈을 투자하지 않아도 되고, 더불어 시간도 절약할 수 있다. 3D프린팅 제조는 맞춤형 제작이 가능해 주문한 디자인대로 단 한 개의 제품, 혹은 소량의 한 회분 제품을 최소비용으로 만들어낼 수 있다.

다섯째, 3D프린팅 확산 운동 집단이 지속 가능한 생산체제를 갖추기 위해 대단히 헌신적인 노력을 기울이고 있다. 그들은 내구성과 재활용성을 중시하여서 무공해 재료를 사용하는 데 주안점을 두고 있다.

여섯째, 분산적이고 협력적이며 수평적으로 규모를 확대한 사물인 인터넷 덕분에 3차 산업혁명 인프라가 갖춰진 곳이면 어디서든 접속해 3D프린터 사업을 할 수 있다.[9]

일곱째, 수직적으로 통합된 중앙집권식의 19세기나 20세기형 기업보다 유리한 것으로, 소규모 정보화제조 사업체는 지역 수준에서 사물인터넷 인프라에 연결함으로써 결정적인 이점을 누릴 수 있다.

한마디로 말해서, 전 세계 사람 누구나 제품을 생산하고 공유하는 프로슈머가 되어 오픈소스 소프트웨어를 공짜로 이용해서 기존 재료의 1/10만 사용하여, 거의 제로 수준의 에너지를 이용하여, 거의 노동을 들이지 않고 제품을 생산하여 제로 수준의 한계비용으로 마

9 참고로 제러미 리프킨은 4차 산업혁명이라는 단어 대신 디지털혁명, 3차 산업혁명이라는 단어를 쓰고 있다. 여기서 3차 산업혁명이란 말을 4차 산업혁명, 인프라가 갖춰진 곳이라고 바꿔도 된다.

케팅하고 배송할 수 있다.[10]

초연결사회의 도래

사물인터넷Internet of Things, IoT이 '언제, 어디서나, 무엇과도 연결될 수 있는 통신 환경', 즉 사람과 사람P2P 사이의 소통은 물론 사람과 사물P2M, 사물과 사물M2M 간 커뮤니케이션이 가능한 새로운 생태계를 조성하고 있다. 사물인터넷은 사람, 프로세스, 데이터 및 사물을 통합하여 그 어느 때보다 네트워크 연결을 좀 더 관련성이 있고 가치 있게 만들어 개인, 기업, 국가가 정보를 새로운 가능성, 풍부한 경험, 전례가 없는 경제기회를 창출하는 행동으로 전환하게 한다.[11]

미국 국가정보위원회National Intelligence Council에서 2008년에 발간한 「파괴적 민간기술: 2025년까지 국가 경쟁력에 영향을 미칠 6대 기술」 보고서에 따르면, "2020년 이후에는 인터넷에 연결된 사물들로부터 데이터를 수집해 사람과 같은 사고가 가능한 지능형 소프트웨어가 출현하고, 2025년 이후에는 이러한 소프트웨어가 사람의 결정까지 대신할 수 있을 것으로 로드맵을 마무리했다."[12]

"이제 사물인터넷은 통합 글로벌 네트워크를 통해 모든 사물을 모든 사람과 연결할 것이다. 사람과 기계, 천연자원, 물류 네트워크, 소비 습관, 재활용 흐름 등 경제생활과 사회생활의 사실상 거의 모든

---

10 이상, 제러미 리프킨, 앞의 책, 146~151쪽.

11 Dave Evans, "How the Internet of Everything Will Change the World," *Cisco*, 2012.

12 *ETRI Webzine*, VOL.29, March 2017.; 차두원·진영현, 『초연결시대, 공유경제와 사물인터넷의 미래』, 한스미디어, 2015, 141~142쪽.

측면이 센서와 소프트웨어를 통해서 사물인터넷에 연결돼, 기업체와 가정, 운송수단 등 모든 노드에 시시각각 실시간으로 빅데이터를 공급할 것이다. 이후 고급 분석을 거쳐 예측 알고리즘으로 전환된 빅데이터는 다시 프로그램을 통해 자동화 시스템에 입력되어 열역학 효율성을 증진하고, 극적으로 생산성을 향상하는 동시에 경제 전반에 걸친 재화와 서비스의 생산 및 유통, 모든 영역에서 한계비용을 제로에 가깝게 떨어뜨릴 것이다."[13] 열역학 효율성을 증진한다는 것은 한마디로 엔트로피를 낮춘다는 것이고, 쓰레기를 덜 만든다는 것을 뜻한다.

초연결사회의 양상

초연결성hyper connectivity이란 "사물인터넷을 통해 사람, 프로세스, 데이터 및 사물을 통합하여 네트워크 연결을 좀 더 관련성이 있고 가치 있게 만들고, 사람이 시간과 공간, 사물의 제약을 뛰어넘어 관련된 더 광범위한 영역, 곧 각 경제 주체, 국가 등이 보유하고 있는 유무형의 자원에 총체적이면서도 좀 더 효율적으로 연결시켜서 새로운 가치와 기회를 창출할 수 있도록 상호 연결해주는 것"을 뜻한다.[14]

각 분야별로 이 초연결사회 양상에 대해서 알아보자. 산업 및 상업 영역에서는 이미 미국 물류업계의 거인인 UPS가 빅데이터를 이용해 미국 내 6만 대 차량에 센서를 설치하여 실시간 연락체계를 유지하

---

13 제러미 리프킨, 앞의 책, 25쪽.

14 김민형, 김현주, 「사물인터넷과 초연결사회 : 개념적 토대 및 기술인문학의 가능성」, 『영상문화』 27, 2015, 233쪽 ; 박종현 외, 『사물인터넷의 미래』, 전자신문사, 2013, 209쪽 참고함.

고 있다. 차량의 각 부품을 모니터링하며 잠재적 기능 저하나 금속피로의 조짐을 찾고, 이상이 있으면 적시에 교체해 도로 위에서 발생할 수 있는 고비용의 고장을 미연에 방지하고 있다.

스마트 공장에서는 모든 공정과 생산품, 생산요소들을 디지털화하고 서로 네트워크로 연결하고 있다. 냉장고를 만드는 공장을 예로 들면, 주문과 시장 예측한 결과에 따라 철, 플라스틱, 수소 염화 플루오린화 탄소(프레온 가스) 등 재료를 투입하고 설계에 따라 제작하고 포장하여 차에 싣고 매장으로 운반한다. 이 모든 공정이 실시간으로 서로 연결되어 재료가 부족하면 즉시에 더 투입이 되고, 설계와 오차가 발견되면 수정을 하고, 결함이 발생하면 즉시에 보완한다. 유통 중에 손상이 생기면 제품에 붙어 있는 전자태그RFID를 통해 이 정보가 알려져 중간에 교체한다. 각 가정에 판매한 이후에도 전자태그로 수시로 고장을 확인하며 즉시에 수리할 수 있다.

소매점에서도 소비자가 어떤 상품을 들여다보고 만지는지, 도로 내려놓거나 구매하는지 실시간으로 판매 및 마케팅 부서에 알려준다. 운송이나 배달 중인 제품의 행방을 추적할 수 있고, 공급망의 재고와 생산 및 유통 프로세스를 재측정할 수 있다. 소비자들은 스마트 카트를 갖고 다니는데, 제품을 고르는 즉시 이 스마트 카트에 제품의 가격, 성분, 효능 등이 즉각 모니터에 뜬다. 소비자는 이를 참고하여 제품을 선택할 수 있고 장보기가 끝났음을 알리면 동시에 스마트폰으로 결제가 된다.

앞에서 송도 스마트 시티를 예로 든 대로, 스마트 시티에 대해 알아보자. 센서들이 빌딩과 교량, 도로 등 도시 인프라의 진동이나 물리적 상태를 특정해서 구조적 안전성을 진단하고 수리 시점을 알려준다. 교통량, 소음공해, 보행 밀도를 측정해서 운전 및 보행 경로를 최적화할 수 있다. 가로등과 쓰레기통의 센서는 스스로 밝기와 수거량을 조절한다. 시장조사기관인 IHS 테크롤러지에 따르면, 스마트시티 총 수가 2013년과 2025년 사이 21개에서 88개로 네 배나 늘어난다고 한다. 스마트 거리 조명 사업으로 전기와 비용의 70~80%가 절약이 되었고, 범죄는 7% 감축했다. 또 지능형 센서와 네트워크로 연결된 관리시스템을 활용하여 건물을 관리하면 10년 동안 전 세계적으로 1,000억 달러를 절감할 수 있다고 한다.[15] 바르셀로나의 경우, 무료 와이파이를 설치하여 시민과 정부가 활발하게 소통하는 앱을 만들고, 물 관리 시스템으로 매년 5,800만 달러, 스마트 가로등으로 4,700만 달러, 주차관리시스템으로 6,700만 달러를 절약하고 있다.[16]

산림이나 자연환경 분야의 경우 센서들이 온도, 미생물의 분포, 대기의 상황을 실시간으로 측정하여 사고를 예방하고 자연을 최적의 상태로 보호할 수 있다. 숲의 건조도가 너무 높아서 번개로도 화재가 발생할 경우 이를 소방관에게 미리 알려주고, 오염 및 공해 수준을 측정하여 경고를 발령하고, 또 토양 내부에 설치된 센서는 지진, 화산, 산사태 등을 예방할 수 있다. 야생동물의 몸에도 센서를 장착하여 이동경로를 파악하거나 야생동물의 건강 상태를 분석할 수 있다. 바다와 강, 호수에 센서를 설치하여 수질변화를 감지할 수 있다.

스마트 농장에서 농부들은 기상 조건, 토양의 습도 변화, 꽃가루의 확산 정도 등에 대해서 실시간으로 모니터링하면서 그에 맞게 자동

---

15 존 체임버스·웜 엘프링크, 「도시의 미래 — 만물인터넷이 삶의 방식을 바꾼다」, 슈밥 외, 『4차 산업혁명의 충격』, 흐름출판, 2016, 182~184쪽.

16 위의 글, 186쪽.

대응을 할 수 있다. 기온과 빛의 양, 토양 속의 미생물을 측정하여 씨를 심고 물과 거름을 주고 수확한 채소와 과일에도 센서를 부착하여 신선도를 실시간으로 측정하고 운송과 배송 경로를 추적한다.

의료 분야에서는 인체에 센서를 부착하거나 웨어러블 기술을 활용한다. 센서와 웨어러블 기술, 자기추적 기술self-tracking technology을 활용하여 환자의 심박동, 맥박, 체온, 피부 착색 등 생체기능을 모니터링하고, 이렇게 이루어진 디지털 데이터를 병원과 실시간으로 연결해서 예방하거나 응급조치를 취한다. 이미 애플워치는 웨어러블 기술을 이용하여 데이터를 실시간으로 모니터링하면서 환자와 의사가 건강에 대한 조언을 주고받고 있다.

예전부터 스마트 기술이 활용된 곳은 보안 분야이다. 보안 분야에서는 주택, 사무실, 가게, 공장에 보안 센서를 설치하여 범죄를 사전에 예방할 수 있다. 몰래카메라로 범죄자를 촬영하여 알려주는 데 그치지 않는다. 문과 잠금장치가 온전한지 상태를 측정하여 알려주고, 지나는 사람들 가운데 이상한 행동을 한 사람들, 범죄 경력이 있는 사람들까지도 알려준다.[17]

사물인터넷의 성공비밀

닐 거쉰펠드Neil Gershenfeld와 바쇠르JP Vasseur는 사물인터넷의 성공 비밀에 대해서 말한다. 첫째, 아키텍처, 곧 분산 네트워크를 만들어 트래픽이 적체되는 곳을 데이터가 우회하도록 하여 관리자가 필요한

17 제러미 리프킨, 앞의 책, 25~29쪽 참고하여 필자가 첨삭함.

곳에 용량을 추가할 수 있다. 둘째, 데이터를 개별 단위로 쪼개서 온라인상으로 이동시킨 후 재조합하는 기능인 패킷교환을 할 수 있기 때문에 사물인터넷은 더욱 신뢰할 수 있고 견고하며, 효율적인 것으로 자리매김이 되었다. 셋째, 데이터 패킷의 전송방식을 표준화한 인터넷 프로토콜을 개발해서 데이터가 다른 네트워크에도 전송될 수 있다. 넷째, 응용프로그램에 특화된 기능들을, 데이터 트래픽을 라우팅하기 위해 미리 마련된 중간 노드가 아니라 네트워크 끝에 있도록 했다. 이것은 상당한 혁신이다. 그래서 '단端 대對 단端 원칙end-to-end principle'으로 알려진 이 디자인 덕분에 이제 전체 네트워크를 새로 업그레이드할 필요가 없다. 그냥 새로운 애플리케이션을 개발해 추가하기만 하면 된다.[18]

4. 공유지의 비극과 희극

대다수 독자들이 '공유지의 비극'이란 말은 많이 들어보았겠지만, '공유의 희극'이란 낱말은 별로 들어보지 못했을 것이다. 1833년 영국의 경제학자인 윌리엄 포스터 로이드William Forster Lloyd가 영국의 목장을 예로 삼아 '공유지의 비극'을 처음 거론했다. 당시에는 별로 관심을 받지 못했는데, 1968년에 미국의 생태학자인 개릿 하딘Garrett Hardin이 『사이언스』 지에 발표하면서 유명한 이론이 되었다.

18 닐 거쉰펠드 · J.P. 바쇠르, 「사물인터넷 — 모든 것이 인터넷으로 연결된 세상」, 슈밥 외, 앞의 책, 60~62쪽.

예를 들어, 100마리의 양을 기를 수 있는 제한된 공유지가 있다고 가정하자. 그 마을의 목동 10명이 각각 양을 10마리씩 방목했다. 그러다가 한 목동이 욕심이 생겨서 3마리를 더 키우자 다른 목동들도 두세 마리씩 더 키웠다. 그러자 양은 120마리가 넘었다. 이후 풀이 자라는 속도보다 120여 마리의 양이 먹는 속도가 더 앞서면서 목초지가 파괴되었다.

이처럼 공유지의 비극이란 공동체에 속한 구성원들이 사적 이익을 증대하고자 공유자원을 초과 사용해서 공유자원이 손상되고 이용자 모두가 손해 보는 현상을 가리킨다. 또, 이를 바탕으로 소유권 구분 없이 자원을 공유할 경우 나타나는 사회적 비효율의 결과를 뜻하기도 하고, 좀 더 큰 단위의 경제나 시장이나 국가에서 구성원들이 공공의 가치보다 사적 이익을 극대화한 결과 경제 주체 모두가 파국에 이르게 되는 현상을 뜻한다.[19] 이렇게 하여 공유지의 비극이 대중들도 쉽게 거론할 정도로 유명한 학술개념이 되었으며, 이는 공유만이 아니라 공유사회, 공동체, 더 나아가 사회주의가 비현실적이라는 논리로 즐겨 활용되었다.

하지만, 엘리너 오스트롬Elinor Ostrom은 공유지의 비극론을 정면으로 반박하면서 공유지의 희극론을 폈고, 그는 이 연구로 노벨 경제학상까지 받았다. 경제학자인 오스트롬은 인류학자 못지않게 스위스에서 일본에 이르기까지 여러 공동체를 조사하고 연구했다. 그는 여러 공동체를 조사하고 분석한 끝에 무임승차로 이기적 탐욕을 추구하

---

19 Garrett Hardin, "The Tragedy of the Commons," *Science*. V.162, No.3859, 1968, pp.1243~1248. 참고하여 필자가 보완함.

는 자에 의해 공유사회가 파괴된다는 개릿 하딘의 추정과 달리 개인이 사리사욕보다 공동체의 이익을 더 앞세우며, 각자의 당면 상황보다 공유 자원의 장기 보존을 더 중시한다는 사실을 발견했다. 각 사례에서 공유사회의 성공을 이끌었던 주된 요인은 모든 구성원이 민주적으로 참여해 자발적으로 발의하고 합의한 자체적인 관리규약이 있었다는 것이다. 그런데 거의 모든 사례에서 규약 위반에 부과되는 벌금이 '놀랍도록 낮으며, 이는 규칙을 어김으로써 벌어들일 수 있는 금전적 가치의 일부에 지나지 않는' 점이 눈에 띄었다. 예를 들어, 한 개인이 공유지에 양을 더 많이 방목하여 얻는 이익이 300만 원인데 규약을 어긴 것으로 받는 벌금은 50만 원도 안 되는 것이었다. 그럼에도 공동체의 구성원들은 규약을 철저하게 지키고 어기는 경우는 거의 없었다.

어떻게 이것이 가능했을까. 공동체를 보면, 구성원 스스로 거의 대다수가 서로 행동을 감시하고 있었다. 이런 관계에서는 '숨을 곳도 없을' 뿐만 아니라, 이웃과 친구의 신뢰를 저버린다는 죄책감과 수치심 때문에 규칙을 위반할 가능성이 거의 없는 것이다. 공동체에서 가장 두려운 일은 추방당하는 일이기에 공동체의 구성원들은 사적인 이익보다 공유자원의 장기보전을 더 중시한다. 이에 공유자원의 경계가 명확할수록, 지역 조건과 규칙이 조화를 이룰수록, 대다수가 규정의 개정에 (민주적으로) 참여할수록, 모니터링이 잘될수록, 제재가 점진적일수록, 갈등 해결 메커니즘이 원활할수록, 공유자원은 잘 관리되었다.[20]

---

20 Elinor Ostrom, *Governing the Commons: The Evolution of Institutions for Collective Action,*

무엇보다 필자는 이렇게 공유의 희극이 가능한 것은 인간이 이기와 이타가 공존하는 유전적 키메라이고, 아기를 양육하고 사회적 협력을 하면서 혈연 이타성만이 아니라 집단적 이타성을 증대시켜 왔기 때문이라 본다. 공동체에서 구성원이 가장 두려워하는 것이 무엇이겠는가? 그것은 바로 추방당하거나 배제당하는 것이다. 이에 비하면 양 몇 마리 더 길러서 돈 몇 푼의 이익을 얻는 것은 보잘것없는 것이다.

5. 소유와 독점에서 접근과 공유로

제러미 리프킨은 공유지의 희극론을 바탕으로 초연결사회에서 공유경제가 활성화할 수 있다는 확신을 하고서, "오늘날 젊은 세대가 협력적 근육을 꿈틀거리며 한계비용 제로 사회를 추구함에 따라 소유권에서 접근권으로, 그리고 시장에서 네트워크와 공유사회로 이동하는 변화에 영향을 받지 않는 산업 분야는 거의 없다."라고 말한다.[21]

인터넷은 소통과 참여, 다양성, 개방성, 투명성, 자유와 공유를 지향한다. 네티즌들은 인터넷을 매개로 정보를 찾고 SNS에 글을 올리고 이에 댓글을 달고 유튜브에 동영상을 올리고 보며 적극적으로 참여하고 소통한다. 인터넷은 중국과 북한 같은 몇 나라를 제외하면 누구나 언제든 들어가서 자유롭게 활용할 수 있다. 이들은 서로 투명하

Cambridge; The Cambridge University Press, 1990, p.90.

21 제러미 리프킨, 위의 책, 377쪽.

게 자신의 정보를 개방한다. 개인만이 아니라 여기에 참여하는 정부와 기업들도 많은 정보를 투명하게 개방하고 있고 네티즌들도 별다른 장애 없이 이에 접근할 수 있다. 네티즌들은 자유롭게 접근하고 검색하며, 아무런 장애나 구속 없이 글을 쓰고 읽으며 모든 정보를 거의 무료로 공유한다. "인터넷은 광장으로 규정할 수 있고, 시장에서 사적 소유물을 등가교환의 원칙에 따라서 자유롭게 교환하지만 광장에서는 무소유물 내지 공유물을 선물교환의 원칙에 따라서 자유롭게 교환할 수 있다."[22]

좀 더 구체적으로 소유, 교환, 공유의 측면에서 산업사회와 디지털 사회의 차이에 대해 알아보자. 아래 표는 터키의 세핫 콜로글루길 Serhat Koloğugil이라는 학자가 산업사회와 디지털 사회의 차이에 대해서 상품의 소유권, 과학기술적 지식, 물화의 수요, 생산과 상품의 요소별로 기술한 것을 필자가 표로 다듬은 것이다.

소유와 교환에 대한 산업사회와 디지털 사회의 차이[23]

항목	산업사회	디지털 사회
상품의 소유권	특정 계급의 특권	민주화
과학기술적 지식	고정자본에 물화(物化)	독점에 저항, 집단지성의 협력과 공유
물화(物貨)의 수요	상품의 독점적 소비	비경쟁적, 반경쟁적
생산과 상품의 요소	시장 메커니즘에 배치	자발적 생산과 공유

22 강남훈, 「정보혁명과 자본주의」, 『마르크스주의연구』 제7권 제2호, 2010년 여름, 42쪽.

23 Serhat Koloğlugil, "Digitizing Karl Marx: The New Political Economy of General Intellect and Immaterial Labor," *Rethinking Marxism*, Vol. 27 No. 1, 2015, pp. 124~125.

이해를 위하여 『브리태니커 백과사전Encyclopædia Britannica』과 위키피디아 이야기를 하겠다. 지금 젊은 세대는 위키피디아를 활용하지만 『브리태니커 백과사전』은 잘 모를 것이다. 필자가 대학생 때 최고의 아르바이트는 브리태니커 영업판매였다. 당시에 커피 한 잔이 140원, 자장면 한 그릇이 250원이었고, 학교마다 약간 차이가 있었지만 한 학기 등록금이 16만 원에서 18만 원 정도 되었다. 그런데 『브리태니커 백과사전』 한 질이 160만 원이었다. 필자는 친구를 따라서 영업판매 아르바이트를 한 일주일 하다가, 다른 일로 바쁘기도 하고 능력도 모자란 탓에 한 질도 못 팔고 그만두었다. 반면 친구는 한 달 남짓 기간에 두 질을 팔았는데, 10%인 32만 원을 받았다고 말한 것 같다. 1년 학비를 벌은 것이다. 갈색의 고급스럽고 장엄한 양피지를 표지로 한 브리태니커 백과사전 양장본이 전 세계에서 가장 많이 팔린 나라가 우리나라라고 한다.

그때 왜 사람들은 지금 가치로 환산하면 대략 2,000만 원이나 되는 많은 돈을 주고 『브리태니커 백과사전』을 샀을까. 노벨상 수상자 110여 명을 포함하여 아인슈타인, 트로츠키, 칼 세이건 등 세계에서 가장 권위 있는 학자와 연구자, 관련자들 4,000여 명이 각 항목을 기술했다.[24] 이 사전은 상식과 교양을 갖춘 시민이라면 알아야 할 사항들을 총망라했다. 논쟁이 일거나 궁금한 것이 있으면 이 사전을 펼쳤다. "브리태니커 백과사전에 이렇게 써 있다."라고 말하면 그것이 곧 정답이었다. 당시 졸부들은 거실에 이 사전 한 질, 28권을 전시해놓고 지적 허영을 포장할 수 있었다.

---

24 〈위키피디아〉 한국어판 '브리태니커 백과사전', 영어판 'Encyclopædia Britannica' 항목 참고함.

하지만, 지금 그 종이책『브리태니커 백과사전』은 도서관이나 박물관에서나 볼 수 있다. 브리태니커 출판사는 2012년에 정식으로 종이책 출판을 중단했다. 실제로 브리태니커사의 호르헤 카우즈 회장이 "종이책은 보관이 어려울 뿐만 아니라 브리태니커의 정보수집력과 편집 수준을 제대로 구현할 수 있는 형태가 아니다."라면서 종이책 생산 중단의 이유를 밝혔다.[25] 그 후에는 온라인으로 이를 구독하고 CD로도 본다.

이제 소수만이『브리태니커 백과사전』을 CD나 온라인으로 본다. 궁금한 것이 있으면 위키피디아를 찾는다. 언제든 스마트폰이나 컴퓨터에서 접근이 가능하고 공짜이기 때문이다. 한국판은 아직 문제가 많지만 영어판은 대체로 정확하다. 브리태니커 백과사전은 업그레이드하려면 엄청난 시간, 자본이 소요된다. 하지만, 위키피디아는 수많은 집단지성이 수시로, 실시간으로 접속해서 수정할 수 있다. 그리고 누구나 거저로 기술하고 이용할 수 있다.

브리태니커와 위키피디아의 차이가 아날로그 시대와 사물인터넷을 기반으로 한 디지털시대, 초연결사회의 차이를 잘 보여주는 사례이다. 상품의 소유권의 측면에서 볼 때, 종이책『브리태니커 백과사전』 15판의 경우 브리태니커사가 4,000여 명의 필자를 동원하여 인쇄비를 제외한 편집 제작비만 3,200만 달러를 들여 제작한 것으로, 이의 소유권은 브리태니커사에 있다.[26] 하지만, 위키피디아는 익명의 집단지성이 제작한 것으로 위키피디아사는 플랫폼만 제공할

---

25 『서울경제』, 2012년 3월 14일.
26 〈위키피디아〉 한국어판 '브리태니커 백과사전' 참고함.

뿐이고 소유권은 다중에게 있다. 사람들은 클릭만 하면 누구든 무료로 접속하여 위키피디아를 이용할 수 있다. 이처럼 산업사회에서 상품의 소유권은 자본이라는 특정 계급의 특권이었다. 위키피디아나 사물인터넷의 제작품처럼 디지털 사회에서 개인컴퓨터와 인터넷의 접근이 증대함에 따라 생산수단의 소유권 구조는 점점 민주화하고 있다.

과학적 기술의 측면에서 볼 때, 산업사회에서 고정자본은 과학기술 지식을 상품처럼 물화物化, reification했다. 다시 말해서, 과학자나 연구자들이 과학기술을 독점했고, 그들은 이를 자본에 내주고 일정한 돈을 받거나 특허를 내고 일정한 지분을 챙겼다. 과학자들은 임금이나 특허료를 받거나 프로젝트를 따내기 위하여 과학기술에 관련된 지식을 활용했다. 자본주의 체제 내에서 과학기술 지식이 상품으로 매매되면서 과학자들의 재능과 지혜, 노력, 노동력도 상품화하고 상품의 성격을 갖는다. 이것이 반복되면서 과학자와 다른 사람, 과학자와 과학자 사이의 인간관계도 상품의 관계로 전락한다. 반면에, 디지털 사회에서는 무료공개소프트웨어FOSS 프로젝트나 위키피디아의 작성자들의 협력 작업에서 볼 수 있듯이, 인터넷을 통해 서로 연결된 '집단지성'은 어떤 형태의 독점적 통제에 대해서도 저항한다. 즉, 누구든 인터넷을 통해서 공짜로 과학적 기술을 공유하고 있고, 소비자들도 위키피디아를 보듯이 무료로 그 과학기술의 성과들을 공유하고 있다. 이로 과학기술은 상품이 아닌 지혜의 영역으로 회귀하며, 인간관계 또한 물화에서 벗어나 서로 인격을 존중하고 본성을 구현하는 방향으로 전환한다.

물화 수요의 측면에서 볼 때, 산업사회에서는 소유자가 상품을 돈

주고 사는 대신 독점적으로 소유하고 소비한다는 특성을 갖는다. 개인이 백과사전, 자동차, 집 등을 돈을 내고 사는 대신 그 상품에 관련된 권리를 독점할 수 있었다. 하지만 디지털 사회에서 네티즌들은 자동차나 자전거 등의 교통수단, 집, 소프트웨어, 사물인터넷 제품, SNS의 글과 사진들을 무료로 공유한다. 이는 비경쟁적이며, 때로는 반경쟁적이기도 하다.

생산과 상품의 측면에서 보면, 산업사회에서 생산과 상품의 요소들이 시장 메커니즘 속에 배치된다. 공장에서 노동자가 생산하면 기업은 이를 유통체제를 거쳐서 시장에 내다 팔고, 상품을 많이 팔아 이윤을 챙기기 위하여 광고를 하고, 시장에서는 수요과 공급의 원리에 따라 가격을 정하고, 소비자는 이 가격을 지불하고 상품을 구매했다. 반면에, 페이스북이나 위키피디아에서 잘 드러나듯, 디지털 사회에는 점점 더 많은 개인들이 디지털 가치를 생산하는 노동에 자발적으로 참여하는 덕에 사람들은 공유의 문화 속에서 무료로 이에 접근하고 활용한다.[27] 물론, 플랫폼을 제공하는 자본이 이 대가로 엄청난 광고비를 챙긴다는 사실을 잊으면 안 된다.

6. 한계비용 제로의 공유사회

한계비용 제로의 공유사회의 도래

제러미 리프킨은 한계비용 제로의 공유사회

27 Serhat Koloğlugil, *op. cit.*, pp. 124~125. 참고하여 필자가 보완하여 기술함.

로 냅스터의 예를 들고 있다. "1999년에 발표된 냅스터는 인터넷상에서 파일을 공유하는 피어투피어 네트워크로 수백만 명이 공유사회를 토대로 음악을 공짜로 공유하게 해주었다. (…) 냅스터는 경제게임의 규칙을 바꾸었다. 판매자와 구매자는 사라졌고 제공자와 사용자로 대체되었다. CD 소유는 온라인 뮤직 라이브러리 접근으로 대체되었다. 시장은 네트워크화 공유사회에 굴복했다. 소수의 거대 음반 회사가 지배하던 수직 통합형 산업은 피어투피어 협력자로 변모한 수백만 구매자의 집합적 무게를 견디지 못하고 무너져 버렸다."[28]

에어비앤비나 우버를 활용해본 적이 있는가. 에어비앤비나 우버에서 잘 볼 수 있듯, "정보통신기술의 발달로 재화와 서비스의 수요공급자를 실시간으로 매칭시킬 수 있는 플랫폼이 조성되었다. 인터넷과 스마트폰만 있으면 언제든지 공유경제 플랫폼에 접속해 유휴 자원을 합한 모든 잉여역량을 상품화할 수 있다. 더하여 인공지능 알고리즘의 매칭서비스는 탐색비용을 줄여준다. 또한 공유의 경제에서는 기업이 플랫폼을 제공해줄 뿐, 실제적인 거래는 개인과 개인 사이에서 이루어지기 때문에 피어peer, 즉 또래 간의 사회적 평판이 중요해지고 있다. 이는 공유경제 제공자에 대한 모니터링 비용의 감소로 이어진다. 이렇게 공유경제는 집카Zipcar를 창업한 로빈 체이스가 언급했듯이, '잉여역량', '플랫폼', '피어'로 이루어지는 경제체제이다."[29]

제러미 리프킨에 따르면, "사물인터넷The Internet of Things, IoT은 이미

---

28 제러미 리프킨, 앞의 책, 376쪽.

29 김진영·허완규, 「제4차 산업혁명시대 인문사회학적 쟁점과 과제에 관한 연구」, 『Journal of Digital Convergence』, Vol.16 No.11, 2018, 142쪽.

다양한 재화와 서비스의 생산성을 증대해 한계비용을 제로에 가깝게, 사실상 해당 재화와 서비스를 무료로 만들고 있다. 결과적으로 기업의 이윤은 고갈되기 시작했으며 재산권은 약화되어가고 희소성에 기초한 경제는 서서히 풍요의 경제에 자리를 내주고 있다. (…) 사물인터넷은 통합글로벌 네트워크를 통해 모든 사물을 모든 사람과 연결할 것이다. 사람과 기계, 천연자원, 물류 네트워크, 소비 습관, 재활용 흐름 등 경제생활과 사회생활의 사실상 거의 모든 측면이 센서와 소프트웨어를 통해 사물인터넷에 연결돼, 기업체와 가정, 운송수단 등 모든 노드에 시시각각 실시간으로 빅데이터를 공급할 것이다. 이후 고급분석을 거쳐 예측 알고리즘으로 전환된 빅데이터는 다시 프로그램을 통해 자동화 시스템에 입력되어 열역학 효율성을 증진하고 극적으로 생산성을 향상하는 동시에 경제 전반에 걸친 재화와 서비스의 생산 및 유통 모든 영역에서 한계비용을 제로에 가깝게 떨어뜨릴 것이다."[30]

실례로, 아날로그 카메라와 디지털 카메라를 비교해보자. 필자는 사진을 잘 찍지 못하지만, 야외로 가면 사진을 찍어서 같이 간 사람들에게 보내주는 것을 좋아한다. 예전에 아날로그 사진기로 찍을 때는 잘못 찍으면 지우고 다시 찍는 것도, 나중에 보정하는 것도 불가능했다. 필름 값이나 인화비도 적지 않게 들었다. 하지만, 디지털 사진기를 가지고 다니는 지금은 잘못 찍으면 그 자리에서 바로 지우고 다시 찍을 수 있고, 집에 와서 소프트웨어를 이용하여 보정할 수 있다. 사진을 선별한 후 디지털 파일로 전환하고, 압축 파일로 전환해

---

30 제러미 리프킨, 앞의 책, 24~25쪽.

서 메일로 보내면 추가로 지불하는 비용이 거의 들지 않는다. 굳이 계산하면, 사진기와 메모리카드의 감가상각비, 컴퓨터를 사용하고 메일 보내는 동안의 전기 비용 정도로, 다 합쳐도 1,000원 미만이다. 재화와 서비스를 추가로 생산하는 데 드는 비용인 한계비용이 거의 제로인 것이다. 한마디로 말해, 디지털 사회는 무한한 욕망과 유한한 자원에 바탕을 둔 희소성의 원칙을 근본에서부터 해체한다.

제러미 리프킨은 "3D프린팅 프로세스가 사물인터넷 인프라에 내재된다는 것은 사실상 전 세계 사람 누구나 오픈소스 소프트웨어를 이용해 자기 나름대로 제품을 생산하고 공유하는 프로슈머가 될 수 있다는 의미이다. 생산 과정 자체가 전통적인 제조 방식에서 사용하는 재료의 10분의 1밖에 사용하지 않으며 인간의 노동도 거의 필요로 하지 않는다. 생산에 사용되는 에너지도 제로 수준의 한계비용으로 현장이나 지역에서 수확한 재생에너지이다. 마케팅 역시 제로 수준의 한계비용으로 글로벌 마케팅 웹사이트에서 실행한다. 마지막으로 다시 제로 수준의 한계비용으로 지역에서 생산한 재생에너지로 전자 이동성 차량을 구동해 제품을 사용자에게 배송한다."[31]라고 말하고 있다.

이렇게 사물인터넷을 통한 초연결사회는 커뮤니케이션 인터넷과 에너지 인터넷, 물류 인터넷으로 구성된다. 몇 년 뒤의 미래를 상상해보자. 독일의 한 가정에서 지붕에 태양광 발전기를 설치하고, 전기를 생산해서 온수와 난방, 취사 등으로 사용하고 남은 전기를 인터넷을 이용하여 협동조합 방식으로 운영되는 가칭 '유럽재생에너지센

31 위의 책, 150쪽.

터'로 보내면, 거기서는 지능형 네트워크체계를 결합한다. 이 네트워크에 연결된 모든 가정과 회사의 빌딩에는 스마트 계량기가 설치되고, 그 안의 컴퓨터, 냉장고 등에는 센서나 전자태그가 부착되어 스마트 계량기와 사물인터넷 플랫폼에 연결이 된다. 이 연결망을 통해 지능형 네트워크체계는 실시간으로 빅데이터를 수집한다. 이 지능형 네트워크체계는 자동으로 필요와 만족, 수요와 공급을 조절한다. 이 체계에 따라 독일의 한 가정의 태양광 발전기에 설치된 센서가 남는 전기를 중앙의 유럽재생에너지센터로 보내고, 영국의 한 디자인 회사의 컴퓨터에 설치된 센서가 일정량의 전기를 요구했다면, 독일의 한 가정의 전기가 인터넷을 따라 지능형 네트워크의 매개를 거쳐서 그 회사로 전송될 것이다. 그러면 그 회사는 이 재생에너지를 사용하여 간단한 모형 자동차를 설계하고 이 파일과 소프트웨어를 답례로 그 가정에 보내줄 수 있다. 그러면 그 집에서는 3D프린터의 잉크처럼 쇳가루와 플라스틱 가루로 이루어진 필라멘트를 주입한 후에 그 파일과 소프트웨어를 연결하고 몇몇 명령어를 친다. 그러면 3D프린터로 모형 자동차를 즉석에서 만들어서 그 가정의 아이에게 줄 수 있다. 여기에 자가조립Self-assembly, 또 자가변형Self-Transformation 기술을 적용하여 스스로 변화하는 물체를 출력하는 4D프린팅을 더 할 수도 있다.

에너지 혁명 에너지 또한 마찬가지이다. 토니 세바Tony Seba는 2030년이 되면 에너지 혁명이 일어나 인류가 무한한 태양광 에너지를 아주 저렴한 가격에 아무런 오염물질의 배출 없이 사용할 수 있다고 단언한다. 토니 세바는 "(2030년) 이때가 오면, 석유, 천연가스, 석탄, 우라늄은 발전 및 차량 연료로서의 위치를 상실할 것이다."[32] "돌을 다 소모했기 때문에 석기 시대의 종말이 온 것은 아니다. 상위기술인 청동에 의해 석기 시대가 붕괴한 것"[33]과 마찬가지라는 것이다. 태양에너지는 "태양광 시장이 더욱 확대되는 2020년이 되면 원유와 비교해 1만 2,000배의 원가 개선이 이루어질 것"[34]이며, 지구상의 그 어떤 에너지도 가격에서 태양광과 경쟁할 수 없다는 것이다. 그래서 토니 세바는 단언한다. "2030년의 에너지 인프라는 태양광으로 100% 충족될 것이다."[35]라고 주장한다.

하지만, 독일 부퍼탈연구소Wuppertal Institut는 유럽의 발전원별 발전원가 전망치를 내놓으면서 2040년에 유럽 원전의 예상 발전 원가는 kwh당 6.4유로센트, 태양광은 8.4유로센트, 육상풍력과 해상풍력은 각각 9.8유로센트와 11.6유로센트, 석탄은 15.2유로센트가 될 것으로 전망했다.[36] 1kwh의 전기를 생산하는 데 원전은 83원, 태양광은 109원 정도의 비용이 든다는 것이다. 예전에 비하여 원전과 격차가 많이 좁혀졌고 석탄보다 싸지만, 아직 원전이 태양광보다 더 싼 것은 사실이다. 이런 것을 고려하면, 토니 세바의 주장이 너무 낙관적인 것으로 보인다. 고려해야 할 다른 변수도 많을 듯하다. 사막처럼 태양빛이 강하고 쓸모없는 땅인 곳에서는 유리하지만, 한국처럼 좁은 국토에 인구가 조밀하고 숲과 호수 또한 보호해야 할 곳에서 숲을 파괴하고 태양광판을 깔거나 호수를 이로 덮을 경우 오히려 환경을 파괴

---

32 토니 세바, 『에너지혁명 2030』, 교보문고, 2015, 21쪽.

33 위의 책, 290쪽.

34 위의 책, 38쪽.

35 위의 책, 75쪽.

36 「원전 발전단가, 2040년 돼도 태양광·풍력보다 싸다」, 『서울경제』, 2017년 10월 23일.

하게 된다. 하지만, 태양광 발전 기술이 급속도로 성장하고 있으므로 2030년이 아니라 그 이후에는 토니 세바의 주장대로 될 수도 있다.

토니 세바는 "전 세계 10억 대의 자동차 가운데 대부분은 90%의 시간 동안 집 앞이나 주차장에 멈춰 서 있다."[37]라고 지적하며, 앞으로 무인주행이 가능해지면 우버식의 공유경제가 더욱 활성화할 것이고, "자율주행자동차는 휘발유 자동차를 약 80% 정도까지 급격하게 감소시킬"[38] 것이라고 말한다. 모든 대중이 거의 무료에 가까운 재생에너지를 서로 주고받으며 한계비용이 제로에 가깝게 자동차를 생산하고 소비하고 공유한다면, 기존의 자동차 시장은 무너질 것이다. 나아가 자율주행자동차 생산으로 전환한 자동차 회사는 새로운 수요로 호황을 누리지만, 기존의 자동차 회사는 자동차 등장 직후의 마차 생산기업처럼 낡은 수요에 기대어 근근히 유지되다가 결국 사라질 것이다. 휘발유 사용을 1/10로 줄이면 석유 사용 비용도 획기적으로 줄어들 것이고 미세먼지 감소, 지구온난화 속도 지연에도 좋은 영향을 미칠 것이다.

자본주의 체제에서 공유경제

자본주의 체제와 공유경제 관계에 대해서 이야기를 하면, 아직 미약하지만 서서히 공감과 협력에 바탕을 둔 공유경제가 부상하고 있는 것은 사실이다. 소유에서 접근으로, 독점에서 공유로 전환이 일어나고 있다. 디지털 사진을 이메일로 보내거나 인터넷에

37 같은 책, 223쪽.
38 같은 책, 251쪽.

서 무료 파일과 프로그램을 서로 올려놓고 내려받는 것에서 보듯, 네티즌은 이를 선호한다. 이에 "시장의 공유가치는 갈수록 협력적 공유사회의 '공유가치'로 대체되고 있다. 비영리 공유사회의 운영비용이 2조 2,000억 달러에 이르며, 미국, 캐나다, 프랑스, 일본, 호주, 체코, 벨기에, 뉴질랜드 등 여덟 개국만 놓고 보면 비영리 부문이 평균적으로 국내총생산GDP의 5%를 차지한다."[39]

"하지만 이들 분산된 재생에너지를 사회의 모든 구성원이 제로 수준 한계비용으로 충분히 이용할 만한 규모의 경제를 갖추려면, 그것이 공동체와 지역 전반에 걸쳐 협력적으로 조직되어야 하고 피어투피어peer-to-peer 방식으로 공유되어야 한다. 결국 분산형이자 협력형이며 피어투피어 기술 플랫폼인 사물인터넷이 (유사하게 구성되고 조직되는) 재생에너지를 충분히 민첩하게 관리할 수 있는 유일한 메커니즘인 셈이다."[40]

한계비용이 제로가 되어 필요로 하는 물건들이 거의 공짜가 되면, "상품과 서비스는 사용가치와 공유가치를 가지지만 교환가치를 갖지 못한다."[41] 교환가치를 갖지 못하는 물건은 시장에서 가격을 형성하지 못한다. 그러면 상품 판매를 통한 이윤 획득과 이를 통한 자본축적이 불가능하기에 자본주의는 해체될 수밖에 없다. 그럼에도 아직까지는 물질주의와 소유욕, 희소성과 확대재생산을 바탕으로 한 자본주의가 압도적이다. 리프킨은 "독일의 녹색에너지 생산 비율이 단지 23%인데도, 벌써부터 전력 및 공익사업 회사들로 하여금 '예비용' 가

---

39 제러미 리프킨, 앞의 책, 36쪽.
40 위의 책, 46쪽.
41 위의 책, 442쪽.

스 및 석탄 연료 화력발전소에 투자하는 일을 엄두도 못 내게 만들고 있음"[42]을 예로 들면서 "협력적 공유사회가 그 어떤 영역에서든 경제활동의 10~30%만 점유하게 되면 2차 산업혁명의 수직 통합형 글로벌 기업들은 급격히 소멸할 것으로 봐도 무리가 아니다. 적어도 앞으로 제로 수준 한계비용이 경제활동의 보다 많은 부분을 협력적 공유사회로 옮겨 놓음에 따라 기존의 자본주의 시장은 글로벌 상거래 및 교역에 대한 지배적 지위를 점점 더 상실할 것"[43]이라고 예측한다.

아울러 그 근거로 여러 가지를 제시한다. 인류사를 보면, 신석기 혁명, 산업혁명 등 새로운 에너지 체제와 새로운 커뮤니케이션 매개체를 창출했을 때 대변혁이 발생했다. 둘째, 공유경제는 지속 가능한 발전과도 결합할 수 있기에 환경파괴, 지구 온난화, 기후변동을 막으려는 인류의 지향점과 일치한다. 셋째, 인간은 근본적으로 사회적 협력을 하고 타자의 고통에 공감하는 존재이기에 이는 인간의 본성을 구현하는 길이다. 그 전의 경제활동에서는 돈을 벌지만 마음은 편안하지 않았는데, 이제 협력을 하면서 사익과 공공의 가치를 조화시킬 수 있다. 넷째, 밀레니엄 세대는 소유권보다 접근권을 선호하고 공감력이 뛰어나다.[44]

이렇게 디지털화와 생산성의 극대화와 커뮤니케이션의 혁신으로 한계비용이 거의 0원에 근접하여 거의 모든 재화와 서비스의 추가 생산비용이 무료가 되면, 이윤은 사라지고 상품을 교환하는 시장은 해체되고, 자본주의 시스템은 작동하지 않게 될 것이다. 제러미 리프

42 위의 책, 412쪽.
43 위의 책, 413쪽.
44 위의 책, 415~500쪽 요약하며 필자가 보완함.

킨의 지적대로, 수평적으로 규모를 확대한 대륙 및 글로벌 네트워크에서 대중들이 제로 수준의 한계비용으로 협업에 나서면 어떤 독점 체제든 무너질 수밖에 없다.[45]

7. 공유경제의 가능성과 한계

이렇게 본 것처럼, 리프킨의 공유경제는 가능성이 크다. 무엇보다도 이데올로기, 정치, 법, 문화 등 상부구조의 이야기가 아니라 인간이 현장에서 자연이나 사회와 특별한 양식을 형성한 채 노동하여 새로운 가치를 창출하고 분배하는 토대에 관한 것이다. 토대의 변화는 상부구조의 변동을 야기한다. 리프킨의 주장대로, 인류 문명이 기술혁신과 새로운 에너지 체계의 발견과 이에 결합한 새로운 커뮤니케이션의 창출에 의해 대전환을 해온 것 또한 사실이다. 디지털의 맥락과 환경, 메커니즘 자체가 소유권보다 접근권을 우선하도록 이끌고 수직적 중앙집권형의 사회를 무너뜨려 수평적 분산형의 사회로 전환을 유도할 것이다. 자본주의의 존립 근거인 이윤 자체를 소멸시키고 희소성을 풍요, 다시 말해 필요에 따른 소비로 전환하는 것이기에 자본주의 체제에 근본적으로 파괴적이다.

공유경제는 공유하지 않는다

하지만, 문제는 있다. 무엇보다 리프킨은 다른

45 위의 책, 46쪽.

요인도 다루고 있음에도 대체로 기술결정론에 기울어져 있다. 자본주의 체제의 가장 큰 문제는 생산력에 있는 것이 아니라 생산관계에 있다. 자본주의 체제에서 변혁의 주체가 노동자와 민중이 아니고 기술혁신이라면, 그렇게 하여 이루어진 변화가 과연 노동자와 인간을 위한 것일지 의문이다. 노동자는 생산수단을 소유하지 않고 노동력을 착취당하고 노동 과정을 통제당하는 자이다. 공유경제에서는 3D 프린터만 가지고 있어도 생산수단을 소유한 자본가가 된다. 3D프린터를 가진 자든, 이를 소유하여 자본가 입장에 있는 이든, 구글이나 페이스북에 접속하여 노동력을 착취당하는 것은 마찬가지이다. 그들은 검색을 하며, 접속하여 글을 쓰며, 새로운 컨텐츠를 생산하고 빅데이터 생산에 기여하면서 잉여가치를 창출하지만 이에 대한 임금을 전혀 받지 못한 채 고스란히 착취당한다. 기계와 메커니즘과 프로그램에 포섭되어 잠을 자지 않고 밥 먹기를 미루면서까지 대다수가 과잉으로 자신의 노동을 헌신한다. 그럼에도 더욱 위험한 것은 자발적으로 노동을 하는 것이고, 빅데이터 등 2차적인 생산 과정에서 착취를 당하는 것이기에 착취당하는 데 대한 불만과 갈등, 노동자로서 계급의식을 갖지 못한다는 점이다.

또, 에어비앤비, 우버, 태스크래빗, 키친서핑 등 공유경제를 표방하는 플랫폼 기업들을 보면, 시스템과 기술은 첨단을 달리고 있지만 노동만큼은 과거회귀다. "노동자들은 차별과 성희롱에 무방비로 노출되어 있고, 노조를 결성할 권리가 없으며, 업무상 재해에 대한 보상조차 요구할 수 없다. (…) 긱 경제Gig economy(단기 계약형태의 일자리와 비즈니스 모델 중심의 경제형태)는 '탄력성'을 말하지만 노동자가 너무 오랫동안 플랫폼을 떠나 있으면 '공동체에서 제명'되거나 '이용 정지'당할 수 있다."[46]

"공유경제는 탈출구를 마련하는 게 아니라, 경제적 불안정성과 노동자의 취약성만 키우고 있을 뿐이다. (…) 공유경제는 노동자가 추가적인 노동을 통해 '자신을 구원할' 길을 제공한다지만, 공유경제의 성장은 노동자의 권리와 보호장치가 더욱 무너지는 쪽으로 끌고 가고 있다.[47]

자본주의 체제는 배제하는 한편에서 꾸준히 저항 세력을 포섭해왔다. 자본주의 체제에서 노동자들은 무지한 대중으로, 저항의지를 거세당한 1차원적 인간으로, 자본가화한 노동자로, 이데올로기나 환상에 조작된 우중으로, 신자유주의적 탐욕을 내면화한 다중으로, 투항한 노동조합원의 모습으로 자신들을 착취하고 억압한 체제를 옹호하고 정당성 강화에 이바지했다. 그럼에도 이에 포섭되지 않는 자들인 국외자, 사회적 소수자, 철저히 배제된 비정규직 노동자와 대량해고 노동자에게 이 체제의 변혁의 희망을 기대했다. 하지만, 우버식의 공유경제는 이들 소수자들의 욕망과 취향마저 빅데이터로 파악하여 조작하고, 나쁜 노동을 좋은 노동으로 포장하여 제공하고 그 욕망과 취향에 부합하는 상품을 소비시켜 체제로 포섭시킨다. 현금의 자본주의 체제에서 가장 큰 문제는 자본-국가의 카르텔이 너무도 공고해졌다는 점이다. 학교와 같은 이데올로기 국가기구든, 경찰과 군대처럼 억압적 국가기구든 철저히 자본의 편에서 노동자들을 조작하고 억압하는 메커니즘으로 작동한다. 이를 견제할 수 있는 언론과 시민

46 알렉산드리아 J. 래브넬, 『공유경제는 공유하지 않는다』, 김고명 역, 롤러코스터, 2020, 22-23쪽.
47 위의 책, 332~333쪽.

단체, 노동조합 또한 이들에게 포섭당하거나 무력화했다. 이런 상황에서 정보와 에너지를 중앙의 지능시스템에 집중하는 것은 자본–국가 카르텔을 빅브라더로 만들 것이다. 또한 센서나 전자태그–사물인터넷–중앙의 지능시스템으로 이루어진 시스템 자체가 원형감옥panopticon이 될 것이다.

공유경제는 진정한 자기를 실현하는 적극적 자유를 중시하는 대신, 사적인 개인의 소극적 자유를 억압한다. 개인의 성적이고 정치적인 취향에서 의료 정보와 DNA와 같은 유전적 정보까지 공유되는 사회에서는 사적 영역이란 없다. 사적 영역 및 공간을 확보하지 못한 개인은 자유롭지 못할 뿐만 아니라 주체성을 유지하기도 어렵다.

자본주의는 우버에서 보듯이 공유경제마저 시장 체제 안으로 포섭하고 있다. "우버는 직원 수가 1,000명 정도밖에 안 되지만 약 100억 달러의 수익을 거둔다. (…) 에어비앤비의 경우, 프랑스에서는 겨우 25명의 직원으로 연간 8억 달러를 벌어들이고 있다."[48] "우버택시는 안전하고 친절하고 깨끗하며, 비용까지 저렴하다는 장점이 있음에도 한국에서는 실패했다. 이는 우버로 일자리를 잃거나 소득이 줄게 된 택시 노동자의 반발 때문이었다. 택시 노동자들이 반발하자 박원순 시장은 개인의 차량으로 영업행위를 할 수 없다는 법규를 들어 우버택시를 불법으로 규정하고 이를 신고하는 사람에게 포상금까지 걸었다. 서울의 우버택시는 수수료를 받았기에 실제로는 공유경제가 아니라 인력관리회사의 구실을 한 것이다."[49]

48 마르크 뒤갱·크리스토프 라베, 『빅데이터 소사이어티』, 김성희 역, 부키, 2019, 156쪽.
49 이도흠, 『인류의 위기에 대한 원효와 마르크스의 대화』, 684쪽.

우버 사례로 성급한 일반화의 오류를 범해서는 안 되지만, 에어비앤비, 우버, 태스크래빗 등 공유경제를 표방하는 플랫폼 기업은 공유경제로 간주하기 어렵다. 안으로는 노동자를 착취하고 밖으로는 자본주의 원리에 따라 철저히 이윤추구를 하기에 실제로 공유하는 가치의 비율은 아주 적기 때문이다. 남는 자동차, 여분의 방, 쉬고 있는 노동력 등 잉여자산이나 가치를 플랫폼을 통하여 공유한다는 면에서는 너른 범위의 공유경제다. 하지만, 플랫폼 기업이 자본주의 체제 안에서 플랫폼을 매개로 자투리의 가치를 모아 지대地代, rent로 전환하고, 여기에 노동을 결합하여 잉여가치를 착취한다는 점에서는 반공유적이다.

8. 초연결사회의 문제점과 대안

초연결사회는 유토피아와 함께 디스토피아의 지평도 펼치고 있다. 마르크 뒤갱과 크리스토프 라베는 "사물인터넷이 추구하는 목표는 단 하나밖에 없다. 채울 수 없는 식욕을 가진 몰록과도 같은 존재인 매트릭스의 데이터에 대한 탐욕을 채워 주는 게 그것이다. 언제나 '더 많이'를 요구하는 탐식의 논리는 빅데이터 기업의 본질적인 속성이다. 그리고 그렇게 쌓인 데이터는 소수 개인의 부와 감시 기관의 힘을 끝없이 키우는 데 사용된다."[50]라고 예리하게 지적한다.

미셸 푸에쉬Michel Puech는 "사물의 세계는 근대과학으로 인해 도구

---

50 마르크 뒤갱·크리스토프 라베, 앞의 책, 80쪽.

적 유용성의 네트워크에 포섭되었다. 하나의 사물은 독립적으로 존재하는 것이 아니라 서로 도구적 유용성의 참조의 망에 포섭되어 있는 것이다."[51]라고 지적하고 있다. 사물들은 그 가치대로 존재하지 않는다. 도구적 목적에 따라 센서가 붙여지고 태그가 붙여져 그 목적에 충실하게 정보와 의미를 산출한다. 이것들은 하나의 네트워크에 연결되어 있다. 바둑판의 돌처럼 이 네트워크를 벗어나는 순간 모든 의미를 잃게 될 것이다.

인간도 마찬가지로 도구적 유용성의 네트워크에 포섭된 개체이다. "초연결사회는 국경, 문화, 언어 따위를 뛰어넘어 모두가 연결되어 있다는 느낌을 주지만, 사실 우리는 현실 세계와 단절된 채 저마다의 가상 세계에 갇혀 있다."[52] 초연결사회에서 인간은 얼마만큼 자율성과 주체성을 가질 것인가. 인간은 초연결사회에서 한 점 노드로만 존재하는 것은 아닌가. 인간의 몸에 센서를 부착하여 건강을 관리할 수 있지만, 인간의 남는 시간과 역량마저 잉여역량으로 간주하여 공유시장에 내놓는다면 몸마저 상품화하는 것이다. 인간이 초연결사회에서 상당히 자율적으로 자유롭게 사고하고 행동하는 것 같지만, 이는 사파리 안의 사자처럼 초연결시스템이 허용하는 범위 안에서 누리는 자유일 뿐이다. 지금 인간은 그 전 시대의 어떤 인간보다 편리함을 느끼며 행복해하지만, 그 행복은 만들어진 행복일 뿐이다. 시공간의 한계를 넘어서서 무한하게 네트워킹을 하지만, 산업사

---

51 Michel Puech, *Homo Sapiens Technologicus, Poche-le Pommier!*, 2016, p.17 ; 김동윤, 「4차 산업혁명과 NBIC 기술융합 시대의 인문학적 차원 연구」, 『영상문화』 32, 2018년, 68쪽 재인용.

52 Sherry Turkle, *Alone Together*, MIT press, 2011 ; 마르크 뒤갱·크리스토프 라베, 앞의 책, 45쪽 재인용.

회에서 포드시스템의 노동자가 기계의 부품으로 전락한 것처럼 인간은 초연결시스템 자체를 조정하고 관리하는 것이 아니라 모든 생체정보마저 태그되어, 비용절감, 속도 상승, 오류 제거 등 이 시스템의 효율성을 높이는 시스템의 사물로 전락할 것이다.

이에 대한 대안은 근본적으로 이 시스템을 파괴, 해체하는 것이다. 그것이 불가능하다면 시스템 바깥으로 탈주하여야 한다. 온건한 대안으로는 시스템 안에서 자율성을 제고할 수 있는 시스템을 설치하는 것이지만, 자본과 권력은 이를 용인하지 않을 것이고, 자신들이 통제 가능한 범위 내에서만 이를 허용할 것이다.

산업사회에서 '군중 속의 고독'이 문제였다면, 초연결사회에서는 '네트워크 안의 고독'이 문제이다. "메러비언은 인간이 얼굴 대 얼굴 커뮤니케이션face-to-face communication을 할 때, 메시지 내용, 목소리의 톤과 어조, 신체 언어, 이 세 요소가 작용하는데, 상대에게서 받는 인상에서 메시지 내용이 차지하는 것은 7%뿐이고, 38%는 어조 등의 청각 정보, 55%는 신체 정보"[53]라고 했다. 우리는 메시지의 내용보다 상대방 목소리의 어조, 말투에 관심을 기울이고 눈빛, 표정, 몸짓 등에 이끌린다. 요새 주로 스마트폰의 문자, 카톡, 텔레그램, 페이스북, 인스타그램 등을 통하여 글과 이미지로 대화한다. 네트워크는 무한히 열려 있고 언제든 실시간으로 세계 곳곳의 특정인들과 대화할 수 있다. 하지만, 거기엔 전화에 담겨 있는 상대방 목소리가 주는 따스함, 부드러움, 날카로움, 힘, 목소리의 높낮이와 힘에 따른 배려와 분

53 Albert Mehrabian, *Communication Studies*, Handout1, p.1. http://www.iojt-dc2013.org/~/media/Microsites/Files/IOJT/11042013-Albert-Mehrabian-Communication-Studies.ashx

노 등의 피드백이 없다. 직접 만나서 눈동자를 바라보고 얼굴의 표정을 읽으면서 기쁨이든 슬픔이든 함께 공감할 수도 없다. 많은 메시지를 주고받지만 공허하고, 카톡과 텔레그램을 떠나 돌아서면 늘 혼자이다. 상대방의 '좋아요'에 흥분하지만, 그만큼 악플에 상처를 받는다. 설혹 1,000개가 넘는 '좋아요'를 받더라도 페이스북에서 나가는 순간 주변에 아무도 없음을 직시한다.

빅브라더의 감시와 체계가 강화되고 있다. "구글은 웹이 검색되고 있는 동안에 사용자에게 검색 결과를 제공하는 것과 동시에 웹 콘텐트의 상당 부분을 저장하고 캐쉬cache(데이터나 값을 미리 복사해놓은 임시 장소)에 복사하며, 아카이브에 보관한다. (…) 인터넷에서 이루어지는 거의 모든 것이 추적되고 분석되고 저장된 다음, 다양한 목적에 사용된다."[54] 인터넷에 접속하는 순간, 우리는 남의 페북이나 블로그 등을 보며 타인을 감시하게 되지만 그 순간에 우리 자신 또한 감시당한다. 초연결사회가 지문에서 더 나아가 눈동자를 인식하고, 인간의 생체정보와 사적인 공간과 그곳의 사물마저 연결함으로써 범죄를 예방하고 효율성을 높이고 편리함을 증대하는 반면에 개인의 프라이버시를 침해함은 물론 이 시스템 자체가 빅브라더로 작동할 우려가 있다. 범죄 예방과 효율성과 편리성을 높일수록 개인에 대한 감시와 통제 또한 증대하는 딜레마를 갖기에 대안은 쉽지 않다. 하지만, 감시와 통제를 제한하는 법적이고 제도적 장치를 숙의하여 정하고 시스템 안에 개인의 프라이버시를 보장하는 장치를 설치해야 한다.

사회적 낭비도 증대된다. "공유경제는 집카Zipcar를 창업한 로빈 체

54 메리 차이코, 『초연결사회』, 배현석 역, 한울, 2018, 142쪽.

이스가 언급하였듯, '잉여역량', '플랫폼', '피어peer'로 이루어지는 경제 체제이다. 공유경제의 초기 목적 중 하나는 유휴 자산의 효율적인 사용을 통하여 과잉생산, 쓰레기 양산 등과 같은 자본주의의 문제점을 해결하는 데 있었다. 하지만, 사람들은 공유로 인한 경제적 이익에 집중하였고, 그 결과 공유를 위한 구매가 이루어지고 있는 실정이다. 에어비앤비에 등록하기 위해 개인이 여러 개의 방을 보유하려 하고 우버에 등록하기 위해 자동차를 구매하는 사례가 있다. 이 경우, 당장 필요하지 않은 재화들이 공유의 명분으로 구매되고 잠재적 유휴 자산의 수가 늘어나게 된다. 이는 사회 전체적으로 보았을 때, 사회적 낭비를 유발하게 된다.[55]

디지털 식민지도 만든다. "4차 산업혁명의 원재료는 데이터 수집 방식이다. 더 이상 원재료를 확보하기 위해 식민지에 대한 착취와 수탈을 자행하지 않아도 되며, 식민지의 저항과 제국주의라는 비난을 감수하지 않아도 된다. 하지만 물리적으로 식민지화되지 않았을 뿐 이미 전 세계의 많은 국가들과 네티즌들은 글로벌 ICT 기업의 디지털 식민지가 되고 있다."[56] 이의 대안은 쉽지 않지만, 세계체제world system를 제국 중심에서 평등한 체제로 전환하고, 제3세계가 연대하여 포털, 플랫폼을 만들고 활성화하는 것이다.

권력과 정보의 독점과 집중화도 심화되고 있다. 사용자나 참여자들은 편리와 속도를 위해 우월한 플랫폼에 접속하는 경향이 강하

---

55 A. Stephany, *The Business of Sharing: Making It in the New Sharing Economy*, (D. Wi, Trans.) Seoul: Hans Media, 2015. : 김진영·허완규, 「제4차 산업혁명시대 인문사회학적 쟁점과 과제에 관한 연구」, 『Journal of Digital Convergence』, Vol.16 No.11, 142~143쪽 재인용.

56 성영조, 「경제 이슈: 영국 산업혁명의 특징과 시사점」, 『경기연구원 GRI 현안 브리핑』, 2017 ; 박치완, 「4차 산업혁명에서 4차 공유혁명으로」, 『동서철학연구』 제87호, 2018, 338쪽 재인용.

며, 이들이 늘어날수록 주도적 플랫폼을 장악하거나 규모에서 우위를 보이는 구글이나 애플 등이 더 많은 수익을 벌어들이며 부의 집중화와 빈부격차가 심해질 것이다. 공유경제를 표방하는 우버, 에어비앤비 또한 역설적으로 정보, 자본력, 권력을 더욱더 강하게 형성하게 되며, 이를 바탕으로 플랫폼 이용 수수료, 광고 등의 이익을 독점적으로 행사할 수 있다. 이들의 독점을 제한하는 법을 제도화해야 한다. 이 또한 실질적 대안은 포털과 플랫폼의 제작과 활성화인데, 이를 구체적으로 현실화하는 방안은 시민사회와 노동조합이 함께 만들고 운영하는 것이다.

안전과 혼란 문제도 심각하다. 전력이 끊기거나 해킹을 당할 경우, 시스템 전체가 정지되거나 파괴될 수 있다. 이에 대해서는 보안 시스템을 강화하고 새로운 표준체계를 확립하고 단전과 전력의 오류에 대한 보완시스템을 설치하는 것이 대안일 것이다. 테슬라Tesla 모델S의 자율주행 중 첫 사망사고의 원인은 자율주행 센서가 흰색 트럭과 밝은 색의 하늘을 구분하지 못해서 브레이크를 작동시키지 않았기 때문이다. 이를 악용하여 센서에 빛을 고의로 비춘다면 사고를 유발할 수 있다. 이에 사물인터넷의 기반이 되는 센서를 교란시켜서 의도적으로 중앙시스템에 거짓 신호를 보내는 경우를 대비할 필요가 있다. 이 문제를 보완하기 위해 센서가 상황을 판단할 때, 2가지 이상의 관찰 요소를 고려하도록 설계하고 동시에 센서 조작에 따른 처벌 규정을 명시할 필요가 있다.[57]

중앙집중성도 우려를 낳을 문제이다. "수많은 데이터가 중앙처리

57 김진영·허완규, 위의 글, 141쪽.

장치에서 학습되고 가공되는데, 그 과정에서 데이터 왜곡 가능성이 있다. 중앙처리 시스템의 소유 주체는 기업이나 정부다. 이에 대한 대안은 개인과 개인 사이에서 거래를 안전하게 하는 블록체인을 활용하는 것이다.[58]

하지만, 블록체인과 가상화폐 또한 문제가 있다. 블록체인 시스템에서 모든 거래는 가상화폐를 통해 이루어지고 개인, 기업 혹은 정부가 자유롭게 블록체인 플랫폼을 구축하고 그 플랫폼에서 통용될 가상화폐를 발행할 수 있다. 법정 통화가 아닌 가상화폐는 중앙 기관이 추적할 수 없기 때문에 테러단체의 자금 조달 및 세탁의 용도로 악용될 소지가 있다. 또한 탈중앙화를 추구하는 화폐인 가상화폐는 사기나 거래소 해킹 시 중앙 기관으로부터 법적·제도적 보호를 받을 수 없다는 자체적 문제점도 가지고 있다. 최근 가상화폐의 시세차익을 목적으로 하는 투기적 행태가 활발히 일어남에 따라 가상화폐를 화폐로 볼 것인지 금융상품으로 볼 것인지에 대한 논의가 있다. 미국의 경우 대부분의 주state는 금융상품으로 정의하는 반면, 일본은 화폐로 간주하는 등 차이를 보이고 있다. 이 논의는 과세 여부에 영향을 미치므로 명확히 확정할 필요가 있다. 금융자산으로서 가상화폐 거래를 하여 시세차익을 얻었다면 사업소득으로 과세될 수 있으나, 화폐로서 거두는 이익에는 환차익과 동일하게 과세가 되지 않는다. 하지만, 가상화폐의 특성중 하나인 국제성은 개별 국가의 과세 정책을 쉽게 피해갈 수 있다. 이러한 점을 감안하여 가상화폐의 부작용을 최소

58 위의 글, 141쪽.

화하기 위해 국제적 규제 방안과 협력이 필요하다.[59]

마무리

우리는 점점 초연결사회로 다가가고 있다. 전 세계의 사람, 사물, 공간, 데이터들이 인터넷과 지능시스템을 매개로 실시간으로 연결될 것이다. 그러면 사람들은 시공간의 제약을 극복하고 무한하게 데이터와 사물들과 서로 연결될 것이다. 이는 비용과 시간, 에너지를 획기적으로 절감하고 인간을 꿈처럼 편리한 세상으로 이끌 것이다.

사물인터넷을 매개로 초연결사회에서는 한계비용이 제로에 접근한 공유경제의 영역이 활성화할 것이다. 디지털화와 생산성의 극대화와 커뮤니케이션의 혁신으로 한계비용이 거의 0원에 근접하여 거의 모든 재화와 서비스의 추가 생산비용이 무료가 되면, 이윤은 사라지고 상품을 교환하는 시장은 해체되며, 자본주의 시스템은 작동하지 않게 될 것이다. 새로운 에너지 체제와 새로운 커뮤니케이션 매개체를 창출했을 때 대변혁이 발생하였기에, 공유경제는 지속 가능한 발전과도 결합할 수 있기에, 인간이 근본적으로 사회적 협력을 하고 타자의 고통에 공감하는 존재이기에, 밀레니엄 세대는 소유권보다 접근권을 선호하고 공감력이 뛰어나기에 가능성이 크다. 하지만, 자본주의 체제에서 변혁의 주체가 노동자와 민중이 아니고 기술혁신이라면, 그렇게 하여 이루어진 변화는 노동자와 인간을 위한 방향으

59 위의 글, 142쪽 참고함.

로 가기는 어려울 것이다. 자본주의 체제가 공유경제마저 포섭하여 자본의 힘을 더 강화할 수도 있다. 디지털 사회에서 정보재가 지대의 성격을 갖고 포털이 새로운 착취의 장이 되는 점과 더불어 공유경제가 적극적 자유를 내세우는 대신 소극적 자유를 억압하는 점도 돌아보아야 한다.

초연결사회에서 인간 또한 무한히 연결되면서도 도구적 유용성의 참조의 망 안에 있는 한 점 노드에 지나지 않는다. 이 사회가 기술결정주의에 이끌려 인간성을 훼손하는 방향으로 진행된다면 이는 디스토피아일 것이다. 그럼에도 이 기술을 주도하고 있는 이들은 과학기술이 권력, 자본과 영합하여 신화화, 도구화, 상품화하는 것을 은폐하고 있다. 지식인은 늘 이에 대해 비판하고 성찰할 준비가 되어 있어야 하며, 우리들은 세계-내-존재로서 자각하고 우리 앞의 세계에 대해 의미를 해석하고 세계의 부조리에 맞서야 한다. 인간, 타자, 사회적 약자들과 공존하지 못하는 과학기술은 아무리 많은 이익을 창출한다 하더라도 폐기한다는 사회적 합의와 제도화가 필요하다. 우리는 거미줄에 걸린 한 마리 하루살이와 같다. 거미가 미세한 진동으로 하루살이의 위치를 파악하듯, 전 세계가 하나로 연결된 이 네트워크 속에서 모든 것이 감시되고 관찰되고 추적되고 분석되다가, 곧 체액을 빨리고 껍데기만 남아 다른 동물을 부르는 미끼로 작용하듯 높은 가치를 갖는 데이터를 모두 내줄 것이고 다른 사람도 그에 동참하도록 이끌 것이다.

제 4 장

생명공학과 호모 데우스

연기적 생명성과 죽음의 의미

1. 생명의 조건과 기원

어느 무더운 여름날이었다. 필자만이 알고 있는 집 앞 관악산의 숲 속의 공간을 찾아 책을 꺼내들었다. 좁쌀만큼 아주 작은 거미 한 마리가 손등에 떨어졌다. 훅 불어버렸는데 거미줄로 연결된 것 때문인지 손등 위로 다시 올라와 기어다녔다. 이번에는 입에 더 힘을 주고 불어버렸더니 책 위를 기어다녔다. 불어도 자꾸 읽기를 방해하는 바람에 참지 못한 채 손가락을 뻗어 눌렀다. 거미는 다시는 움직이지 않았다. 이제 신을 제외하고는 어느 누구도 저 거미가 다시 숨을 쉬고 기관을 작동하며 움직이게 할 수 없을 것이라는 생각을 하니, 후회와 죄책감이 밀려왔다. 단지 서너 걸음만 움직이는 수고를 했으면 거미도 살리고 책 읽기도 방해받지 않았을 것이다. 신의 지위를 위협할 정도로 과학기술 수준에 오른 인간이라 할지라도 눈에 보이지 않을 만큼 작은 생명조차 되살리지 못한다.

약 38억 년 전에 최초의 살아 있는 생명체이자 가장 단순한 구조를 가진 원핵세포 생물이 지구상에 출현하였고 그 뒤 수억 년 뒤에 진핵세포가 탄생하였으며, 이는 자연선택을 하며 1,000만 종 이상의 다양한 종으로 진화했다. 모든 생명은 세균처럼 작건, 고래처럼 크건, 식물처럼 두뇌가 없든, 인간처럼 높은 지능을 가졌든, 다른 생명들과 서로 인과와 조건으로 작용하면서 공진화共進化를 해왔다. 한 생명의 고통과 소멸은 다른 생명에게도 영향을 미친다. 그러기에 모든 생명은 크기와 기능, 본성에 관계없이 소중하다. 최초의 생명이 어떻게 탄생했는지에 대해서는 아직도 인간이 해석할 수 없는 영역이 분명히 있다. 생명의 기원만이 아니라 생명이 진화하고 서로 공존하며 살아가는 모습들은 너무도 경이롭고 신비로 가득하다.

700만 년 전에 침팬지-보노보 선에서 분기된 인류는 지능이 앞서고 서로 협력하여 지구의 모든 생명을 지배했고, 문명을 건설하면서 여러 종의 생명들을 멸종시켰고 지금도 이는 진행되고 있다. 지구상에 존재하는 동물의 38%가 멸종위기에 놓이고 자연을 파괴하면서 기후변동이 시작되고, 숲에서만 살던 바이러스가 4~5년여를 주기로 세계적 대유행병, 팬데믹을 일으키고 있다. 이제 인류는 생명을 스스로 창조하고 DNA와 그 안의 단백질을 이용하여 변이를 만들고, 유전자를 조작하는 호모 데우스의 지위에 올랐다. 이는 어떤 변화를 야기할 것인가. 먼저 생명의 역사와 개념에 대해 알아본 다음, 현재 진행되고 있는 생명공학의 양상에 대해 분석하고 죽음과 실존의 의미에 대해 성찰하면서 생명성을 되살리는 길을 모색하겠다.

▌창백한 푸른 점, 지구

1권 3장에서 말했듯, 1,000억 개에서 4,000억 개의 별을 가진 은하가 1,800억 개에서 대략 2조 개나 존재한다. 우주는 그리 광대하고 수천 경 개에 달하는 별들이 있고 그 별에는 행성이 있다. 또 그 행성 가운데 극히 드물지만 암석과 바다가 있고 항성과 생물이 살 수 있을 정도로 적당한 거리, 소위 골디락스 존에 있는 행성이 있겠지만, 아직 지구 바깥에서 생명이 확인된 적은 없다. 우리가 지금 여기에 있는 것은 기적이다. 빛으로도 465억 년을 달려야 끝에 이를 정도로 광대한 우주에서 수조 개의 별 가운데 점 하나도 되지 않는 지구에 138억 3,000만 년에 이르는 시간 가운데 찰나만큼 짧은 시간에 우리가 함께 한다는 것이 엄청난 기적이고 인연이다.

다음 사진은 1990년 2월 14일 지구와 61억 킬로미터 떨어진 지점에서 보이저 1호가 촬영한 것이다. 이 사진에서 지구의 크기는 0.12화소에 불과하며, 작은 점으로 보인다. 칼 세이건은 이 사진을 보고『창백한 푸른 점The Pale Blue Dot』이란 책을 저술했으며, 이 책의 한 쪽에서 다음과 같이 말했다.

> 이 빛나는 점을 보라. 그것은 바로 여기, 우리 집, 우리 자신인 것이다. 우리가 사랑하는 사람, 아는 사람, 소문으로 들었던 사람, 그 모든 사람은 그 위에 있거나 또는 있었던 것이다. 우리의 기쁨과 슬픔, 숭상되는 수천의 종교, 이데올로기, 경제이론, 사냥꾼과 약탈자, 영웅과 겁쟁이, 문명의 창조자와 파괴자, 왕과 농민, 서로 사랑하는 남녀, 어머니와 아버지, 앞날이 촉망되는 아이들, 발명가와 개척자, 윤리도덕

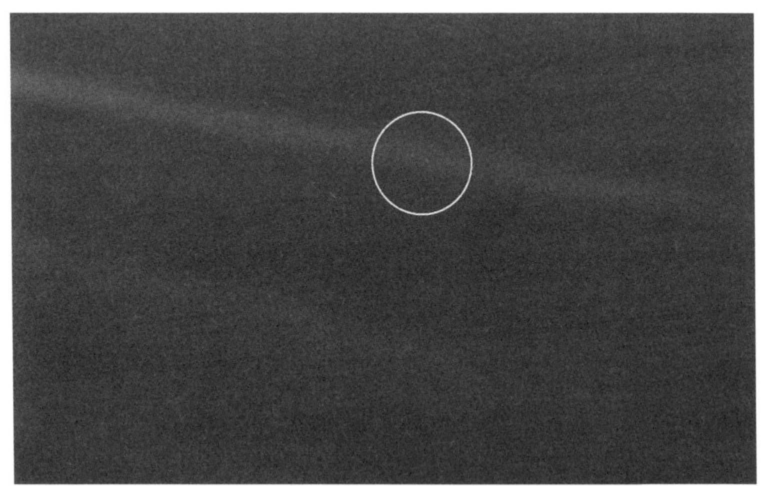

보이저호가 지구로부터 60억 킬로미터 떨어진 지점에서 촬영한 사진. 원 안의 점이 지구다.

교사들, 부패한 정치가들, 슈퍼스타, 초인적 지도자, 성자와 죄인 등 인류의 역사에서 그 모든 것의 총합이 여기에, 이 햇빛 속에 떠도는 먼지와 같은 작은 천체에 살았던 것이다.

지구는 광대한 우주의 무대 속에서 극히 작은 무대에 지나지 않는다. 이 조그만 점의 한 구석의 일시적 지배자가 되려고 장군이나 황제들이 흐르게 했던 유혈의 강을 생각해보라. 또 이 점의 어느 한 구석의 주민들이 거의 구별할 수 없는 다른 한 구석의 주민들에게 자행했던 무수한 잔인한 행위들, 그들은 얼마나 빈번하게 오해를 했고, 서로 죽이려고 얼마나 날뛰고, 얼마나 지독하게 서로 미워했던가 생각해보라.

우리 행성은 우주의 어둠에 크게 둘러싸인 외로운 티끌 하나에 불과하다. 이 광막한 우주공간 속에서 우리의 미친함으로부터 우리를 구출하는 데 외부에서 도움의 손길이 뻗어올 징조는 하나도 없다.

(…) 지구는 현재까지 생명을 품은 유일한 천체로 알려져 있다. (…) 사진은 우리가 서로 더 친절하게 대하고 우리가 아는 유일한 고향인 삶의 저 창백한 푸른 점을 보존하고 소중히 가꿀 우리의 책임을 강조하고 있다고 나는 생각한다.[1]

생명의 조건

이 지구에 어떻게 생명이 생겨났을까? 먼저 생명의 조건에 대해 알아보겠다.

첫째, 모든 생명은 일종의 화학 공장이기에 에너지가 있어야 생존을 유지할 수 있다. 그러니, 에너지의 원천인 항성이 있어야 한다.

둘째, 행성이 태양과 지구처럼 항성에서 적당히 떨어져 너무 뜨겁지도 너무 차갑지도 않은 골디락스 존Goldilocks zone에 있어야 한다. 너무 가까이 있어서 뜨거우면 생명의 원천인 물이 끓어 사라져버리고, 반대로 너무 멀면 얼어버린다. 태양을 기준으로 하면 골디락스 존은 0.95 AU에서 1.15 AU 범위이다. 1 AU는 지구에서 태양까지의 거리를 뜻한다.

셋째, 목성처럼 가스로 가득한 행성에서는 생명이 존재할 수 없으며, 암석행성이어야 한다.

넷째, 물이 있어야 한다. 물은 생명의 원천이며, 바다와 대륙이 함께 있어야 탄소의 순환이 일어난다.

다섯째, 크기가 적당해야 한다. 너무 크거나 작으면 맨틀, 지표, 해

1 칼 세이건, 『창백한 푸른 점』, 현정준 역, 사이언스북스, 2001, 26~27쪽.

양, 대기의 순환이 원활하지 않다.

여섯째, 생명의 기본 성분인 탄소, 수소, 질소, 산소, 인, 황CHNOPS, 특히 '환원성' 대기 기체들이 존재하여야 한다. 전자는 에너지를 얻을 수 있는 돈과 같다. 산화에서는 전자를 내주고 에너지를 얻는다. 반대로 환원에서는 전자를 얻는 대신 에너지를 잃는다. 석유나 석탄은 환원된 상태이고 이를 태우면 전자가 방출되면서 에너지를 낸다. 현재 지구의 대기는 질소 78%, 산소 21%, 이산화탄소와 메탄 1%이다.[2]

현재까지 이 조건에 합당한 행성이 우주에 2325개 정도 있는 것으로 관측되고 분석되었다.[3]

생명의 기원에 대한 유력한 5가지 가설

지구상에 언제 처음으로 생명이 나타났을까? 이에 대해서 여러 가지 가설이 있는데 그중 좀 더 타당한 5가지 가설에 대해 알아보자.

첫째, 원시수프설이다. 이는 오파린Alexandr Oparin과 홀데인Jone Scott Haldane이 세운 가설로, 유기물인 생명이 수많은 무기물이 뒤섞인 원시수프와 같은 형태에서 출발했다는 가설이다. 밀러는 원시 상태의 바다와 대기를 지구의 모형을 만들어 실험했다. 그는 플라스크에 원시 바다 수프를 넣고 가열하고, 그 수증기를 메탄CH_4, 암모니아 NH_3, 수소H_2가 있는 플라스크로 보내고 자연의 번개처럼 공기 중에 전기 자극을 주었다. 식혀진 공기는 물이 되어 처음 플라스크로 돌아간다.

2 생명의 조건에 대해서는 피터 워드·조 커슈빙크, 『새로운 생명의 역사』, 이한음 역, 까치, 2015, 31~38쪽과 〈위키피디아〉 영어판의 'Circumstellar habitable zone'을 참고하여 기술함.

3 「미 항공우주국 생명존재 가능성 태양계외 행성 1284개 더 찾아」, 『한겨레신문』, 2016년 5월 11일.

이를 반복해서 일주일 동안 진행했더니 10~15%의 탄소가 유기물질로 합성되어 있는 것을 관찰했다. 더욱이, 2%의 탄소는 살아 있는 세포의 단백질을 구성하는 아미노산 가운데 몇 종류의 형태라는 결과도 얻었다. 1952년의 밀러 실험을 통해 무기물로부터 유기물이 형성될 수 있음이 밝혀지자, 다양한 유기물이 섞인 수프와 같은 형태로부터 세포막이 형성되는 방식으로 최초의 생명체가 기원했다는 가설로 발전했다.[4] 하지만, "초기 지구를 연구하는 과학자들은 초기 지구의 원시 대기는 불안정한 상태였고 우주로부터 혜성과 유성의 세례를 받는 일도 잦았으니, 암모니아와 메탄 같은 반응성이 강한 기체들이 그대로 남아 있었을 리 없으며 반응성이 약한 이산화탄소와 질소가 원시 대기의 주성분이라고 추정하"[5]며 이 가설을 비판했다.

둘째, 다윈의 연못설이다. 찰스 다윈은 친구에게 보낸 편지에서 "햇빛이 드는 얕고 따뜻한 연못"에서 생명이 시작되었다고 말했다. 홀데인과 오파린 등도 초기 지구의 대기가 메탄과 암모니아로 가득해서 최초의 생명이 따뜻한 연못에서 출현할 이상적인 원시수프primordial soup를 형성했을지도 모른다고 주장했다. 하지만, 생명을 형성하는 데 필요한 유기화합물은 복잡하여 가열된 용액에서는 쉽게 분해된다. 게다가 생명이 출현하려면 비평형상태가 만들어져야 하는데, 이 수프를 평형상태에서 벗어난 상태로 유지하려면 엄청난 에너지가 필요하다.[6]

셋째, 심해 열수 분출구설이다. 이는 귄터 베히터샤우저Günter

4 〈위키피디아〉 영어판 'Miller-Urey experiment' 참고함.
5 「지구가 버린 씨앗이 화성에 생명을 잉태한다」, 『신동아』, 2007년 5월 25일.
6 피터 워드·조 커슈빙크, 앞의 책, 62~65쪽을 참고하며 요약함.

Wächtershäuser의 황화철 세계이론iron-sulfur world theory과 윌리엄 마틴과 마이클 러셀의 황화제일철 세포제공론을 결합한 것이다. "심해 열수 분출구는 황화수소, 메탄, 암모니아와 같은 생명의 진화에 쓰일 화학물질을 토해냈고 철, 황, 니켈을 함유한 광물이 주변에 쌓인다. 그러면서 탄소를 함유한 분자를 포획할 수 있는 미세한 공간들이 형성되었고, 그렇게 갇힌 분자들에서 화학적 변화가 일어나서 먼저 탄소 원자가 분리되었다. 그 탄소 원자들은 서로 결합하여 탄소를 더 많이 함유한 더 복잡한 분자를 형성했다. 유독한 기체인 황화수소가 같은 지역의 다양한 광물들에 들어 있는 철 원자와 접촉할 때, 바보의 금이라 불리는 황철석이 형성되었다. 이는 생명의 물질대사와 흡사하다. 또 이로 생명을 빚어내는 데 필요한 두 요인, 곧 생명을 형성하는 원소들과 화학적 반응을 추진할 에너지원이 하나로 결합된 것이다. 또 윌리엄 마틴과 마이클 러셀은 생명이 황화제일철iron monosulfide이라는 고도로 조직된 광물에서 시작되었다며, 열수 분출구가 생명에 필요한 모든 원료와 에너지만이 아니라 생명의 핵심측면 중 하나인 세포도 제공했다고 주장한다. 열수 분출구에서 생명에 필요한 모든 화학물질과 에너지가 발견되고 열수 분출구에서 채집한 미생물이 대부분 고세균古細菌, Archaea에 속한다는 것이 밝혀지면서, 또 아무 빛도 없는 심해의 열수 분출구 주변에 박테리아만이 아니라 새우나 게와 같은 큰 생물에 이르기까지 수없이 많은 생명체들이 밀집하여 살고 있음이 관찰되면서 이 설은 지지를 받고 있다. 또 44억~38억년 전의 대충돌기에 생명이 이 파괴적인 에너지를 피해 생존을 유지할 수 있는 곳 또한 심해나 지각 내부밖에 없었을 것이다. 하지만, RNA가 열수 분출구 같은 고온에서 극도로 불안정하다는 점이 이 가설의 한계다.

작은 분자에서 RNA 같은 복잡한 분자로 넘어가는 과정은 아직 수수께끼이다."[7]

넷째, 사막의 충돌 크레이터설impact craters이다. 스티브 베너와 조 커슈빙크는 "다양한 세균들의 안정성을 분석한 끝에 가장 오래된 계통이 섭씨 65도에서 형성되었을 것이라는 결과를 얻고, 생명형성기의 지표면에 그 정도 고온인 곳은 사막밖에 없었다고 추정했다. 전체 환경이 알칼리성을 띠고 붕산칼슘이 풍부한 사막에서 붕산염 광물로부터 리보오스ribose가 형성되고, 사막에 흔한 점토광물이 유기화합물을 합성하는 데 도움을 주었을 것이라고 본다. 또, RNA를 안정화하는 데 필요한 붕산염 광물이 형성되려면, 상호 연결된 일련의 단계들 속에서 액체가 고였다가 증발하는 과정이 반복되는 액체계가 있어야 하는데, 42~38억 년 전 생명이 처음 형성되었을 시기에 이런 액체계가 존재할 유력한 후보지는 사막환경과 이어진 일련의 충돌 분화구였을 것이다."[8]

다섯째, 행성간 범종설interplanetary panspermia로 커슈빙크, 와이스, 데이비드 디머 등이 주장하는 가설이다. 최초의 유전물질, 즉 생명체는 RNA였으며, RNA가 점점 복잡해지면서 RNA를 주형으로 DNA가 생기고 안정화된 유전 정보가 생긴 것이다. 그런데, 지구의 바다는 리보오스가 형성되기에 그다지 좋은 조건이 아니며 단백질과 핵산 같은 큰 분자가 형성되기에는 너무 불리한 것이다. 화성이 지구보다 산화환원 기울기가 더 크고 화성의 맨틀도 환원성이어서 생명에 필수

7 위의 책, 64~68쪽을 참고하여 요약하면서 약간 수정함.
8 위의 책, 69~71쪽을 참고하며 요약함.

적인 탄소 함유 화학물질을 전 생물적으로 합성하는 데 필요한 메탄, H_2 같은 기체원료를 제공했다. 뭔가를 할 수 있을 만큼 긴 RNA 가닥을 형성하기 위해서 극복해야 할 커다란 문제 중의 하나는 RNA 조각들이 서로 연결되어 중합체重合體를 형성해야 한다는 것이다. 즉, RNA 뉴클레오티드라는 소단위들이 많이 연결되어 긴 RNA 가닥을 만드는 과정을 거쳐야 한다. 단일한 뉴클레오티드들의 묽은 용액을 얼리면 얼음 결정의 가장자리에서 많은 뉴클레오티드들이 결합되었다. 그런데 당시 지구에는 얼음이 전혀 없었지만 화성의 극지방에는 풍부했을 것이다. 40~36억 년 전에 화성 표면에 대충돌이 일어나서 아주 많은 화성 운석을 지구로 날려 보내면서 화성의 생명체가 지구로 이동하였을 가능성이 있다.[9] "1984년 남극대륙에서 ALH84001이라는 운석이 발견되었는데, 이 운석은 약 1,500만 년 전에 화성에서 떨어져 나와 약 1만 3,000년 전에 지구에 유입된 것이다. 1996년 미항공우주국의 데이비드 매케이David McKay 연구진이 이 운석에 지구의 세균과 아주 흡사하게 생긴 생명체 화석이 있다는 주장을 내놓았는데 이것이 생명인지에 대한 결론을 아직 내려지지 않았다."[10]

9 위의 책 72~75쪽을 참고하며 요약함.
10 『신동아』, 앞의 글 참고함.

2. 생명의 개념과 특성

▌생명의 특성

무엇을 생명이라 할까? 아무것도 없는 것으로 보이지만, 바로 우리 눈앞의 대기 한 줌에도 수억 마리의 박테리아와 바이러스, 수억의 입자들로 가득하다. 지구와 생명의 관계를 한마디로 요약하면 '탄소의 순환'이라 할 수 있다. 에너지를 사용해서 탄소를 결합하여 다른 물질을 만들어내고 이를 다시 분해하여 에너지를 얻고 탄소를 다시 대기로 방출한다. 이렇게 지구에서 탄소를 순환하는 생명의 특성이란 무엇인가.

첫째로 물질대사metabolism를 한다. 모든 생물은 일종의 화학공장이다. 생물은 몸 바깥에서 물질을 섭취하여 물질의 분해와 합성을 하면서 에너지를 얻고 세포의 구성 물질이나 생리 작용을 조절하는 데 필요한 물질을 합성하여 생명 활동에 사용하며, 필요하지 않는 생성물을 몸 밖으로 배출하는 화학작용을 한다. 물질대사는 크게 동화작용anabolism와 이화작용catabolism으로 나뉜다. 동화작용은 에너지를 흡수하여 저분자 물질을 고분자 물질로 합성하는 과정을 뜻한다. 나뭇잎은 대기 중의 이산화탄소를 빨아들이고, 햇빛 에너지를 이용하여 뿌리로부터 흡수한 물을 합성해 포도당을 만든다. 이를 광합성이라 한다. 이처럼 광합성 과정, 여러 분자의 아미노산을 결합하여 단백질을 합성하는 과정, 여러 분자의 포도당이 결합하여 글리코겐을 합성하는 과정이 모두 동화작용이다. 반대로 이화작용은 고분자 물질을 저분자 물질로 분해하여 에너지를 얻는 것을 말한다. 우리가 밥을 먹으면 밥의 포도당은 다시 이산화탄소와 물로 분해되고 대신 에너지를 얻어 밥심으로 일을 할 수 있게 된다. 이처럼 이화작용에는 포도당을 이산화탄소와 물로 분해하는 세포 호흡 과정, 단백질을 아미노산으로 분해하고, 지방을 지방산과 모노글리세리드로 분해하는 소화 과정 등이 있다.

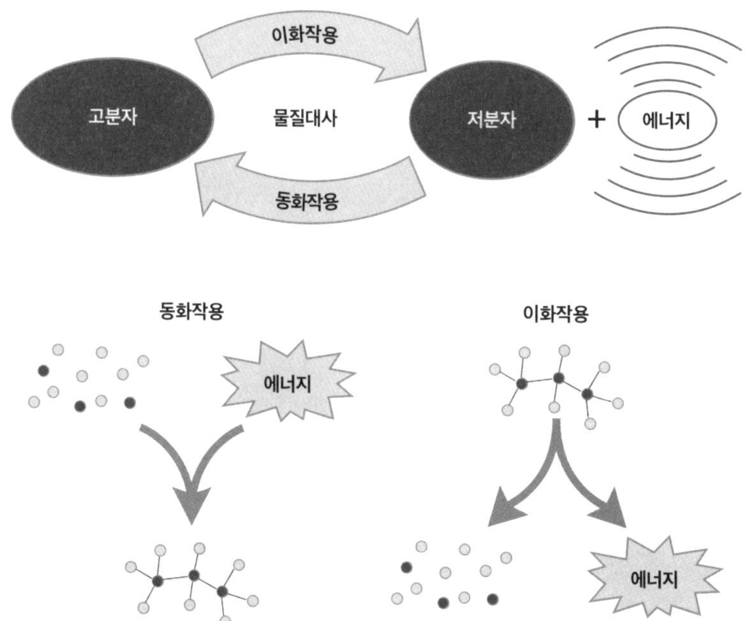

둘째, 생물은 항상성Homeostasis을 갖는다. 우리는 더우면 땀을 흘리고 추우면 몸을 움츠려 땀구멍을 막아 체온을 일정하게 유지한다. 이처럼 생물은 어떤 일정한 상태를 유지하고자 생체 내부의 환경을 조절한다.

셋째, 생물은 자기복제self-replication/번식Reproduction을 한다. 사람의 경우 두 부부의 유전자가 절반씩 섞인 자식을 낳는다. 이처럼 생물은 자신의 유전자를 복제한 새로운 생명체를 생산한다. 생물은 자신의 사본과 사본을 만들 수 있게 해줄 메커니즘까지 복제한다.

넷째, 생명은 성장growth을 한다. 우리는 아기 때부터 성인에 이르기까지 머리의 신경세포가 증대하고 몸짓이 커진다. 이처럼 생물은 일단 사본이 만들어지면 성장을 하고 이에 따라 단순한 물질 축적 이상으로 생명의 몸이 증가한다.

다섯째, 생물은 복잡성과 조직organization의 체계를 갖는다. 박테리아를 현미경으로 보면 세포막 안에 RNA, DNA, 리보솜이 있다. 진핵세포를 보면 세포막 안에 RNA, DNA, 리보솜만이 아니라 미토콘드리아, 핵이 있다. 이처럼 모든 생명은 복잡한 방식으로 배치된 수많은 원자로 이루어져 있으며, 생명은 기본 단위인 세포가 하나 또는 그 이상으로 모여서 이루어진다.

여섯째, 생물은 진화evolution를 한다. 모든 생물은 숲, 바다, 대지 등 자연과 그 자연 속에 있는 생명들과 상호작용하며 자연선택과 성선택을 하며 진화한다.

일곱째, 생물은 자율적autonomous이다. 모든 생명이 외부의 영향을 받지만, 각각의 개체들은 자율적으로 생존하며 자기결정을 한다.

여덟째, 생물은 외부 자극에 반응response to stimuli을 한다. 코에 이물질이 들어오면 바로 재채기를 한다. 여름밤에 야외에서 불을 켜면 나방이 모여들고 아주 조그만 벌레도 손가락으로 살짝만 누르면 꿈틀거린다. 이처럼 생명은 외부 자극에 대해 반응을 한다.

아홉째, 생물들은 적응adaptation을 한다. 추운 겨울날에 따뜻한 방에 있다가 밖에 나오면 처음에는 춥지만 곧 그리 추위를 느끼지 않게 된다. 그처럼 모든 생명은 외부 환경의 변화에 따라 적응을 한다.[11]

이렇게 모든 생물은 복잡한 조직 체계를 가지고 항상성을 유지하며 물질대사를 하며 성장하고 환경에 적응하고 반응하면서 외부 요인에 대해 자기결정을 하면서 생존하다가 짝을 만나거나 홀로 자기복제를 하면서 종족을 번식하며 진화한다. 물론 이 아홉 가지 특성을 모두 갖춘 생명체도 있지만 몇 가지만 가진 생명체도 있다.

바이러스는 생물인가, 무생물인가. 바이러스가 감염된 세포 안에 있지 않거나 세포를 감염시키는 과정에 있는 동안만큼은 생명이 아니라 입자로 존재한다. 하지만, DNA나 RNA로 구성되었으며 숙주에서 에너지를 취하여 물질대사와 자기복제를 한다는 면에서는 생명이다. 핵, 세포막 등으로 이루어진 세포 구조를 가지지 못했다는 점에서는 무생물이다. 이처럼 바이러스는 생물과 무생물의 중간 영역에 존재하지만, 굳이 분류한다면 생물이다.

생명의 개념

서양의 개념 생명은 여러 면에서 정의할 수 있다. 생리학적 개념에서 보면, 생명이란 섭식, 대사, 배설, 호흡, 이동, 성장, 생식, 자극에 대한 반응을 수행하는 계系이다. 생명은 외부의 물질을 개체 안으로 끌고 와서 이를 분해하여 에너지를 얻고 호흡하고 움직이며 외

11 피터 워드·조 커슈빙크, 앞의 책, 45~46쪽 ; 노정혜 외, 『물질에서 생명으로』, 반니, 2018, 18~20쪽 ; 김성철, 「불교의 생명 개념과 불살생계」, 『불교평론』 제37호, 2008년 12월 10일, 176~179쪽 참고함.

부 자극에 대해 반응하다가 짝을 만나서 번식하는 개체다.

유전학적 개념에서 보면, 생명은 유전적 특성을 자기복제하는 존재들이다. 생명은 유기물질, 구조, 행동양식 등의 유전정보를 담은 DNA를 복제하여 퍼트리는 본능대로 작동하는 유전자의 결합체다.

생화학적 개념에서 보면, 생명은 유전정보가 담긴 DNA와 단백질성 촉매인 효소를 사용하여 물질대사의 화학반응 속도를 조절하고 전달하는 계로, 물질대사의 면에서 보면 외부와 끊임없이 물질을 교환하며 ATP와 단백질을 만들어 구조와 조직을 유지하는 체제이다. 생명은 외부의 물질을 안으로 끌고 와서 이를 분해하여 살아가는 에너지로 삼거나 ATP와 단백질을 만들어 구조와 조직을 유지하며 대사한 물질을 외부로 방출하는 체제다.

열역학적 개념에서 보면, 생명이란 자유에너지의 출입이 가능한 하나의 열린 체계로 열, 빛, 물질 등 무질서를 질서화하며 낮은 엔트로피, 즉 높은 질서를 지속적으로 유지해 나가는 특성을 지닌 존재이다.[12]

서양과학에서 보면, 생명은 일종의 화학계로 DNA 사슬에 새겨진 유전 정보에 따라 만들어진 몸을 가지고 복잡성과 조직 체계를 가진 자율적인 개체로서 물질대사를 하면서 스스로 화학반응을 하며 살아가고 자기복제를 하고 외부와 끊임없이 상호작용하면서 변화하고 발달하면서 진화하는 유기체이다.

12 Encyclopaedia Britanica, *Macropedia*, Vol.10, 1975, 893~894쪽 ; 김성철, 「불교의 생명 개념과 불살생계」, 『불교평론』 제37호, 2008년 12월 10일, 176~179쪽 참고함.

동양의 개념 리처드 도킨스의 말대로 모든 생명은 유전자의 품속에 자신의 유전자를 늘리는 것을 목적으로 하는 이기적 유전자를 가진 생존기계이다. 하지만, 이 또한 서양 철학의 주류를 형성한 실체론의 연장이다. 생명을 이루는 원자와 분자에는 생명이 없지만, 이것이 모여서 이루어진 세포들은 서로 네트워킹을 하며 생명성을 갖고 활동한다. 미생물이라 할지라도 수많은 세포들이 서로 작용하며 물질대사 등 생명활동을 한다. 또 모든 생명은 생태계 속에서 다른 생명들과 서로 조건과 인과로 작용한다. 실체론과 이분법을 벗어나서 동양의 관계론이나 연기론의 입장에서 생명과 진화에 대해 전혀 다른 패러다임으로 사고할 필요가 있다.

공진화

하나의 생명체를 보면, 자연선택과 성선택에서 이긴 종이 진화를 하고 번성을 누린 것 같지만, 전체 생태계에서 보면 생명들은 공진화를 해왔다. 서로 밀접한 관계를 갖는 둘 이상의 종이 상대 종의 진화에 상호 영향을 주며 진화하는 것을 공진화라고 한다. 공진화의 개념은 다윈Charles Darwin이 『종의 기원』(1859)에서 식물과 곤충과의 '진화적 상호작용'을 언급하면서 처음 등장하였으며, '공진화coevolution'라는 용어는 1964년에 폴 얼릭Paul R. Ehrlich과 피터 레이븐Peter H. Raven이 사용하면서 보편화했다. 공진화를 일으키는 밀접한 관계는 상리공생, 숙주–기생자, 포식자–먹이생물, 경쟁 등에서 나타난다. 뚜렷이 드러나는 공진화를 '종 특유의 공진화species-specific coevolution'라 하고 뚜렷하지 않은 공진화를 '확산공진화diffuse coevolution'라 한다.

상리공생mutualism, 相利共生이란 서로 이익을 주고받으며 공생하면서 공진화를 하는 것을 뜻한다. 예를 들어, 곤충과 꽃을 가진 속씨식물은 상리공생과 공진화를 해왔다. 꽃이 벌과 나비에게 맛있는 꽃가루와 꿀을 주는 대신 벌과 나비는 그 꽃가루와 꿀을 먹으려 그 속으로 들어가서 암술과 수술의 꽃가루를 몸에 묻혀 자연스럽게 꽃가루받이를 해주며, 이로 식물은 열매를 맺고 종의 번식을 한다. 이 과정에서 꽃은 벌과 나비가 더 많은 꽃가루를 몸에 묻히도록 꿀을 더 깊은 곳에 감추도록 진화를 하고, 이에 맞추어 벌과 나비는 꽃가루를 덜 묻히고도 꿀을 따먹을 수 있도록 입이나 빨대, 촉수를 길게 진화시킨다.[13]

기생생물과 숙주 사이에서도 공진화가 일어난다. 기생생물은 숙주에 기생하면서 더 많이 증식하는 쪽으로 진화하고, 이에 맞추어 숙주는 기생생물로부터 살아남고 자신이 많이 번식할 수 있는 방향으로 진화한다.

여기서는 붉은 여왕의 가설이 적용된다. 미국의 진화생물학자였던 리 밴 베일런Leigh Van Valen이 1973년 〈새로운 진화 법칙A New Evolutionary Law〉이라는 논문에서 '지속소멸의 법칙Law of Constant Extinction'을 설명하고자 계속해서 진화하는 경쟁 상대에 맞서 그보다 앞서서 진화하지 못하는 생물은 도태된다는 가설을 제시했다.

루이스 캐럴의 『거울 나라의 앨리스』를 보면, 앨리스가 숨을 헐떡이며 붉은 여왕에게 묻는다. "우리 세상에서는 지금처럼 오랫동안 빨리 뛰었다면 보통은 어딘가 도착하게 돼요." 붉은 여왕은 "이곳에서는 네 마음껏 달려도 결국에는 같은 곳에 머물게 돼. 어딘가에 가

13 〈위키피디아〉 영어판, 'coevolution' 참고함.

고 싶다면 적어도 두 배 속도로 뛰어야 해."라고 답한다. 붉은 여왕의 나라는 한 사물이 움직이면 다른 사물도 그만큼의 속도로 따라 움직이는 특이한 나라였기 때문이다.[14] 적자생존의 자연환경 하에서 다른 생명체에 비해 상대적으로 진화가 더딘 생명체가 결국 멸종한다. 반대로 한 종의 진화적 적응은 그 종과 관계하는 다른 경쟁자, 공생자, 기생자 종의 자연선택을 변화시킨다. 이러한 되먹임이 계속 일어나면 두 종 간에 역동적인 공진화가 일어나게 된다. "기생생물의 공격이 더 효과적일수록, 숙주의 생존기회는 방어책을 구축할 수 있는가에 따라 달라진다. 숙주가 잘 방어할수록 이 방어책을 이겨낼 수 있는 기생생물을 자연선택하게 될 것이다."[15]

포식자와 먹이생물도 밀접한 상호작용을 하며 공진화한다. 예를 들어, 개미는 식물에서 지방과 꿀 등을 얻고 보금자리로 삼는 대신 식물이 천적을 잘 공격하거나 식물의 번식을 더 돕는 쪽으로 진화하고, 식물은 개미를 통해 더 번식을 하는 쪽으로 서로 공진화를 했다. 개미가 지방을 먹는 대신 씨앗이 잘 발아하도록 지방 덩어리를 붙여 씨앗을 퍼뜨리는 식물은 세계에 77과 1만 1,000종에 이르며, 꿀을 공여하는 식물은 100과 4,000종에 달한다. 또 50과 700여 종의 식물이 개미에게 보금자리를 제공한다. 대신에 개미는 천적을 쫓아내거나 몰아내고 식물의 발아를 돕는다. 이런 공진화는 중생대 백악기에서부터 시작되었고 신생대에 더 활발히 전개되었다.[16]

---

14 매트 리들리, 『붉은 여왕 — 인간의 성과 진화에 숨겨진 비밀』, 김윤택 역, 김영사, 2006. 95쪽 참고함.

15 위의 책, 98쪽.

16 Matthew P. Nelsena et al, "Ant-plant interactions evolved through increasing interdependence," *Proceedings of the National Academy of Sciences of the United States of*

서양은 한 개체의 생명활동 정지를 죽음으로 보지만, 불교의 연기론에서 보면 이는 다른 생명으로의 전이다. 연어는 해양과 대륙의 질소와 탄소를 순환시키면서 숲과 강과 그곳에 사는 무수한 생명체와 공존한다. 연어가 북태평양을 떠나 수천 킬로미터의 거리를 이동하여 자신이 살던 고향의 강 꼭대기까지 올라가서 일부는 곰이나 포유류의 먹이가 되고 살아남은 연어들은 산란을 하고 죽는다. 죽은 연어는 강변의 조류, 설치류, 물고기, 미생물 등이 먹고 무기영양소로 분해하고 강물이나 흙 속에 퍼진 연어의 무기영양소를 먹고 나무와 풀, 이끼, 물속의 미생물과 곤충, 연어를 비롯하여 무수한 물고기와 짐승 새끼들이 자란다.

실제로, 연어는 해양의 영양분을 대륙의 생태계에 전달한다. "최근 과학자들은 안정동위원소라는 바이오마커를 분석해서, 바다를 한 번도 본 적이 없는 1년생 미만의 새끼 연어의 살에서 무려 40%의 해양 탄소와 31%의 해양 질소가 포함되어 있는 것을 발견했다."[17] 캘리포니아 마켈럼니 강의 경우, "연어 산란지에 인접한 강변의 자연 초목과 경작된 포도나무 숲은 18~25%의 해양질소를 함유하고 있었다."[18] 연어가 바다에서 많은 영양분을 먹고 몸을 키워 강을 올라와 번식하고 죽으면 그 몸을 먹고 강과 강변의 수많은 동물과 식물이 자라고 새끼 연어도 어미가 남긴 영양분과 강과 숲의 영양분들을 먹고

America, v.115 no.48, 2018, pp.12253~12258.

17 옥기영, 「생태계 연결성, 숲과 강, 바다는 서로 소통해야 한다」, 『국립생태원 웹진』 13호, 2018년 여름호, 24~25쪽.

18 Joseph E. Merz·Peter B. Moyle, "Salmon, Wildlife, and Wine; Marine-derived Nutrients in Human-Dominated Ecosystems of Central California," *Ecological Society of America*, 16(3), 2006, p.999.

자라 바다로 간다. 이렇게 육지와 바다의 순환이 연어를 매개로 이루어지는 것이다.

이처럼 지구상의 모든 생명은 개체인 동시에 무수한 생명과 자연과 연기적 관계를 맺고서 공존하고 공진화한 생태계eco-system의 일원이다. 그런 면에서 생명은 생태계 속에서 공존하고 공진화하는 가운데 개체를 지속하여 자기복제를 통하여 자기 유전자를 늘리려는 하나의 지향성이다.

무엇보다 생명에 대한 서양의 개념은 생명의 물질적인 면에만 초점을 맞추고 정신적인 면은 간과하고 있다. 반면에, 불교에서 보면, 물질적인 몸에 어떤 대상에 대해 인식하는 마음 작용인 식識, viññāṇa이 결합되어야 불교의 생명체인 중생Sattva이라고 본다. 정자와 난자가 만나면 수정란이 되고, 이 수정란에 전생의 업業에 따라 식識이 들면서 정신인 명名, nāma과 육체인 색色, rūpa의 복합체인 명색名色, nāmarūpa이 되어 생명은 시작한다.[19] 이처럼 불교의 생명 개념은 물질적인 면 — 색色 — 과 정신적인 면 — 명名 — 의 복합체로 생명을 바라본다.

모든 생명이 이런 과정을 겪어서 등장했다가 사라지는 것이므로 생명들 사이의 본질적 차이는 존재할 수 없다. 그럼에도 왜 생명은 크고 작은 외형에서 오래 살고 적게 사는 것에 이르기까지 차이가 있을까? 이는 업이 깃들기 때문이다. 살아가는 모든 존재[衆生]는 업의 소유자이며, 업의 상속자이며, 업에서 나온 것이다.[20] 설혹 일란성 쌍둥이어서 폐암이 걸릴 유전자를 가지고 태어났다 하더라도 금연

19 이도흠, 「생명 위기의 대안으로서 불교의 생명론과 생태론」, 『생명의 이해 — 생명의 위기와 길 찾기』, 동국대학교 출판부, 2011, 279쪽.

20 Majihima-Nykaya(中部), 「불교의 생명관」, 이중표, 『범한철학』 20집, 1999, 242쪽 재인용.

을 한 쪽은 폐암에 걸리지 않을 확률이 높다. 후성유전적 요인은 2~3세대에 걸쳐 전해지지만, 돌연변이는 이후 세대에 지속적으로 전해진다. 이런 것들이 업이라고 해석할 수 있다.

연기는 단순히 이것과 저것의 관계성이나 상호의존성, 인과성만을 뜻하는 것이 아니라 조건과 인과에 따른 역동적 생성성을 의미한다. 원인이 결과가 되고 결과가 다시 원인이 된다. 연기는 알고리즘처럼 불변의 원리로 작용하는 것이 아니라 조건이 변하면 결과도 변하는 역동적 원리이다. 홀로는 존재하지 않지만 서로 작용하여 동시에 서로 생성하게 한다. 땅과 물과 빛과 대기와 미생물, 작은 벌레에서 인간에 이르기까지 지구상의 모든 생명과 자연은 깊은 관계를 맺고 서로 의존하고 있을 뿐만 아니라 동시에 서로를 생성하게 한다. 모든 생명체[正報]와 자연[依報]은 서로 상즉상입相卽相入한다. 지구상의 모든 생명체는 자연, 다른 생물과 상호작용을 하며 자연선택과 성선택을 하면서 38억 년의 기나긴 시간 동안 진화를 해왔고, 또 생명체는 자연에서 나고 자라 다시 자연으로 돌아가며 자연을 변화시켰다.

이처럼 지금 나의 DNA에는 38억 년 동안 원핵세포와 진핵세포로부터 시작하여 나의 조상들이 자연과 상호작용하며 자연선택을 한 결과들이 유전자로 남아 있다. 다른 생명들과 상호작용을 하면서 겪은 정신적인 것들은 문화유전자meme에 새겨지고, 자연환경에 대해 선택하고 적응하고 대응한 몸은 생물유전자gene에 깃든다. 여기에 의상의 시간관을 응용하면, 서양의 생물학과 결합할 수 있는 고리를 발견할 수 있다.

끝이 없는 무량겁이 곧 한 생각이요

한 생각이 곧 무량겁이어라.
구세九世, 십세十世가 서로 상즉相卽하여
어지러이 뒤섞이는 일 없이 따로 떨어져 이루었어라.[21]

소위 구세라는 것은 과거의 과거, 과거의 현재, 과거의 미래, 현재의 과거, 현재의 현재, 현재의 미래, 미래의 과거, 미래의 현재, 미래의 미래를 말한다.[22] 의상대사의 구세가 한순간이라는 화엄의 시간관과 업을 생명에 대입해 보자. 138억 년 전에 우주가 대폭발을 하여 성간물질이 흩어졌다 모이며 은하계를 만들고 그 은하계에 태양계와 지구가 만들어졌고, 38억 년 전에 지구의 몇몇 물질이 어떤 원리와 자극에 따라 생명을 형성하게 되었다. 과거의 과거는 138억 년 전 우주 탄생부터 생명이 만들어지기 직전이며, 과거의 현재는 38억 년 전에 업력이 작용하고 식이 깃들여 생명이 만들어진 그 순간이며, 과거의 미래는 그 생명이 현생에 지은 업에 따라 자기복제를 하고 진화를 하여 생명계가 형성된 그 후의 상황이다. 현재의 과거는 38억 년 동안 생명이 자연환경에 적응하고 다른 생명체와 관련을 맺으면서 업에 따라 진화를 하면서 21세기 오늘의 생명체에게 유전자 정보를 물려주며 오늘날의 생명계를 이룬 것이고, 현재의 현재는 지구상의 온 생명들이 다른 생명 및 자연환경과 어울리고 상호작용을 하며 업을 쌓는 이 순간이다. 현재의 미래는 오늘 다른 생명체와 관계하고

21 義湘, 『華嚴一乘法界圖』, 『한국불교전서(이하 『한불전』으로 약함)』 제2권, 동국대출판부, 1994, 1–上. "無量遠劫卽一念 一念卽是無量劫 九世十世互相卽 仍不雜亂隔別成".

22 위의 책, 3–中. "四所謂九世者 過去過去 過去現在 過去未來 現在過去 現在現在 現在未來 未來過去 未來現在 未來未來世".

자연환경에 적응하는 가운데 업을 쌓고 이것을 자기복제하여 전승하고 진화를 하여 초래될 가능태이다. 미래의 과거는 지구상의 생명들이 지금 업을 쌓아 유전정보를 기억하고 전승하는 것이며, 미래의 현재는 그 업과 유전정보를 바탕으로 전승된 생명이 살면서 업을 쌓는 순간이며, 미래의 미래는 그렇게 하여 다시 업과 유전정보를 물려줘 달라진 생명이 다른 생명 및 자연환경과 어울려 형성할 새로운 생태계다. 과거의 과거에서부터 미래의 미래에 이르기까지 구세를 업력과 유전정보, 이기적 유전자의 본능과 함께 더불어 공진화를 하려는 생명들의 지향성이 작용하며 생태계를 형성하고 있으니 이것이 십세이다.

이렇게 볼 때, 생명이란 '구세의 업에 따라, 기존의 경험과 기억과 업이 축적되어 DNA 사슬에 유전 정보가 새겨진 몸에 식이 결합되어 이루어진 것으로 다른 생명체 및 사물과 서로 의존하고 조건과 인과로 작동하면서 서로 생성하는 가유假有의 가합태假合態로서 유전자를 담은 화학적 생명체로서 물질대사를 하면서 현재의 삶에서 경험한 기억과 지은 업을 유전자에 담아 종족보존을 위한 자기복제를 하는 가운데 서서히 진화하는 유기체'이다. 이를 간단히 하면 생명이란 '무시무종無始無終의 반복 속에서 자연 및 다른 생명과 연기와 업에 따라 상호 작용하며 자율적으로 정보처리한 기억과 DNA 사슬로 이루어진 몸이 생태계에서 더불어 살려는 의지를 가지고 끊임없이 차이를 만드는 상호생성자로서 공空'이다. 더욱 간단히 말하면, 생명이란 '더불어 살려는 의지를 가지고 차이를 생성하는 공'이다.[23]

---

23 지금까지 불교의 생명 개념에 대해서는 이도흠, 앞의 책, 279~285쪽 요약함.

3. 생명의 역사와 진화

우리 눈앞에 보이는 수많은 나무와 풀, 그 사이로 다니는 온갖 짐승과 그 위로 날아다니는 새들, 그 아래로 기어 다니는 벌레들, 보이지 않지만 대기와 내 몸에 무수히 거처하는 곰팡이들이 모두 진핵세포의 후손들이며 진핵세포의 세포체로 구성되어 있다. 생명은 어디에서 와서 어디로 갈까?

약 38억 년 전에 최초의 살아 있는 생명체이자 가장 단순한 구조를 가진 원핵세포 생물이 지구상에 출현했다. 핵과 리보솜Ribosomes, 세포막 등으로 이루어진 원핵세포原核細胞는 지금도 세균Bacteria과 고세균Archaea 등 원핵생물로 남아 있으며 이들은 무성생식을 한다.

진핵세포眞核細胞는 세포 안에 핵과 미토콘드리아나 엽록체가 있는 세포를 뜻한다. 원핵세포가 다시 수억 년에 걸쳐 진화하면서 기적이 일어난다. 메타생성 고세균과 알파프로테오 박테리아가 수소를 매개로 하나로 통합된다. 외형적으로 보면 메타생성 고세균이 알파프로테오 박테리아를 먹은 것인데 알파프로테오 박테리아가 소화되지 않은 채 남아 유전자의 대부분을 숙주인 메타생성 고세균에 넘겨주고 미토콘드리아로 변하여 세포호흡과 ATP 생산에 전념한다. 고세균은 나뭇가지 모양의 돌기Protrusions를 이용하여 박테리아를 포획해 삼켰는데 박테리아가 고세균 몸 안에서 내재화하여 미토콘드리아와 같은 막 결합 성분으로 진화한 것이다. 메타생성 고세균은 알파프로테오 박테리아에게 영양분을 공급하고 독소인 산소를 배출하게 하는 대신에 미토콘드리아로부터 에너지를 얻게 되었다. 이것이 산소를 배출하면서 지구상의 대기에 산소의 비율을 획기적으로 늘리고 자신은 다세포 생명체로 진화를 한다. 다세포 생명체는 자연선택을 하며, 모든 식물과 동물에 이르기까지 1,000만 종 이상의 다양한 종으로 진화를 한다.[24]

생명들은 변이와 진화를 거듭했다. 변이는 생물 개체나 종種의 무리들 사이에서 나타나는 형질의 차이다. 유전변이는 부모가 가지는 형질形質: character, trait을 이어받는 것이고, 환경변이는 개체가 성장하면서 외부 환경과 상호작용하며 형질을 변화시키는 것을 뜻한다. 유전변이 가운데 부모로부터 물려받은 것과 달리 내적 요인이나 방사능 등 외적 원인으로 DNA의 뉴클레오티드nucleotide의 서열sequence을 변화시켜 완전히 새로운 변이를 일으키는 것을 돌연변이突然變異: mutation라 한다. 돌연변이는 지금까지 없던 새로운 변이를 만들어낸다. 환경변이는 개체가 태어난 후에 유전자와는 상관없이 나타나는 것이기 때문에 자손으로 유전되지 않는다. 장바티스트 라마르크J.B. Lamarck가 용불용설use and disuse theory을 통해 획득형질이 유전된다는 주장을 하였지만, 이는 과학적 사실이 아니다. 그레고르 멘델Gregor Mendel이 실험을 통해 확인한 대로, 획득형질acquired characteristics은 유전되지 않는다.[25] 예를 들어, 한 사람이 미세먼지에 자주 접촉하고 이에 잘 적응하면서 미세먼지에 강한 폐를 가지게 되었다 하더라도 이는 자신의 자식에게 유전되지 않는다. 하지만, 방사능에 피폭되는 바람에 DNA 서열에 변화가 일어나 폐가 세 개가 되는 돌연변이가 일어난다

---

24 Hiroyuki Imachi et al. "Isolation of an archaeon at the prokaryote-eukaryote interface," *Nature*, 15 January 2020. (https://www.nature.com/articles/s41586-019-1916-6.pdf). 노종혜, 앞의 글, 36~38쪽 참고함.

25 두산백과 '변이'와 〈위키피디아〉 영어판 'mutation' 참고함.

면 이것은 유전되고, 이 유전자를 가진 자손들이 미세먼지에 잘 견뎌낸다면 허파가 세 개인 인종이 번성할 것이다.

모든 생물은 자연선택natural selection과 돌연변이를 통하여 진화한다. 자연선택이란 생물들이 외부 환경에 적응하여 여러 변이를 나타내는 데, 이 가운데 생존에 적합한 형질을 지닌 종이 그렇지 못한 형질을 지닌 종과 생존과 번식에서 유리하게 작용하여, 대를 이어서 더 많이 살아남아 그 형질을 물려주는 것을 뜻한다.

좋은 예가 '산업 암화 현상industrial melanism'으로 불리는 것이다. 영국 맨체스터 지역에 나무줄기에 앉는 습성이 있는 점박이 나방peppered moth이 있었으며 이들은 원래 밝은 색상의 날개를 가졌다. 하지만, 공업화로 인해 그을음으로 나무 색깔이 어두워지면서 어두운 색을 지닌 나방이 천적으로부터 잘 숨을 수 있었고, 곧 어두운 색을 지닌 나방의 생존 확률이 더 높아지면서 그들의 어두운 색 유전적 기질genetic trait이 자손에게 전해지게 되었다. 이로 맨체스터 지역의 나방은 거의 다 어두운 색의 나방으로 바뀌게 되었다.[26]

성선택sexual selection은 짝을 얻는 데 유리한 유전 형질을 발현시키는 것을 뜻한다. 공작의 긴 꽁지깃, 극락조의 화려한 색상의 깃털, 수사슴의 몸에 비하여 너무 크고 무거운 뿔은 천적에게 들키기도 쉽고 도망가기도 어렵게 한다. 그런데 왜 이 동물들은 이런 형질들을 갖게 되었을까? 천적으로부터 살아남는 것보다 짝을 잘 얻는 것이 종족의 번식에 확률적으로 더 유리하기 때문에 이들은 이런 선택을 하고 이런 방향으로 진화한 것이다.

---

26 〈위키피디아〉 영어판 'industrial melanism' 참고함.

최적자의 차등적 생존differential survival of the fittest이란 것이 있다. 차등 생존은 유기체가 질병과 포식자를 피해 먹이와 피난처를 찾아 같은 종의 다른 유기체와 경쟁하여 일부 유기체만이 성인으로 생존하는 것을 뜻한다. 모든 생명은 행성이 제공하는 조건에 맞추어 자연선택을 하고, 최적자의 차등적 생존, 곧 같은 종과 차별적으로 자연선택을 가장 잘한 종이 생존하고 번식하며 자신의 유전자를 확대하게 된다. 도킨스의 말대로, "자연선택은 점진적인 개선을 향한 누적적인 일방 통로이기 때문에 기능을 한다."[27] 진화에 의도나 설계는 전혀 없다. 목적도 없다. 진화는 무의도이자 무작위이다. 진화는 발전만 하지 않는다. 퇴보도 한다. 진화는 자연이나 짝들과 상호작용에 의하여 일어날 뿐이다. "잠자리의 날개나 독수리의 눈처럼 겉으로 보기에 설계된 듯한 것들이 사실은 무작위적이면서 전적으로 자연적인 원인들의 긴 연쇄사슬의 최종 산물"이다.[28]

한쪽은 완만한 비탈이고 한쪽은 절벽인 산이 있다. 완만한 경사를 수천만 년이나 수억 년에 걸쳐 오른 것을 생략한 채 정상에 올라간 것만 바라보고 의도나 목적을 대입하면 창조론자들이나 라마르크처럼 오류를 범하는 것이다.[29]

진화에서 상당히 중요한 개념이 '진화적으로 안정한 전략Evolutionarily stable strategy, ESS'이다. 하나의 종의 진화에 대한 실체론적인 이론이 아니라 불교의 연기론처럼 이 종과 저 종 사이의 관계에 대한 진화론이다. 최적자의 차등적 생존의 원리대로 진화가 이루어지면서도 한 종

27 리처드 도킨스, 『만들어진 신』, 김영사, 2007, 219쪽.
28 위의 책, 180쪽.
29 위의 책, 189~190쪽.

의 생명체 가운데 약한 종도 자연선택에서 살아남을 수 있는 이유는 무엇인가. 고립된 연못에 왜 압도적으로 강한 메기만 있지 않고 송사리도 많이 살까? ESS는 게임이론에서 유래한 것으로, 한 개체군에서 대부분의 개체가 어느 전략 S대로 행동하면 다른 전략 T가 그 개체군에 퍼질 수 없을 때, 전략 S를 부르는 말이다.

한 예로 어떤 동물 집단에 매파와 비둘기파가 있다고 간주하자. 매가 늘 비둘기를 이기므로 매가 더 잘 살아남을까? 비둘기는 싸움을 회피하기 때문에 매를 만나든 비둘기를 만나든 이득도 적고 손해도 적다. 매는 비둘기를 만날 때는 큰 이득을 보지만 매를 만나면 크게 싸움이 붙기 때문에 지면 손해가 크고 이겨도 별로 득이 없거나 다소 손해이다. 그러기에 매가 소수이고 비둘기가 절대 다수라면 매는 생존에 절대적으로 유리한다. 하지만, 번식에 유리한 매가 점점 늘어나게 되면 매끼리 만날 확률이 증가하여 매끼리 만날 때마다 싸워야 하기에, 적절히 타협하는 비둘기파가 오히려 유리해진다. 결국 매파와 비둘기파는 진화적으로 안정적인 일정한 비율을 유지한다. 비둘기파와 매파의 전략을 섞어서 사용한다고 가정하면, 매 전략만 쓰거나 비둘기 전략만 쓰는 것은 답이 아니다. 두 전략을 섞어 쓰는 개체가 유리하고 결국 이들이 승리하여 진화적으로 안정된 상태에 도달할 것이다. 집단의 대부분 개체가 ESS 전략에 따라 행동하고 있을 때, ESS와 벗어난 전략을 사용하는 개체는 상대적으로 손해를 보기 때문에 수를 늘려나가지 못하고 도태된다.[30]

---

30 J. Maynard Smith, "The Logic of Animal Conflict," *Nature*, v.246 no.5427, 1973, pp.15~18 ; 리처드 도킨스, 『이기적 유전자』, 140~145쪽 참고함.

4. 생명의 조작과 조합, 창조의 양상

후성유전학

위에서 말한 대로 획득형질은 유전되지 않는 것이 진화의 대원칙이다. 하지만, 1권 2부 3장에서 말한 대로, 쥐를 특정 물질에 노출시키고 충격을 주었더니 그 후손 쥐들도 학습을 시키지 않았음에도 그 물질에 공포를 느꼈다. 독성물질의 세포 내 침투와 같이 외부의 환경적 요인에 의하여 DNA의 뉴클레오티드의 서열이 변화하지 않고도 유전자의 발현을 조절하여 변이가 일어났다. 무엇보다도 이것이 2~3세대에 한정된 것이기는 하지만, 후손에게 유전된다.

이와 유사한 실험이 이어졌을 뿐만 아니라 사람들도 일란성 쌍둥이인데 다른 질병에 걸리는 경우가 많고, 여러 연구가 이어져 이런 사실이 이제 언론에도 보도될 정도에 이르렀다. 『경향신문』 2016년 6월 29일자를 보자. "호주의 한 연구에 따르면 베트남전에 참전했던 퇴역군인의 자녀가 일반인보다 평균 3배가량 자살률이 높았다. (…) 일란성 쌍둥이는 유전자가 정확하게 같다. 하지만 성장하면서 환경의 영향을 서로 다르게 받아들이고, 이 때문에 후성유전학적 변화가 생긴다. 대표적인 퇴행성 뇌질환인 알츠하이머 치매는 직계 가족 중 앓는 분이 있는 경우 발병률이 높아 유전병으로 분류되곤 한다. 하지만 일란성 쌍둥이 양쪽 모두가 알츠하이머병에 걸릴 확률은 40% 이하로 생각보다 높지 않다(당뇨병은 50~92%). 이처럼 유전자 외의 발병요인이 따로 존재한다는 것이다. 다른 연구를 보면 이 병에 걸린 환자의 대뇌피질 영역에서 'DNA 메틸화'라는 후성유전학적 표지가 병에 걸리지 않은 쌍둥이 형제에 비해 감소됐다."[31]

인간의 유전자는 2만 1,000개 정도이며, 2만 1,000개의 단백질에 다른 화학물질들이 붙어 더 많은 단백질이 생성되고 다양한 기능을 수행하게 된다. 인간은 DNA 구조물인 염색체(DNA를 고도로 응축된 구조로 만든 것)가 23쌍이 있다. 세포분열 시 염색체가 유전물질을 전달하므로, 인간의 아기가 탄생할 경우 2의 23제곱인 약 70조 가지의 조합이 가능하며, 염색체끼리 교차되어 재조합되는 것까지 감안하면 70조 가지 이상의 무궁무진한 생명체가 탄생할 가능성이 생긴다.[32] 그렇게 생명체가 유전자의 조합으로 만들어진 이후, 그 유전자의 뉴클레오티드의 서열에 변화가 일어나지 않은 채, 스위치를 켜거나 끄는 것처럼 유전자가 발현될 수도 있고 발현되지 않아 전혀 다른 특성이 나타날 수 있으며 이는 2~3대에 한하여 유전된다.

후성유전학에서 DNA메틸화DNA-methylation는 진핵세포로 이루어진 유기체가 유전자의 프로모터 부위에 많이 분포하고 있는 CpG의 사이토신 염기에 탄소 1개와 수소 3개로 이루어진 메틸 잔기를 갖다 붙여 특정 단백질의 전사를 막아 발현을 억제하는 것을 뜻한다. 메틸화는 복사기의 스크린에 얼룩이 있으면 해당 부분의 글자가 복사되지 않는 것처럼 메틸 잔기가 특정한 형질을 갖고 있는 단백질의 전사를 막아 암 등 특정한 형질이 나타나지 않는 것이다. 똑같이 간암의 유전자를 가진 일란성 쌍둥이라 할지라도 메틸화가 진행되어 암 유전자가 활성화하지 않을 수도 있고, 그 반대로 메틸화가 되지 않아 암

31 「전문가의 세계 — 뇌의 비밀 9 : 경험도 유전된다」, 『경향신문』, 2016년 6월 29일.
32 조윤제, 「DNA : 생명체의 번식과 다양성의 열쇠」, 노정혜 외, 『물질에서 생명으로』, 반디, 2018, 59~61쪽.

유전자가 활성화할 수도 있다. 메틸기를 질병을 가진 특정 단백질에 붙이면 그 단백질이 발현되지 않도록 조작하여 암 등의 질병 유전자가 있는 사람이라도 암을 억제할 수 있다. 이에 이 방법은 암, 동맥경화, 노화 등의 치료에 응용될 수 있다.

후성유전학에서 히스톤 변형Histone Modification은 DNA 가닥이 묶인 히스톤을 변형시켜서 전사를 조작하는 것을 의미한다. 히스톤은 DNA의 가닥들을 묶어놓은 실패와 유사하다. 비유하면, 이 히스톤이란 실패들이 촘촘히 연결되어 있다면 조절인자의 접근성이 떨어져 단백질의 전사가 어려울 것이고, 반대로 느슨하다면 조절인자가 접근하기 쉬워 단백질의 전사가 쉬울 것이다. 이렇게 히스톤 단백질은 히스톤을 감싸는 8개의 DNA 서열로 구성되어 있고, 히스톤의 변형은 전사 활성화/불활성화, 염색체 포장 및 DNA 손상/복구와 같은 다양한 생물학적 과정에서 작용한다. 완전히 조립된 히스톤 단백질은 중심부 코어와 긴 꼬리 여러 개로 구성되어 있으며, 꼬리에는 라이신(K)과 같은 + 전하를 띠는 아미노산이 많아 DNA의 등뼈를 이루는 인산기와 전기적으로 서로 끌어당긴다. 이 부분에 전사 후 변형Post-translational Modification이 일어나며 대표적인 것이 메틸화Methylation와 아세틸화Acetylation이다. 히스톤 꼬리에 위치한 라이신에 아세틸화가 일어나면 원래 있던 + 전하가 제거된다. 즉 전기적 인력이 감소하기 때문에 히스톤의 꼬리가 DNA와 약하게 결합하게 되어 결과적으로는 느슨해진 상태가 되고, 이로 인해 발현량이 증가한다. 히스톤에 존재하는 아세틸기는 히스톤 디아세틸레이즈HDAC 효소에 의해 제거될 수 있으며, 그럴 경우 + 전하가 돌아와 DNA와 히스톤 간의 결합이 강해진다. 전기적 성질 이외에도 아세틸기에 특이적으로 결합하는 다른 단백질들에 의해 전사가 조절되는 경우 또한 존재한다.[33] 히스톤 꼬리에서 라이신을 조절하여 특정 형질을 가진 단백질을 발현시키거나 발현시키지 않는 방법으로 질병을 치료하거나 예방할 수 있다.

후성유전학으로 인하여 라마르크의 용불용설이 다시 각광을 받고 있는 것은 사실이지만, 이는 용불용설과 다르다. 후성유전학은 DNA의 뉴클레오티드의 서열 자체가 변한 것은 아니기에 2~3세대 정도의 유전으로 그치며, 진화라고 보기는 어렵다. 2~3세대에 걸쳐서 일어나는 특정 유전자의 발현 정도로 봄이 타당하다.

▌유전자 가위

"생명과학의 방향은 장기, 조직, 세포, 세포구성물, 유전자, 그 이하의 수준으로 계속 미시화하고 있으며, 이 미시화의 또 다른 길을 크리스퍼가 열고 있다."[34] 유전자 가위Gene Scissors는 인공효소를 이용하여 손상되거나 잘못된 DNA를 잘라내고 정상 DNA로 교체하여 문제를 해결하는 유전자 편집Genome Editing 기술을 뜻한다. 1, 2, 3세대의 유전자 가위가 있다.

3세대 유전자 가위인 크리스퍼CRISPR, Clustered Regularly Interspaced Short Palindromic Repeats는 세균이 박테리오파지로부터 자신을 보호하기 위해 만든 일종의 면역시스템이다. 파지의 DNA를 자신의 크리스퍼 사이에 끼워 넣어 기억해 두고 있다가 또 다른 파지가 침입하게 되면

---

33 메틸화와 히스톤 변형에 대해서는 https://hongiiv.tistory.com/670 참고함.

34 유상호, 「생명에 대한 간섭과 불교의 지혜」, 『불교평론』 제19권 3호, 2017, 119쪽.

Cas9 단백질을 이용하여 기억해 놓은 파지의 DNA 부분을 찾아서 잘라버리는 작용을 통해 파지의 침입을 차단한다. 이를 이용하여 사람 유전자에 적용하여 손상된 유전자를 잘라내고 정상적인 유전자로 대체한다.[35] 즉, 편집의 대상이 되는 DNA의 상보적 염기를 지니는 RNA가 교정을 목적으로 하는 DNA 염기서열에 달라붙으면 Cas9 효소가 그 DNA를 1,2 세대의 유전자 가위보다 깊고, 정확하고, 빠르게 잘라내는 방식으로 작동한다. 이는 돼지에 인간의 장기를 키워 이 중 인간의 몸에 부작용을 일으키는 DNA만 교체하는 식으로 장기이식이나 유전병 치료에 활용되고 있다.

하지만, 표적 유전자와 다른 DNA를 절단하는 '표적이탈'의 문제로 인한 유전자 손상, 유전자 복구에 관여하면서 종양을 억제하는 p53유전자와 연기적 관계 등의 문제를 낳는다. 유전자의 적용 범위도 좁다.

하버드 대의 데이비드 류David R. Liu 교수를 비롯한 연구진은 2017년에 유전자 가위보다 더 정교한 유전자 연필을 개발했고, 2019년에는 프라임 에디터Prime editor를 개발했다. 이는 컴퓨터 워드프로세서로 글자를 쓰고 지우는 것처럼 DNA에서 유전코드를 구성하는 특정염기나 염기서열을 마음대로 떼고 붙이며 훨씬 더 정밀하게 교정하는 기술이다. 앞으로 7만 5,000종에 달하는 유전질환 중 90%를 치료할 수 있다고 한다. 아직 인간에게 적용하려면 몇몇 기술적 장애를 극복해야 하지만, 2020년에 이 연구팀은 쌀과 밀에 적용하여 돌연변이, 유전자의 삭제와 삽입을 가능하게 했다.[36]

---

35 위의 글, 119쪽.

36 David R. Liu et al., "prime genome Editing in rice and wheat," *Nature Biotechnology*. v.38. no.5, 2020, pp. 582~585.

합성게놈학

2010년 5월에 제이 크레이그 벤터J. Craig Venter는 유전자 코드 정보로 인공생명체를 만들었으며, 인공 박테리아의 세포 제조법을 알아내 자신들이 만든 인공 DNA 게놈을 박테리아 세포 안에 삽입하여 새로운 생명체를 만들었다. "그의 팀은 DNA를 이용해 뉴클레오타이드라는 100만 개나 넘는 코드화한 유전자의 정보의 새로운 염기서열을 조합하였다. 일명 박테리아를 잡아먹는 파이엑스174Phi-X174라는 DNA의 염기서열을 바라보며, 그는 내심 '컴퓨터상의 이 코드 정보를 토대로 진짜 DNA를 만들 수 있겠다'라고 생각했다. 그리고 파이엑스174의 게놈 코드를 바탕으로 바이러스 제조에 착수하였다. 나중에 그는 같은 방법으로 좀 더 크고 복잡한 생명체의 DNA를 만들었다. 벤터가 이끄는 팀은 인공 박테리아 세포의 제조법을 알아내 자신들이 만든 인공 DNA 게놈을 박테리아 세포 안에 삽입했다. 그리고 자신들이 합성한 유기 생명체가 드디어 움직이고 섭취하며, 스스로 복제하는 모습을 지켜봤다."[37] 그의 표현대로, "부모가 컴퓨터인 지구에서 최초로 자가재생하는 종"[38]을 만든 것이다. 공상과학으로 여겨지던 것이 합성생물학 대회에 수백 명의 대학생이 참여할 정도로 상당히 대중화했다.

자연은 서로 조건과 인과로 작용하는 상호생성자이고 38억 년 동안 균형을 유지해왔기에 새로운 바이러스가 생태계를 상당히 위험

37 로리 개럿, 「합성생물학 — 생물학의 거침없는 신세계」, 슈밥 외, 『4차 산업혁명의 충격』, 흐름출판, 2016, 85~86쪽.

38 위의 책, 117쪽.

한 정도로 파괴할 수 있다. 코로나 19로 전 세계가 팬데믹의 공포에 떨고 있다. 코로나 19처럼 무증상 상태에서 감염을 시키고 니파처럼 치사율이 70%가 넘는 바이러스를 합성한다면 스페인독감이나 흑사병 사태를 능가하는 대혼란이 일어날 것이다. 또, 미국에서 중국인에게만 있는 특정 단백질에만 감염되는 바이러스를 만들어 중국에 몰래 살포한다면 어떤 일이 일어날까? 합성게놈학Synthetic Genomics은 새로운 질병을 야기할 수 있다. 또, 생물무기화는 물론 생물학적 테러도 가능하게 될 것이다. 이에 과학기술의 이중 용도에 대한 연구를 하여 합성게놈학 기술을 악용하는 것을 통제하는 법과 제도, 윤리를 세워야 할 것이다. 합성생물에 대한 조사와 규제 시스템을 강화하고 이를 안전하게 통제하고 관리하는 국제협력체계를 구축해야 한다.[39]

기계생명의 창조

1권 2부 4장에서도 간단히 언급한 대로, 뇌신경세포가 302개, 세포가 959개에 불과하지만 인간과 유전자가 40%가 동일한 예쁜꼬마선충Caenorhabditis elegans의 뇌신경세포를 모두 매핑mapping하여 유전자를 염색체 구조 안에 위치하게 하고, 이 가상 뇌를 레고 로봇에 재현하여 기계생명을 만들었다.[40] 이 기계생명은 실제 예쁜꼬마선충이 하는 일을 거의 모두 수행했다. 이처럼 기계와 생명의 이분법을 깨고 인간이 기계적으로 생명을 창조할 수 있다.

39 대안 부분은 위의 책, 103~118쪽을 참고함.
40 http://openworm.org 참고함.

바이옷의 창조

현재 기술은 생명체의 DNA와 로봇을 결합하여 생물학적 로봇인 바이옷Biot, BIological robOT을 제작할 수 있다. 바이옷은 기계로봇임에도 자기복제를 하는 등 생명의 특성을 보인다. 기계생명이 생명처럼 활동하지만 모든 것이 기계인 반면에, 바이옷의 경우 버몬트대학의 조슈아 봉가드Joshua Bongard 수석연구원의 말대로 "전혀 새로운 살아 있는 기계novel living machines"이다. DNA는 생명의 것이고 몸체만 기계다. 바이옷은 몸만 기계를 빌렸을 뿐이기에 장착된 DNA가 하는 작업들을 그대로 수행한다.

앞으로 아이를 낳는 로봇도 가능하다. 2020년 1월에 터프트대학의 앨런 디스커버리센터Tuffts University's Allen Discovery Center를 중심으로 한 연구팀은 아프리카 발톱개구리Xenopus Laevis의 줄기세포를 배양하여 슈퍼컴퓨터가 설계한 기계 몸체에 결합시켰다. '제노봇Xenobots'이라 명명된 이것은 헤엄치고 걷고 먹이를 먹지 않고도 몇 주 동안 살아남았다.[41]

불멸의 시도들, 수명 연장

중국과 한국에는 불로장생한 신선의 이야기가 많이 있다. 도교에서는 선단仙丹 등 여러 방법으로 불로장생을 도모했다. 불로장생은 진

41 Jessie Yeung, "Meet the xenobot: World's first living. self healing robot created from stem cells," *CNN*, Jan 15, 2020.

시황만이 아니라 거의 모든 인류의 영원한 꿈이었다. 생명공학이 발달하면서 인간은 생명을 조작하고 창조하는 신의 지위에 올랐고, 이를 이용하여 불멸을 시도하고 있다. 이는 개인의 꿈만이 아니다. 자본의 욕망이기도 하다. 자본은 더 오랜 시간 동안 선택된 자의 노동력을 착취할 수 있고 장수와 불멸이라는 새로운 시장을 개척할 수 있다. 애플과 페이스북은 직원의 난자 냉동비용을 지원하고 늦은 임신과 출산에 따른 의료비에 충당하도록 1만 5,500유로 상당의 보험을 제공한다. 겉으로만 보면 페미니스트들의 박수를 받을 시도이지만, 그 속에는 지적 능력이 절정에 있다고 간주되는 시기에 젊은 여성들의 에너지와 창의성을 끌어내 쓰려는 목적이 도사리고 있다.[42] "빅데이터 기업들은 언젠가는 추가적인 '생명치'를 돈을 받고 팔 수 있으리라는 야심도 은근히 드러내고 있다. (…) 생명치를 사는 일은 그야말로 최고의 사치가 될 것이다."[43]

수명 연장life extension 기술들은 노화를 억제하거나 역행하는 데 상당한 성과를 거두고 있으며, 평균 수명을 획기적으로 늘릴 뿐만 아니라 궁극적으로 영생을 목표로 한다. 대한상공회의소는 전 세계 실버산업 규모가 2020년 15조 달러(1경 7,000조~1경 8,000조 원)에 달할 것으로 추정하고 있다.[44]

현재 공식적으로 가장 장수한 사람은 프랑스의 잔 루이즈 칼망Jeanne Louise Calment으로, 1875년 2월 21일에서 1997년 8월 4일까지 살

42 마르크 뒤갱·크리스토프 라베, 앞의 책, 139쪽.
43 위의 책, 142쪽.
44 「세계 실버산업 규모 5년뒤 15조 달러… 국내기업 65% "진출 계획 없다"」, 『이투데이』, 2015년 9월 21일.

았다.[45] 이에 대해 가짜라는 설도 있지만 이 노인은 122살까지 살았다.[46] 현대의학은 인간의 최대 수명을 125살 정도로 추정한다. 이를 무시하고 200살을 넘게 산 사람도 있다. 중국의 이청운李清雲이란 사람은 약초꾼이자 무술가였는데, 1677년부터 1933년까지 256살을 살았다고 한다. 사망 시까지 자신의 24번째 부인과 60년을 해로했다고 한다. 1930년 『뉴욕 타임스』 기사에 따르면, 1827년에 150세 생일을 맞이한 정부 기록이 있으며, 이후 1877년에 청나라 정부에서 200번째 생일을 축하하는 문서도 추가로 발견되었다. 그는 11세대에 걸쳐서 180~200명의 자식을 두었다. 그는 장수 비결로 정을 유지하며 거북이처럼 앉고 비둘기처럼 걷고 개처럼 잠자라고 했다. 믿어지지 않지만, 그의 기사가 『뉴욕타임스』 1933년 5월 6일자와 『타임스』 1933년 5월 15일자에도 실렸다.[47]

이론적으로 여러 방법을 동원하여 최대 수명을 늘릴 수 있다.

첫째, 식단 조절과 식이요법이다. 물질대사를 많이 할수록 세포는 노화를 하고 장기는 낡게 된다. 일본인의 장수 비결은 소식小食이다. 실제 일부 연구에서 칼로리를 제한할 경우 생쥐와 붉은 털 원숭이의 수명을 연장시키는 것으로 나타났다. 하지만, 최근의 연구에서는 그 반대의 사례도 나타났다.

둘째, 호르몬 치료법도 장수에 부분적으로 활용되고 있다. 장수 기업들은 여러 가지 호르몬 치료법들을 제공한다. 성장 호르몬GH은 나이가 들어감에 따라 감소하지만, 노화 방지법으로 성장 호르몬을 사

45 〈위키피디아〉 영어판, 'Jeanne Calment'
46 「"122세 사망 '세계 최장수 노인' 잔 칼망 가짜" 기네스북 기록 바뀌나」, 『서울신문』 2019년 1월 2일.
47 위키피디아 영어판, 'Li Ching-Yuen'

용하는 것이 효과가 있는가에 대한 실험 결과는 엇갈린다. 긍정적인 실험 결과가 있는가 하면 부정적인 실험 결과도 있다.

셋째, 나노로봇의 이용이다. 1/10억을 뜻하는 나노기술의 창립자 중 한 사람인 에릭 드렉슬러K. Eric Drexler는 1986년 자신의 책인 『창조의 엔진Engines of Creation』에서 나노 크기로 만든 기계로 분자 컴퓨터를 활용하여 세포를 수리할 것이라고 추정했다. 현재 기계를 활용하기도 하지만, 이보다 박테리아나 바이러스, DNA를 이용한 나노로봇이 암세포만 표적으로 하여 찾아가서 죽이거나, 혈관 속을 돌아다니면서 병변을 관찰하거나 혈전이나 독소를 제거하고 있다.[48] "최근의 보고서에 의하면, 잠재적인 암치료자로서 DNA 나노로봇이 종양 부위의 혈관 안에서 응고를 유발하여 종양 세포를 굶어 죽게 하도록 프로그래밍할 수 있다."[49] 미래 학자이자 트랜스휴머니스트인 레이 커즈와일Ray Kurzweil은 자신의 저서 『특이점이 온다Singularity is Near』에서 2030년까지 나노로봇을 이용하여 노화를 완전히 치료할 수 있다고 예상한다. 물론, 나노로봇은 인체 속에 들어가서 병이나 노화를 예방하고 치료하는 데 능하기에 장기의 노화를 막는 데는 탁월하게 작동할 것이다. 하지만 노화는 장기만이 아니라 세포 자체의 텔로미어가 짧아지면서 비롯되는 것인데, 나노로봇이 이를 조정할 수는 없다. 그러므로 나노로봇만으로 노화를 상당한 정도로 늦추는 것은 가능하지만, 완전히 없애는 것은 불가능할 것이다.

---

48 Yamaan Saadeh·Dinesh Vyas, "Nanorobotic Applications in Medicine: Current Proposals and Designs," *American Journal of Robotic Surgery*, Vol.1 No.1, June 2014, pp.4~11 참고함.

49 Hari R. Singh, et al. "A DNA Nanorobot Uprises against Cancer," *Trends in molecular medicine*, v.24 no.7, 2018, p.591.

넷째, 장기이식이다. 생명복제와 장기이식도 노화 방지에 큰 공헌을 할 것이다. 줄기세포를 이용하여 돼지나 쥐에 인간의 장기나 기관을 복제하고 이를 인간에게 이식시킬 수 있다. 미 국방부는 생쥐에서 인체 부위가 자랄 가능성을 연구하는 프로그램을 2000년대부터 시작했다. 2006년에 환자의 세포를 추출해 방광을 배양하여 이를 방광에 문제가 있는 환자에게 이식하는 데 성공했다.[50]

다섯째, 인체 냉동보관술Cryonics도 새롭게 부상하고 있는 장수 기술이다. 인체 냉동보관술은 법적으로 사망하였거나 불치병에 걸린 환자의 신체를 냉동보관하여 세포와 조직을 오랜 동안 극저온에서 보존했다가 치료기술이 개발된 이후에 소생시키는 기술을 뜻한다. 현재 1972년에 설립한 미국의 알코어 생명연장재단Alcor life Extension Foundation에는 300여 구가 넘는 인간 신체가 냉동되어 있다. 심장과 폐가 기능 정지된 것이 확인되면 의학적으로 사망선고를 받게 되는데 이때 세포와 장기는 생물학적으로 살아 있다. 시신을 최소한 4시간 이내에 영하 70도까지 냉동하여 보관한다는 것이 이 재단의 기술이다. 시신에서 모든 혈액을 빼낸 후에 다양한 약물과 보존액을 투여하여 액화질소로 냉동시키고 특수캡슐에 넣어 보관한다.[51] 하지만, 이는 아직까지는 사기일 가능성이 크다. 왜냐하면 냉동으로 파괴된 심장과 뇌를 해동된 이후에 소생시키는 기술이 마련되지 않았기 때문이다.

캐나다의 숲개구리는 기온이 영하로 떨어지면 몸을 냉동시켰다가

50 〈위키피디아〉 영어판, 'life extension' 참고함.
51 https://alcor.org/

봄이 되면 스스로 몸을 해동시켜 소생하여 전과 다름없이 폴짝폴짝 뛰어다니며 활동을 한다. "캐나다 카를레톤대 생화학자인 자넷 스토레이 교수팀은 숲개구리가 동면에 들어가는 메커니즘을 밝혀냈다. 이에 따르면, 겨울이 되면 개구리 몸 전체가 꽁꽁 어는 것이 아니라 몸속의 물 가운데 65% 정도가 얼음으로 바뀐다. 주위 온도가 영하로 떨어지면 피부 아래부터 얼음 결정이 생기기 시작한다. 이와 동시에 간에 저장돼 있던 녹말이 포도당으로 분해되면서 혈당 수치가 평소의 100배 이상으로 급증한다. 포도당은 혈관을 타고 주요 장기와 근육으로 이동해 세포 속으로 들어가서 세포가 얼지 않도록 세포 속을 '진한 설탕물'로 만든다. 그 후에 혈관과 심장, 장기를 비롯해 몸 전체가 언다. 봄이 되면, 겨우내 얼어 있던 혈관이 해동되면서 뇌, 심장, 장기에 다시 산소와 영양분과 온기를 공급한다. 숲개구리의 혈관벽에는 피브리노겐이라는 혈액응고를 촉진하는 단백질이 고농도로 존재하는데, 이것이 해동 과정에서 혈관이 손상되면 즉시 내벽을 격자처럼 감싸서 피가 새지 않게 한다."[52] 그럼에도 숲개구리가 겨울잠에서 깨어나게 하는 유전적 스위치와 혈관, 심장, 뇌를 완벽하게 소생시키는 생화학적 과정은 대부분 수수께끼로 남아 있다. 이로 추정할 때, 숲개구리처럼 냉동을 시키면서도 뇌와 심장을 냉동으로 파괴하지 않은 채 다시 회복시킬 수 있는 메커니즘을 완벽하게 밝혀내고 이를 기술로 응용해야만 인체 냉동보관술이 인간소생술로 각광을 받을 것이다.

일곱째, 유전자를 재설정하거나 재프로그래밍하는 것이다. 2020년

52 「개구리 '겨울잠의 비밀' 풀렸다, 개골개골」, 『동아일보』, 2005년 3월 3일.

에 인간의 영생을 도모할 수 있는 획기적 길이 열렸다. 우리 몸 세포의 수명시계의 구실을 하는 텔로미어telomere, 말단소립를 젊은 상태로 재설정하는 기술이 개발되었다. 미국의 생명공학기업인 에이지X 치료학AgeX Therapeutics의 연구원인 이지은이 주도하는 미국의 연구팀은 초백세인 114세 여성과 43세의 건강한 사람, 조로증에 걸린 8세 환자의 피를 기증받아서 이 혈액세포에서 형질전환세포주LCL를 추출하고 이를 재프로그래밍하여 비교했다. 이 결과, "114세의 여성과 8세의 조로증 환자의 부모로부터 유전된 유도만능줄기세포iPSC 라인에서는 분명하지 않았던 유전자의 패턴이 중간엽줄기세포MPC 라인에서 차별적으로 나타나는 것을 확인하였다. 중요한 것은 초백세인의 iPSC에서 낮은 수준에서 모든 기증자의 텔로미어의 길이를 재설정한 것이 나타났다는 점이다. 이 데이터는 성장 상태만이 아니라 '늙은 것 가운데 가장 늙은' 세포도 재설정하여 다시 프로그래밍을 하는 작업이 가능성을 가짐을 나타낸다."[53]

"iPSC에서 텔로미어의 재설정에 영향을 미치는 요인에 대해서는 잘 이해할 수 없었다. 하지만, 가장 늙은 기증자 세포의 후생유전자의 유전적 기억이 텔로미어의 재설정에 부정적인 영향을 미칠 수는 있다. 우리의 데이터는 아주 짧은 텔로미어 길이를 가진 8세 조로증 환자의 것이든, 초백세 기증자의 아주 극단적으로 오래 사는 자연 노화 상태든 발달 상태나 세포 연령의 양면에서 수명에 관련된 유전자

53 Jieun Lee et al., "Induced pluripotency and spontaneous reversal of cellular aging in supercentenarian donor cells," *Biochemical and Biophysical Research Communications*, XXX(XXX)XXX, February 2020, pp.563~569.

를 다시 프로그래밍하는 데 절대 장애는 아니라는 점을 보여준다."[54]

유도만능줄기세포induced pluripotent stem cell, iPS cell/iPSC는 역분화 유도 단백질을 추출하여 이를 다시 체세포에 주입함으로써 배아줄기세포처럼 이미 성숙하고 분화된 세포를 미성숙한 세포로 역분화시켜서 다시 모든 조직으로 발전시킬 수 있는 세포를 뜻한다.[55]

LCL은 EBV-transformed lymphoblastoid cell line로 혈액에서 분리된 말초혈액단핵세포에 EBVEpstein-Barr virus를 감염시켜 형질 전환한 세포주를 뜻한다. LCL은 생명공학이나 면역학, 여러 질병연구에서 다양하게 활용하는 생물자원이다. 예를 들어, 정상인과 자폐장애, 백혈병 환자의 혈액에서 LCL을 추출하여 유전자 가운데 단백질의 차이를 비교할 수 있고 약물에 따른 다양한 반응을 비교할 수도 있다.[56]

텔로미어란 한마디로 세포에 내재되어 있는 시계의 역할을 하는 유전자의 단백질이다. 우리 몸의 세포는 대략 60번 정도 분열되면서 낡은 세포가 새 세포로 교체된다. 하지만, 유전자가 똑같이 분열되더라도 세포의 말단 부분에 있는 텔로미어는 점점 짧아진다. 이것이 완전히 소실되면 세포의 분열은 멈추게 되며 세포는 죽음을 맞는다. 그런데 텔로미어의 길이를 원래대로 복원한다면, 시계를 과거로 되돌리는 것과 같다. 노화의 문제가 근본적으로 해결되는 새로운 지평이 열린 것이다.

그동안 텔로미어를 늘이거나 줄어드는 것을 늦추는 방법이 노화의

---

54 *ibid.*, p.568.

55 〈위키피디아〉 영어판, 'Induced pluripotent stem cell' 참고함.

56 Frisan T.·Levitsky V.·Masucci M., "Generation of Lymphoblastoid Cell Lines(LCLs)," J.B. Wilson·G.H.W. May(eds), *Epstein-Barr Virus Protocols, Methods in Molecular Biology™*, vol.174. Humana Press, 2001, pp.125~127 참고함.

해결책으로 제시되어 많은 연구가 행해졌다. 아직 몇몇 장애가 있지만, 이지은 팀의 연구는 아예 유전자를 재설정하여 114세 노인을 어린아이로 되돌릴 수 있음을 증명한 것이다. 이 경우 이론상으로는 인간의 수명을 늘리는 것이 아니라 영원하게 하는 것도 가능할 수 있다. 하지만, 텔로미어만 늘어난 것이지 세포를 구성하는 모든 성분들이 다시 젊어진 것은 아니다. 반드시 부작용이 나타날 것이고, 과학은 이마저 극복하는 시도를 할 것이다.

여덟째, 인간의 뇌를 디지털로 복제하여 '디지털 영생'을 추진하는 연구도 상당 부분 진척되고 있다. 러시아의 억만장자 드미트리 이츠코프는 2045년까지 자신의 뇌 속에 담긴 생각과 감정, 인격을 컴퓨터로 옮겨서 영생하는 연구를 지원하고 있다. 미국 보스턴대학 메모리·브레인센터의 연구교수로 일했던 저명한 신경과학자 랜덜 쾨네Randal Koene가 이 아바타 프로젝트의 책임자를 맡아 진행하고 있다. 인간의 두뇌 속 비밀을 풀어 그 데이터를 로봇에 이전transfer한다는 것이다. 이 경우 신체는 죽어도 디지털상에서 정신은 영원히 불멸을 누릴 수 있다. 이에 이츠코프는 '정신 이전mind transfer'이나 '정신 업로딩mind uploading'과 구분하여 '인격 이전personality transfer'으로 부른다.[57] 이 기술이 성공할 경우 인간은 오프라인에서 죽더라도 온라인상에서는 영생을 누릴 것이다. 디지털 상태로 존재하는 것이기에 파일을 복사하듯, 복사한 뇌를 인조인간에 장착하면 손오공처럼 수천, 수만의 '나'를 복제할 수 있다. 나와 똑같은 기억을 가지고 나와 똑같이 사고

57 "Russian billionaire Dmitry Itskov seeks 'immortality' by uploading his brain to a computer," *Independent*, March 14, 2016.

하는 로봇이 수천, 수만의 개체나 존재할 수 있는 것이다. 뇌를 디지털로 저장해두었다가 유전자를 합성하여 제작한 몸에 장착할 경우 몸만이 아니라 사고와 기억, 감정 모두 똑같이 하는 '나'를 무한하게 만들 수 있다. 죽은 자와 똑같은 몸과 정신, 감정, 무의식을 가진 아바타를 언제든 소환할 수 있다.

5. 연기적 생명성과 죽음의 의미

위와 같은 생명공학, 유전자 공학, 합성게놈학의 생명에 대한 조작, 조합, 창조술로 인하여 인간이 질병을 극복하고 영생을 추구함은 물론 다른 생명까지 창조하는 호모 데우스의 지위에 올랐다. 하지만, 이는 더불어 살려는 의지를 가지고 공진화한 생태계의 균형을 파괴한다. 친구와 사랑하는 이들이 주위에 없는데 홀로 살아남는 것은 축복이 아니라 재앙이고 행복이 아니라 불행이다. 인간은 불멸을 쟁취한 대신 죽음과 사라짐에서 오는 실존적 깨달음과 무한을 향한 초월을 빼앗긴다. 지구상에 1/4가량이 굶주리는 상황에서 천문학적 연구비를 노화와 장수에 투여하는 것은 분명 부조리이다. 이참에 우리는 생명과 죽음의 의미에 대하여 올바로 성찰할 필요가 있다.

개체적 불살생론에서 연기적 불살생론으로

불교는 모든 생명에 불성佛性이 있다고 보고 불살생不殺生의 계를 실천한다. 온통 황금으로 이루어진 산이 있다면 무엇과도 안 바꾸려 하겠지만, 단 하나 자기 목숨과 바꿀 이는 없다. 내 생명이 소중한 만큼 타자의 생명도 온통 황금으로 이루어진 산보다 가치가 있다. 한국 불교는 지극한 생명 존중의 전통과 역사를 가지고 있다. 승려들은 물속의 작은 생물도 죽이지 않고자 여수낭을 가지고 다니며 물을 걸러 마셨다.

한국의 신라 시대의 법흥왕(재위 514~540년), 성덕왕(재위 702~737년), 백제 시대의 법왕(재위 599~600년)은 모든 생명을 죽이지 말라는 교서를 내렸다. 미생물마저 죽이지 않으려는 이 정신은 지극히 숭고한 것으로 철저히 계승해야 한다. 하지만, 무조건적인 불살생은 가능하지 않으며, 때에 따라 1권 제1부 3장에서 기술한 카이바브Kaibab 고원의 사슴 사례처럼 더 큰 죽음을 낳는다. 이에 필자는 자비심을 유지하는 조건에서 '개체적 불살생'에서 '연기적 불살생'으로 전환해야 한다고 생각한다. 이런 생각을 하게 된 것은 4대강 사업 반대운동을 하러 다닐 때 한 보수적인 스님이 당신은 불살생 계율을 지키며 육식도 전혀 하지 않음을 강조하며 육식을 하는 불자들은 4대강 사업 반대운동을 할 자격이 없다는 말을 하였기 때문이나. 이에 필자는 한두 마리의 생명의 고통에 대해서는 자비심을 가지면서, 4대강 보를 건설하면 그 강에 깃들이고 살던 수억의 생명이 죽게 될 것에 대해서는 왜 자비심을 갖지 않느냐고 반박하며 다음 논리를 폈고 나중에 이를 더 다듬었다.

첫째, 생태계에서는 모든 생명이 나고 자라고 사라짐을 끊임없이 반복한다. 우주에서 먼지가 모여 별을 이루다가 별이 폭발하고 다시 먼지로 돌아가는 순환이 무한하게 일어나듯, 생태계에서도 앞에서 연어가 미생물, 무기물, 강과 숲, 물고기와 짐승으로 변한 예처럼, 나고 사라짐이 영원히 반복된다. 이 영원한 반복과 순환 속에서 개체적으로 보면 죽음이지만, 전체 생태계에서 보면 다른 생물로 전이하는 것이다.

둘째, 개체적 불살생론보다 연기적 불살생론이 연기론과 생태계에 더 합치하기 때문이다.

셋째, 모든 생명은 더불어 살려는 의지를 가지고 서로 조건과 인과로 작용하며 공진화를 해왔기 때문이다. 한 개체로서는 죽음이지만 수없이 연계된 다른 생명들에게는 삶을 위한 먹이이기도 하고 순환의 동력이기도 하고 공진화하는 매개이기도 한다.

넷째, 모든 동물은 다른 생명체를 먹이로 취하여 물질대사를 통해 이를 에너지로 전환해야만 삶이 유지되기에, 물질대사는 생명의 조건이므로 이를 거부하는 것은 생명을 부정하는 것이기 때문이다. 모든 생물은 일종의 화학공장으로 다른 생명이나 무기질, 태양을 먹이로 취하여 에너지를 취해야만 생명을 유지할 수 있다. 생명성에는 다른 생명의 죽음이 전제되어 있다.

다섯째, 우리는 실제 호흡을 통해 내뿜는 이산화탄소만으로도 찰나의 순간에 수억 마리의 미생물을 죽이고 있기 때문이다.

여섯째, 무엇보다도 모든 생명체는 자연, 다른 생명체와 깊은 연관과 조건, 인과 관계 속에 있기에 개별적 생명을 보존하려는 것이 더 많은 생명을 죽이는 '카이바브의 역설'이 언제 어디서든 가능하기 때문이다.

일곱째, 불살생이 고통을 느끼는 동물에 대한 자비심 때문이라면 이의 정의나 범위는 좀 더 과학적이어야 하기 때문이다. 신경식물학자들은 빛, 중력과 같은 자극만이 아니라 사람을 포함한 동물의 접촉이나 포식에 반응하는 식물의 사례를 들어 식물 또한 뇌는 없지만 외부 자극에 대해 느끼는 시스템이 있다고 말한다. 그것이 맞는다면 불살생과 금식의 계율은 식물로도 확대되어야 한다. 위에서 말한 대로 다른 생명을 먹이로 취하여 에너지를 내는 것이 생명의 본성이기에, 인간은 광물만 먹을거리로 전환해야 한다. 최근에 일군의 학자들은 식물은 고통을 느끼는 의식 체계가 없으며 외부 자극에 대해 유전자에 각인된 대로 반응할 뿐이며, 동물 중에서도 고통을 느끼고 의식을 가지는 동물은 포유류, 어류와 조류 등의 척추동물, 곤충과 게 등의 절지동물, 문어, 오징어 등의 두족류라고 밝혔다.[58] 달팽이나 멍게, 조개 등은 고통을 느끼지 못한다. 그렇다면 이들 동물은 죽이거나 먹어도 되겠는가? 고통의 이유만이라면, 불살생이나 동물윤리나 동물해방, 금식의 범주는 이 동물로 국한해야 할 것이다. 그러기에 인간은 고통에 대한 자비심에 더하여 모든 생명들 사이의 인과와 조건을 고려하여 다른 생명들의 삶에 개입해야 한다.[59]

죽음의 보편적 의미

간디나 마틴 루터 킹 목사의 죽음에 세계인이 슬퍼했다. 그들에 비하여 보잘것없지만 그 슬픔보다 비교할 수 없을 정도로 지극히 슬픈 것은 어머니, 친구, 연인 등 주변의 사랑하는 사람들의 죽음일 것이

58 Taiz, Lincoln et al., "Plants neither possess nor require consciousness," *Trends in Plant Science*, 24(8), 2019 Aug. pp.677~687.

59 대한불교조계종 문수스님 소신공양추모위원회, 「4대강 개발의 본질과 소신공양의 의미」, 『문수스님 소신공양 추모 학술세미나』, 2010년 8월 13일, 33쪽.

다. 죽음이 무엇인가.

첫째, 죽음은 그 누구나 모든 사람이 맞이해야 하면서도 돌연히 예고 없이 찾아 올 수 있는 것이다. 죽음이 가까워오면 모든 과정이 의사, 장의사, 성직자 등 전문인들의 손에 넘어가버리고 인간의 가장 중요한 통과제의로서 죽음이 낯선 사람의 손에 양도되어버린다.

둘째, 죽음은 집단학살의 경우일지라도 죽는 순간만은 홀로 맞이해야 하는 실존적 사건이다. 가장 사랑하는 자식이나 남편이나 아내일지라도 대신 죽어줄 수 없고 함께 죽어갈 수 없다. 죽음에서 인간은 홀로되는 엄숙한 시간을 맞는다.

셋째, 죽음이 주는 아픔은 죽음 그 자체라기보다는 모든 의미 있는 관계와 성취물과 삶의 의미연관구조를 일시에 잃어버리고 해체당하는 의미상실의 고통에 있다. 사랑하는 사람들과의 이별의 아픔, 혼신의 힘을 쏟았던 일로부터 단절되고 쌓아온 모든 생의 업적으로부터 분리되는 아픔이다. 죽음의 아픔은 곧 근원적 소외가 주는 아픔이고 고통이다.

넷째, 죽음의 두려움은 질서와 조화와 아름다움을 지녔던 구체적 몸으로서의 생명이 추하게 먼지와 물로 분해되고 해체된다는 사실, 거역할 수 없는 물리적 엔트로피 현상에 내던져진다는 두려움에 대한 저항감이 무의식 속에서 자리 잡고 있다. 죽음은 매우 비인간적일 수 있는 현상을 내보이면서, 인간성을 모독하고 파괴하는 독재적인 비정함이 있다. 인간의 존엄성을 지키기 위해 안락사의 문제가 끊임없이 논의되는 이유가 여기에 있다. 사랑하던 가족의 시신을 병동의 냉장고 속에 안치해둬야 하고, 며칠 전까지 서로 몸을 비비고 만지던 친지의 몸을 차가운 땅속에 매장해야 한다는 심리적 부담감이 죽음을 견디기 어렵게 만든다.

다섯째, 죽음의 두려움은 우리가 죽음 이후의 생명현실에 대해서 전혀 무지한 상태일 만큼 모른다는 사실이며, 삶의 시간을 한 점 부끄러움 없이 살았다고 자신할 만한 당당한 사람도 없다는 사실에 있다.[60]

기독교에서 죽음의 의미

기독교에서는 죽음을 '마지막 원수'라고 표현하며 극복해야 할 부정적 대상으로 바라본다. 하지만, 생에 대한 집착이나 삶과 죽음에 대한 이원론적 생각 때문이 아니다. 여기서 우리는 예수가 부활하신 것에 대해 먼저 생각해야 한다.

부활의 여부에 대해서는 여러 설이 충돌한다. 제자들이 기만한 것이란 기만설, 환시를 착각한 것이라는 환시설, 신화적 표현이라는 신화설은 모두 부활을 부정하고 있다. 하지만, 부활의 부정은 그리스도 신앙의 전면 부정이다. 그리스도인에게 부활은 증인이 있고 성경에 구체적으로 기록된 역사적 사건이자 신앙의 토대이다. "불트만의 표현대로 나사렛에서 온 역사적 예수가 부활 이후에는 신앙의 그리스도가 되었다. (…) 예수 그리스도의 부활은 우리 인생의 영원한 소망

60 김경재, 「죽음에 대한 이해와 성찰 — 죽음에 대한 이해와 그 극복을 향한 위대한 두 종교의 패러다임」(http://theologia.kr/board_system/45754). 죽음의 보편적 의미 다섯 가지는 이 논문에서 그대로 인용한 것이다. 정확한 각주를 달기 위하여 논문을 검색하여 이것과 90%가 유사한 논문인 김경재, 「불교와 기독교의 죽음이해에 대한 명상」, 『신학연구』 Vol.37, 한신대학교 한신신학연구소, 1996, 23~46쪽을 찾았지만, 위의 부분은 이 논문에는 없었다. 달리 대안이 없어 이로 대신한다.

의 근거이며(「베드로전서」 1장 3~4절), 성령을 따라 사는 삶의 원동력이며(「로마서」 8~9장 이하), 그리스도와 연합한 새로운 존재의 윤리적 삶의 기초이다.(「로마서」 6장 5절)"[61]

예수의 부활은 하느님을 알게 해주었다. 누구도 하느님을 본 적이 없었다. 하지만, 예수는 부활함으로써 자신이 바로 하느님의 아들임을 증명하셨다. 예수는 십자가에 못 박혀 우리가 범한 죄를 대신 속죄하고, 부활의 기적을 통해 하느님의 아들임을 증명하는 동시에 우리도 그처럼 성령으로 다시 태어날 수 있다는 소망과 신앙을 구체적으로 재현했으며, 종말이 왔을 때 그를 믿은 자들은 그처럼 구원받을 수 있음을 보증했다. "예수의 부활 사건은 종말론적 부활의 선취이며 우리의 미래적 부활의 예표이다."[62] 무엇보다도 예수처럼 사는 삶을 실천할 때 예수의 부활은 현존할 수 있다. 지금 여기에서 그리스도의 부활과 사랑과 영성을 믿고 가난한 자를 섬기고 지극한 사랑을 베풀면, 그 순간 그의 몸 안에서 예수가 부활해 그를 영혼의 불사체로 거듭나게 하며, 종말의 순간에도 부활의 영을 입게 하는 것이다.

그렇다면, "나를 믿는 사람은 죽어도 살고, 살아서 나를 믿는 사람은 영원히 죽지 않을 것이다."(「요한복음」 11장 26절)라는 말은 육신은 죽더라도 내 안의 하나님을 믿고 그를 따르면 영혼의 불사체로 거듭나서 영원히 사는 것을 말한다.

죽음을 불멸의 존재로 전환하는 주체는 하나님의 은총이며 이는 인간이 하나님을 믿고 따를 때 가능하다. 「고린도전서」에서 다음과

61 윤철호, 「예수 그리스도의 부활의 신학적 의미」, 『교육교회』 312권, 2003, 7~8쪽.
62 위의 글, 7쪽.

같이 말한다.

> 누가 묻기를 죽은 자들이 어떻게 다시 살아나며 어떠한 몸으로 오느냐 하리니, 어리석은 자여 네가 뿌리는 씨가 죽지 않으면 살아나지 못하겠고, 또 네가 뿌리는 것은 장래의 형체를 뿌리는 것이 아니요 다만 밀이나 다른 것의 알맹이 뿐이로되, 하나님이 그 뜻대로 그에게 형체를 주시되 각 종자에게 그 형체를 주시느니라. 육체는 다 같은 육체가 아니니 하나는 사람의 육체요, 하나는 짐승의 육체요, 하나는 새의 육체요, 하나는 물고기의 육체라. 하늘에 속한 형체도 있고 땅에 속한 형체도 있으나 하늘에 속한 것의 영광이 따로 있고 땅에 속한 것의 영광이 따로 있으니, 해의 영광이 다르고 달의 영광이 다르며 별의 영광도 다른데 별과 별의 영광이 다르도다. 죽은 자의 부활도 그와 같으니 썩을 것으로 심고 썩지 아니할 것으로 다시 살아나며, 욕된 것으로 심고 영광스러운 것으로 다시 살아나며 약한 것으로 심고 강한 것으로 다시 살아나며, 육의 몸으로 심고 신령한 몸으로 다시 살아나나니, 육의 몸이 있은즉 또 영의 몸도 있느니라. 기록된 바 첫 사람 아담은 생령이 되었다 함과 같이 마지막 아담은 살려 주는 영이 되었나니. 그러나 먼저는 신령한 사람이 아니요 육의 사람이요, 그 다음에 신령한 사람이니라. 첫 사람은 땅에서 났으니 흙에 속한 자이거니와 둘째 사람은 하늘에서 나셨느니라. 무릇 흙에 속한 자들은 저 흙에 속한 자와 같고 무릇 하늘에 속한 자들은 저 하늘에 속한 이와 같으니, 우리가 흙에 속한 자의 형상을 입은 것 같이 또한 하늘에 속한 이의 형상을 입으리라.(「고린도전서」 15장 35~49절)

많은 이들이 부활을 의심하지만, 이는 한 알의 밀알 씨앗이 땅에 떨어져 죽어야 밀 열매를 맺는 이치와 같다. 위의 인용문은 이항대립 구조를 이루고 있다. 씨와 열매, 육과 영, 땅의 사람과 하늘의 사람, 죽음과 부활, 욕과 영광, 약함과 강함은 동궤의 은유이다. 씨가 죽어서 열매를 맺듯, 육이 죽어서 부활하여 영이 되며 이 순간에 욕은 영광이 되고 약함은 강함으로 변하며 땅의 사람은 하늘의 사람으로 거듭난다. 이 은유를 통해 바울이 말하려는 핵심은 인간은 죽음을 계기로 변화할 수 있으며, 이는 죽음이 끝이 아니라 새로운 시작일 수 있다는 것이며, 새로운 영적 몸을 덧입어 새로운 존재로 거듭날 수 있다는 것이다. 물론, 이의 주재자는 하나님이다. 하지만, 그 하나님의 은총을 받도록 만드는 것은 사람이다. 사람이 하나님을 믿고 그를 따르면 하나님은 죽은 몸에 새로운 영적 몸을 덧입혀주어 영원히 살게 하며, 종말의 날에도 구원한다.

"칼 바르트는 부활의 생명이 하나님에 의해서 변화를 입을 때, 비육체적인 신령한 정신적 실체로 변화하는 것이 아니라 영적 몸을 덧입는다는 것을 강조한다. 기독교가 믿는 부활생명은 땅 위에서 몸 안에 살던 영혼이 영생을 누리는 것이라고 보지 않고, 영혼의 그 자리에 하나님의 영pneuma이 직접 임재함으로써 '영적인 몸soma pneumatikon'으로 질적 변화를 함과 동시에 하나님의 생명과 영광에 참여하는 '유한한 생명의 영화榮化'가 이루어지는 것을 말한다. '영적인 몸'은 처음 아담이 창조받았던 생기에 의해 만들어진 흙으로 된 몸이 아니다. 그것은 변화 받은 몸이고 새롭게 덧입은 몸이다. 그것이 기독교가 마지막으로 대망하는 종말적 영생이다. 하나님의 보좌 앞에서 기다리는 영혼들도 아직 이 영적 몸으로 부활의 몸을 덧입지 못했다고 성경은 말한다. 모든 만물과 산 자와 죽은 자들은 십자가에서 상처받고 죽은 예수 그리스도 몸이 덧입었던 '영적인 몸,' 곧 처음 열매로서 나타난 부활의 그 영적 몸을 덧입기를 기다리며 아직도 시간 안에서 신음하는 나그네 삶 속에 있다. 그러나 그리스도인들과 교회는 벌써 그 부활생명의 빛 안에서 생동하는 생명의 빛과 능력을 맛보며 성령의 위로와 약속 안에서 산다. 그 희망은 막연한 약속이나 근거 없는 소망이 아니라, 이미 처음 익은 열매를 맛본 삶을 살아가는 사람들, 그리스도 생명 안에 감추어진 삶을 살아가는 크리스찬 신앙의 본질이다."[63]

불교에서 죽음의 의미

불교에서는 우주 삼라만상이 나고 살아가거나 존재하면서 변하다가 사라짐[生住異滅]을 되풀이한다고 본다. 별에서부터 온 생명과 입자가 이 영겁의 반복을 행한다. 별과 인간, 벌레 모두 시간 차이만 있을 뿐, 어디에선가 나와서 존재하다가 시간과 타자에 따라 변하고 마침내 사라진다. 위대한 예술도, 문화도, 문명도 탄생하고 발전하고 만개했다가 쇠멸하고 마침내 사라진다. 인간의 죽음 또한 그 과정의 하나일 뿐이다. 연어가 이끼가 되고 강물이 되고 숲이 되었다가 다시 새끼 연어가 되는 것처럼 인간의 죽음 또한 끝이 아니라 그 순환의 한 지점일 뿐이다.

63 김경재, 「불교와 기독교의 죽음이해에 대한 명상」, 『신학연구』 Vol.37, 한신대학교 한신신학연구소, 1996, 44~45쪽.

불교는 모든 존재를 오온五蘊의 결합체로 본다. 자동차를 구성하는 200만 개의 부속품을 모두 한 자리에 모아놓고서 자동차라고 명명할 사람은 없다. 그 부속품을 녹이면 쇠나 플라스틱으로 돌아가고 이를 원심분리하면 탄소와 철 등으로 돌아간다. 인간 또한 마찬가지다. 오온이 어떤 조건과 인과에 따라 일시적으로 결합된 몸뚱어리에 지나지 않는다.

사람이 사대四大가 일시적으로 만나 이루어진 결합체에 지나지 않기에, 200조 개의 세포가 모여 이루어진 것이기에, 죽으면 다시 사대로 흩어진다. 고단한 노동을 하던 살과 뼈는 흙으로, 그 살들에 생명과 활력을 부여하며 소통하던 피와 림프는 물로, 물질대사를 통해 생산한 에너지로 늘 따스하게 생명을 감싸던 온기는 불로, 바깥과 상호작용하며 기운을 내고 움직이던 짓들은 바람으로 흩어진다.[64] 흙과 물로 돌아간 인간의 살과 뼈와 체액은 다시 탄소, 질소, 산소 등의 무기물로 돌아갔다가 어디에선가 다시 생명을 구성할 것이다. 죽음은 이 과정에 지나지 않는다.

그러기에 본디 나라고 하는 것은 없다. 정체성이라 하는 것도 인간의 869억 개에 이르는 뇌의 신경세포가 기억하고 저장한 정보에 따라 자기의 본성, 품성, 성격, 의지, 지향성, 능력, 실천력이라고 착각하는 것일 뿐이다. 유전자와 뇌 신경세포 속에는 38억 년의 기억도, 700만 년 동안의 인간 본능도, 1만 2,000여 년 동안의 집단무의식도, 태어나면서부터 형성된 개인의 무의식도, 유아기부터 형성된 의

64 『圓覺經要解』第1卷, 『大正藏』, 第10册, No.0260, p.0549b20.: "恒作是念。我今此身四大和合。所謂髮毛爪齒皮肉筋骨髓腦垢色。皆歸於地。唾涕膿血津液涎沫痰淚精氣大小便利。皆歸於水。暖氣歸火。動轉歸風。四大各離。今者妄身當在何處。即知此身畢竟無體。和合為相。實同幻化。" 참고함.

식도, 제8아뢰야식, 제7말라식, 전6식 등으로 자리할 것이다. 이들이 상황과 맥락, 타자에 따라 그때 그때 빚어내는 환상일 뿐이다. 죽음은 이런 모든 의식과 무의식의 종식을 의미한다.

그렇다고 죽음으로 모든 것이 끝나는 것이 아니다. 인간이 죽으면 그의 영가(靈駕, 영혼)는 49일 동안 이승과 저승의 중간영역인 중유中有를 떠돈다. 어떤 영가는 극락으로, 어떤 영가는 지옥으로, 어떤 영가는 개나 사람으로 다시 태어나서 윤회를 되풀이할 것이다. 이것을 결정하는 것은 업業, 카르마karma이다. 의식적이든 무의식적이든 다른 존재와 관계 속에서 마음으로, 말로, 행동으로 짓는 것에 따라 인과의 힘을 갖고 삶은 물론 삶 이후에까지 작용하는 것이 바로 업이다. 업은 숙명적인 것이 아니다. 조건을 바꾸면 결과가 바뀌듯, 선업을 쌓으면 그만큼 악이 사라지고 좋은 결과를 만든다. 그러다가 죽음을 맞아 중유에 이르렀을 때 그 순간만큼은 업을 바꿀 수는 없다. 살아남은 자들은 49재를 지내며 죽은 자의 선업을 열심히 고한다. 그럼에도 악한 업을 더 많이 지은 자는 지옥으로 떨어진다. 하지만, 선한 업을 많이 쌓은 자, 어리석음과 분노와 모든 탐욕을 없애고서 나지도 사라지지도 않는 궁극적 실재인 진여실제眞如實際에 이르기 위하여 올바르게 보고 생각하고 말하고 실천하며 지극한 마음으로 수행정진하여 연기와 공空의 이치를 깨달아 열반에 이른 자는 참나, 진여자성을 만나 윤회의 사슬에서 벗어나 극락으로 가서 영원한 삶을 누리게 된다.

▌실존주의에서 죽음의 의미

하이데거는 "미리 달려가봄은 현존재에게 '그들'—자신에 상실되어 있음을 드러내 보이며 현존재를, 배려하는 심려에 일차적으로 의존하지 않은 채, 그 자신이 될 수 있는 가능성 앞으로 데려온다. 이때의 자기 자신이란, '그들'의 환상에서부터 해방된 정열적이고 현사실적인, 자기 자신을 확신하고 불안해하는 죽음을 향한 자유 속에 있는 자신이다."라고 말했다.[65]

존재Sein란 무엇인가? 산도 존재하고 바다도, 별도, 내 앞의 책과 안경도 존재한다. 인간도 존재하는 것 가운데 하나에 불과하다. 하지만 인간은 이들과 분명히 다르다. 그는 자기 자신뿐만 아니라 다른 존재, 즉 존재일반을 이해하고 있으며 시간과 세계를 인식하고 있다. 인간존재란 무엇인가? 인간존재는 '거기에 있는 존재'인 '현존재Dasein'이다. 그는 자신의 특유한 상황에 따라 어떤 시공간에 놓여 생활하고 교육받고 일을 하고 있으며 거기에서 과거를 반성하고 미래를 내다보며 무엇인가를 지향하고자 한다. 그러니 의식의 지향성으로 인하여 인간존재는 자기의 존재와 자기 앞의 세계를 분리시킬 수 없는 세계 내 존재in-der-Welt-sein이다. 필자는 서재에서 창가로 가서 산수유꽃을 보며 겨우내 시린 바람과 눈과 추위를 견뎌내어 더욱 아름답게 피어난 의미를 해석한다. 그로 인하여 산수유꽃은 장애 극복을 통한 진정한 자유 실현의 세계로 변하고, 필자 또한 산수유꽃으로 인하여 이 세계를 인식하는 존재로 변한다. 지향성에 따라 세계가 만들어지고

---

65 마르틴 하이데거, 『존재와 시간』, 이기상 역, 까치출판사, 1998, 355쪽.

주체와 대상은 하나가 된다.

그러다가 필자는 전화벨 소리에 이를 멈추고는 상당히 이기적이고 위선적이어서 싫어하는 한 동료의 전화를 받고서 그가 빨리 전화를 끝내기만을 고대한다. 이처럼 현존재는 생활세계에서는 다른 존재와 관련을 맺으면서 본래의 자기를 상실하고 일상인das man으로 전락한다. 주체성을 상실한 일상인은 불안의 정황에 놓이게 된다. 그러면 일상인이 본래의 자기를 찾는 길은 무엇인가.

우리는 흔히 죽음을 은폐한다. 죽음을 일반화하거나 타인의 죽음으로 간주하며 피해가거나, 남의 죽음과 거리두기를 하며 안도감을 느끼거나 영생과 무한을 지향하며 뛰어넘으려 한다. 하지만, 죽음을 정면으로 받아들이는 순간에 우리는 실존한다. 병원에서 간암 말기로 한 달밖에 살지 못한다는 시한부 인생을 선고받은 이들이 "모든 날이 노는 날!" 하며 세월을 방탕하게 보내겠는가? 시한부 선고를 받은 이들은 대개 비슷하다. 처음에는 오진이라며 부정하고, 그다음으로는 그렇게 만든 신과 타인과 자신에 대해 분노하고, 그다음 단계로 체념하고, 그런 다음에 죽음을 수용한다. 죽음을 수용한 이후에는 모든 이들이 성인이 된다. 남은 시간들을 가늠하며 좀 더 아름다운 의미로 채우려, 가장 의미 있는 일을 하려, 자신의 주변의 사람들에게 무엇인가 베풀고 사랑을 남기려 한 시간 일분일초를 소중하게 생각하며 모든 것을 던진다.

극단적인 비유이긴 하지만 정도 차이가 있을 뿐, 사람들은 죽음으로부터 인간은 언제인가 종말이 온다는 유한성의 인식을 한다. 이것은 "어떻게 살 것인가?"에 대하여 생각하게 만든다. 그러니 죽음은 현존재가 피할 수 없는 가능성이며, 현존재의 본질은 죽음으로 가는 존재Sein zum Tode이다. 현존재가 언제인가 죽는다는 것이 아니라 태어날 때부터 죽음을 안고 태어난다는 것이다. 현존재는 죽음에 직면하여 자기의 본래성을 되찾으려 한다. 이것이 바로 실존Existenz이다. 실존이란 현존재가 자신의 내면과 대화하고 관계하여 자기 자신과 만나고 자신의 가장 고유한 가능성을 되찾아 본래의 자기로 돌아가 진정한 자신의 본성을 구현하는 것이다. 그러니 현존재의 분석은 과학적이거나 존재적일 수 없다. 주체가 자신의 지향성에 따라 자유로이 자기 앞의 세계를 해석하는 해석학적인 것이며, 상황과 맥락, 타자에 따라 요동을 치는 생성적인 것이다.

▌죽음의 종합적 의미

죽음은 삶의 반대어가 아니다. 시한부 선고를 받은 환자 가운데 죽음의 의미를 깨달은 이들은 남은 시간 동안 남은 몸과 정신을 다하여 가장 의미 있는 일에 투여한다. 그렇듯 죽음에 다가갈수록 삶은 의미로 반짝인다. 죽음을 통하여 사람들은 유한성을 인식하고 이는 어떻게 살 것인가에 대한 성찰로 이어진다. 결국 주체는 세계의 부조리를 인식하고 어떤 지향성을 설정하고 이에 따라 세계를 해석하고 세계의 부조리에 맞서서 실존한다. 죽음이 없다면 의미도, 실존도 없으며, 우리의 일상이 지옥으로 변하였을 것이다. 삶이 없다면 죽음은 아무런 의미 없이 텅 빈 어두운 시공간에 지나지 않았을 것이다.

전혀 예고 없이 죽음이 찾아와 모든 의미를 상실하고 모든 기억과 영광과 사랑, 사람들과 단절되는 고통에서 헤어나지 못하고 조화를 이루던 몸들이 추하게 분해될 것을 예상하며 전혀 알지 못하는 죽음

이후의 세계에 홀로 내던져지는 불안과 공포, 소외를 겪는다. 이에 기독교도들은 죽음을 원수로 규정하고 하나님에 대한 확고한 믿음을 통하여 주재자이신 하나님의 은총을 받아 영적인 몸을 덧입어 새로운 존재로 거듭날 것을 소망한다. 그중 오로지 하나님만을 굳세게 믿고 하나님의 뜻대로 산 이들은 새로운 영을 덧입고 하늘나라에 오르며 종말의 세계에서도 구원을 받는다.

불교도들은 인간의 죽음 또한 우주 삼라만상이 나고 존재하고 변하다가 사라지는 그 무한한 반복 가운데 하나인 것으로 받아들인다. 인간은 본래 오온의 결합체였기에, 자아란 없는 것이기에 죽음을 계기로 진여실제를 추구하는 참나를 만나기를 염원한다. 죽은 뒤에 49일 동안 중유를 떠도는 인간은 업에 따라 사후세계를 달리하며, 그 중 선업을 많이 쌓으며 올곧게 수행정진을 한 이들은 깨달음에 이르러 참나를 만나고 윤회를 벗어나 영원한 삶을 살게 된다.

하지만, 세친보살은 『불성론佛性論』에서 "지혜로 말미암아 열반을 버리지 않고, 자비로 말미암아 생사를 버리지 않는다."[66]라고 했다. 지혜가 있기에 모든 탐욕이 환상에 불과한 것을 깨닫고 열반에 이르기 위하여 이를 떠나 수행정진을 하며, 그리 지극하게 수행정진을 하여 열반에 이르렀다 하더라도 고통 속에 있는 중생에 대한 자비심으로 인하여 열반을 미루고 중생 속으로 내려와 중생을 깨닫게 하고 보듬어 함께 열반하기를 도모한다. 그렇듯, '지금 여기에서' 죽음을 끌어와 매순간 실존하되, 모든 죽어가는 생명, 고통에 놓인 사람들의 아

66 天親菩薩,「佛性論」第1卷,『大正藏』, 第31册, No.1610. p.0787a08.: "由般若故。不捨涅槃。由大悲故。不捨生死."

픔이 내 아픔이라는 생각으로 고통 속에 있는 이들을 섬기고 돌보며 환희심을 느낀다. 그러면서도 무한과 궁극적 진리를 추구한다. 이것이 가장 의미 있는 삶일 것이다.

마무리

생명의 기원만이 아니라 생명이 진화하고 서로 공존하며 살아가는 모습들은 너무도 경이롭고 신비로 가득하다. 아주 작은 벌레도 정교한 체계를 가지고 물질대사 등 생명으로서 활동하며 생명성을 추구한다. 한 생명의 고통과 환희, 소멸은 다른 생명에게도 인과와 조건으로 작용한다. 그러기에 모든 생명은 크기와 기능, 본성에 관계없이 모두 소중하다.

지구상의 모든 생물은 개체적으로 보면 적자생존을 한 듯하지만, 전체 생태계에서 보면 모든 생명이 더불어 살려는 의지를 가지고 공진화를 해왔다. 4차 산업혁명을 맞아 인간은 유전자를 조작하고, 조합하고, 생명을 창조하는 호모 데우스의 지위에 올랐다. 이것이 질병과 죽음의 공포로부터 인류를 해방시킨 반면에, 생태계의 순환을 파괴하고 인류 문명 또한 해체할 가능성이 있다. 죽은 물고기를 먹고 숲과 강, 거기에 사는 수많은 물고기와 짐승들이 자라나듯, 한 생명의 죽음은 그 생명만 보면 모든 것으로부터 단절이지만, 생태계에서 보면 새로운 생명으로 전이를 의미한다. 그러기에 수십 억 년 동안 자연과 생명들이 상호작용하며 형성한 DNA에 대해 단 몇 분 만에 변형을 가하는 것은 반자연적, 반생명적 행위이다.

인간은 언제인가 죽는다는 생각이 유한성에 대한 성찰로 이어지고, 이에 인간은 어떻게 살 것인가에 대해 생각하며 인간다운 실존을 모색한다. 기독교도들은 죽음을 원수로 규정하고 하나님만을 굳세게 믿고 하나님의 뜻대로 살아 새로운 영을 덧입고 하늘나라에 오르고 종말의 세계에서도 구원을 받는다. 불교도들은 인간의 죽음 또한 우주 삼라만상이 나고 존재하고 변하다가 사라지는 그 무한한 반복 가운데 하나인 것으로 받아들이며, 선업을 많이 쌓고 올곧게 수행정진을 하여 깨달음에 이르러 참나를 만나고 윤회를 벗어나 열반에 이른다.

평범한 인간 또한 나고 존재하고 변하다가 사라지는 순환을 한다. 끊임없는 영겁의 반복 속에서 오로지 차이만이 소중하다. 차이의 기억이 문명이다. 138억 년의 시간 가운데 '지금', 465억 광년에 달하는 무한한 공간 가운데 '여기'에, 함께 존재하는 너와 나, 우리 둘레의 자연과 생명들이 기적이다. 이보다 더 귀중하고 아름다운 것이 무엇이겠는가. 수천 년 전에 이미 폭발하여 사라졌음에도 그 별의 잔해들은 지금 새로운 별을 만들고 있으며, 거리의 차이로 인하여 우리 머리 위의 하늘에서 밝게 빛나며 수많은 의미들을 품게 만든다. 그렇듯, 설혹 우리가 모두 사라진다 하더라도, '지금 여기에서' 모든 생명을 사랑하고 나누고 섬기면서, 모든 죽어가는 생명에 대해 연민과 자비심을 가지면서 진리를 추구하고 나 자신의 거듭남을 꾀하면서 차이를 빚는 것이야말로 이 광대한 우주에서 가장 의미 있는 일일 것이다.

가까운 숲으로 가자. 한 포기 풀에서 미생물로 가득한 바람에 이르기까지 생명성이 발현되는 소리와 움직임에 온몸의 감각을 활짝 열고 그를 구체적으로 느껴보자. 그 감동 속에서 모든 생명이 나의 삶과 서로 인과와 조건을 형성하며 서로 의지하며 역동적으로 서로 생성하고 있음을 깨닫고 자신과 생명의 본성에 대해 성찰하자. 더 나아가 모든 병들고 사라져가는 생명들의 고통을 나의 아픔처럼 아파하는 자비심을 가지고 연기적 공존을 깨지 않는 범위에서 연대에 참여하자.

제5장

인류세/자본세에서 생명 위기의 실상과 생명정치의 지향점

이미 우리는 홀로세Holocene를 넘어 인간이 지구의 역사에 관여하는 인류세anthropocene/자본세capitalocene에 접어들었다. 인간이 버린 플라스틱이 지층을 형성하고 닭 뼈가 화석으로 변하며, 배출한 오염물질이 지구의 대기와 기상에 대격변을 일으키고 있다. 온난화로 인한 기상이변은 이제 평상이 되었으며, 38%에 이르는 동물들이 멸종위기에 놓였다. 2019년 9월부터 2020년 2월까지 6개월 동안 계속된 호주 산불로만 10억 마리 이상의 야생동물들이 죽었다.[1] 인간이 숲을 파괴하면서 숲에만 살던 바이러스들이 인수人獸 공통의 전염병으로 전환하여 수만의 사람을 죽이고 경제를 혼란에 빠트리고 있다. 인간은 매

1 Brigit Katz, "More Than One Billion Animals Have Been Killed in Australia's Wildfires, Scientist Estimates," *Smithsonian Magazine*, Jan 8, 2020.

년 수백억 마리의 동물을 살해하고 동족인 인간도 수십만 명을 폭력으로 죽인다.

이 모든 것에서 원인의 근원을 따지며 추적하면 결국 자본주의가 근본 원인이자 주체다. 그러기에 명확히 주체를 따져 정의하면 인류세는 바로 자본세Capitalocene이다.[2]

이 상황에서 생명공학은 38억 년 동안 진화하며 생태계를 유지한 생명을 송두리째 파국의 구렁텅이에 빠지게 할 만한 조작을 가하고 있다. 인간이 신의 지위에 올라 생명을 복제함은 물론, 유전자를 조작, 변형하고 생명을 창조하고 진화에 관여하고 있다. 자본-국가-과학기술의 생명권력 동맹은 특허를 매개로 하여 인류의 공동 유산인 유전자와 생명을 독점적인 상품으로 전이하여 판매하고, 이에서 야기되는 문제를 은폐하거나 시민에게 전가하고 있다. 병원은 더 이상 아프고 병든 사람의 치유처가 아니라 생명자본주의의 공장 역할을 하고 있다. 의료의 목적은 국민의 병을 치료하는 것에서 소수를 위한 노화 억제와 수명 연장으로 점점 더 이전하고 있다. 자본-국가-과학기술의 동맹은 빅데이터를 통해 대중의 감정과 무의식까지 감시하고 이를 상품 판매와 개인의 통제에 이용하고 있다. 인공지능, 플랫폼, 네트워크에 내장된 알고리즘이 바로 권력이다. 대중들은 이의 구성과 수정에 거의 개입할 수 없다. 이런 상황에서 생명 위기의

2 인류세는 주체가 인류 전체인 것으로 착각하게 하고 기후위기의 원인을 인류 전체에게 전가하는 의미를 내포하고 있으며, 이와 긴밀하게 얽혀있는 불평등 등 경제적이고 계급적인 모순을 인식하지 못하게 한다. 반면에 자본세는 이를 야기한 주체가 바로 자본임을 명확히 하고 경제적이고 계급적인 모순을 인식하게 한다. 하지만, 자본주의는 머지않아 주변화하거나 종언을 고할 것이고, 그 후에도 인류세는 지속될 것이다. 이에 두 용어를 병기한다. J. W. Moore, *Anthropocene or Capitalocene? Nature, History, and the Crisis of Capitalism*. Oakland: PM Press, 2016, pp.1~11. 참고함.

양상과 그 원인은 무엇인가. 생명권력은 어떻게 생명을 조정하고 통제하는가. 죽어가는 생명과 공존하는 생명정치의 길은 무엇인가.

1. 인류세/자본세에서 전 지구 차원의 환경 위기와 생명 위기의 양상과 원인

환경 위기와 생명 위기의 양상

21세기에 생명은 전혀 다른 지평에 자리하고 있다. 중세에 주권권력이 생사여탈권을 가지고 생명을 통제하면서 통치했다면, 근대에는 주권권력과 훈육권력, 생명권력이 자본과 결합하여 생명을 살리면서 조절/조정하며 관리했다. 21세기에 자본–국가–과학기술로 이루어진 생명권력 동맹이 자본주의 체제를 토대로 호모 데우스로서 생명을 창조하고 조작하고 있으며, 도구와 기계가 생명과 인간의 자리를 대체하고 있다.

지금 생명에 관한 논의는 인문학과 자연과학이 서로 평행선을 그리고 있다. 자연과학자들은 과학적 연구에만 관심을 가지고 이것이 야기할 사회적이고 인류 문명사적인 문제에 대해서는 별로 천착하지 않는다. 설혹 귀를 기울이더라도 인문학자들의 주장이 진화론을 부정하고 창조설을 주장하는 신학자들처럼 과학을 전혀 이해하지 못하는 무지몽매한 이들의 당위적/윤리적 주장이나 억지라고 치부한다. 반면에 인문학자들은 과학기술의 과정을 면밀히 검토하지 않은 채 결과에 대한 비판과 해석에 급급하고 있다. 설혹 그 과정을 검토하더라도 프랑켄슈타인처럼 성찰이나 해석이 결여된 기계적인 실험과 결과물로 간주한다.

이런 상황은 세 가지 과제를 제시한다. 첫째, 근대와 중첩된 인류세/자본세 시대의 생명의 위기의 양상과 원인에 대해 직시하여야 한다. 둘째, 근대적 생명 위기 현상에 대해서는 푸코, 아감벤, 렘케 등이 유효하지만, 포스트휴먼 시대의 생명의 위기 현상에 대해서는 이들을 넘어서는 생명성의 개념을 정립하고 이를 바탕으로 주권권력과 생명권력이 연합하여 생명을 조정하고 통제하는 양상을 분석하고 이에 대한 대안으로서 새로운 생명정치(학)를 정립하여야 한다. 셋째, 자연과학과 인문학을 종합한 생명정치학의 지평을 열어야 한다.

빈틈이 사라진 시대

21세기는 한마디로 '빈틈'이 사라진 시대이다. 강은 흐르면서 이온 작용, 미생물과 식물의 물질대사 등을 통해 스스로 정화한다. 하루에 100톤을 자연정화할 수 있는 강이라면, 99톤의 폐수가 버려진다 하더라도 1톤의 빈틈으로 인하여 이 강은 1급수를 유지한다. 반대로 오염물질이 100톤 넘게 버려져 1톤의 빈틈이 사라지는 순간, 강은 빠른 속도로 생명의 강에서 죽음의 강으로 변한다. 이처럼 도가 사상에서 자연自然과 유사한 개념인 무위無爲란 '아무것도 하지 않는 것'이 아니다. '빈틈[虛]'을 만드는 것이다. 이 빈틈이 있는 한 자연은 스스로 정화를 하고 순환을 하며 모든 생명과 상호작용하며, 그렇게 존재하면서 생태계를 유지한다.

하지만, 세계 단위, 국가 단위, 지역 단위, 마을 단위에서 빈틈이 거의 사라졌다. 세계 단위에서는 인구가 78억 명에 이르고, 2008년을 기점으로 도시 인구가 전체 인구의 절반을 넘어섰다. 아프리카, 남미, 동남아시아의 열대우림이 목장, 광산 개발, 주거지 확대, 경작지 전환, 목재 생산 등의 사유로 빠른 속도로 파괴되면서 그 숲에 살던 코끼리, 코뿔소, 오랑우탄, 호랑이 등이 멸종위기에 처하고 있다. 국가 단위에서도 마찬가지 사유로 숲을 파괴하고, 개발 이익을 얻고자 개펄을 막고 강에 댐과 보를 건설하고 있다. 비보림이나 마을 숲이 남아 있는 촌락을 보기 어렵다. 이에 따라 자연과 인간, 숲과 마을, 공존과 개발 사이의 균형은 무너졌다.

대지, 대기, 해양 모두 순환이 이루어지지 않은 채 곳곳에서 막힌데 따른 문제들이 야기되고 있다. 자연 안에서 계절과 밤낮에 따라 햇볕이 변하고, 비의 양이 달라지고, 바람과 조류의 방향이 바뀌고, 땅과 대기와 바다의 온도와 습도가 변한다. 식물들은 이에 맞추어 광합성과 증산작용을 하고 꽃가루받이를 하고 열매를 익히고 잎을 떨구며, 동물들은 자연과 식물의 변화에 따라 먹이 활동을 하고 교미를 하고 새끼를 낳고 길렀다. 임계점을 넘어선 이산화탄소 배출로 인한 온난화와 기후위기로 이 균형과 순환이 파괴되면서, 지구상의 모든 동물의 서식과 번식이 위험한 상태에 놓였다.

환경파괴와 기후위기의 양상 세계는 매년 360억 톤의 이산화탄소를 배출하고 있고 이는 매년 증가하고 있다.[3] “국제연합개발계획United Nations

3 Hannah Ritchie and Max Roser, “CO_2 and Greenhouse Gas Emissions,” *Our World in Data*, May 2017.

Development Programme의 2007년 연례보고서는 현재 지구 대기 중 이산화탄소의 농도는 65만 년 동안 지구 역사상 최고인 380ppm에 이르며, 21세기 중에 지구의 평균 온도는 섭씨 5도 이상 오를 것이라고 지적한다."[4] "1만 년 동안 4도가량 오른 지구의 평균기온이 최근 100년만에 1도가 상승하였다. 우리나라의 기온 증가율은 세계 평균보다 1.9~2.6배 높다."[5]

북극에서 얼음이 일찍 녹아 사냥을 하지 못하는 바람에 북극곰이 멸종위기에 놓이고, 시베리아가 연일 30도가 넘는 고온으로 대형산불이 끊임없이 발생하고 있다. 무엇보다 영구 동토층이 녹고 있어 동토층에 저장되어 있던 대량의 이산화탄소와 메탄가스가 뿜어져 나오고 있고, 인류가 아직 접하지 못한 인류 탄생 이전의 바이러스도 노출될 위험에 있다.

"지금 상태에서 획기적인 전환이 없을 경우 3~4℃만 기온이 상승해도 2080년까지 18억 명이 물 부족으로 고통을 당하고, 해수면 상승 등으로 3억 3,000만 명이 홍수를 피해 이주해야 하고, 2억 2,000만 명에서 4억 명이 말라리아에 걸릴 것이라고 한다."[6] "기후변화의 영향으로 2000년 수준에서 밀 생산량은 50%, 쌀 생산량은 17%, 옥수수 생산량은 6% 줄어들 것으로 예상된다."[7]

호주 산불은 기후위기의 심각성을 잘 보여준다. "2019~2020년 사이에 일어난 호주 산불로 1,860만 헥타르가 불타고 34명이 죽고 10억

---

4 UNDP, *Human Development Report 2007/2008-Fighting climate change: Human solidarity in a divided world, United Nations Development Programme*, New York: 2007, pp.31~32.

5 「한국 온난화 속도, 전 세계 평균보다 2배 넘게 빠르다」, 『한겨레신문』 2020년 7월 29일.

6 UNDP, *op.cit.*, pp.9~10)

7 제러미 리프킨, 『한계비용 제로 사회 — 사물인터넷과 공유경제의 부상』, 민음사, 2014), 466쪽.

마리의 동물이 죽었고 몇몇 종은 멸종위기에 처했다."[8] 6개월에 걸쳐서 서울시 면적의 307배나 되는 광대한 지역에 화재가 발생했다. "호주기상청BOM의 수석 연구 과학자 크리스 루카스Chris Lucas와 국가소방국의 연구원인 사라 해리스Sarah Harris가 44년 동안 39개 기상관측소의 기후변동을 조사한 연구에 따르면, 직접 원인은 지구 온난화로 인한 엘니뇨 현상이다. 이로 적도 부근의 태평양 바닷물이 따뜻해지면서 에콰도르나 페루 북부지방에는 강우량이 평소의 몇 배로 늘어나고 인도네시아와 호주에는 가뭄이 들었다. 여기에 이의 연장으로 '인도양 쌍극자Indian Ocean Dipole' 현상도 발생하여 인도양 양쪽의 온도 격차가 심해져 동아프리카에서는 홍수가 나고 호주는 더욱 건조해졌다. 극도로 건조한 상태에서 번개가 치거나 마른 풀끼리 바람에 마찰을 일으키면서 산불이 났고, 남반부극진동Southern Annular Mode으로 발생한 서풍은 불길이 더 거세게 번지게 했다.[9] 더 심각한 문제는 이것이 더욱 심해지리라는 것과 호주 이외의 지역에서도 발생할 것이라는 점이다.

브라질 국립우주연구소INPE에 따르면, 아마존 열대우림에서 2019년에만 8만 9,178건의 산불이 발생하였으며, 2020년 7월 한 달 동안만 6,091건의 산불이 발생하였는데, 이는 지난해 7월의 5,318건보다 14.5% 늘어난 것이다.[10] 아마존의 산불은 건기에 자연발생적으로 일어나는 것도 있지만, 농경지 개발, 목장을 위한 목초지 확보, 광산 개

8 〈위키피디아〉 영어판, '2019-20 Australian bushfire season'.

9 Frank Gaglioti, "Australia: Climate change and the bushfire crisis," *World Socialist Website,* 4 Jan, 2020. 참고하여 요약하며 풀어씀.

10 「아마존 열대우림 산불, 7월에만 6091건… 작년 14.5% ↑」, 『문화일보』, 2020년 8월 2일.

발을 위하여 인간이 인위적으로 발화하는 것도 많다.

"2020년 1월에서 7월 사이에 발생한 러시아 산불/들불로만 한반도 면적의 2배에 이르는 1,900만 헥타르가 불탔다. 북극권의 영구동토층은 빠른 속도로 녹고 있다. 안에 갇혀 있는 메탄과 최대 1조 6,000억 톤의 탄소가 짧은 시간에 방출되면 기후위기는 더욱 가속화할 것이다."[11]

환경파괴로 인한 생명 위기의 양상 이산화탄소라는 한 가지 원인만으로도 이처럼 엄청난 재앙이 발생하는데, 현재 지구는 중금속과 화학약품, 매연 등 셀 수 없는 독성물질과 플라스틱으로 대기와 산과 들과 바다가 오염되고, 기온이 상승하여 지구 생태계가 혼돈 상태에 빠져들고 있다. 2018년에 3억 5,900만 톤의 플라스틱 쓰레기가 생산되었고,[12] 2010년에만 480만 톤에서 1,270만 톤의 플라스틱 쓰레기가 바다로 흘러 들어갔다.[13] 이들 플라스틱을 먹고 매년 수많은 거북이와 고래, 상어들이 죽거나 병들고, 나노 상태로 분해된 플라스틱은 물고기의 몸에 축적되고, 이런 물고기를 인간이 섭취한다.

"지구상의 모든 생명은 환경이 훼손되면서 먹이 부족, 서식처 파괴로 인한 번식 장애와 스트레스를 겪고 있으며 상당수가 굶주림으로

11 「코로나에 몰두하는 사이 심상찮은 지구 기후…북근권 빙하·영구 동토층 위기」, 『동아사이언스』, 2020년 8월 21일 요약함.

12 https://www.statista.com/statistics/282732/global-production-of-plastics-since-1950/

13 Jenna R. Jambeck·Roland Geyer·Chris Wilcox·Theodore R. Siegler, Miriam Perryman·Anthony Andrady·Ramani Narayan·Kara Lavender Law, "Plastic waste inputs from land into the ocean," *Science*, Vol. 347, 13 Feb 2015, p.768.

죽고 있다. 여기에 화학물질의 오염이 더해지면서 신체 이상과 개체의 죽음은 다반사이고, 멸종위기나 멸종 또한 흔한 일이 되었다."[14]

지금 1초 동안 0.6헥타르의 열대우림이 파괴되고 하루에만 100여 종의 생물이 지구상에서 영원히 사라진다.[15] 국제자연보존연맹The International Union for Conservation of Nature은 2008년 10월 6일 스페인 바르셀로나에서 열린 연례회의에서 전 세계 과학자 1,700명이 참가하여 조사한 4만 4,838종의 대상 동식물 가운데 38%인 1만 6,928종이 멸종위기에 놓였다고 발표했다. 이 가운데 3,246종은 심각한 멸종위기 상태에, 4,770종은 위험 상태, 8,912종은 멸종에 취약한 상태에 있다.[16]

환경파괴는 인간에게 되돌려지고 있다. 역대급의 태풍, 홍수, 폭설, 가뭄, 폭염, 대형 산불, 미세먼지 등이 상당수의 인간을 죽음으로 몰아넣고 있으며 살아남은 자의 몸도 병들게 하고 자연을 파괴하고 식량생산을 감소시키고 있다. 인간이 숲을 파괴하면서 숲에 살던 원숭이와 박쥐에만 기생하던 바이러스들이 변형하여 인간을 숙주로 삼으면서 인수人獸 공통의 전염병으로 전환하여 수많은 사람을 죽이고 경제를 혼란에 빠트리고 있다. 메르스는 27개국에 걸쳐 2,494명을 감염시키고 858명을 사망으로 몰고 갔으며, 사스는 26개국에서 8,096명을 감염시키고 774명을 죽음으로 몰아넣었다. 코로나 바이러스 19는 2020년 8월 1일 현재 세계 214개국에서 1,777만 3,107명

---

14 이도흠, 『인류의 위기에 대한 원효와 마르크스의 대화』, 69쪽.

15 앨 고어, 『위기의 지구』, 이창주 역, 삶과꿈, 1994, 128쪽.

16 Jean-Christophe Vié·Crig Hilton-Taylor·Simon N. Stusart(eds.), *Wildlife in a Changing World, an analysis of the 2008 IUCN Red List of Threatened Species*, Gland, Switzerland: The International Union for Conservation of Nature, 2008, p.16.

의 감염자와 68만 3,240명의 사망자를 낳은 채 멈추지 않고 퍼지고 있다.[17] 학자들은 앞으로 4~5년 주기로 신종 바이러스에 의한 팬데믹이 오리라 본다.

숨을 쉬고 먹이를 찾고 짝짓기를 하고 움직이면서 우리에게 많은 생각과 상상과 더불어 사는 기쁨을 주던 생물 가운데 38%의 생물종을 매머드나 공룡처럼 이제 영원히 볼 수 없는 지경에 놓인 것이다. 지금 살아남은 생명이라 해서 얼마나 더 나을까? 오염된 공기와 물과 토양을 먹으며, 또 이를 먹고 자란 생물을 포식하며 지구상의 모든 살아 있는 것들이 이미 오래전에 자연스러운 삶을 상실했다. 마지막 청정지역인 고도 수천 미터의 설산雪山에 사는 눈표범이나 북극의 백곰, 남극의 펭귄까지도 환경오염으로 굶주리고, 때로는 죽음을 맞고 있다. 살충제에 죽은 벌레를 새가 먹고 한쪽 날개가 퇴화한 새를 낳고 그 새를 잡아먹은 독수리가 고공을 날다가 날개를 퍼덕일 힘을 잃고 죽는 것에서 보듯, 중금속은 지구상의 모든 살아 있는 것의 몸에 조금씩 축적되고 있다. 환경 위기는 인간에 한정된 문제가 아니라 지구 위의 모든 생명체가 이 모순 속에 던져진 '전 지구 차원의 환경 위기'이기에 사태의 심각성이 더하다.

도시에까지 날아온 미세한 양의 농약이나 채소의 잔류 농약이 우리 몸속에서 지방과 결합하여 여성호르몬과 같은 작용을 함으로써 극히 미량으로도 도시 남자들의 정자 수를 감소시키고 여성화를 촉진시키고 여성들의 난소암과 유방암을 촉진시키듯, 그것은 소리도

---

17 https://wuhanvirus.kr/

없이, 서서히, 그러나 분명한 속도로 다가오고 있다.[18]

생명에 대한 폭력의 증대와 구조적 폭력

지금 무자비한 폭력이 곳곳에서 자행되고 있다. 국가와 자본의 이해관계, 종교·이데올로기·종족 사이의 갈등과 차이, 탐욕, 조직범죄 집단에 의한 전쟁과 대량학살, 테러가 전 세계 곳곳에서 끊이지 않고 있다.

"한 해(2012년)에만 47만 5,000명이 폭력에 의해 살인을 당하였다."[19] 2012년만 그런 것이 아니기에 매년 대략 50만 명에 가까운 사람들이 폭력에 의해 살인 당할 것이라고 추정할 수 있을 것이다. "매년 평균적으로, 4명의 어린이 가운데 1명이 물리적 학대를 받으며, 세 명의 여성 가운데 1명이 파트너로부터 물리적/성적 폭력을 당하며, 17명의 노인 가운데 1명이 폭력을 당한다."[20]

사람만 죽이는 것이 아니다. 우리는 하루에만 2억 마리 이상의 육지 동물을 도살한다. 매년 전 세계적으로 720억 마리의 육지 동물을 식용 목적으로 살해한다. 물고기를 포함하면, 우리는 매일 30억 마리, 매년 1조 950억 마리의 동물을 죽인다.[21] 단지 미각의 쾌락을 조금 더 느끼기 위하여 동물들을 산 채로 포를 뜨고, 끓이고, 튀긴다.

나라마다 약간의 차이가 있지만 상위 10%가 국민 전체 소득의 절반을 차지한다. "국제구호기구 옥스팜은 (…) 지난해 세계 부자 8명

18 이도흠, 『인류의 위기에 대한 원효와 마르크스의 대화』, 67~72쪽 인용하면서 약간 수정함.

19 WHO, *Global Status Report on Violence Prevention 2014*, Luxembourg: World Health Organization Press, 2015, p. vii.

20 *ibid.*, p. viii.

21 https://sentientmedia.org/how-many-animals-are-killed-for-food-every-day/.

의 재산 합계가 재산규모 하위 50% 인구의 재산 합계와 같았다고 지적했다."[22] 신자유주의 체제로 불평등이 심화하면서 구조적 폭력 또한 증대하고 있다.

생명권력에 의한 생명의 조작과 창조 인간이 거의 신의 지위에 올라 생명을 조작하고 창조한다. 문제는 국가-자본-과학기술의 동맹으로 이루어진 생명권력이 더 많은 돈과 권력을 늘리기 위한 목적으로 이를 행한다는 데 있다. 예전에 주권권력은 살아 있는 시민의 생사여탈권을 가졌다면, 생명권력은 죽어가는 생명을 살리거나 죽게 내버려두는 권력을 행사하고 있다. 이로 부자와 권력자들은 평상시에는 장수와 노화 방지, 질병에 걸렸을 때 가장 좋은 의료와 보건의 치료와 혜택을 받으며 건강을 유지하고 생명을 연장하고 있다. 반면에 가난하고 권력이 없는 이들은 질병에 걸렸을 때 돈이 없어서 치료를 받지 못한 채 죽어가고 보건에서도 배제되며 노화 방지는 꿈으로만 존재한다.

여기에 더하여 제1권 2부 4장 "인공지능의 쟁점3: 감정의 프로그래밍과 인간과 공존 문제"에서 말한 대로, 기계생명의 출현, 인간과 도구의 관계의 전복 또한 새로운 양상이다. 인공지능을 응용한 기계생명은 기계이지만 생명과 똑같이 자기복제 등의 생명의 기능을 수행하고 있다. 이들 기계생명이나 유전자를 조작한 생명, 바이옷 등은 38억 년 동안 균형을 이룬 지구 생태계에 혼란을 가중시키고 있다. 또 인간은 점점 도구의 조작자에서 피조작자로 이행하고 있다.

---

22 「슈퍼 갑부 8명의 재산, 세계인구 절반의 재산과 비슷」, 『경향신문』, 2017년 1월 16일.

생명 위기의 원인

이렇게 생명이 위기에 놓인 원인은 여러 가지이다. 첫째, 산업화 때문이다. 산업혁명 이후 추진된 산업화는 화석연료를 에너지로 삼으면서 막대한 양의 이산화탄소를 대기로 방출했다. 수많은 상품을 생산하며 중금속과 독성물질을 대기와 땅, 강과 호수, 바다로 배출하였으며, 거의 썩지 않는 플라스틱을 생산하고, 이 플라스틱이 나노 상태로 분해되어 해양을 오염시키고 있다.

둘째, 도시화 때문이다. 지구촌은 2008년을 기점으로 도시 인구가 절반을 넘어섰다. 이는 세계 인구 가운데 절반 이상이 순환하지 못하는 삶을 살아감을 의미한다. 이들은 날마다 자연을 파괴하고 소비에 치중하면서 쓰레기를 양산하고 있다.

셋째, 인구의 급증 때문이다. 2020년 8월 7일 기준, 세계 인구는 78억 600만 명에 달한다.[23] 78억 명의 인구가 매일 호흡하고 먹고 사용하면서 수많은 오염물질을 배출하고 있다. 확실하게 계량화한 논문이나 자료를 찾을 수 없지만, 지구촌 생태계의 균형을 유지할 수 있는 인간의 개체의 수는 많아야 1억 명을 넘지 않을 것이다. 신석기 시대의 인구인 500만에서 700만 명으로 추산하는 학자도 있다. 설혹 전 세계가 지속 가능한 발전을 실천한다 하더라도, 78억 명의 인류가 화성식민지 등으로 이주하지 않는 한, 완벽한 순환 — 인간이 풀과 열매를 먹고 그것을 대변으로 배출하면 그것이 다시 풀과 나무의 양분이 되어 꽃을 피우고 열매를 맺으며 전혀 오염물질을 배출하지 않

23 https://populationmatters.org

는 순환 ― 은 불가능할 것이다.

넷째, 자본주의 체제 때문이다. 자연 자체는 물질대사를 하며 순환하는 생태계인 것인데, 이 순환이 파괴되어 본래 모습으로 되돌아가지 못하는 까닭은 자본주의적 생산과 소비가 이 순환을 교란시키기 때문이다. 달이 중력의 법칙에 따라 움직이듯 자본주의 체제 자체가 확대재생산의 원리에 의하여 움직이는 것이기에 자본의 탐욕은 끝없이 증식되기 마련인데, 자본이 증식되면 될수록 자연은 착취당한다. 자본은 더 많은 이윤을 확보하기 위해서는 물불을 가리지 않는다. 이윤을 더 늘리기 위하여 생산의 총량을 늘리거나 자본의 순환을 빨리하거나 자본의 유기적 구성을 고도화하며, 그럴수록 자연은 개발을 당한다. 자본은 더 많은 자본을 축적하기 위하여 생산을 확대하고 과소비를 조장한다. 마르크스가 생산이 통제되지 못하는 '생산의 무정부성'으로 인하여 자본주의가 공황을 맞는다고 말할 정도로, 자본주의는 마구잡이로 상품을 과다생산하며 그만큼 자연이 파괴된다. 자본은 시장에서 많은 상품이 소비될수록 이윤이 늘어나기에 광고와 대중문화, 이데올로기, 담론 등을 총동원하여 인간의 탐욕을 무한히 증식시킨다. 이에 대중들은 과잉소비를 하고, 그만큼 공장은 필요 이상의 상품을 생산하며 오염물질을 배출하고 인간이 먹거나 사용하고 남은 상품은 쓰레기가 된다.

다섯째, 제국주의와 제국 중심이 주변부를 착취하는 세계체계world system 때문이다. 서구 문명이 들어오기 전까지 제3세계 사회의 대부분은 자연과 거의 완벽하게 공존하며 사람끼리도 서로 평화스럽게 살았다. 그들은 신이 보내준 짐승만을 사냥했기에 유럽인들이 들어와서 대량학살을 하기 전까지는 모든 동물들이 생태계의 균형을 이루고 있었다. 그들이 만들고 먹고 사용한 것들은 화살촉에서 대변과 집에 이르기까지 모두 자연에서 얻은 것이었고 다시 자연으로 돌아갔다. 그런 제3세계가 환경 위기를 겪은 것은 서구식 개발과 제국의 착취 때문이다. 서양 사회는 이 공존과 상생을 추구하는 '야생의 사고'를 '미개와 야만'으로 규정했으며, 문명의 이름으로 서구화와 산업화, 자연의 정복과 개발을 단행했다. 서양의 백인들은 삼림을 파괴하고 대형 농장을 짓고 자원을 수탈하고 노동을 착취했다. 이로 제3세계의 자연이 파괴되고 공동체가 해체되고 그중 여러 나라가 가난과 내전에 시달리고 있다. 이들 사회는 '서구적 산업모델 및 서구식 근대화와 농법, 대형 농장체제의 수용 → 생산 및 인구의 증가 → 산림의 개발과 비료와 농약의 과다 사용 → 산림 파괴, 토양의 사막화 → 강수량 저하와 지하수 및 하천수 감소, 토양오염, 지하수 오염 → 가뭄과 식수 고갈 → 농촌공동체 파괴와 흉년, 기근, 혹은 내전과 전염병 → 독재 및 서구 종속 심화'의 악순환을 겪고 있다.

가장 대표적인 예가 에티오피아이다. 이 나라는 서구적 산업화를 단행한 이후 국토의 40%에 달했던 삼림이 1%로 축소되었다. 숲이 물을 품어주고 기후를 조절하지 못하자 가뭄이 50년 넘게 지속되면서 농토는 거의 모두 사막으로 변했고 하천과 샘도 말라버렸다.

나라마다 배경이 워낙 달라 차이도 다양하고 환경만이 아니라 정치에서부터 국제관계와 문화에 이르기까지 여러 요인이 작용한 결과이지만, 이는 정도의 차이일 뿐, 대부분의 아프리카 국가에서 일어나고 있다. 이 비극에서 막대한 이익을 차지하는 것은 서양의 다국적 기업, 이들과 카르텔을 형성한 아프리카의 종속자본과 독재자 및 추종 세력들뿐이다. 자연은 무참하게 파괴되고 생명들은 먹이와 서식처를 잃고 죽어가고 있으며 대다수의 민중은 식량이 모자라서 굶주리고, 물이 부족하고 위생시설이 제대로 구비되어 있지 않아 전염병에 무방비로 죽어간다.

여섯째, 국가와 자본의 동맹의 심화, 특히 토건카르텔 때문이다. 후기 자본주의 체제에 와서 자본주의 체제가 점점 고도화하면서 정치와 경제의 영역의 경계는 모호해졌다. 이 토대를 바탕으로 자본은 국가의 정책과 재정이 자본에게 유리하게 결정되도록 정치를 작동시키기를 원하고, 국가는 경제 발전과 개발을 통해 정당성을 확보하려면 자본의 참여를 필요로 했다. 이로 정치를 매개로 한 국가와 자본의 동맹은 점점 공고해졌다. 대신, 국가가 복지를 확대하면서 노동자와 서민 계급의 불만을 누그러트리고 자본과 국가의 동맹으로 상실한 정당성을 보충했다. 대중문화는 계급화해를 지향하고 노동자 계급을 중산층으로 동일화하는 데 기여하면서 반역을 사전에 봉쇄했다.

신자유주의 체제는 이를 더욱 악화하였다. 자본은 이윤을 극대화하기 위하여 정치 영역에서 환경과 노동, 인권의 보호를 목적으로 행하던 온갖 규제를 해소할 것을 국가에 요청했다. 자본은 정규직을 해고하고 그 자리를 다양한 종류의 비정규직으로 대체하며 노동의 유연성을 강화하였고, 철도, 상하수도, 주택, 의료, 교육 등 그동안 사회의 유지와 통합을 위해 최소한으로 확보하였던 공적 영역마저 사영화했다. 국가가 이를 추진하면서 이로 더욱 생존이 어렵게 된 노동자와 서민을 배제했다. 계급화해 장치와 대중문화 등의 영향으로 노동자의 의식과 조직화는 점점 약해지고 있는 상황에서 세계화는 이를 촉진했다. 자본은 노동자에게 양보나 타협을 하는 대신 임금이 싼 해외로 공장을 이전하거나 외국인 노동자를 고용했다. 노동자의 가치 자체가 하락하고 노동조합의 힘은 급격히 약해졌다. 더구나 가장 많이 착취를 당하며 가장 열악한 상황에 있는 비정규직 노동자들은 노동조합을 꾸리는 것조차 쉽지 않다. 노동자의 연대는 느슨해지고 노동조합은 더욱 힘을 잃었기에 국가와 자본의 야만에 대한 저항이나 견제는 쉽지 않다. 대중의 지지를 통한 헤게모니 확보도 더욱 어려워졌다. 오히려 외국인 노동자에 대한 혐오와 배제가 확산하고 자국 이기주의가 고조하면서 대중들의 극우정당에 대한 지지도는 점점 높아지고 미국, 일본, 러시아, 오스트리아에서는 극우나 권위적인 지도자들이 정권을 잡았다. 이에 국가와 자본의 유착은 심화하고, 민주주의는 퇴행하였으며, 노동은 억압당하고 인권은 후퇴하고 환경은 파괴되었으며, 불평등이 심화하였다.

후기 자본주의와 신자유주의 체제의 모순이 결합된 토대 위에서 토건카르텔이 더욱 강화했다. 국가는 장기 침체의 국면에서 경기를 부양할 수 있는 가장 빠른 길로 국토 개발을 선호한다. 자본과 기득권 동맹은 가장 빠른 시간에 가장 큰 자본을 축적할 수 있는 방편이다. 나라마다 공사마다 차이는 있지만, 대략 전체 공사비용의 10%에서 40%에 이르는 자금이 정치인-관료-자본-토호 세력으로 이루어진 토건카르텔의 주머니로 들어간다. 그들은 홍수 예방, 수자원과 에너지 확보, 농지 및 공업용지 조성, 고용 창출 등 국가발전이나 국민적 필요를 명분으로 내세우지만, 비용 대비 효과를 산출하면 대규모 토목사업은 마이너스인 경우가 대부분이다. 그럼에도 토건카르텔은 효과를 부풀리며 주민과 시민단체, 환경단체의 반대를 무릅쓰고 이를 강행한다. 대규모 개발사업들은 자연과 환경을 파괴하고 무수한 생명을 죽음으로 몰아넣으며, 자연과 조화를 이루며 살던 원주민이나 마을 공동체를 파괴한다. 이 사업들은 국민의 세금으로 이루어지지만 그 열매는 토건카르텔이 따먹으며, 이로 야기되는 기후변동, 홍수와 가뭄, 바이러스의 전파 등은 지역주민과 국민이 감당해야 한다.

이의 대표적 사례는 브라질 아마존 유역의 밸로몬테 댐, 일본의 얀바 댐, 한국의 새만금 방조제, 4대강 보 등 수십조 원이 들어가는 대규모 토목사업이나 핵발전소의 냉각탑이다. 4대강 사업의 경우 24조 원의 막대한 예산을 투여하여 4대강에 보를 쌓았지만 이는 강물을 오염시키는 등 부작용이 더욱 많아 보를 해체하는 것이 오히려 강을 살리고 국민 혈세를 줄이는 길이다. 일본 민주당이 집권하자마자 얀바 댐 공사를 중단한 가장 큰 이유도 이 때문이다. "당시 민주당은 댐 건설을 중지하면 외려 730억 엔의 예산을 절감할 수 있다고 파악하고, 자민당의 일본열도개조론을 복지 패러다임으로 전환하기 위하여, 비용 대비 효과가 마이너스인 토목사업들을 정리하기 위하여, 일본 자민당의 돈줄인 토건사업을 끊기 위하여 공사비 4,600억 엔 가운데 3,210억 엔이 이미 투입돼 공사가 70% 이상 진행된 상태에서 공사 중단을 선언한 것이다."[24]

일곱째, 과학기술의 도구화와 자본과 유착이다. 후기 자본주의 체제에 와서 과학기술과 산업 생산이 밀접한 연관 관계를 맺게 되었다. 과학기술은 자본주의 체제에서 도구화했다. 흑사병이 신의 벌이라던 교회에 맞설 때 과학기술은 기존체제에 균열을 가하는 비판적 이성이었으며 대중을 주술의 정원에서 탈출시키는 계몽의 빛이었다.

---

24 『동아일보』, 2009년 10월 12일자 참고함.

하지만, 현대 사회에서 과학기술의 비판적 이성은 거세되었고 계몽의 빛은 점점 후면으로 사라지고 오히려 기존체제를 정당화하는 이데올로기가 강화하고 있다. 특히, 자본주의 체제에서 과학기술 자체가 높은 이윤을 창출하는 도구로 전락하면서 국가와 자본 모두 과학기술을 이용하고 있다. 자본은 재정을 과학기술에 투여하는 대가로 독점권을 행사하여 이 기술로 파생된 상품의 판매로 막대한 이윤을 획득하며, 국가는 국가의 부를 늘리고 정당성을 강화하기 위하여 과학기술에 지원한다. 과학기술의 종사자들은 높은 연봉과 기술료, 보상을 받기 위하여 이에 자발적으로 참여한다.

핵심 문제는 늘 인간의 지혜가 지식을 앞서지 못한다는 점에 있다. 인간은 원자탄을 터트려 수십만 명의 인간을 죽이고 수백만 명의 인간을 관련 질병으로 고통을 겪게 한 후에 원자탄의 평화적 이용에 대한 국제 협약을 맺는다. 그렇듯, 인간의 지식은 과학기술을 발전시키고 이것으로 수많은 기계, 무기, 제품, 약품을 생산하지만, 그 후에 이것이 환경을 파괴하고 생명을 죽이는 부작용을 경험하고 나서야 이를 최소화하는 기술과 제도를 만든다. 신의 경지에 오른 과학기술 수준임에도 인류는 유전자조작 곡물이 자연의 생태계와 인간의 몸에 어떤 영향을 끼칠 것인지, 실험실에서 만든 바이러스가 유출될 경우 그 바이러스가 얼마나 변형되어 얼마나 많은 사람을 감염시키고 죽일지, 레이저 무기와 인공지능 전투로봇이 얼마나 많은 인간을 살상할지는 모른다.

여덟째, 기계론적 세계관 때문이다. 뉴턴의 기계론적 물질관과 데카르트의 심신이원론心身二元論은 세계를 이분법으로 나누고 분석적, 환원주의적으로 바라보면서 자연에 대한 착취와 개발을 정당화한다. 뉴턴이 볼 때 수소, 산소, 탄소와 같은 원소에서 이것들이 결합하여 이루어진 물, 흙, 쇳덩이에 이르기까지 물질은 인간의 정신과 분리되어 있는 객관적 실재이다. 뉴턴은 천문학과 물리학을 하나로 종합하여『자연철학의 수학적 원리(프린키피아)』를 펴냈다. 우주의 별도 물질로 이루어졌으며, 천체의 운동과 지상의 물질의 운동이 '만유인력의 법칙' 등 동일한 법칙에 따라 움직이고 통일되었음을 밝혀 고전역학을 완성했다.

데카르트가 볼 때 자연이란 물체가 역학의 법칙에 따라 움직이는 세계이다. 여기서 정신은 배제되어야 한다. 달팽이에서 빨리 달리는 치타, 날아다니는 새에 이르기까지 모두 중력의 지배를 받는 데서 잘 드러나듯, 동물조차 자동계에 불과하다. 이런 기계론적 물질관에서는 생명에 대한 존엄성과 경이를 찾아볼 수 없다. 자연을 그저 기계처럼 작동시키고 고장나면 폐기하면 되는 대상으로 간주했다.

아홉째, 인간중심주의 때문이다. 인간중심주의는 인간이 전 지구의 중심에 서서 자연을 착취하고 개발하며 다른 생명을 마음대로 지배하고 학살하는 것을 문명으로 정당화한다. 인간중심주의에서 보면, 우주 삼라만상 가운데 인간이 가장 귀한 존재이며, 지능이 가장 우수한 인간이 다른 종의 생명을 지배하고 자신의 탐욕과 쾌락을 위하여 숲을 마구 개발하고 동물을 죽이는 것은 정당하다. 하지만, 인간이 인간을 죽이는 것이 범죄인 것처럼, 인간이 숲을 개발하고 동물을 죽이는 것 또한 범죄이다. 2017년 3월 15일 인류사에서 기념비적인 법안의 의결이 있었다. "뉴질랜드 의회는 마오리족이 신성시하는 북섬의 황거누이강에 살아 있는 인간과 동등한 법적 권리와 책임을 주는 법안을 통과시켰다. 앞으로 이 강을 해치거나 더럽히는 자는 사람에게 한 것과 똑같이 처벌을 받는다."[25]

2. 자본주의 체제에서 생명의 상품화와 고통의 구조화, 부재의 정치학

자본주의 체제에서는 인간과 생명보다 돈과 물질의 가치를 더 중시한다. 국가나 지역사회의 차원에서 더 많은 이윤을 위하여 수억의 생명을 죽이고 수많은 사람을 죽음으로 몰고 가는 개발이 행해진다. 개인 또한 물신物神을 더 숭배하며 돈 몇 푼을 위하여 사람을 죽이는 일이 흔하게 벌어진다. 그 속에서 생명은 상품으로 전락하고 고통마저 구조화한다.

생명모순의 심화

생명모순과 계급모순의 결합 자본주의 체제는 계급모순뿐만이 아니라 생명모순 또한 야기하고 있다. 생명을 상품화하면서 잉여가치를 착취하기 위한 수단으로 삼고 있다. 생명의 가치를 교환가치로 대체하여 생명의 가치와 생명성을 후면으로 숨게 하고, 생명을 교환가치로 따져서 살상하고 이용하는 것을 당연한 일상으로 만들고 있다.

생명모순에 계급모순이 결합하면서 계급 간 차별과 갈등이 인간

25 「황거누이강을 사람으로 대하라」, 『경향신문』, 2017년 3월 16일.

과 다른 생물, 인간 및 생명 집단 간 차별과 갈등으로 전이한다. 한 예로, "해마다 대략 1,500억 달러를 10년 동안 투자한다면, 지구상의 모든 가난한 이들이 기초적인 교육과 의료와 위생 시스템을 보장받고 적절한 영양, 식수, 여성의 경우 적절한 산부인과 치료를 받을 수 있다."[26] 넉넉잡고 2,000억 달러면 10억 명의 굶주리는 사람들을 일시적으로 도와주는 것이 아니라 영원히 굶어 죽지 않게 함은 물론 그들에게 기초적인 의료와 교육을 실시하는 체제를 만들 수 있다. 그럼에도 해마다 기아에 허덕이는 8억 500만여 명이 먹고도 남는 양, 4,000억 달러(약 439조 원)어치의 음식물 쓰레기를 버린다.[27] 미국 한 나라에서만 너무 먹어서 비만 관련 의료비로 매년 1,470억 달러를 지출하고 있다.[28] 지구의 한쪽에서는 어린이들이 못 먹어서 죽어가는데, 다른 쪽에서는 아이가 너무 먹어서 어릴 때부터 성인병을 앓고 있다. 이 현실은 이 지구촌이 얼마나 야만적이고 모순적인지 잘 보여준다.

가난한 이들은 잘 먹지 못하여 영양 상태가 좋지 않아 면역력이 떨어진다. 게다가 이들은 병균이 가득한 환경에 살면서 오염된 식수를 먹는 경우가 많기에 여러 가지 질병에 쉽게 걸린다. 하지만 이들 중 대다수가 국가의 보건체제로부터 배제된다. 가난한 마을에는 병원이 없고, 가까이 있더라도 돈이 없어서 치료를 받지 못하기에 이들 중 상당수가 죽음에 이른다. 최근의 코로나 바이러스 사태만 하더라

---

26 UNDP, *Annual Report 2006-Global Partnership for Development, United Nations Development Programme*, New York: 27, May 2006.

27 http://www.wrap.org.uk/content/benefits-reducing-global-food-waste.

28 http://www.cdc.gov/nccdphp/dnpa/obesity/economic_consequences.htm

도 평등하지 않았다. 요양병원, 취약계층, 빈민, 이주민 등 영양 상태가 좋지 않고 보건에서 배제된 이들이 쉽게 감염되고 쉽게 사망했다. 게다가 밀집 수용된 난민들은 거리두기하는 것조차 불가능하다. 아픈 이를 우선하는 것이 정의란 메시지만 남겼다.

탐욕의 구조화와 생명학살의 일상화

앞에서 말한 대로, 2019~2020년 사이에 6개월 동안 일어난 호주 산불로 1,860만 헥타르가 불타고 10억 마리의 동물이 죽었다. 이것도 넓게 보면 자본주의와 신자유주의 체제로 인한 기후변동이 근본 원인이지만, 직접적인 원인은 태평양과 인도양 바다의 온도 차이였고 자연적으로 일어난 것이다. 하지만, 지금도 아마존을 비롯한 세계 곳곳에서 탐욕스런 자본가와 이에 동맹을 맺은 정부와 지방의 권력자들이 목재를 이용하기 위하여 벌채를 하고, 대형 목장이나 농장을 만들고 광산을 개발하기 위하여 고의로 방화를 하거나 약을 주입하는 방식으로 숲을 파괴하고 있다. 토건업자들이나 목장주들은 개발의 환상을 시민들에게 주입하며 정치인과 관료를 매수하고, 정치인은 보전의 가치가 개발의 가치보다 훨씬 높음에도 탐욕에 물든 시민들에게 개발을 공약한다. 관료들은 정치인의 선동에 장단을 맞추어 정책을 집행하고, 어용지식인과 전문가 집단은 개발의 이익을 부풀린 보고서를 작성한다. 그러면 언론은 이를 대중들의 입맛에 맞게 포장하여 보도한다. 이렇게 하여 숲, 강과 호수, 바다, 개펄을 파괴하는 야만적인 개발이 감행된다. 이의 수혜자는 이 카르텔에 있는 자들이며, 대다수 국민은 이에서 소외된다. 이의 구조는 작은 마을이든, 도시든, 주/군/구/성이든, 국가든 거의 같다.

아마존의 열대우림은 보우소나루 정권 이후 빠른 속도로 파괴되고 있다. 광산개발업자, 목장주, 농장주의 사주를 받은 이들이 열대림에 방화하고 숲이 타버리면 그 자리에 광산 관련 공장이나 도로, 목장이나 농장을 조성한다. 브라질의 트럼프라 불리는 보우소나루 대통령은 이를 방조하거나 지원하고 있다. "아마존에서 2019년 8월에만 축구 경기장 420만 개에 해당하는 2만 9,944제곱킬로미터가 타버렸고, 이달 초(2019년 9월)까지 발생한 산불은 9만 5,500건을 넘는다."[29]

산불이나 들불은 대개 건기에 바싹 마른 잎에 번개가 치거나 잎과 가지가 마찰하면서 자연발생적으로 일어난다. 자연적으로 발생한 들불/산불은 빨리 복원되며 생태계의 균형을 깨트리지도 않는다. 하지만, 조직적 방화로 인하여 열대우림은 회복될 수 없는 지경으로 파괴되고 있다. "산불로 열대우림 생태계의 15~17%가 파괴됐다. 훼손율이 20~25%에 이르면 열대우림이 초원지대로 변할 것이라는 경고도 나오고 있다."[30] 이로 원주민은 수십만 년 동안 거주했던 생활의 터전과 공동체를 상실하고 여러 부족이 멸종하거나 멸종위기에 놓였다. 수십억 마리에 달하는 동물들이 불에 타서 죽고, 살아남은 동물들도 서식지 파괴로 죽어가고 있다.

인간의 무한한 탐욕과 생명의 저항

인간의 그칠 줄 모르는 탐욕에 대한 자연의 저항이 기후위기라면, 생명들의 저항도 나타나고 있다. 밀렵꾼들이 몇 푼의

---

29 「'아마존 주권' 누구에게 있나」, 『기자협회보』, 2019년 9월 11일.
30 위의 기사.

돈을 얻기 위하여 코끼리, 코뿔소, 천산갑 등을 사냥하면서 이들 동물은 멸종위기에 놓였다. "야생 생물 상품의 국제 무역 규모는 막대하며, 계속 증가하고 있다. (…) 전 세계 야생 생물 제품 수입은 1,880억 달러에 이른다. 그중 수산물은 1,113억 달러, 식물은 710억 달러, 어류를 제외한 살아 있는 동물과 파생물은 30억 달러에 달한다."[31] 38억 년에 걸쳐 이루어진 진화의 결과가 새겨진 유전자에 대해 생명권력이 독점적인 소유권을 행사하며 상품으로 판매하고 있다.

인간은 단지 한 개당 100여만 원에 지나지 않는 상아를 얻고자 매년 3만 5,000마리의 코끼리를 학살하고 있다. 코끼리를 죽인 후 상아만 빼고 몸 전체는 그대로 방치한다. 아프리카의 마지막 코끼리 피난처로 불리는 보츠와나, 그중에서도 가장 안전하다는 야생동물 보호구역에서 한꺼번에 87마리가 학살당하는 일도 벌어졌다.[32] 밀렵을 금지하고, 국제사회가 상아의 국내거래를 금지하는 데 합의하고, 코끼리 보호 시스템을 가동하고 있음에도 이는 그치지 않고 있다.

이에 지능이 높은 코끼리들은 인간을 만나면 도망가거나 상아를 감추는 행태를 보인다. 더 나아가 마치 인간을 더는 못 믿겠다는 듯 코끼리 스스로 상아 없는 코끼리로 진화하고 있다. 자연 상태에서는 암컷 코끼리 중 상아 없는 코끼리의 비율이 2~4%에 지나지 않는데, 내전 때 정부의 통제가 없는 틈을 타서 대규모 학살이 벌어진 모잠비크의 고롱고사Gorongosa 국립공원의 경우 25살 이상의 암컷 코끼리에

31 〈위키피디아〉 영어판, 'Wildlife trade.'

32 「인간의 욕심 '상아 사냥'… 코끼리 대규모 학살, 잔인한 현장」, 〈SBS 뉴스〉, 2018년 9월 5일. https://news.sbs.co.kr/news/endPage.do?news_id=N1004922090

서는 51%, 24살 이하의 암컷 코끼리에서는 32%가 상아가 없었다.[33] 이 수치는 상아 있는 코끼리가 선별적으로 죽음을 당하는 '자연도태'가 더 많은 요인으로 작용하지만, 코끼리 스스로 살아남기 위하여 '유전적 변동'의 진화를 한 것으로 추정할 수 있다.

후천성 면역결핍증Acquired immunodeficiency syndrom, 에볼라 출혈열Ebola hemorrhagic fever, 코로나 바이러스 감염증 19는 모두 숲속의 동물과 공존하던 바이러스다. 인간이 숲을 과도하게 파괴하자 이들이 달라진 환경에 맞추어 변이를 하는 바람에 인간에게 해를 끼치게 된 것이다. 코끼리, 호랑이, 멧돼지, 고라니 등이 작물에 해를 끼치고, 그중 코끼리와 호랑이가 드물지만 인간을 살상하는 것도 그들의 서식지를 경작지로 전환했기 때문이다. 그밖에도 인간이 인지하든 못하든 지구상의 수많은 생명들이 크고 작은 저항을 하고 있다.

생명의 상품화와 위기

유전자와 생명의 특허와 상품화

살아 있는 생명에서 유전자를 합성한 의약품에 이르기까지 생명이 상품화하고 있다. 생명의 가치는 교환가치로 대체되었다. 2018년 세계 제약 시장의 수익은 자동차나 반도체 시장의 두세 배를 능가하는 1조 2,500억 달러(약 1,490조 2,750억 원)에 달한다.[34] 유전자 지도 자체가 인류의 공동 유산임을 들어 이의 공유를

33 Dina Fine Maron, "Under poaching pressure, elephants are evolving to lose their tusks," *National Geographic*, November 9, 2018.

34 Matej Mikulic, "Pharmaceutical market: worldwide revenue 2001-2019," May 25, 2020.

표명했지만, 이를 응용한 기술에는 특허를 부여했다. 2000년에 "미생명공학기업인 인사이트 게노믹스는 게놈 관련 특허 신청에 가장 앞장서 513개의 특허를 따냈으며 출원 중인 것만 5만여 건이며, 휴먼게놈 사이언시즈는 112개의 특허권을 얻었으며 출원 건수는 7,500건, 셀레라 게노믹스는 6,500건을 출원한 상태이다."[35] 이들은 한 번 특허권을 인정받으면 200년 동안 이에 대하여 독점적인 권한을 가졌다. 그러다가 다행히 2013년 6월 13일에 미국에서 중요한 판결이 이루어졌다. 이날 대법원은 분자병리학회와 미리어드 제네틱Myriad Genetics사 사이의 소송에서 DNA가 '자연의 산물'이기 때문에 미국에서 인간 유전자에 대한 특허를 허용할 수 없다고 판결했다. 법원은 유전자를 발견할 때 새로운 것이 생성되지 않기 때문에 보호할 지적 재산이 없으므로 특허를 부여할 수 없다고 결정했다. 이 판결에 따라 4,300개가 넘는 인간 유전자 특허는 무효가 되었다. 다만, 실험실에서 조작된 DNA는 DNA 서열이 자연에서 발견되지 않기 때문에 특허를 받을 수 있다.[36]

유전자 자체에 대한 특허는 허용되지 않지만, 기업에 소속되었거나 지원을 받는 과학자들이 그를 변형하는 기술을 개발해내면, 기업이 독점적인 권한을 가진다. 한 예를 들면, "일본의 오노약품공업이 미국의 BMS사와 함께 개발한 세계 최초의 항 PD-1 항체 면역 항암제인 '옵디보(Opdivo, 성분명은 nivolumab)의 국내 가격은 현재 100mg

---

(https://www.statista.com/statistics/263102/pharmaceutical-market-worldwide-revenue-since-2001/)

35 『동아일보』, 2000년 6월 26일.

36 "Can genes be patented?," *Genetics Home Reference*, 2020년 3월 17일. https://ghr.nlm.nih.gov/primer/testing/genepatents.

당 200만 원 정도로, 폐암 환자를 1년간 치료하는 데 1억 원 정도 소요된다. 2014년 말에 선진국을 중심으로 약제 허가를 받은 후 바로 다음 해인 2015년에 총 매출액이 1조 1,500억 원이었고, 2016년 매출액은 3조 원이 넘었으며, 2020년 매출액은 12조 원에 이를 것으로 예상된다. 옵디보의 개발사 중 하나인 일본의 오노약품공업은 일본 제약회사 중에서 매출이 15위 정도인 중견급 회사이지만 최근 시가 총액이 3조 엔으로 급상승하여 전체 제약회사 중 2위를 차지했다. 미국의 BMS사 역시 2016년 매출이 전년도에 비해 17% 정도 상승하였는데, 이는 옵디보의 매출에 힘입은 바 큰 것으로 나타났다. BMS사는 현재 25개 이상의 암 종류에 대해 임상시험을 진행하고 있으며, 임상시험의 결과에 따라 더 많은 종류의 암에 대해 약제 허가를 받을 것으로 예상된다. (…) 약물허가를 받은 지 채 3년도 되지 않는 약제의 매출이 이 정도이며, 전 세계에 존재하는 암 환자의 수를 감안해볼 때 예상 매출액의 증가는 상상을 초월할 것으로 생각된다. (…) 과학적 혁신이 자본주의적 욕망을 끌어들이는 지점이다. 그러나 더 중요한 점은 이 약제가 제약회사라는 이윤을 추구하는 곳에서 개발되었으며, 애초에 이윤이 목적이 아니었다면 엄청난 금전적, 인적 투자가 필요한 약물개발의 연구 과정은 첫발을 떼지도 못했을 것이다. 자본주의적 욕망이 역으로 과학적 혁신을 끌어들이는 지점이다."[37]

기존의 1세대 화학 항암제는 암세포를 죽이는 화학물질을 투여하는 방식으로 암세포만이 아니라 정상세포까지 죽였다. 이에 대한 대안으로 나온 2세대 표적 항암제는 주로 표적 대상의 암세포를 죽이

37 유상호, 「생명에 대한 간섭과 불교의 지혜」, 『불교평론』 71호, 2017년 가을, 121쪽.

는 방식으로 화학 항암제의 문제점을 많이 개선하였지만, 이미 암이 다른 장기로 널리 전이한 경우에는 속수무책이었다. 반면에, 제3세대 면역 항암제는 인간 자신의 면역 능력을 활성화하는 것이기에 부작용이 거의 없고 전이된 암에도 효과가 높다. 우리 몸에는 면역세포가 있어서 웬만한 병균과 바이러스는 모두 죽여서 우리 몸을 건강하게 유지한다. 하지만, 면역세포의 활동이 지나치게 되면 면역세포가 우리 몸의 정상세포를 공격하게 된다. 이에 우리 몸에는 면역의 기전과 함께 면역을 억제하는 기전도 함께 작용한다. 후자를 면역관문 Immune checkpoint이라고 한다. 암세포는 이를 이용한다. T-면역세포가 암세포를 죽이려 다가가면 암세포는 표면에 있는 PD-L1이라는 단백질이 T세포의 'PD-1'에 달라붙어 이를 무력화한다. 그러면 면역세포는 과잉면역에 대한 억제로 인식하여 암세포를 공격하는 스위치를 꺼버린다. 반면에 옵디보나 키트루다keytruda는 먼저 PD-L1 단백질과 결합하여 암세포가 면역세포를 무력화하는 것을 사전에 차단한다. 결국 T-면역세포가 암세포를 죽여 자기 면역력으로 암을 치료하는 것이기에 부작용도 거의 없다.[38]

2015년 8월에 지미 카터 전 미국 대통령은 고향의 마라나타 침례교회에서 흑색종이 간과 뇌에까지 전이되었음을 밝히며 신도들에게 작별인사를 했다. 하지만, 키트루다의 투약과 치료를 받고 4개월만인 12월에 완치를 선언하였으며, 지금은 95세 노령임에도 이 교회에서 설교를 하며 건강하게 활동하고 있다.[39]

---

38 「새 패러다임 '키트루다' '옵디보', 어떤 약이길래?」, 『바이오스펙테이터』, 2016년 7월 18일 참고함. http://www.biospectator.com/view/news_view.php?varAtcId=1356

39 "Jimmy Carter's Cancer Immunotherapy Story," https://www.cancerresearch.org/join-the-

인간과 관계없이 생명은 38억 년 동안 자연과 상호작용하며 진화해 왔다. 이것은 지구와 인류의 공동 유산이다. 조나스 소크의 말대로 누가 태양에 특허를 출원하여 그 햇빛을 이용하여 농사를 짓고 에너지를 생산하고 산책하며 행복을 느낄 때마다 특허료를 받는 것이 타당한가? 대동강 물을 팔아먹은 봉이 김선달처럼 자본은 만인 공유의 땅과 물을 자기의 것처럼 팔고 국가는 그것을 승인하고 법과 제도를 통하여 보장해준다. 유전자와 생명의 영역 또한 특허를 매개로 독점적인 상품이 되고 있다. "생명은 더 이상 재생산의 영역에 국한되는 어떤 것이 아니라, 인지자본주의에서는 생산 자체를 결정하고, 또 생명 자체가 기술적 개입의 대상이 됨으로써 자연(생명)은 자본(문화)이 된다."[40]

병의 치료에서 노화 방지와 수명 연장으로 건강과 치료는 점점 더 양극화하고 있다. 근본적으로 경제적 불평등이 심화한 탓이지만, 부자들은 더 오래 더 젊게 사는 데 주력하고 있는 반면 가난한 이들에게 이는 사치일 뿐이고 이들은 죽음에 이르는 질병에서 탈출하기도 버겁다. 미국을 비롯하여 국민의료보험 체제가 수립되지 않은 대다수 국가에서 가난한 이들은 병원비 부담으로 인하여 병에 걸려도 제대로 치료를 받지 못한다. 반면에 부자들은 좋은 병원과 의사들을 선택하여 최상의 치료를 받을 뿐만 아니라 병이 걸리지 않았더라도 노화를 늦추고 더 젊고 아름다운 몸으로 가꾸기 위하여 병원을 찾는다. 성욕과 권력욕

cause/cancer-immunotherapy-month/30-facts/20/ Former "President Jimmy Carter to stay home from church amid Coronavirus outbreak," *WJCL*, March 14, 2020 참고함.

40 김환석 편저, 『생명정치의 사회과학』, 알렙, 2014, 65쪽.

과 더불어 장수의 욕망이 상류 사회를 지배하고 있다.

이들은 앞 장에서 말한 대로, 유전자를 조작하고 재설정하는 등 다양한 방법을 총동원하여 수명을 연장한다. 그중 일부는 신선한 장기로 교체하기도 한다. 국가의 보건 비용은 부자들에게 더 많이 사용되고 있으며, 병원은 병을 치료하는 기관에서 노화를 늦추고 수명을 늘리는 기관으로 변질되고 있다. 노화 방지가 더 큰 시장이기에 관련 기업들이 이 시장을 놓고 치열한 경쟁을 하고, 이 경쟁에서 이기기 위하여 노화 방지 관련 기술에 막대한 투자를 하고 있다. 노화 방지에 관심을 가진 사람들은 부자나 기득권들이기에 정치인들과 언론도 이들 편을 더 많이 든다. 신문과 방송에서는 거의 매일 노화 방지에 관련된 기사와 방송을 쏟아낸다. 이 분위기에 편승하여 정치인은 의회의 예산에서 점점 더 많은 예산을 이 부분에 투여하도록 권력을 행사한다. 미국의 보건 비용도 이에 대한 비중이 급속도로 늘어나고 있다. 한마디로, "병원은 더 이상 아프고 병든 사람의 안식처가 아니라 생명자본주의의 공장 역할을 하고 있다."[41]

의료와 생명의 사영화

신자유주의 체제 이후 국가와 자본의 동맹체제가 굳건해졌다. 반면에 이에 대한 견제세력인 시민사회, 노동조합, 언론은 모두 약해졌다. 이에 자본-국가-과학기술은 점점 더 유착이 깊어졌고 더욱 영리營利적으로 생명을 이용하고 있다. 자본-국가가 경제 발전을 목표로 삼고 과학기술 집단과 연구자들에게 막대한 지원을 한

41 유상호, 앞의 글, 126쪽.

다. 이들의 지원 방식은 크게 세 가지이다. 하나는 공모로, 국가나 자본이 그들이 원하는 주제를 지정하여 공모하고 선정하여 지원하는 방식이다. 둘째, 지정이나 의뢰의 방식으로, 국가나 자본이 특정 프로젝트를 연구소나 특정인에게 지정하여 지원하는 것이다. 셋째, 자체 지원의 방식으로, 국가나 기업이 운영하는 연구소나 부처에서 수행하는 방식이다. 어떤 것이든 국가나 자본이 요구하는 방향으로 주제를 한정하여 연구의 범주 자체를 통제한다. 다른 방식은 말할 것도 없지만, 공모의 방식도 공정성의 형식을 취할 뿐이다. 선정 기준을 정하는 것도, 심사단을 구성하는 주체도 국가와 자본이다. 국가의 경우 그 비용은 실제로는 국민의 혈세에서 나온 것이다. 그리고 국가와 자본은 연구를 관리 감독하고 사후에도 감사의 방식을 통하여 통제한다. 독립된 연구소들이 있지만 대부분의 연구소는 대학에 소속되어 있다. 대학도 프로젝트 전체 수주액의 일정 부분을 대학의 시설과 인력의 사용료로 받고 그것으로 대학 구성원들의 인건비나 장학금을 충당하기에 프로젝트를 따낼 수 있도록 공간과 시설을 제공하고 연구원 등 인력을 지원한다. 때에 따라서는 연구를 수행하거나 공모에 응할 수 있는 종잣돈seed money을 지불하기도 한다. 프로젝트 수주에 따른 대학의 사용료와 기술이전료는 대학 전체의 예산 가운데 10%~30%를 차지하기에, 대학 또한 프로젝트를 매개로 점점 국가와 자본에 종속되고 있다.

이렇게 지원을 받는 대신에 과학기술은 국가와 자본이 요구하는 첨단무기나 상품을 내놓는다. 기업의 지원이나 개입이 전혀 없이 국가가 국민의 세금으로 100% 지원한 과제라 할지라도 그 성과를 자본에게 넘겨준다. 자본은 일정한 비용만 지불한 채 손 하나 대지 않고 코를 풀듯 첨단기술의 열매를 넘겨받아 상품으로 만들어 시장에서 막대한 이윤을 챙긴다. 이렇게 국가와 자본은 효과적이고 기술적으로 생명을 통제, 조정, 조작하고 있다. 그래도 신자유주의 체제 이전에는 순수과학에 대한 지원도 많았고 생명을 공적인 영역으로 간주하여 지원을 하더라도 이를 강화하는 주제에 집중했다.

하지만, 신자유주의 체제 이후 생명의 가치는 교환가치로 거의 대체되었다. 이윤증대를 목적으로 하는 기업을 차치하고서라도 국가 또한 경제 발전을 지상목표로 하며 생명의 가치를 이 목표에 종속시키고 있다. 이로 당연히 의료와 생명은 공적 영역에서 사적인 영역으로 빠른 속도로 이동하고 있다. 자본-국가는 생명의 상품화를 촉진하면서 시장에서 생기는 문제를 개인과 가족에게 전가하고 있다.

한 예로 국가나 지방정부가 공공의료원을 폐쇄하고 이를 의료 자본에게 넘기면, 국민이나 지역민은 자신이 전적으로 비용을 부담하여 치료를 행해야 할 뿐만 아니라 전염병의 검사비와 같은 공중보건에 해당하는 것도 개인이 부담해야 한다. 대형토건사업을 하여 공장을 짓고 광산을 개발하고 댐을 지으면 자본은 막대한 이익을 얻지만, 이로 생기는 문제들은 고스란히 지역과 국가의 주민들이 감당한다. 농부들은 땅과 물이 오염되고 벌과 나비들이 죽고 안개가 많이 끼거나(댐 지역) 매연이 배출되는(공장 지역) 바람에 농산물의 생산량이 줄어들고 몸도 병든다. 산림을 파괴하면서 비를 저장하고 조절하던 숲의 기능도 현저히 감소하여 강우량이 줄어들고 가뭄이 극심해진다. 대형 댐이 들어서면 강은 빠르게 오염되고 물고기가 사라지기에 어부들은 생존 위기에 놓인다. 사람들이 쓰고 버린 쓰레기와 공장과 가정에서 버린 오염물질로 세계의 강들은 심각한 상태로 오염되고 있다. “중남미, 아프리카, 아시아에서 모든 강의 약 1/2에서 2/3 정도가 낮은 수준이지만 병균에 오염되었으며, 3/4 이상의 강이 낮은 수준의 유기물질 오염인 것으로 나타났으며, 9/10 정도의 강이 낮게나마 염분에도 오염되었다.”[42]

그로 인한 인간 생명의 질병만도 심각하다. “유니세프(2008)는 매년 340만 명이 콜레라, 장티푸스, 간염 등 수인성 질병으로 사망하는 것으로 추산하고 있다. 매년 전 세계적으로 약 40억 건의 설사가 발생하는데, 이는 배설물에 오염된 물의 섭취와 부적절한 위생시설과 위생으로 인해 발생하며, 이 중 180만 건의 설사가 치명적이다. 2013년에 전 세계적으로 4,000만 명 이상이 주혈흡충병schistosomiasis의 치료를 받았으며, 무려 15억 명이 토양 전달 장내 기생충에 감염됐다. 이 모든 질병들은 대부분 배설물과 관련이 있으며, 인간이 버린 쓰레기로 물이 오염되었기 때문이다.”[43] 하지만, 이는 그래도 이를 피할 수도 있고 치료도 할 수 있는 인간만 추산한 것이다. 강에 사는 물고기와 미생물, 강과 더불어 생존하는 동물과 식물까지 범주에 넣으면, 강의 오염으로 인한 생명들의 죽음은 헤아릴 수 없을 정도이고 그 정도로 처참하다.

최적화를 매개로 한 생명의 관리된 미래 더욱 가공할 만한 것은 과학기술이 최적화optimization를 매개로 생명의 현재를 관리하여 미래를 생산하는 대상으

42 UNEP, *A Snapshot of the World"s Water Quality: Towards a global assessment*, 2016, p.XXXI.
43 *Ibid.*, p.17.

로 삼고 있는데, 이의 실질적인 주체가 자본이라는 점이다. 신자유주의 체제는 금융을 통하여 시민의 미래를 저당잡고, 생명과학과 의료보건 체제를 매개로 미래를 구성하고 관리한다.

니콜라스 로즈Nikolas Rose는 "근대의 에피스테메(épistémè, 특정 시대에 사물이나 세계를 인식하는 틀)는 보이는 것 너머의 본질적인 법칙을 가리킴으로써 일단의 표면적인 사건들을 설명하는 방식이다. 반면에 현대의 생물학은 그 밑에 깔린 법칙을 무시하고 오직 결과를 만들어내기 위하여 하나의 요소를 다른 요소와 연결한다. 온갖 종류의 질환들에 대해 우리가 가진 병에 대한 감응성susceptibility을 예측하고, 이를 현재로 끌어와서 현재 속에서 관리함으로써 더 나은 미래를 만들어내려 한다. 그리하여 미래는 관리할 수 있고 최적화할 수 있다고 말한다. 다시 말해 현대의 생물학은 미래를 생산한다."[44]라고 말한다.

예를 들어, 유전자공학기업인 '23andme'에 99달러를 내고 신청하면 그 기업에서 키트kit를 보내는데, 그 안의 작은 튜브에 침을 뱉어 보내면 2주 안에 기업 웹사이트에서 자신의 유전자 정보, 특히 120여 가지에 이르는 질환들에 걸릴 감응성, 곧 병에 걸릴 확률과 유전적 특성, 조상에 대해 알아볼 수 있다.[45] "안젤리나 졸리는 두 세대에 걸친 가족력과 BRCA1이라는 돌연변이 유전자 때문에 앞으로 유방암이 생길 확률이 87%라는 분석 결과에 따라 유방절제술을 하였다. 이로 졸리의 유방암 발생 확률은 5% 이하로 줄어들었다.[46] 이제 누구나

44 니콜라스 로즈, 「생명 자체의 정치를 위하여-21세기의 생명정치」, 김환석 편저, 『생명정치의 사회과학』, 알렙, 2014, 25~26쪽 요약함.

45 https://www.23andme.com/en-int/ 참고함.

46 「안젤리나 졸리는 왜 유방 절제술을 받았나」, 『디지털데일리』, 2019년 12월 24일.

졸리처럼 생명공학을 통하여 미래를 확률적으로 예측하고 이를 가장 좋은 조건으로 관리할 수 있도록 현재를 미리 조정한다.

앞선 기업들은 최적화를 통해 미래 관리를 선도하고 있다. "위즈덤 2.0의 목표는 무엇보다 초연결형 개인이 심리적 문제 때문에 매트릭스와의 접속을 끊게 되는 일을 막는 것이다. 구글과 그 일당은 세금만 최적화하는 것이 아니라 사람들의 감정도 최적화한다. 초연결상태로 인해 스트레스를 받는 직원들에게 컴퓨터나 스마트폰에 명상이나 호흡 훈련을 도와줄 프로그램을 깔게끔 부추기는 것이 그 때문이다."[47] 그리하여 구글은 직원들이 좋은 직장에서 행복하게 일한다고 생각하게 함은 물론, 집중하여 많은 창의적인 아이디어를 내고 업무에 충실하도록 유도한다.

국가의 경우에도 마찬가지이다. 코로나 바이러스 19 창궐을 빌미로 한국을 비롯한 몇몇 선진국의 정부는 스마트폰 등 디지털 장비를 통한 개인의 감시체제를 합법화하고, 원격진료 등을 활성화하고, 생명공학 업체에 대한 규제 완화와 국가지원 증대를 추진하고 있다. 국가가 미래를 최적화하기 위하여 현재를 관리하고 개인을 통제하면서 공적 영역의 사영화를 허용하고 있는 것이다.

고통의 상품화, 구조화, 예방화, 세계화, 이미지화

고통의 의미 생명의 목적은 한마디로 이고득락離苦得樂이다. 곧 모든 살아 있는 생명은 정신적이든 육체적이든 고통을 없애고 더 즐

47 마르크 뒤갱·크리스토프 라베, 앞의 책, 176~177쪽.

겹고 만족한 상태이기를 바란다. 불교에서 잘 지적한 대로, 이 세상이 불난 집이며, 우리 삶 자체가 고통이다. 근본적으로 인간은 이상, 꿈, 욕망을 가지지만, 이것은 늘 신기루이기에 그 괴리로 괴롭다. 취준생의 고통을 감내하다가 드디어 원하던 직장에 취업을 한 자가 누리는 기쁨은 잠시뿐이고, 곧 과장을 꿈꾸고 이를 향해 과로를 마다하지 않으며 윗사람의 갑질을 견뎌내며 충성을 다한다. 가난하면 필요하거나 욕망하는 것을 하지 못해서 괴롭고, 부유하면 더 많은 부를 불리려 고통스럽다. 권력이 없으면 갑질을 당해서 고통스럽고, 있으면 복종하지 않는 자를 만날 때마다 괴롭다. 사랑을 하지 못하면 외로워서 괴롭고, 사랑을 하면 불안으로 괴롭다. 그래도 이들은 모두 소소한 고통들이다. 질병, 소외, 사고, 물리적/언어적 폭력, 굶주림, 고문, 배제, 부당한 대우, 무시와 조롱, 늙어감, 죽음 등 더한 고통이 수시로 다가온다.

고통은 겪어본 이만이 그 아픔의 깊이를 헤아리기에, 고통을 아는 자일수록 고통에 대한 말을 삼가게 된다. 그럼에도 분명한 것은 참 깨달음과 인간적 성숙은 항상 저 고통의 심연으로부터 솟아난다는 점이다. 맹자의 말대로, "하늘이 장차 큰일을 맡기려 할 때는 반드시 먼저 그 마음과 뜻을 괴롭히고 뼈마디가 꺾어지는 고난을 당하게 하며 몸을 굶주리게 하고 생활은 빈궁에 빠뜨려 하는 일마다 어지럽게 한다."[48] 위인이나 위대한 예술가/사상가들을 보면 대다수가 남다른 고통을 통하여 커다란 깨달음에 이르렀다. 평범한 인간도 마찬가지로 실패에서 지혜를 배우고, 절망으로부터 비전의 꽃을 피우며, 남

48 『孟子』「告子下」 "天將降大任於斯人也 必先勞其心志 苦其筋骨 餓其體膚 窮乏其身行 拂亂其所爲".

다른 번뇌와 고독을 통하여 참 진리를 깨닫는다. 가난의 고통 속에서 따스한 성품을 기르고 모든 가난한 자가 행복해지는 삶에 대해 깊은 통찰을 하며, 살이 저미는 실연을 거쳐야 참사랑을 깨달으며, 아버지의 죽음, 사업의 실패 등 뼈저린 좌절을 겪고 나서야 세상의 이치를 깨닫고 좀 더 따뜻하고 넉넉한 인품을 갖추게 된다. 어두울수록 별이 맑고 밝게 빛나듯, 고통이 클수록 깨달음도 깊어진다.

이처럼 물질화하고 현실에 발을 디딜 때 고통은 더 나은 세계로 나아가는 디딤돌이다. 하지만, 자본은 고통을 물질과 현실, 그리고 사회적 경험으로부터 분리하여 관념화하고 이미지화한다. 자본주의 체제는 고통을 의료와 복지 차원에서 다룰 수 있는 제도적 관리의 대상으로 만들었다. 이 체제는 더 나아가 대중들의 신체의 욕망을 부추겨 고통을 해소하고 소비의 쾌락을 증대시켜 사이비 행복에 들뜨게 하고 있다.

고통의 상품화 자본주의 체제는 인간이 고통을 떠나 즐거움을 추구하는 속성을 이용하여 한편에서는 이윤을 증대하고 한편에서 고통이 불만과 저항으로 전이하는 것을 원천적으로 차단하려 한다. 이에 자본은 생로병사生老病死의 고통을 모두 상품화하였으며, 이 체제의 구성원들은 돈을 지불하여 상품을 구매하면 고통을 해소할 수 있다. 오늘날의 대중은 사리돈이나 아스피린 같은 진통제를 언제 어디서나 식료품처럼 구입하여 상복할 수 있다. 노화 방지와 건강은 선진국의 최고의 산업으로 부상하였으며, 거의 모든 병들은 고통 없이 치유가 가능하다. 자본의 촉수는 이에서 멈추지 않는다. 죽음과 마음의 영역마저 상품 시장에 편입시켰다. 장례식, 장례물품, 화장, 무덤,

비석은 모두 고가의 상품이며, 빈부의 차이에 따라 죽음도 천양지차이다. 명상과 상담, 글쓰기, 그림 그리기, 음악 감상 등을 활용한 치유 시장은 말 그대로 블루오션이다.

이제 죽은 이나 산 자의 장기도 상품의 반열에 올랐다. 서양 의사들과 법관들은 뇌사를 인정했다. 반면에 이에 반대하는 의료인들과 대다수 동양인은 심장이 멈춰야 삶이 마감한 것이라고 생각한다. 이에 맞서서 의사들과 법관들은 뇌사를 인정해야 장기를 이식하여 수많은 사람들을 구원할 수 있다는 인도적 이유를 제시했다. 그러나 그는 수사적 차원일 뿐, 인간의 장기마저 시장의 거래 품목으로 추가하려는 저의가 담겨있다. 더구나 장기는 살아 있는 사람에게서도 기증을 받거나 강제로 적출당하고 있는, 가난한 자에게서 부자로, 제3세계에서 선진국으로 팔리는 일방적인 상품이다. 유엔마약범죄국 UNODC이 『2014 세계 인신매매 보고서』를 통해 밝힌 바에 따르면, "인신매매는 총 124개국에서 510개의 경로를 통해 일어났으며, 그중 어린이가 33%였다."[49] "이 중 강제노동을 하는 자가 40%, 성적 착취를 당하는 자가 53%, 기타 7%였고, 장기 적출을 당하는 자 또한 0.3%에 달했다."[50]

자본은 장기를 상품화하는 것을 통하여 죽음의 고통마저 다스릴 수 있는 대상으로 바꾸어버린 것이다. 이렇게 고통을 상품화하자 고통은 상품의 구입에 의해 관리할 수 있는 대상으로 전락했다. 이제 대중들은 고통에 직면하면 고통의 종류에 따라, 자신의 구매 능력에 따라 상

49 UNDOC, *Global Report on Trafficking in Persons 2014*, New York: United Nations *Publication*, 2014, p.5.

50 *ibid.*, p.9.

품을 구입해선 고통을 해소하고는 다시 일상의 즐거움에 탐닉한다. 자본의 욕망은 생로병사라는 인간의 기본적인 고통의 영역에까지 파고들고, 과학기술은 이를 실현가능한 것으로 만들어버렸다.

고통 해소의 구조화 자본주의 체제는 고통을 구조화했다. 노동자에게 적당히 휴가를 주고 휴양시스템을 제공한다. 노동자는 그곳에서 쉬면서 노동의 고통을 해소하고 상품을 소비하며 다시 노동의 장으로 돌아와 생산의 주역이 된다. 하루에 있었던 고통은 텔레비전이나 컴퓨터 오락, 인터넷이 풀어주며, 일주일의 고통은 휴일의 나들이와 모임, 스포츠나 영화 관람 등 여가로 해소하며, 1년의 고통은 휴가로 풀어버린다.

그것으로 풀리지 않는 사람에게는 향락산업이 기다리고 있다. 질병의 고통은 거대한 종합병원이 소멸시켜줄 것이란 확신을 주며, 이별, 사랑하는 이의 죽음 등 개인적이고 정신적인 고통은 회사, 학교, 지역에 마련된 상담소에서 처리해준다. 아니면, 약물치료를 받거나 오락산업에 몸을 맡긴다. 개인은 국가의 이런 치밀한 고통 해소 시스템에 만족감을 나타내며 일상의 행복을 즐기면 된다. 자본과 국가 시스템은 말한다. 이 시스템 속에서 행복해하지 않는 개인이 있다면 그는 이곳에서 추방해야 할 정신병자이거나 반체제 인사라고.

고통의 예방화 고통 해소의 구조화와 연결된 것이 이의 예방화이다. 영화 〈마이너리티 리포트〉에서는 범죄 예방 시스템을 작동시켜 범죄가 발생하기 전에 이를 파악하고 사전에 범죄자를 체포하여 범죄를 예방한다. 이처럼 자본과 국가 시스템은 고통을 해소하는 시스템을 발전시켜 고통을 미리 예방하고 있다. 산모는 양수 검사를 통해 아이가 장애인으로 판명되면 낙태수술을 하여 장애인 아이를 기르면서 평생 겪을 고통을 사전에 차단한다. 유전자 검사를 하여 선천적 질병이 있는 유전자를 알아내고 유전자 가위나 유전자 연필을 이용하여 교체하여 질병에서 오는 고통에서 탈출한다. 실버타운처럼 안락한 양로원과 노인복지제도는 늙고 소외된 것에서 빚어지는 고통에서 벗어나게 한다. 후보자는 시뮬레이션 작업을 해보고 후보를 사퇴하여 낙방에서 오는 고통을 겪지 않아도 된다. 전쟁조차 시뮬레이션 작업을 하고 희생자가 너무 많거나 패배할 경우 선전포고하려던 계획을 접는다. 때로는 테러나 전쟁 가능성이 있는 곳을 폭격하거나 주모자를 죽여 테러나 전쟁의 싹을 없애기도 한다. 부시 대통령이 아프가니스탄과 이라크를 침공하여 수많은 사람들을 학살하고 안전한 미국, 평화로운 세계를 주장한 것처럼, 고통 예방 시스템은 개인의 몸속에서 꿈틀대는 고통의 싹마저 잘라버리고 그들이 사는 세상이 유토피아임을 설파한다.

고통의 세계화 프랑스의 사회학자 루크 볼탄스키Luc Boltanski의 말처럼 "아무리 멀리서 발생한 고통도 전 세계 대중문화의 최첨단을 달리는 미국 문화의 안테나에 포착되기 마련이다."[51] 이란의 지진, 후

51 Luc Boltanski, *La Souffrance a Distance*, Paris: Metailie, 1993 ; 아서 클라인만·조안 클라인만, 「경험의 호소력, 영상의 당혹감 — 우리 시대 고통에 대한 문화적 전유」, 아서 클라인만·비나 다스 외, 『사회적 고통 — 인간의 고통에 대한 사회학적, 의학적, 문화인류학적 접근』, 안종설 역, 그린비, 2002, 193쪽 재인용.

쿠시마 핵발전소의 폭발, 중동의 난민, 9·11 테러, 세월호 참사로 인한 사망, 실종, 유가족이 겪는 고통은 위성, 인터넷, 텔레비전을 통하여 몇 분 만에 전 세계에 알려지고 전 세계인은 이를 공유한다. 공유를 넘어서서 이들의 고통을 자신의 아픔처럼 공감하는 이들은 성금을 내고 구호에 동참한다. 한국에서 세월호 참사가 났을 때 극우 보수층을 제외한 전 국민이 장례를 치르는 분위기였다. 반면에 사람들은 그런 참사가 자기 나라가 아닌 먼 곳에서 일어난 것에 안도한다. 그 가운데 상당수는 자기 나라 국민인 것에 대해 자부심을 갖고 사이비 행복에 취하기도 한다.[52]

전 인류가 쓰나미 희생자의 구호에 나선 것에서 보듯 고통의 세계화는 일견 긍정적인 것으로 보인다. 문제는 여기에도 '재현의 위기'가 작용한다는 것이다. 우리는 고통의 참상을 직접 경험하거나 목격하는 것이 아니다. 텔레비전과 위성, 컴퓨터 등을 통해 영상과 문자로 대하는 것이다. 고통의 현실은 영상과 문자로 재현representation된다. 재현은 현실을 그대로 반영하는 것이 아니라 발신자의 이데올로기, 이해관계, 문화양식, 코드 등에 의해 왜곡되기 마련이다. 아무리 엄청난 고통이라도 비가시적인 것은 고통으로 취급되지 않으며, 고통을 가시화하는 과정 자체에 이데올로기와 정치·경제 권력이 작동한다. 발신자가 아무리 객관적으로 묘사하고 반영한다 하더라도 매체, 또는 텍스트의 형식 자체가 현실을 굴절시킨다.

과테말라나 온두라스에서 미국의 지원을 받는 우익 정부군이 수

52 이상 고통에 관한 글은 이도흠, 「고통이 관리되는 사회의 풍경과 내면, 그리고 기억」, 『문학과 경계』 5호, 2005, 104~126쪽을 참고하며 약간 수정함.

천 명의 인민을 학살한 것은 한국 언론에 보도되지 않는다. 반면에 좌익 게릴라가 이에 대항하여 학살자인 정부군 몇 명을 죽인 것은 보도된다. 과테말라와 온두라스, 아이티, 소말리아, 아프가니스탄 등에서 미군, 또는 미국의 지원을 받은 정부군이 행한 야만적인 학살은 미국 중심의 정보 흐름에 따라 묵살되거나, 보도되더라도 고통의 근본 원인을 말하지 않고 문화상대주의의 관점에서 왜곡하여 다룬다. 쓰나미 때도 마찬가지다. 쓰나미의 참상은 참상 그대로의 모습이 아니라 서양 방송의 상업적 휴머니즘과 오리엔탈리즘 등에 의해 여과된 이미지일 뿐이다. 그들에게 동남아의 희생자들은 선진 모국의 엘리트들이 인도적 차원에서 구원해야 할 대상일 뿐이다. 푸켓섬은 이국적 정서를 자극하는 휴양지이며, 그곳의 여성은 언제인가 탐닉해야 할 동양적 매력을 풍기는 색다른 성적 대상이다.

고통의 이미지화와 타인화

고통이 세계화하면서 고통은 구체적 체험이나 참상이 아니라 이미지로 소비되고 있다. 아프리카의 굶주려 죽어가는 어린이, 대학살 장면, 쓰나미의 참상 등은 모두 텔레비전이나 신문, SNS를 통해 하루 만에 이미지로 세계로 전달된다.

텔레비전과 영화 등 대중매체의 발전과 자본과 국가, 제국의 탐욕이 어우러지면서 이미지는 폭발하고 있다. 우리는 아침부터 잠들 때까지 이미지의 홍수 속에서 살아간다. '이미지 전쟁'이라는 말이 유행할 정도로 현대인의 일상은 이미지를 둘러싼 투쟁의 연속이다.

이미지는 유사성, 매개성, 포괄성, 가상성, 원초성의 특성을 갖는다.[53] 가상성과 관련이 있는 것이지만, 현대 사회에서 이미지의 중요한 기능 가운데 하나는 대중 조작이다. 대중매체는 현실과 아무런 관계없이 이미지를 만들어 현실을 조작하며, 대중들은 현실을 그대로 바라보는 것이 아니라 대중매체가 만들어주는 이미지에 따라 바라보고 행위를 한다.

엘리트층의 이미지는 서민의 이미지를 대체하고 이는 지배층의 지배를 강화하는 구실을 한다. 광고기획사의 말대로 월 300만 원을 아무런 고민 없이 용돈으로 지출할 수 있는 사람만이 삼성카드를 쓰고 지펠 냉장고를 쓴다면 문제는 그리 크지 않다. 이들 광고 텍스트들은 감미로운 노래와 색상, 꽃, 촛불, 자전거와 양복, 스니커즈 등으로 미국 중산층의 이미지를 창출한다. 대중들은 광고 텍스트의 이미지를 환상적으로 받아들인다. 그들은 이 이미지에 조작당하여 그 냉장고와 자동차를 소비하는 것이 미국 중산층의 행복을 담보하는 것이라 착각하고 그 상품을 구입한다. 그러는 사이에 그들은 과잉소비

53 유사성이란 이미지가 대상을 유사성(likeliness)의 관계로 유추한 것임을 뜻한다. '심장 대 ♡' 관계에서 보듯 이미지는 대상을 포괄적으로 유추하지만 그것은 늘 대상의 일부일 뿐이다. 매개성이란 이미지가 구체와 추상, 과거와 현재, 현실과 사고, 감각적인 것과 지적인 것, 이승과 저승의 중도에 있으면서 양자를 맺어주는 것을 의미한다. 행복의 이미지는 구체적으로 행복한 삶과 추상적인 행복의 개념을 매개하며, 불현듯 떠오른 조개탄의 이미지는 그로 난로를 때고 그 위에 도시락을 덥혀서 먹던 초등학교의 나와 오늘의 나를 이어준다. 포괄성이란 이미지가 일정한 대상이나 현상 따위를 어떤 범위나 한계 안에 모두 끌어넣어 재현하려 함을 일컫는다. 기호 '나무'는 "목질의 줄기를 가진 다년생의 식물"이라는 의미를 갖지만, 나무의 이미지는 나무라는 대상 전체에 대해 감각적으로 느낀 상(象)이다. 가상성이란 이미지는 현실, 이데아, 진실과 어느 정도 거리가 있는 가상, 환상, 거짓임을 의미한다. 광고를 통해 대중을 조작한 이미지와 실제 상품의 차이는 크다. 원초성이란 이미지가 사람의 의식, 이데올로기, 이성, 기억의 경계를 넘어 감성으로 느끼거나 무의식이 작동하여 빚어져 현재를 넘어서서 원초적인 세계를 드러냄을 의미한다. 21세기 인류가 달, 새, 불, 물 등의 이미지를 통해 수십만 년 전의 신화의 세계에 잠입한다.(이도흠, 「기호와 이미지, 문자세대와 영상세대의 소통」, 『인간연구』 11, 가톨릭대학교 인간학연구소, 2006, 79~80쪽 ; 유평근·진형준, 『이미지』, 살림, 2002, 19~37쪽 참고함.)

를 하여 자본가의 이윤을 늘려주고, 대신 자신은 더욱 가난해진다.

여기서 그치는 것이 아니다. 그들의 삶이 실제로 중산층으로 변한 것이 아니라 소비양식만 그런 것인데, 고급 냉장고를 사용하고 고급 자동차를 타고 있는 한 그들은 이미 중산층이다. 서민이면서도 자신이 중산층으로 상승한 양 착각한다. 그들은 광고 텍스트에서 중산층으로 묘사된 모델과 자신을 동일화하면서 점점 자신에게서 소외된다. '사이비 행복의식' 속에서 계급갈등과 불만은 자연히 사라진다. '반역을 향한 꿈과 열정' 또한 희미해진다. 결국 그들은 이 이미지에 취하여 서민적 이미지를 낡고 고리타분하고 시대에 뒤떨어진 열등한 것으로 인식하게 되면서 지배층에 포섭된다. 주로 미국 중산층의 이미지에 마취된 대중들은 미국 중산층의 상품을 소비하고 생활양식을 수용하고 나아가서는 '꿈의 양식'마저 바꾼다. 그리하여 미국 중산층이 바라보는 방식대로 세계를 바라보고 꿈을 꾼다.[54]

또 당장 그 나라에 필요한 산업시설을 건설하기보다 국민경제에 긴요하지도 않은 소비제품 공장을 서둘러 짓고 국민들은 국민들대로 민족자본을 축적할 돈을 소비에 지출한다. 하나의 광고를 통해 체제에 대한 합리성이 주어지고 저개발의 특징인 대중의 빈곤이 유지되며 종속이 강화되는 것이다.

이처럼 이미지는 현실을 왜곡하고 사람들의 감각을 자극하여 이미지를 만든 자가 의도하는 행동을 이끌어낸다. 그리고 이는 다시 의

---

54 이 부분은 마텔라르가 "미국 만화영화를 통해 제3세계 어린이는 그들의 눈이 아니라 미국인이 제3세계를 바라보는 눈으로 자신을 보도록 한다."라고 지적한 것을 이 상황에 맞게 수정해서 사용한 것이다. Ariel Dorfman · Armand Mattelart, *How To Read Donald Duck: Imperialist Ideology In The Disney Comic*, (tr.) David Kunzle, New York: International General, 1984, p.95 참조함.

도된 현실을 형성한다. 이미지는 이미지를 만든 자가 디자인한 현실을 만든다. 그러기에 21세기의 영토는 치열한 이미지 전쟁의 터로 변하고 있다.

이미지의 전장에서 제국의 이미지가 제3세계를, 지배층과 부르주아의 이미지가 피지배층과 노동자와 서민의 이미지를 압도하지만, 실제로 이미지 조작이 전쟁을 불러오기도 한다. 우리는 지금 세르비아 하면 인종청소나 강제수용소를 떠올린다. 그러나 세르비아에는 인종청소도, 강제수용소도 없었다. 이는 보스니아와 미국이 공모하여 광고대행사인 루더핀사를 통해 비쩍 마른 백인 남자가 더위 때문에 상반신을 벗은 채 우연히도 철조망을 배경으로 자세를 취한 사진에 '죽음의 수용소, 강제수용소' 등의 제목을 붙여 미디어를 통해 확산시킨 데서 비롯되었다. '보스니아-헤르체고비나에 세르비아인들이 강제수용소를 만들어 이슬람교인을 수용하고 있다'는 기사가 8월 2일 뉴욕의 타블로이드지인 『뉴스데이』에 처음으로 올라왔다. 그러자 다른 미디어도 이에 뒤질세라 같은 기사를 다룸으로써 이 뉴스의 충격도가 극적으로 증폭되었다."[55] "이 뉴스가 전 세계로 퍼져 나가고 정치인들이 선동하자 유태인의 대학살에 원죄 의식을 갖고 있던 미국과 유럽의 정치인과 대중은 세르비아를 나치와 동일시하여 전쟁을 선포하고 세르비아 전역을 초토화한다.[56]

55 다카기 도루, 『전쟁 광고대행사 ― 정보 조작과 보스니아 분쟁』, 정대형 역, 수희재, 2003, 196쪽.
56 이상 위의 책 요약함. 보스니아 헤르체고비나의 하리스 실라이지치 외무장관은 미국의 제임스 베이커 국무부 장관의 조언대로 미국 광고대행사 루더핀사와 비밀계약을 체결한다. 카메라맨 제러미 어빈이 찍은 사진에 '죽음의 수용소, 강제수용소' 등의 제목을 달아 신문에 실었다. 부시 대통령은 세르비아에 대한 전쟁을 선포하며 "세르비아인들에게 끌려간 죄수의 영상은 이 문제를 더 이상 방치해두어서는 안 된다는 사실을 보여주는 명백한 증거다. 세계는 두 번 다시 나치의 강제수용소라는 천인공노할 만행을 용납해서는 안 된다."라고 말했다.

잔혹한 학살 장면이 보도되면 사람들은 처음엔 고개를 돌리다가 점점 익숙해져 불에 그슬린 시신, 목이 잘린 시체를 보고도 별 반응 없이 밥을 먹고 잠을 잔다. 심지어 상반신을 노출한 아프리카 빈민촌의 소녀 사진을 보고도 그 소녀를 그렇게 만든 근본 원인인 세계체제의 모순이나 서양의 종속과 착취에 대해 생각하는 서양인들은 드물다. 소녀의 몸매에 카메라 앵글을 맞춘 카메라의 시선을 따라 감상할 뿐이다. 고통의 참상은 고통을 공유하거나 고통의 문제를 진단하고 극복하기 위해서가 아니라 시청률을 올리기 위한 상품으로 미디어에 실린다. 어느덧 전 세계의 대중들은 가학적 관음증 환자가 되었다. 그들은 웬만한 참상엔 별로 반응하지 않는다.

수전 손택Susan Sontag의 지적처럼, "사방팔방이 폭력이나 잔혹함을 보여주는 이미지들로 뒤덮인 현대 사회에서는 사람들이 타인의 고통을 일종의 스펙터클로 소비해버린다. 타인의 고통이 '하룻밤의 진부한 유흥거리'가 된다면, 사람들은 타인이 겪었던 것 같은 고통을 직접 경험해 보지 않고도 그 참상에 정통해지고, 진지해질 수 있는 가능성마저 비웃게 된다."[57] "고통 받고 있는 사람들에게 연민을 느끼는 한, 우리는 우리 자신이 그런 고통을 가져온 원인에 연루되어 있지는 않다고 느끼는 것이다. 우리가 보여주는 연민은 우리의 무능력함뿐만 아니라 우리의 무고함("우리가 저지른 일이 아니다.")도 증명해주는 셈이다."[58]

---

57 수전 손택, 『타인의 고통』, 이재원 역, 이후, 2003, 2쪽.
58 위의 책, 154쪽.

▌육식, 부재의 정치학

도살을 통해

동물의 생명과 죽음은 부재한다 우리는 매일 30억 마리, 매년 1조 950억 마리의 동물을 죽인다. 그럼에도 자본주의 체제에서 인간이 육식을 위하여 생명을 죽이는 일은 상품을 만드는 작업인 '도살'로 대체되면서 생명의 죽음을 부재하도록 한다. 마이클 베이 감독의 영화 〈아일랜드〉를 보면, 메릭 박사는 메릭바이오테크사를 설립하여 고객으로부터 500만 달러 정도의 거액을 받고 복제인간을 만든다. 후원자라 불리는 고객이 암과 같은 병에 걸릴 경우 복제인간의 장기를 적출하여 대체해준다. 복제인간은 장기를 적출당한 후 중요한 부품을 떼어낸 폐자동차처럼 버려진다. 이 사실은 복제인간과 고객 모두에게 비밀이다. 복제인간인 '링컨 6-에코'는 이 사실을 알고 '조던 2-델타'와 탈출을 시도한다. 이들을 돕는 인간인 맥코드는 후원자에게 이 사실을 알리면 도움을 받을 수 있으리라고 조언을 한다. 후원자가 왜 이 사실을 모르느냐는 링컨의 질문에 맥코드는 대답한다. "사람들이 도살을 몰라야 고기를 잘 먹을 수 있는 이치와 같지."

자신과 똑같이 생긴 복제인간에게서 심장을 적출한 후 그를 푸줏간의 고기처럼 버린 것을 목격하고도 아무런 윤리적인 갈등 없이 그 심장을 달고 다닐 수 있는 사람은 없을 것이다. 그것이 동물의 경우라도 정도의 차이는 있을지언정 그 본질은 마찬가지이다. 때문에 전 세계에서 매년 도살되는 동물의 수는 1조 마리가 넘는데, "도살을 통해 동물은 부재 지시대상이 된다."[59]

고기는 죽은 동물을 지시하지 못한 채 음식물만을 지시하게 된다. 우리가 가게에서 구입한 쇠고기 덩이가 현전하는 것이라면, 부재하는 것은 동물과 생명이다. 고기엔 그 동물의 숨소리, 음메 하고 길게 울던 울음, 맛난 풀을 먹던 긴 혀, 축축이 젖은 눈망울, 도살되기 직전의 공포에 떨던 모습이 없다. 죽으며 내던 단말마 소리와 샘솟듯 흐르던 피는 보이지 않는다. 육즙을 머금고 적당한 크기로 썰어진 검붉은 고깃덩이만 있을 뿐이다. 내 눈앞에 보이는 저 현전하는 고기는 살아 숨을 쉬고 활동을 하던 구체적 동물 존재와 분리된 이미지가 된다. 나는 저 고기를 바라보며 적당히 구워져 좋은 향과 육즙을 내며 쫄깃쫄깃 씹혀질 이미지를 떠올린다. 난 그 이미지를 소비하기 위해 고기를 그리 요리할 것이고, 고기를 먹으며 이미지에 부합할 경우 맛나다고 생각할 것이다. 그리 먹은 후 고기조차 사라지고 다시 쇠고기에 대한 맛있었던 이미지만 남는다.

동물과 생명이 부재하는 방법에는 세 가지가 있다. 하나는 피가 흐르고 숨을 쉬던 동물을 도살하여 고기로 바꾸는 것이다. 다음은 명칭을 바꾸는 것이다. 소cattle가 도살되면, 쇠고기beef로 바뀐다. 셋째는 동물을 인간 경험을 묘사하기 위한 은유로 사용하는 것이다.

은유의 원리대로 고기는 흔히 여자의 살이나 몸의 은유를 형성한다. 남성들은 여자와 섹스를 한 것을 두고 "(여자의 살을) 먹었다."라고 표현한다. 여성 앞에서 스테이크를 먹는다는 것은 남녀 모두에게 섹스에 대한 욕망을 뜻한다. 폭행의 희생자들 또는 구타당한 여성들

---

59 캐럴 J. 아담스, 『육식의 성정치』, 이현 역, 미토, 2006, 81쪽.

이 "저는 제 자신이 고깃덩어리 같다고 생각했어요."라고 말한다.[60] 이런 사례에서 고기의 의미는 고기 그 자체를 지시하는 것이 아니라 남성 폭력에 희생된 여성이 자신에 대해 느낀 바를 지시한다. 이 은유는 동일화 기능을 수행하여, 임신을 하고 출산을 하며 여성으로서 인격과 향기를 갖는 몸을 추상화하며 이를 고기에 대한 상상으로 대체한다. 여성에게서 인격을 제거하고 고기처럼 먹거나 폭력을 가할 수 있는 대상으로 간주하게 만드는 것이다. 더불어 이 은유는 차이를 녹여 동일성으로 만든다. 수많은 여성의 몸은 생김에서 그 몸의 주인이 가지고 있는 성격과 기질에 이르기까지 다양한 차이를 갖는데, 이를 고기로 동일화하는 순간 '차이, 각자의 몸을 형성했던 인격과 기질, 생명력'은 사라진다.

고기엔 축산기업의 야만과 부조리가 현전하지 않는다 다음으로 부재하는 것은 축산기업과 그들이 야기하는 야만과 부조리이다. 기업화한 목축은 삼림과 초지를 파괴하고 가난한 자의 농토를 빼앗았으며, 지방이 많게 하기 위해 먹인 곡식은 10억 명이 먹어치울 양에 달하여 굶주리는 사람이 늘게 하는 주요 동인으로 작용하고 있다. 아울러 쇠고기의 지방만으로도 인간은 각종 성인병에 걸리고 있는데, 이것만이 아니다. 단기간에 적은 비용으로 무게가 많이 나가고 지방이 많은 소를 대량생산하기 위하여 소에게 목초 대신 살충제가 남은 곡식과 동물사료, 쓰레기, 호르몬제를 먹이는 바람에 소는 온갖 질병의 근인이다.

---

60 위의 책, 82쪽.

부드럽고 육즙이 많은, 다시 말해 지방질이 많은 쇠고기는 풍요의 상징 기호이다. 바로 이 점이 소 생산과 곡식 생산을 새로운 공조 관계로 결합시켰다. 지방 많은 쇠고기를 원하는 영국인들, 평원의 황소를 구입할 돈줄이 필요한 서부 목축업자들, 잉여 옥수수를 먹어치울 비육우를 원하는 중서부 옥수수 재배 농부들, 새로운 식민지의 투기적 사업을 이용하려는 영국 재정가들의 관심사가 서로 한 덩어리가 되어 신흥 유럽-미국 축산단지가 창출되었다.[61] 영국이 평원의 공짜 목초와 중서부 곡창 지대의 잉여 옥수수를 성공적으로 결합시킨 지 한 세기가 지난 오늘날, 1억 600만 에이커에 달하는 미국 농경 지대에서는 2억 2,000만 톤의 곡식이 소를 비롯한 다른 가축들을 위해 재배되고 있다. 미국에서 가축들, 그것도 주로 소가 소비하는 곡물은 전 국민이 소비하는 곡식의 두 배에 육박한다.[62] 전 세계적으로는 6억 톤의 곡식이 가축들, 그 대부분은 소의 먹이로 사용되고 있다.[63] 만약 전 세계에서 생산되는 곡물을 가축 사료가 아닌 인간이 직접 소비한다면 지구상에 있는 10억의 사람들이 곡식을 배불리 먹을 수 있을 것이다.[64] 돼지나 닭을 차치하고 소 하나만 보더라도, 이 행성 전 인구의 1.5배에 달하는 87억의 사람들이 필요로 하는 열량에 상당하는 식량을 소비한다.[65]

61 제레미 리프킨, 『육식의 종말』, 신현승 역, 시공사, 2002, 118쪽.

62 미 농무부, 경제연구국, 『전 세계 농업의 공급 및 수요 견적(*World Agricultural Supply and Demand Estimate*)』, WASDE-256, 1991년 7월 11일, 도표 256-16. 같은 책, 122쪽 재인용.

63 레스터 브라운(Lester Brown) 외, 『1990년 전 세계 상황(State of the World 1990』, Worldwatch Institution, New York: W.W. Nortionn, 1990, p.12. 같은 책, 122쪽 재인용.

64 제러미리프킨, 위의 책, 122쪽.

65 O. Schell, *Modern Meat*, Vintage Books, Random House, 1985, p.198. 존 로빈스, 『육식, 건강을 망치고 세상을 망친다』 2권, 이무열 역, 아름드리미디어, 2000, 252쪽 재인용.

열대우림이었던 지역의 경우, 개간 직후에는 3,000평이면 수소 한 마리를 키울 수 있었지만, 몇 년 지나지 않아 땅이 부식되고 나면, 수소 한 마리를 키우는 데 대략 1만 4,700평을 필요로 하게 된다. 그리고 10년이 지나면 워낙 황폐해져서 수소 한 마리가 필요로 하는 목초지는 2만 4,500평에 달하게 된다.[66] 453그램의 고기를 생산하기 위해 평균 9,450리터의 물을 쓰고 있다.[67]

우리가 지금 쇠고기 한 조각을 먹는다는 것은 수십 평에 달하는 삼림과 농토, 수천 리터의 물, 수십 킬로그램의 곡식을 사라지게 하는 것이다. 그럼에도 우리 식탁에 오른 고기는 축산기업을 부재하게 하며, 축산기업은 고기를 생산하기 위해 허비한 곡식과 물, 에너지를 현전하지 않게 한다.

고기엔 수많은 질병이 부재한다 우리는 광우병을 염려하지만 고기는 그 외에도 수많은 질병을 감추고 있다. 고기를 먹는 양과 순환계 질환과 심장병, 당뇨병, 암에 걸리는 비율이 거의 비례한다.[68] 현재 미국의 모든 비육장에서는 95%의 소들에게 성장 촉진 호르몬을 투약하고 있다. 1988년에는 1,500만 파운드 이상의 항생물질들이 미국의 목장에서 사료첨가제로 사용되었다. 미국에서 사용되는 제초제의 80%가 육우와 다른 가축의 사료로 사용되는 옥수수와 콩에 뿌려지고 있다. 전미과학아카데미 연구위원회NRC에서는 요즘 세상에 나오는 온갖 식품들 중

66 같은 책, 271쪽.
67 같은 책, 2권, 275쪽.
68 같은 책, 2권, 86~118쪽. 간단히 요약함.

에서 쇠고기 살균제 오염 정도가 소비자들의 암을 유발시키는 전체 원인의 11%를 차지하는 것으로 추정하고 있다.[69]

1917년 연합군이 독일 점령 지역인 덴마크에 해군 봉쇄망을 펼치는 바람에 정상적인 식량 공급경로가 차단됨에 따라 덴마크 정부는 사실상 육류를 제외한 감자와 보리의 소비에 중점을 둔 배급 프로그램을 제정할 수밖에 없었다. 순식간에 300만 명의 덴마크인들이 채식주의자로 바뀌었고, 그 과정에서 몇몇 흥미로운 결과가 발생했다. 배급이 실시된 해에 질병으로 인한 사망률이 무려 34%나 감소했던 것이다.[70]

그럼에도 자본주의 체제에서 국가와 기업이 동맹관계를 맺고 이런 모든 것을 감추거나 조작한다. 골다공증을 예로 들면, 우리는 골다공증을 예방하기 위해서는 우유를 많이 먹어야 된다고 생각한다. 하지만 이는 우유를 많이 팔아야 하는 기업과 이에 지원을 받는 연구단체가 만들어놓은 신화이다. 전국낙농위원회는 더 많은 우유를 마시고 더 많은 유제품을 먹으면 골다공증을 예방할 수 있다고 우리가 생각하도록 만드는 데 몇천만 달러를 소비했다. 하지만, 유제품의 소비가 골다공증의 예방에 도움이 될 수 있다는 약간의 언질이라도 하고 있는 연구는 전국낙농위원회 자체로부터 연구비를 지원받는 연구들뿐이다.[71] 이에 대한 반증으로 아프리카 반투족 여성들이 하루에 섭취하는 칼슘의 양은 350밀리그램에 불과하다. 그들은 일생 동안 9명의 아이를 배고, 태어난 아이들마다 2년간씩 모유를 먹여 기

69 제레미 리프킨, 앞의 책, 19~20쪽.
70 위의 책, 206쪽.
71 존 로빈스, 『육식, 건강을 망치고 세상을 망친다 1』, 이무열 역, 아름미디어, 2000, 318쪽.

른다. 그런데도 그들은 칼슘 부족을 경험하는 일이 전혀 없어서, 뼈가 부러지거나 이빨을 잃는 일이 거의 없다. (전국낙농위원회가) 권장하는 1일 칼슘량이 1,200밀리그램인 상황에서, 그들은 어떻게 하루 350밀리그램의 칼슘만으로 이렇게 할 수 있을까? 그 대답은 의외로 간단하다. 그들은 칼슘을 몸 밖으로 배출해내지 않는 저단백의 식사를 하고 있었던 것이다.[72] 미국 내 거주 반투족들의 골다공증 발생빈도는 자신들의 이웃인 백인들과 똑같은 수준이니 유전적 요인이 아니라 식생활의 차이이다. 반면에 하루에 2,000밀리그램의 칼슘을 섭취하는 에스키모 원주민은 세계에서 가장 고단백의 식사를 하며 세계에서 골다공증 비율이 가장 높은 민족 중 하나이다.[73]

상황이 이럼에도 고기에 대한 검사체계는 강화되는 것이 아니라 고기를 생산하는 기업의 로비에 의해 점점 느슨해지고 있다. 미국 농무부USDA와 일부 정육 포장 대기업들은 현대식 검사 시스템Streamlined Inspection System을 실험 중인데, 새로운 이 체계의 시험 단계에서 연방 검사관들은 더 이상 생산라인에 오른 쇠고기를 검사할 수 없었다. 그 대신에 포장 공장의 노동자들이 기껏해야 무작위 검사 — 때때로 1,000마리의 소들 가운데 단 3마리만을 검사하는 경우도 있었다 — 를 실행할 뿐이었다. 회사들의 임의적인 검사에 의존하는 이 새로운 검사 과정은 연방 검사관들에게 대대적인 비난을 받았다. 어느 검사관은 이 새로운 제도를 "의사가 한 마을에서 1,000명의 환자 가운데 3명을 진료한 후에 그 3명이 건강하다는 이유로 마을 사람들 모두가

72 위의 책, 319쪽.
73 위의 책, 321쪽.

건강하다고 말하는 것"에 비유했다.[74]

자본은 경제적 합리성이라는 이름 아래 맹목적이고 무한한 가치 증식과 확대재생산을 추구했다. 근대 국가는 자본과 국민 사이에서 이를 어느 정도 제한하였으며, 노동자는 교육, 조직화와 연대, 민주제도의 발전 등에 힘입어 자본의 욕망에 제동을 걸었다. 이제 자본의 이런 탐욕이 생활세계, 지식과 정보, 개인의 몸과 무의식까지 침투하였으며, 국가가 자본과 결탁하면서 국가는 정당성의 위기에 봉착했다. 자본의 억압과 욕망이 개인의 몸과 무의식까지 지배하고 있으며 이는 고기의 장에서도 예외는 아니다. 고기의 장에서 종적 합리성은 시장적 합리성으로 대체된다. 삶과 자연, 재생을 의미하는 번식력은 죽음, 문명, 소비를 뜻하는 생산성으로 전환된다. 축산기업은 더 많은 이윤을 위해 가축에게 호르몬제와 살충제가 축적된 사료, 항생제를 먹이며 그로 야기되는 질병을 숨기고 있고 검사체제를 완화하고 있으며 육류 소비의 정당성을 조작하고 있다. 이런 메커니즘 속에서 고기만 현전할 뿐, 동물과 생명, 질병, 축산기업의 야만과 부조리는 고기 속으로 숨는다.

지금 현전하는 것이 스스로 본질을 드러내거나 의미를 형성한다고 생각하는 것은 현대식 사유의 소산이다. 자크 데리다Jacques Derrida의 지적대로, 부재한 것에 따라 현전하는 것의 의미와 가치는 달라진다. 보이지 않는 것이 지금 보이는 것의 의미와 가치를 드러낸다. 고기도 마찬가지이다. 내 눈앞의 고기에서 '육즙이 뚝뚝 흐르며 부드럽

74 「빌 데틀프슨이 린다 캐리에게 보내는 의견」, 1989년 4월 23일, USDA 일람표 No. 83-008P. 제러미 리프킨, 앞의 책, 161쪽 재인용.

게 씹히는 이미지'를 버리고, '도살, 축산기업, 동물들의 숨소리, 여성의 몸, 질병, 살충제' 등 부재한 것을 드러내 고기를 바라보고 읽을 때 우리는 '정치적으로 올바로' 고기와 관계를 맺는 것이다.[75]

3. 4차 산업혁명이 자연과 생명에 미치는 긍정적 영향

4차 산업혁명이 자연과 생명에 부정적인 것만이 아니라 긍정적 영향을 미치기도 한다. 슈밥은 자신의 저서에서 여러 가지를 제시하고 있다.

첫째, 사물인터넷과 스마트 자산 덕분에 자원과 에너지의 흐름을 추적하여 낭비를 줄일 수 있다. 실제로, 사물인터넷 사용으로 2020년 온실가스 배출을 91억 톤을 줄이게 된다고 한다.

둘째, 디지털로 전환되면서 정보의 민주화와 투명성이 증대되어 국민이 기업과 국가에 대해 책임을 물을 수 있는 권력을 갖게 되었다. 예를 들어, 삼림파괴에 대한 데이터를 저장하고 인증하여 소유자에게 적확한 책임을 물을 수 있다.

셋째, 정보의 흐름과 투명성이 시민의 행동양식의 변화를 이끌 것이다. 예를 들어, 오파워Opower 기업의 경우, 전기사용내역서의 동료 비교를 통하여 전기 소비를 줄여 비용절감과 환경보호의 두 마리 토끼를 잡았다.

75 이상 '4) 육식, 부재의 정치학'은 이도흠, 「육식의 정치학 그리고 사회학」, 『불교평론』 36호, 2008년 10월, 18~27쪽 요약하며 약간 수정함.

넷째, 자율주행자동차 등 새로운 사업과 조직 모델의 등장으로 혁신적인 방법으로 가치를 창출하고 공유하여 지속 가능한 생산과 소비를 할 수 있다. 예를 들어, 이산화탄소를 포집하고 저장하여 에너지로 활용하면 오염물질이 자산으로 변모하고, 이에 따라 개인, 기업, 국가가 지속 가능한 생산과 소비를 하게 된다.[76]

슈밥의 논의에 하나 더 추가하면, 미생물로 대기 중에서 고기를 대량생산하고 실제 고기와 같은 식감과 향을 갖게 하는 데 성공하여 가축을 대체한다면, 막대한 양의 이산화탄소를 줄이고 육지의 1/3을 차지하는 목장을 다시 숲으로 되돌리며 10억 명이 먹을 수 있는 양의 곡물도 절약할 수 있다. "영국 옥스퍼드대와 네덜란드 암스테르담대학의 공동연구팀에 따르면, 가축을 키워 고기 1톤을 생산하는 데 필요한 에너지는 26~33기가줄, 물 367~521세제곱미터, 토지 190~230제곱미터 정도이다. 이때 배출되는 이산화탄소 발생량이 무려 1.9톤에서 최대 2.24톤에 달한다. … (그런데,) 미국의 푸드 스타트업 '키버디Kiverdi'는 '산화수소체hydrogenotrophs'라는 미생물이 공기 중의 이산화탄소를 흡수하여 단백질을 생산하는 것을 이용하여 단백질 덩이인 '에어 프로테인air protein'을 생산했다. 에어 프로테인은 9가지의 필수 아미노산을 포함한 순도 99%의 단백질이다. 아미노산 함량이 육류에 비해 2배나 많다. 또 과채류에서는 섭취하기 힘든 비타민B를 비롯해 미네랄도 풍부하다."[77] 문제는 식감과 향인데, 이는 현재 콩고기의 수준에 비추어보면 기술적으로 그리 어렵지 않을 듯하다. 현재

---

76 이상 클라우스 슈밥, 『클라우스 슈밥의 제4차 산업혁명』, 새로운현재, 2016, 110~111쪽 참고함.
77 「공기 중에서 단백질을… 미래식량 '에어 프로테인' 곧 출시」, 『주간조선』, 2020년 3월 9일.

"목장은 지구 전체 표면의 30%, 경작지의 70%를 차지하고 있으며, 가축산업이 전체 이산화탄소의 18%를 배출하고 물도 8%나 사용하고 있다."[78]

4. 4차 산업혁명 시대에서 생명정치의 구조와 양상

생명정치의 구조

그럼, 이런 생명 위기를 맞아 어떤 생명정치를 지향해야 할까? 먼저 문재인 정권이 인공지능강국을 선포한 것을 예를 들어 생명정치의 구조와 양상에 대해 알아보겠다.

맥락 맥락Context은 사회경제적 토대에 발신자로서 주체들이 놓인 사회적 현실과 인간과 관계를 포함한다. 가장 토대에 있는 맥락은 자본주의와 신자유주의 체제의 모순으로 불평등이 심화하고 노동의 유연성이 증대되고 공적 영역의 상당 부분이 사영화한 현실이다. 여기에 도시화, 산업화, 인구 증가 등의 요인이 더해져 전 지구 차원의 환경과 생명의 위기가 고조되고, 기후위기는 심각한 상황에 있다. 2016년 촛불항쟁으로 무능하고 부패한 박근혜 정권을 몰아내고 들어선 문재인 정권에 대한 기대와 불만이 공존하고 있다. 이런 맥락에

78 Food and Agriculture Organization[FAO], *Live Stock's Long Shadow-Environmental Issues and Options*, 2006. pp.xxi~xxii 참고함.

체제의 안정, AI와 생명 시장의 확대

↑ 고통과 생명, 신체의 관리, 조정, 통제
↔ 시민사회/민중의 저항

Social Ritual: AI와 생명관련 집회, 학회, 공청회, 시연회, 전시회

↑ 국민 동원
↔ 시민사회/민중의 저항

Discourse: AI와 4차 산업혁명 담론, 과학기술만능주의, 건강과 보건 담론의 전파 ↔ 저항 담론	**System:** 생명과 AI 시장 확대, 규제 해제와 관련 특허, 관련 산업과 과학기술 지원 체제
Ideological State Apparatuses: 언론+학교→AI와 4차 산업혁명 담론과 과학기술 만능주의, 보건 담론을 훈육하며 신체를 규율함 ↔ counter-ideology	**Repressive State Apparatuses:** 제도화 매개로 행정부, 경찰, 군대를 통하여 국민의 포섭과 배제, 국가폭력 동원, 신체의 통제

↑ 대중 조작, 선동, 환상,
과학과 생명에 대한 교육

Ideology: 과학기술의 도구화와 과학기술만능주의 myth system+political program

↑ 생명과 AI에 대한 규제 완화,
특허, 막대한 지원

Power: 주권권력, 훈육권력, 생명권력의 카르텔 – 권력 ⇆ 자본(정치자금과 규제 철폐 등 법적 제도화)

↑ 불평등의 심화+생명의 위기

Context: 신자유주의 체제의 모순+과학기술의 발전과 4차 산업혁명+환경 위기와 생명의 위기

AI 생명에 대한 거시권력과 담론, 이데올로기의 관계

서 대중들은 미래에 대한 불안과 기득권층에 대한 불만이 고조되는 반면에 문재인 정권에 대한 기대와 4차 산업혁명과 AI를 비롯한 과학기술에 대한 환상이 있다.

권력 이에 대하여 '자본–국가–보수언론–종교권력층–사법부–전문가 집단과 어용지식인'으로 이루어진 기득권의 동맹은 주권권력으로서 대중의 4차 산업혁명과 과학기술에 대한 환상을 이용

하여 자본에 대한 여러 규제들을 해제하고 노동을 배제하는 것을 정책, 규정, 법으로 제도화하는 방향으로 작동한다. 기득권은 훈육권력으로서 4차 산업혁명과 AI에 관한 환상을 키우고 이를 초중등 교육과 고등 교육에 교과목과 교육 과정으로 편제하고 언론은 편향적인 보도를 하며 국민들이 이에 길들여지도록 이끌고 인공지능과 빅데이터를 이용하여 개인을 통제한다. 기득권은 생명권력으로서 환경과 생명의 위기와 경제 발전 사이의 갈등을 체제 내에서 적절히 조정하면서 상품으로서 생명의 분야에 대해서는 적극적으로 재정적이고 제도적인 지원을 한다. 막대한 자원의 국민 세금을 지원하고 특허를 주어 독점권을 부여한다.

권력은 체體가 아니라 용用이다. 권력은 본성이 없다. 권력은 국가와 시민사회 사이에서, 자본과 대중 사이에서, 개인과 집단 사이에서 기득권의 목적과 의도대로 힘이 작용하도록 작동한다. 이 과정에서 주권권력과 훈육권력, 생명권력은 중첩되면서도 차이를 형성하며 대중의 신체를 관리하고 통제한다. 주권권력은 예외를 설정하여 살아 있는 시민을 죽이고 살리는 데 작동하고, 생명권력은 죽어가는 시민의 생명을 살리거나 죽게 내버려두는 힘으로 작동하며, 훈육권력은 시민들이 이런 권력의 힘에 대해 저항하지 않고 당연한 것으로 받아들이도록 길들이는 영역에서 작동한다.

21세기 디지털 사회는 조지 오웰이 묘사한 『1984』보다 더 억압적인 사회가 되었다. 오웰이 그려낸 사회는 현재 디지털 사회에 비하면 낡고 시대에 뒤떨어진 덜 정교한 감시체계이다. 오늘날 스마트폰을 쓴다는 것은 스파이를 주머니에 넣고 다니는 것과 다를 바 없다. 스마트폰은 우리의 이동 경로, 만나는 사람, 메모, 문자, 사진, 영상들을 모두 유심에 기록하며 구글과 같은 기업과 국가는 이를 원하는 대로 수집할 수 있다. 코로나 바이러스가 유행할 때 한국 정부는 확진자의 스마트폰과 카드를 이용하여 그 사람의 모든 동선을 파악하고 공개하였고, 감염 이후 만난 모든 이들을 추적하여 검사했다. 한국의 대중도 전염병에 대한 공포에 휩싸여 이를 용인했다. 비상시가 아니더라도 이 시스템은 가동되기에 정부나 정보산업체는 언제든 이 정보를 파악하고 빅데이터로 활용할 수 있다. 주권권력이 코로나 사태라는 예외상태를 이용하여 국민의 불안을 증대하고 통제를 강화한 것이다. 페이스북이 마이크로소프트로부터 인수한 '아틀라스'는 사용자가 데스크톱, 노트북, 태블릿, 스마트폰 등 어떤 매체를 이용하든 알아보고 추적한다.[79]

더 심각한 문제는 국가가 디지털 기업과 강력한 동맹 관계를 맺고 있다는 점이다. 미국은 9·11 테러를 계기로 안전에 대한 두려움을 가진 미국 시민을 압박해 시민의 자유를 규제하고 감시하는 것을 제도화하여 애국자법을 제정하고 테러리스트 색출을 명분으로 디지털 기업과 동맹을 맺었다. 미국은 구글, 페이스북 등과 동맹 관계를 이용하여 전 세계를 염탐하고 그 정보를 정제하여 권력 유지에 활용하고 있다. 실제로 "NSA 국장을 지낸 알렉산더 장군은 (…) '제 목표는 전 세계 인터넷을 감청하는 것이다.'라고 말했다. (…) NSA는 어마어마한 예산을 투입해 전 세계 모든 전화 통화를 감청하고, 모든 메일을 읽고, 모든 인터넷 검색을 집계하고, 모든 감시 카메라에 접속하

79 마르크 뒤갱·크리스토프 라베, 앞의 책, 62~65쪽 참고함.

였다."[80] "미국 정보기관은 정보우위information dominance 행동계획을 통해 디지털 기업들과의 연계를 확대하는 일에 곧바로 착수하였다. 특히 CIA는 인큐텔이라는 벤처캐피털을 설립해 익명 브라우저나 익명 검색엔진 같은 새로운 도구의 개발을 끌어내는 임무를 맡겼다."[81] "스노든이 직원으로 있었던 부즈앨런해밀턴은 2013년 2월에만 110억 달러를 미국 정부로부터 벌어들였다. 프랑스 법무부의 한 해 예산의 1.5배에 달하는 액수이다. (…) 이 기업의 수익 중 98%는 정부에 정보 분야 관련 영역을 제공한 대가로 나오며, 직원 2만 5,000명의 절반이 '일급비밀' 취급 인가를 가지고 있다."[82]

"NSA는 정보를 정제하기 위해 콘택트 체이닝contact chaining이라는 새로운 기술도 개발했다. 위치 정보와 인터넷 접속 내역 같은 휴대전화의 메타데이터에서 출발해 개인의 심리 프로필을 수정하고, 습관이나 철학적·종교적 신념, 인종 등을 추론하는 것이다. (…) 메타 데이터가 더 많이 생성되고 사람들의 일상이 더 투명해질수록 빅데이터 기업은 더 많은 돈을 벌고 NSA는 더 큰 힘을 갖는다."[83]

특히, 19세기 이후 권력은 자본과 결합하여 한편에서는 대중을 통제하고 한편에서는 자유를 부여하는 척하면서 욕망과 욕구를 부추겨 불만을 잠재우고 대신 소비를 조장한다. 대중들은 좋은 집에서 스마트폰과 고급 가전제품, 자동차를 사용하고 전 세계에서 수입한 고기, 생선, 과일, 기호식품을 먹고 외식을 하고 명품 옷을 입고 온라인

---

80 위의 책, 52~53쪽.
81 위의 책, 49쪽.
82 위의 책, 56쪽.
83 위의 책, 70쪽.

과 오프라인에서 성의 쾌락을 충족하며 정치적 불만을 풀어버리고 자신을 중산층으로 착각하며 계급의식을 상실하고 사이비 행복감에 젖는다. 감각적 쾌락을 충족할수록 자신으로부터 소외되는데 행복하다고 잘못 생각하고, 소비할수록 노동자와 서민에서 벗어나기 힘든데 중산층이라 착각하며 계급적 불만을 누그러뜨리고 현 상태에 만족하며 체제 유지를 바란다.

디지털 사회에서는 권력이 만든 법만이 시민을 통제하는 것이 아니다. 코드가 법이고 알고리즘이 권력이다. 페이스북은 사용자 몰래 실험을 하여 정보에서 풍기는 분위기가 사용자의 감정 상태에 변화를 주고 행동에까지 영향을 미친다는 사실을 알아냈다. 이는 빅데이터 기업이 사회 연결망을 통해 사람들의 감정 상태를 지속적으로 조종할 수 있음을 뜻한다. 우리의 감정을 알아내서 우리를 더 잘 통제하고 우리 안에 잠들어 있는 소비자를 일깨우는 것, 이것이 빅데이터 기업들이 원하는 바이다.[84] 구글과 페이스북은 코드와 알고리즘을 이용하여 대중을 감시하고 통제하고 조정할 수 있다. 하지만, 우리는 페이스북에 가입하면서 이들이 만든 코드와 알고리즘에 자발적으로 동의했다. 페이스북을 하는 동안 이 코드와 알고리즘에 지배를 받지만 우리는 그것을 알지도 못하고 저항하여 변경하지도 못한다.

이에 "슈퍼 인공지능 컴퓨터를 통제하는 사회 엘리트들이 나머지 인류에 대해 절대적 권력을 행사하는 위치에 놓일 것이다."[85] 빅데이터는 정치와 민주주의의 종말을 초래할 수도 있다. 알고리즘으로 규

84 위의 책, 165쪽 참고함.

85 "Quelle intelligence pour l'humanité," *Le Monde*, 2015년 4월 13일 ; 마르크 뒤갱·크리스토프 라베, 앞의 책, 161쪽 재인용.

제하면 되기에 법과 제도, 정치, 민주주의도 필요 없다는 것이 빅데이터 기업을 움직이는 이들의 생각이다. 이 새로운 형태의 정치를 '알고리즘 통치'라고 한다.[86]

이데올로기 이 권력이 생산하고 전파하는 이데올로기는 과학기술의 도구화와 과학기술만능주의이다. 과학기술을 도구화하여 가치를 배제하고 과학기술의 역기능에 대한 인식 자체를 봉쇄한다. 그리고 그 빈자리를 기술결정론의 연장선인 과학기술만능주의로 메운다. 과학기술이 인류를 구원할 것이며 과학기술이 야기한 문제 또한 과학적인 방법으로 극복할 수 있다고 주장한다. 중세에서 근대로 이행할 때는 과학기술이 아닌 성직자들의 지배를 정당화하는 종교적 교리들이 이데올로기였고, 과학기술은 이를 비판하거나 해체하는 이성이었다. 하지만, 디지털 사회에서는 과학기술 자체가 이데올로기가 되었다. 인간이 생명을 창조하는 신의 지위에 오르고 빅데이터가 모든 것을 관장하는 사회에서 과학기술과 데이터가 신에 버금가는 권위와 권력을 가지고 신을 대신한다. 과학기술만능주의는 신화적 기능을 수행할 뿐만 아니라 이를 4차 산업과 인공지능에 관련된 정책과 예산 집행으로 전환하기에 정치실천적 기능도 수행한다. 이를 통해 기득권 동맹은 정당성을 획득하고 권력을 강화한다.

담론 담론Discourse 차원에서는 공론장에서 기득권 동맹과 시민사회와 민중층의 담론이 충돌한다. 기득권 동맹은 정부, 정치인, 기

86 위의 책, 96쪽 참고함. 원문에 '알고리즘 규제'라고 한 것을 '알고리즘 통치'로 바꾸었다.

업, 보수언론과 SNS, 어용전문가 집단과 지식인을 통하여 부정적인 요인을 거세한 4차 산업혁명 담론, 과학기술로 인간이 꿈꾸던 유토피아가 도래할 것이라는 과학기술만능주의, 자연을 개발하는 것이 경제 발전과 소득 증대를 야기할 것이라는 개발주의, 불평등 등 사회와 유리시킨 채 개인의 건강과 장수에만 주력하는 건강 담론, 신종 바이러스 팬데믹을 맞아 개인의 자유를 통제하고 기업의 규제를 혁파하고 그토록 자본이 열망하던 원격진료를 실시해야 한다는 바이러스 공포 담론을 양산하고 전파한다. 국회는 생명을 자유롭게 상품화하고 관련 특허를 통해 독점을 인정하는 법들을 발의하고, 정권은 이를 시행하고 과학기술진흥과 4차 산업혁명을 내세우며 자본에 수백조 원에 달하는 국민 혈세를 지원한다. 이에 맞서서 시민사회와 민중층, 진보언론과 SNS, 진보적인 전문가와 지식인은 과학기술로 도래할 디스토피아와 역기능, 생태론, 불평등 등 사회적 요인이 개인의 건강과 보건에 심대한 영향을 미치며 계급적 요인에 의하여 질병과 치료의 차이가 현저하게 차이를 형성한다는 사회적 담론을 편다. 하지만, 이들의 담론이 재정, 정보, 권력, 전파력 등 모든 면에서 열세다.

이데올로기 국가장치와 억압적 국가장치 학교와 언론을 중심으로 한 이데올로기 국가장치Ideological State Apparatuses는 4차 산업혁명 담론과 과학기술만능주의, 개발주의, 비사회적 건강 담론 등을 전파하고 교육시키며 신체를 규율한다. 억압적 국가장치Repressive State Apparatuses인 행정부, 경찰, 군대를 통하여 국민을 포섭하며, 포섭되지 않는 자는 배제하여 호모 사케르화하며, 개발 반대 시위 등에 참여한 이들에게 국가폭력을 동원한다.

사회적 의례 이데올로기 국가장치와 억압적 국가장치는 국민을 동원한다. 동원된 국민은 4차 산업혁명과 AI와 관련된 집회, 학회, 공청회, 시연회, 전시회에 참여한다. 대중들에게 이 행사는 성당의 미사, 절의 법회와 마찬가지로 하나의 의례다. 공동의 이념을 구현하는 자리이고 학자나 관료들이 신부나 스님을 대신하여 이를 집전한다. 이 의례에 참여한 대중들은 일체화를 이룬다. 나아가 기득권 동맹이 형성한 이데올로기와 담론들을 육화한다. 열정과 헌신의 차이가 있을 뿐, 참여자들 모두가 이 종교의 전파자가 된다. 결국 이들은 4차 산업혁명과 AI라는 종교를 통하여 사회통합을 이룬다.

생명정치의 결과 이런 작업을 통해 국가와 자본은 시민의 고통을 구조화하고 예방화하며, 생명과 신체를 관리하고 조정하고 통제한다. 페이스북의 알고리즘대로 자발적으로 글을 올려 페이스북의 가치를 상승시켜주는 사용자처럼, 노동자는 기득권이 구성한 알고리즘대로 자동화한 시스템의 노예가 되며, 시장은 확대되고, 기득권이 구성한 체제는 안정된다.

코로나 바이러스 19의 사례 코로나 바이러스 19를 맞아 각국에서 주권권력과 생명권력의 특성이 잘 나타났다. 주권권력이 국가에 집중되어 있는 경우 통치자의 판단과 대응에 따라 감염자와 감염률, 사망률이 천차만별로 나타났다. 시진핑 정권은 초기에 이를 은폐하는 바람에 발생지인 우한에 급속도로 퍼지면서 하루 100여 명의 확진자가 연이어 발생하자 2020년 1월 23일부터 4월 8일까지 76일간 우한을 봉쇄했다. 그리고

1,000개 병상의 훠선산火神山 병원과 1,300개 병상의 레이선산雷神山 병원을 열흘 만에 완공하는 등 강력한 중앙 통제 정책을 취하여 감염자를 8만 명 수준에서 관리했으며 결국 종식을 선언했다.

반면에, 미국과 일본, 이란, 이탈리아, 에스파냐는 코로나 19가 다른 바이러스와 달리 초기에 무증상 상태에서 바이러스가 많이 뿜어져 나와 감염을 쉽게 하는 특성을 무시하고 중증 감염자만 조사하여 방역에 실패했고, 이는 감염자와 사망자 폭증으로 나타났다. 이 가운데 미국과 일본은 주권권력에 생명권력이 종속된 채 지도자의 오판과 독단이 비극을 키웠다. 아베 정권은 올림픽을 연기하지 않기 위하여 초기에 무증상 상태에서 감염을 시키는 코로나 바이러스 19의 특성을 무시한 채 대부분의 증상자를 검사하지 않은 채 돌려보내고 확진자의 감염경로를 파악하지 않았다. 올림픽 연기가 확정된 이후 긴급사태를 선포하였지만 방역을 하는 데 실패했다. 미국은 트럼프 대통령이 거듭된 전문가 집단의 지시를 무시하고 감기 정도로 치부하는 판단 실수를 범했을 뿐만 아니라 "일터로 돌아가라!"라며 국민의 생명보다 경제에 치중했다. 마찬가지로 초기 상태의 감염을 방관했다. 이후 방역에서도 오판을 거듭하는 바람에 중국을 넘어서서 세계 최고의 감염자와 사망자가 나오는 결과를 초래했다.

스웨덴은 보건 전문가를 중심으로 한 생명권력이 백신을 개발하거나 60% 이상의 국민이 감염되어 면역이 생겨야 코로나 퇴치가 가능하다는 판단을 했다. 이에 감염자에 대한 격리를 취하지 않고 검사도 중증 환자만 한 채 사실상 방임했다. 이웃인 독일에서 확진자가 10만 명이 넘는 상황에서도 공공시설을 개방하고 시민들도 마음대로 카페와 식당을 드나들었지만 확진자가 5,000명이 넘자 주권권력은 봉쇄

정책으로 전환했다.

주권권력과 생명권력의 역학관계가 잘 나타난 사례는 한국이다. 한국은 정권을 중심으로 주권권력과 생명권력이 하나로 연합하여 코로나로부터 국민을 잘 통제하고 조정하여 감염과 사망자를 최소화했다. 이로 인해 정권은 하락한 지지율을 회복하여 총선에서 승리했고, 생명권력은 정부의 막대한 지원을 받고 상품 수출로 엄청난 이윤을 얻었다.

하지만, 진행 동안에 주권권력과 생명권력 안에서 치열한 헤게모니 투쟁이 벌어졌다. 우선 진단 키트 제조업체는 한국에 확진자가 1명도 없던 2020년 1월 초순부터 개발에 착수했고, 2015년 중동호흡기증후군 메르스MERS 확산을 경험한 정부는 1년 반 정도 걸리는 허가 심사를 전염병 유행 시에는 2주로 단축하는 긴급사용 승인제도로 지원했다. 이로 생명권력은 5~6시간 만에 하루 1만 명 이상을 검사할 수 있는 시스템을 갖추었다. 주권권력은 외교, 경제 등을 고려하여 중국 입국자를 차단하지 않았다. 두 달여 동안 감염 확진자가 30명 내외로 잘 관리되었지만, 한 신천지 교인이 슈퍼감염자로 활동하면서 상당한 기간 동안 한국의 확진자는 세계 2위에 머물렀다. 이를 계기로 질병관리본부를 중심으로 한 생명권력이 주권권력과 협력하여, 감염자의 핸드폰과 카드 사용을 통합한 시스템을 이용해 동선을 파악하고 이를 공개했다. 개인의 사생활과 인권을 침해함에도 시민들은 이를 반대하는 집단적 움직임을 보이지 않았으며, 사회적 거리두기, 자가격리 등 정부의 요청을 잘 준수했다. 개인보다 집단, 사적인 영역보다 공적인 영역을 우선으로 하는 문화가 지배했고 코로나에 대한 두려움도 컸기 때문이다. 이를 지키지 않은 극히 일부 시민은 공공의적으로 엄청난 비난을 받았다. 생명권력은 병상 부족을 대비해 환자를 분리하여 치료했다. 경증 환자는 공공시설을 개조한 생활치료 센터로, 중증 환자는 병원으로 보내 치료를 했다.

2월에서 3월 중순에 걸쳐서 중국 입국자론과 신천지론을 두고 치열한 헤게모니 투쟁이 벌어졌다. 보수 야당과 보수언론을 중심으로 한 주권권력은 중국 입국자를 차단하지 않은 것이 방역 실패라고 맹공을 퍼부었고 당장 중국인의 입국을 금지할 것을 촉구했다. 이에 맞서서 문재인 정권과 친여 지역 정부, 친여 언론을 중심으로 한 주권권력은 감염자 폭증이 오로지 신천지 신자 때문임을 강조했다. 나아가 이 종교의 사이비성과 비합리성에 관련된 담론을 확산하고 이들에 대한 강압적인 수사와 통제를 단행했다. 무엇보다 2월 13일에 문재인 대통령이 '코로나 19 곧 종식'을 발언한 다음 날에 신천지 환자로 인한 감염자가 폭증하여 대통령의 신뢰가 급격히 하락했다. 중국인 입국금지론과 신천지 원인론이 서로 맞서는 와중에서 문재인 정권과 여당의 지지율은 30%대로 하락했다.

하지만, 유럽과 미국의 감염자 폭증으로 역전이 일어났다. 유럽과 미국에서 감염자가 폭발적으로 늘어나는 반면에 한국의 감염자는 진정 국면으로 접어들었다. 이에 더하여 유럽과 미국의 언론에서 한국의 방역모델이나 대책에 대해 좋은 평가를 했고, 100여 개 국가에서 한국의 검사 진단 키트의 구매나 지원을 요청했다. 이에 편승해 중도층의 대중들은 정부와 여당 편으로 돌아섰다. 문재인 정권의 지지율이 40% 이상으로 반등했고, 결국 4월 15일에 있었던 총선에서 압도적인 표차로 승리했다. 정부를 중심으로 한 주권권력이 초기 방역 실패, 야당과 보수언론의 공세와 대통령의 말실수, 이에 비판적인 대중의 동조 등으로 헤게모니를 상실했다가 코로나 전염의 진정, 질병관리본부의 투명하고 적절한 대응, 해외의 감염 폭증, 해외언론과 정상들의 좋은 평가 등으로 인하여 다시 헤게모니를 획득했다.

생명권력에서도 치열한 헤게모니 투쟁이 있었다. 주권권력이 권력을 위임하면서 코로나 바이러스 19 사태 동안 질병관리본부는 막대한 권력을 행사했다. 커다란 사안에 대해서는 정부와 사전에 협의를 거쳤지만, 질병관리본부는 나름대로 자율성을 가지고 매일 방역과 치료에 대한 대책을 쏟아냈다. 이에 따라 중앙과 지방의 정부가 예산과 인력을 투여하고 공간을 마련했으며, 대다수 시민들도 손 씻기, 2미터 이상의 거리두기, 마스크 착용하기, 감염 의심자의 자가격리, 감염 확진자의 동선 파악 등에 적극 협조했다. 반면에 평소 문재인 정권에 비판적이었고, 질병관리본부의 구성원보다 의학적 권위가 더 높다고 생각하는 의협과 소속 의사들은 보수 야당의 중국 입국 금지론을 주장했고 정부의 총체적 방역 실패라고 규정하며 여러 실수를 한 박능후 보건복지부 장관의 경질을 요청했다. 하지만, 대중들은 질병관리본부의 정은경 본부장의 과학적 정보에 근거한 분석, 투명한 공개, 일관되고 솔직한 발표에 이끌려 이에 더욱 헤게모니를 실어주었다. 이 와중에 가장 이익을 챙긴 것은 총선에서 승리한 여당과 검사키트 등 의료장비를 수출한 기업들 그리고 데이터권력이었다.[87]

---

87 지금까지의 논의는 2월에서 4월에 걸쳐 코로나 사태와 관련되어 한국 언론에 보도된 내용들을 기억하여 기술하면서 사실 확인이 필요한 사항은 인터넷에 검색하여 다시 언론의 기사 내용을 확인했다. 기억과 해석을 오고 가면서 쓴 것이라 일일이 각주를 달지 않았다.

4차 산업혁명 시대에서 생명정치의 양상

생명의 정당성

강화 파생Didier Fassin은 "신체와 국가 사이에 존재하는 생명정치적 관계는 폭력적 금지나 배제의 형태를 취하지 않는다. (…) 20년간의 프랑스 난민 정책을 보면, 망명 신청에 대한 승인이 1990년에 비하여 1/6로 감소했는데, 이것은 특히 망명권에 대한 해석이 점점 더 엄격해졌기 때문이다. 다른 한편으로는 고국에서는 치료가 불가능한 질병을 앓고 있어서 임시 거주권을 받은 난민이 같은 기간에 7배로 증가했다. (…) 진료 기록이 망명 신청보다 정당하다."[88]

파생의 지적대로 정치적인 망명 신청은 기각될 확률이 높지만, 의학자가 입증한 진료 기록은 쉽게 허용된다. 생명의 정당성이 정치적 정당성보다 더 타당하다고 여겨지기 때문이다. 난민 정책만이 아니다. 한국이나 미국에서 기본소득은 보수로부터 반대를 받았지만, 코로나 바이러스가 유행했을 때 재난 기본소득에 대해서는 국민의 절대 다수가 찬성했고 일부 보수층도 지지했다.

인간의 정체성

혼란 생명공학은 우주 삼라만상의 질서를 깨는 일이며, 인간의 개념과 정체성, 질서에도 근본적인 위협이 될 수 있다. 생명공학으로 인하여 낙태가 살인인가 아닌가의 문제보다 훨씬 더 복잡한 상황들이 벌어진다. 인간의 줄기세포를 복제하여 배양하다가 필요한

88 토마스 렘케, 『생명정치란 무엇인가』, 심성보 역, 그린비, 2015, 142~143쪽.

부분만 절단해서 사용하고 나머지를 버린다면 생명을 죽인 것인가, 아닌가? 실수로 인간의 내장을 달고 있는 돼지를 잡아 순대를 만들어 먹었다면, 이는 짐승의 고기를 먹은 것인가, 인육을 먹은 것인가? 반수반인半獸半人을 죽였다면 살인죄로 처벌되어야 하는가, 남의 가축을 죽였을 때와 유사한 처벌을 받는 것으로 그쳐야 하는가?

인간과 기계, 인간과 짐승 사이의 확연한 경계가 사라졌다. 기계로 조합하여 만든 인간, 인간의 유전자로 만든 기계, 반수반인, 인간의 유전자를 주입한 동물 등 경계에 위치한 존재들이 무수히 나타날 수 있다. 인간의 정체성에 대해 새롭게 정의하고 이에 따라 윤리와 법을 새롭게 제정하지 않으면 인간은 새로운 상황을 맞을 때마다 엄청난 혼란을 겪을 것이다. 반수반인과 AI가 현실화한다면, '인간-AI인간인 안드로이드-반수반인-동물'의 차례로 권력을 부여할 것이고, 인종차별과 유사한 생명정치가 작동할 수 있다.

생명 전체주의 생명공학은 사적인 영역을 완전히 소거시켜버릴 수 있다. 지금 기술로도 한 사람의 침 몇 방울로 그 사람의 생체에 담긴 유전적 정보를 해독하는 것이 가능하다. 개인의 사생활을 엿보는 것도 엄청난 인권 침해인데, 한 사람의 성격에서 능력, 질병 유무에 이르기까지 유전자에 기록된 모든 정보를 국가나 기업, 필요한 집단이 파악하고 있다면, 이는 개인에 대한 완벽한 이해와 통제를 의미한다. 유전자 정보를 이용하여 개인을 마음대로 조작하고 통제할 수 있으며, 심지어 특정 유전자를 가진 사람들을 그 유전자에 취약한 화학물질이나 미생물을 이용하여 죽이거나 병들게 할 수도 있다.

생명공학은 갈등과 불평등을 더욱 첨예화하고 사회적 차별을 강화하고 전체주의로 가는 지평을 열 수 있다. 남보다 뛰어나고자 하는 욕구와 이를 바탕으로 열등한 자를 경멸하고 지배하고자 하는 욕망이 생명공학과 결합할 경우, 나치즘의 우생학과 같은 결과를 야기할 수 있다. 열등한 유전자, 질병의 유전자를 가진 사람은 산업시대에서 인종, 종교, 사상이 다른 이처럼 타자화하고 배제하며, 시험, 면허, 보험, 복지 혜택을 비롯한 여러 분야에서 차별을 받을 것이다. 또한 국가나 부모가 아예 태어나지 못하도록 선택하거나 강요할 수 있다. 우월한 유전자를 가진 자가 엘리트 그룹을 형성하여 혼인이든 아니든 그들끼리 유전자를 교환하면서 열등한 유전자를 가진 자들을 영구히 지배하는 사회가 도래할 수도 있다.

인간의 획일화 또한 심화한다. 똑같은 아버지와 어머니라 하더라도 70조 가지의 유전자 조합이 가능하기에 다양한 개성과 능력을 가진 사람이 태어나 이들이 다채로운 문화를 창조한다. 하지만, 생명공학은 이를 무너트릴 수 있다. 복제인간을 만든다. 유전자 가위, 유전자 연필, 프라임 에디터를 비롯한 여러 공학적 기술을 이용하여 지능, 외모, 육체적 능력에서 모두 우수한 유전자만 조합해 완벽한 인간을 수정란 때부터 만들 수 있다.

민첩한 통치 시스템

구축 “4차 산업혁명 시대에 필요한 것은 많은 정책을 더욱 빨리 제정하는 것이 아니라, 좀더 회복력 있는 체제를 생산할 수 있는 규제와 법 제정의 생태계 조성이다.”[89] 4차 산업혁명 시대에서 국가

89 클라우스 슈밥, 『클라우스 슈밥의 제4차 산업혁명』, 새로운현재, 2016, 116쪽.

는 슈퍼컴퓨터, 인공위성, 드론을 사물인터넷과 개인의 스마트폰에 연결하여 국민 의사의 수용, 정책의 시행과 법의 제정, 정책과 법에 대한 시민의 반응 수렴 등을 즉각적으로 수행할 수 있다. 국가, 특히 규제기관이 규제 대상을 정확히 파악하며 스스로를 능동적으로 개편하여 지속적으로 급변하는 새로운 환경과 국민의 의사에 적응하는 것이다. 이 시스템은 이중성을 갖는다. 시민의 의사를 즉각 수렴하고 공공서비스를 증대하는 반면에, 시민을 그만큼 빠르고 완벽하게 사찰하고 감시하고 통제할 수 있다.

빅브라더에서 빅마더로

부드러운 형식을 취하지만 빅브라더보다 더 강력하고 더 철저하게 지배하는 '빅마더'가 등장하고 있다. "자식을 행복하게 해줄 궁리만 하는 어머니처럼 빅마더는 우리의 뜻을 거스르는 것이 아니라 우리가 원하는 것을 다 들어주면서 통제하는 부드러운 독재를 펼친다. (…) 빅마더는 당신에 대해 당신 자신이 아는 것보다 더 많이 알고 있다. 우리의 모든 욕구를 채워주고, 우리의 모든 욕망을 예측하고, 우리의 아주 은밀한 생각까지 간파하고, 우리의 행복을 위해 우리 삶의 가장 작은 부분까지도 다정하면서도 설득력 있게 지배한다. 젖먹이 같은 우리 영혼을 공포에 떨게 만드는 동시에 매료시키는 무시무시한 어머니이자 전지전능한 어머니이다."[90]

구글사가 직원들에게 최상의 복지와 임금을 제공하고, 명상을 통

---

90 René Frydman · Muriel Flis-Trèves, *Mesture et démesure… Peut-on vivre sans limites?*, PUF, 2015.1 ; 마르크 뒤갱 · 크리스토프 라베, 앞의 책, 166쪽.

해 행복하게 하면서 직원들이 최고의 노동을 회사에 바치게 한다. 페이스북은 사용자들이 정해진 알고리즘과 고도로 조작된 이미지에 따라 자발적으로 글이나 이미지, 영상을 올리거나 보고 퍼나르도록 유도하고 이것을 빅데이터로, 광고로 활용한다. 그렇듯 빅마더는 어머니처럼 온화하고 부드럽게 대중의 의식만이 아니라 무의식까지 자신의 목적대로 조종한다. 빅마더는 폭력과 법 대신 알고리즘으로 통제한다. 대중들은 그것이 조작된 것인 줄 모른 채, 빅마더가 원하는 것임에도 자신이 욕망하는 것이라 착각하고 이를 행한다.

사이버 전쟁과 인간 두뇌의 전장화와 조작

사이버 전쟁은 점점 치열해지고 있다. 적대국은 물론, 동맹국의 정보국을 해킹하여 정보를 빼내오는가 하면, 군사, 금융, 통신 등에 장애를 일으킨다. 이로 전투원과 비전투원, 전쟁과 평화의 경계가 모호해지고, 실제 살상이나 오프라인상의 피해가 구체적으로 나타나지 않으므로 쉽게 전쟁에 가담한다. 지금도 드론과 인공위성, 인터넷을 이용한 전쟁이 진행 중이지만, 앞으로 인공지능 로봇이 인간을 대신하여 대리전을 하는 로보워robo-war도 벌어질 것이다. 앞으로 뇌 조직을 디지털화하거나 컴퓨터 시스템과 연결하는 생체공학기술로 인해 인간의 두뇌가 이제 전장이 될 것이다.[91] 생체공학기술을 이용해 인간의 뇌를 조작할 수 있다.

91 슈밥, 앞의 책, 137쪽.

5. 생명정치의 지향점

▌지속 가능한 발전과 대안의 체제

환경 위기, 생명의 위기, 기후변동, 간헐적 팬데믹 등은 인류가 임계점을 넘어 자연을 파괴하면서 중첩적으로 발생하고 있다. "『산업화 이전의 수준인 1.5℃의 지구 온난화 영향에 관한 기후 변화에 관한 정부 간 패널IPCC의 보고서(2018)』는 우리가 돌이킬 수 없는 파국을 맞지 않으려면 금세기 말까지 지구 온난화를 섭씨 1.5도로 제한해야 한다고 밝혔다. 이는 이산화탄소CO2 배출량을 2030년까지 약 45% 감축하고 2050년에는 순 영점에 도달해야 함을 의미한다. IPCC는 이 목표를 달성하려면 시급하고 전례없는 사회경제적 변화가 필요하다고 말한다."[92]

이에 유엔은 지속가능발전목표Sustainable Development Goals, 이하 SDGs를 설정하고 17가지 과제를 수행할 것을 각 국가에 압박하고 있다. "1. 전 지구상에서 모든 형태의 빈곤의 종식, 2. 기아의 종식, 3. 모든 연령의 사람들에 대한 건강한 삶의 보장과 웰빙의 증진, 4. 모든 사람을 위한 총괄적이고 공정한 양질의 교육의 보장 및 평생학습 기회 보장, 5. 성평등 달성 및 여성과 소녀의 역량 강화, 6. 모든 사람들이 지속적으로 식수와 위생시설을 이용할 수 있는 관리의 보장, 7. 모든 사람이 신뢰하고 획득 가능하고 근대적인 에너지의 보장, 8. 지속적,

92 Climate Summit 2019, "Report of the Secretary-General on the 2019 Climate Action Summit and the Way Forward in 2020," 11 December 2019. p. 3.

포괄적, 지속 가능한 경제성장 및 완전하고 생산적인 고용과 양질의 일자리 증진, 9. 인프라의 구축, 총괄적이고 지속 가능한 산업화와 혁신의 육성, 10. 국내 및 국가 간 불평등의 완화, 11. 포괄적이고 안전하고 회복력 있고 지속 가능한 도시와 거주지의 조성, 12. 지속 가능한 소비 및 생산의 유형 보장, 13. 기후변화와 그 영향에 대처하는 긴급 행동의 시행, 14. 지속 가능한 발전을 위한 해양과 해양자원의 보존과 지속 가능한 사용, 15. 육상 생태계 보호와 복구 및 지속 가능한 범위 내에서의 사용 장려 및 산림의 지속 가능한 관리, 사막화 대처, 토지 황폐화 중단 및 회복, 생물 다양성 손실 중단, 16. 지속 가능한 발전을 위한 평화적이고 포용적인 사회의 장려, 모두가 접근할 수 있는 사법제도의 제공, 모든 수준에서 효율적이고 책임 있고 포용적인 제도의 마련, 17. 지속 가능한 발전을 위한 이행수단의 강화 및 글로벌 파트너십의 재활성화"[93]를 설정했다.

패러다임의 전환과 급격한 변화가 필요한데, 그 조짐이 나타나고 있다. 앞에서 말한 대로, 뉴질랜드 의회는 황거누이 강에 살아 있는 인간과 동등한 법적 권리를 주는 법안을 통과시켰다. 영국 고등법원은 2020년 2월 28일에 런던 히스로공항의 제3활주로 건설 계획을 불허하는 결정을 내렸다. 활주로를 증설해 더 많은 항공기가 이착륙하면 온실가스 배출량이 늘어나고, 이렇게 되면 영국 정부가 파리기후변화협약에서 약속한 탄소 배출량 감축 목표를 지키기 어려울 것이라는 것이 그 이유였다. 영국, 프랑스, 캐나다, 멕시코 등 20개국은 2030년 무렵까지 석탄발전소를 모두 폐쇄한다는 '탈석탄동맹'을 맺

---

93 http://www.un.org/sustainabledevelopment/sustainable-development-goals/(2017년 6월 5일)

었다. 이에 화석연료를 사용하거나 탄소를 많이 배출하는 산업은 리스크가 많거나 사양 산업이 될 것이다. 이제 화석연료에 기반을 둔 정유, 석유화학, 조선, 자동차 산업과 온실가스 대량 배출 산업인 철강, 시멘트, 플라스틱 산업 등 기후변화에 큰 영향을 주는 산업은 최근 '좌초위기 산업'이라는 오싹한 이름을 얻었다. 이런 산업이 보유한 자원의 매장량이나 시설은 급속히 가치가 사라질 것이란 의미에서 '좌초자산stranded asset'이라 불린다."[94]

이렇게 여러 나라가 지속 가능한 발전을 추구하고 태양광 발전 등 재생에너지가 화석연료를 완전히 대체한다면 과도기가 더 늘어나겠지만, 근본적으로 자본주의와 신자유주의 체제를 유지하는 한, 지속 가능한 발전은 가능하지 않고 효력을 발휘할 수도 없을 것이다. 확대재생산이 이루어지고 매년 경제가 성장해야만 시스템이 유지되는 자본주의 체제에서 지속 가능한 발전은 모순이다.

▌생명평화운동: 생명성의 지향과 연기적 공존, 죽임의 문화에서 살림의 문화로

계급운동은 평등의 가치를 생명보다 우선하며, 부르주아의 시민운동은 자유의 가치를 더 우선한다. 평화운동은 자유나 평등보다 평화와 생명의 가치를 우선한다. 군인과 민간인을 포함하여 5,000만 명 이상을 살상한 2차 세계대전의 참상을 겪은 이후에 전쟁의 당사자였던 유럽과 미국, 일본에서 평화운동이 거세게 전개되었으며, 이

94 「기후변화가 울린 경계경보… '좌초자산'의 해일이 밀려온다」, 『한겨레신문』, 2020년 3월 23일.

는 반핵운동과 베트남전 반대운동으로 이어졌고, 한반도에서는 남북평화와 통일운동으로 전개되었다.

1990년대에 들면서 평화운동은 생명평화운동과 결합했다. 전 지구 차원의 환경 위기에 대해 대중이 인식의 전환을 하기 시작했고, 인권과 함께 동물권을, 고통에 대한 공감과 자비의 범주를 학대받고 죽어가는 동물로 넓히자는 동물윤리적 인식이 싹트기 시작했다. 이에 평화는 인간만이 아니라 동물의 생명과 안전에까지 확대되었다. 유럽의 일부 국가는 이를 수용하여 가축은 물론이거니와 물고기를 죽일 때조차 고통을 줄이는 방법으로 도살할 것을 입법화했다.

기계생명이 생명처럼 활동하는 시대에 생명정치는 기계 생명과 차이를 갖는 생명성을 구현해야 한다. 생명의 원리와 생명성에 대한 감성과 존재론적 해석, 윤리가 없는 생명정치는 정치공학적으로 작동하기 십상이며, 설혹 정의와 결합한 생명정치라 하더라도 언제든 이데올로기로 전락할 수 있다. 우리는 들판의 꽃과 풀과 나무, 그 사이로 쉼없이 날아다니고 걸어 다니고 기어 다니는 모든 생명들의 소리에 귀를 기울여야 한다. 이 지구상의 모든 생명이 미시적으로는 경쟁을 하고 살상을 했더라도 거시적 차원에서는 더불어 살려는 의지를 가지고 공진화를 해왔음을 기억하며, 자신과 생명의 본성에 대해 성찰하면서 다른 생명의 고통을 자신의 아픔처럼 아파하는 동체대비同體大悲의 마음을 가져야 한다.

4차 산업혁명 시대의 생명정치는 모든 생명의 연기적 공존을 보장하는 가운데 모든 생명의 더불어 살려는 의지를 북돋고, 모든 고통 받는 생명의 고통에 공감하고 자비심을 내는 방향으로 실행되어야 할 것이다. 적극적 생명평화 운동을 전환하여 구조적 폭력을 제거할 때 생명의 가치와 평등의 가치, 평화와 정의를 종합할 수 있을 것이다.

▌호모 사케르의 입장에서 권력과 자본에 대한 비판과 저항

조르조 아감벤Giorgio Agamben의 호모 사케르론에서 호모 사케르homo sacer는 "살해는 할 수 있되 희생물로 바칠 수 없는 생명"을 뜻한다.[95] 이 형용모순으로 보이는 용어가 성립하는 것은 권력의 은폐와 법에 기반을 둔 권력의 예외 때문이다. 'sacer'는 원래 '신성한'과 '저주받은' 두 가지 뜻을 모두 가지고 있었는데,[96] 권력은 이를 은폐한다. 주권권력은 사람들을 죽게 하거나 살도록 내버려둘 권리, 곧 어떤 개인에 대한 생사여탈권을 가지는 것을 뜻한다. 주권권력은 법을 매개로 어떤 개인을 이에서 예외로 설정하여 '벌거벗은 생명'을 창출한다. "주권의 영역은 살인죄를 저지르지 않고도, 또 희생제의를 치르지 않고도 살해가 허용된 영역이며, 신성한 생명…이란 바로 이러한 영역 속에 포섭되어 있는 생명을 말한다. (…) 주권으로부터 추방된 생명이란 근본적으로 저주받은 생명, 곧 살해할 수 있으나 희생물로 바칠 수 없는 생명이며, 또 이런 의미에서 벌거벗은 생명을 생산하는 일이 주권의 본래 활동이다."[97] 한마디로 말해, 호모 사케르란 인간의 질서에서 법에 기반을 둔 주권권력에 의해 배제당하여 누구나 살해해도 무방한 벌거벗은 존재이며, 신의 질서로부터도 배제당하여 희생

---

95 Giorgio Agamben, *Homo Sacer, Sovereign Power and Bare Life*, (tr.) Daniel Heller-Roazen, Stanford University Press, 1995, p.8.

96 *ibid.*, p.79.

97 *ibid.*, p.83.

제의에서 희생물로도 바칠 수 없는 저주받은 생명이다.

호모 사케르를 만드는 것은 권력이다. 주권자는 예외 상태를 결정하는 자이다. 예외란 배제하면서 포함하는 것이다.[98] 이는 규칙/법을 정지시켜서 규칙/법과 관계를 유지하는 것이다.[99] 예외를 당하는 자는 배제되고, 이를 행하는 자는 권력을 갖는다. 법은 예외를 통하여 정당성을 확보한다. "주권자는 법 질서의 내부와 외부에 동시에 존재"[100]하면서, "예외 상태에서 법을 정지시키며 또 그럼으로써 벌거벗은 생명을 자신에게 포섭한다."[101] "예외 상태 자체가 규칙, 규범이 되면 통치의 패러다임으로 전환한다."[102] 주권자는 법을 창출하고 법 질서를 지키기 위하여 이의 중지를 스스로 결정하는 예외 상태를 만들어 법의 안과 밖에 모두 존재하면서 초법적인 역량을 행사하면서 법의 배제를 통하여 벌거벗은 생명을 만들고 포섭하는 자이다. 주권자는 예외자로서 호모 사케르가 법의 영토와 무법지대, 문명과 자연, 공동체의 안과 밖, 법과 관습의 영역인 노모스nomos와 자연이나 본성의 영역인 퓌시스physis, 삶과 죽음 사이를 떠돌게 하고 이들을 식별하고 그 경계를 결정하는 자이다. 그러기에, "주권자의 결정은 외부와 내부, 배제와 포함, 노모스와 퓌시스 사이에 식별되지 않는 문지방을 조사하여 획정하고 종종 이를 갱신하는데, 그러한 영역에서 생명이란 본래 법 속에서 배제된 것이다."[103]

---

98 *ibid.*, p.18.
99 *ibid.*, pp.17~18.
100 *ibid.*, p.15.
101 *ibid.*, p.83.
102 조르조 아감벤, 『예외상태』, 김항 역, 새물결, 2009, 16쪽.
103 G. Agamben, *Homo Sacer, Sovereign Power and Bare Life*, p.27.

한마디로 말하여, 주권자는 법의 안과 밖에 동시에 존재하며 어디까지가 노모스와 조에(zoe; 자연적인 생명과 삶)이고 어디서부터 퓌시스와 비오스(bios; 사회관계 속에서 정치적인 권력을 갖고 사회에 참여하는 존재성)인지 이 경계를 획정하는 자이자 특정 개인을 예외 상태로 만들어 법과 규칙으로부터 배제하여 벌거벗은 생명으로 만들고 때로는 포섭하는 자이다. 주권자 입장에서는 배제하고 추방하는 자들이 호모 사케르이며, 반대로 호모 사케르의 입장에서는 말하고 명령을 내리며 배제하는 모두가 주권자이다. 그러기에, "우리 모두가 잠재적인 호모 사케르들이다."[104]

현대 사회에서는 국민의 생명을 보살피면서 관리, 조절, 통제하는 생명권력이 등장했다. 생명권력은 사람들의 신체를 조절하거나 통제하면서 죽어가는 이들 가운데 필요에 따라 선별하여 살리는 결정권을 가졌다. "인간이 언어를 통해 자신에게서 벌거벗은 생명을 분리하고 대립하며, 동시에 그들과 포함되면서도 배제하는 관계를 유지하는 생명체이기에 정치는 존재한다."[105] 생명권력은 "정치를 벌거벗은 생명의 공간(즉 수용소)으로 근본적으로 변형시키는 것이 바로 전체주의적 지배를 정당화하고 필연적인 것으로 만든다."[106] 생명권력은 피와 대지, 곧 혈통과 영토를 바탕으로 예외를 만들고 이를 규칙 및 법과 완전히 일치시켜서 아우슈비츠처럼 극단적인 상황이 바로 일상적 삶의 패러다임이 되는 장소로서 수용소를 만든다. "수용소는 (오로지 예외 상태에 기초하고 있는 한에서) 순수하고 절대적이며 초월

---

104 *ibid.*, p.115.
105 *ibid.*, p.8.
106 *ibid.*, p.120.

불가능한 생명정치적 공간으로서 근대성의 정치적 공간의 숨겨진 패러다임으로 현시"이다.[107] 한마디로 말하여, 주권권력은 예외 상태나 문지방을 만들어 살아 있는 인민을 죽여도 좋을 자로 만드는 자이며, 훈육권력은 그렇게 배제당하여도 저항하지 못한 채 이를 자연스럽게 받아들이도록 길들이는 자이고, 생명권력은 죽어가는 자 가운데 필요에 따라 선택하여 살리는 자이다.[108]

이에 생명정치학은 권력을 형성하여 시민을 호모 사케르로 전락시키는 다양한 요인, 곧 자본, 주권권력, 생명권력, 훈육권력, 사회경제적 토대와 모순, 세계체제, 이데올로기와 신화, 법, 제도, 구조적/문화적 폭력에 대해 분석하여 종합하면서 비판하고 저항해야 한다. 자본이 생명의 조절과 통제에 가장 강한 영향력을 행사하기에, 여기서 가장 중요한 것은 자본과 연관한 정치경제학적 분석이다. 자본이 생명을 포섭하면서 배제하는 원리, 자본이 생명을 상품화하면서 생산과 재생산을 결정하는 원리, 사람들의 의식과 신체에 침투하는 원리를 분석해야 한다. 아울러, 주권권력, 생명권력, 훈육권력, 이데올로기와 신화에 자본이 침투하고 조작하는 양상에 대해서도 분석하고 비판해야 한다. 생명적인 것과 경제적인 것, 정치적인 것, 사회적인 것에 대해 총체적이면서도 그 상관관계에 대하여 분석해야 한다.

107 *ibid.*, p.123.

108 한 예로 이번 코로나 사태를 '예외상태'로 만들어 방역원칙을 준수하지 않은 이를 감옥으로 보내고 감염자와 감염 의심이 가는 자들을 격리시키는 것이 주권권력이라면, 학교와 언론을 통하여 공포를 조장하여 전체 국민을 자가격리시키고 집회나 모임을 하지 않도록 설득하는 것이 훈육권력이며, 격리된 자나 감염된 자 가운데 선별하거나 우선순위를 두어 인력과 장비를 투여하여 살리는 질병관리본부/질병관리청-병원-제약회사-의사들의 카르텔이 생명권력이다.

▌존재론과 생성론의 화쟁

"디지털 세계에서는 거울이 깨져 있다."[109] 자신에 대해서든, 타자에 대해서든, 이 세계에 대해서는 성찰하지 않는다. 디지털 환경에서는 모든 것이 빠르게 이미지로 스쳐 지나가기에 성찰 자체를 배제한다. 너무 빠른 속도로 변화하기에 성찰하다가는 뒤처진다고도 생각한다. 특히, 디지털 원주민들은 어릴 때부터 이미지로 느끼는 것에 익숙하기에 문자 텍스트에서 비롯된 사물과 세계에 대한 깊이 있는 사색을 잘하지 못한다.

존재론적 성찰과 생성론적 성찰을 대대待對적으로 화쟁해야 한다. 인간은 죽음의 두려움과 한계 앞에서 세계와 맞서면서 늘 불안하고 소외를 겪으며 세계에 기투企投, project(미래를 향해서 자신의 주체성을 끌어내어 자신을 내던져 실존함)하며 의미를 찾아 방황하고 해석하고 결단하는 실존적 존재이자 타인과 연기적 관계 속에서 찰나의 순간에도 서로를 생성하는 상호생성자이기도 하다. 아주 미세하여 우리가 감지하지 못하지만 찰나의 순간에도 내 호흡에 영향을 받아 내 앞의 대기의 미생물이 달라진다. 내가 뿜어내는 이산화탄소로 인하여 호기성 박테리아는 줄어들 것이고 혐기성 박테리아는 늘어날 것이다. 그리 변한 대기가 나와 내 주변 사람의 몸에 영향을 미치고 그리 달라진 몸은 다른 숨을 내뿜고 그 숨은 다시 대기의 미생물에 변화를 준다. 이처럼 모든 존재는 서로 원인이 되고 결과가 된다. 이는 정적인 것이 아니라 역동적dynamic인 상호 인과관계를 형성한다. 다시 말

---

109 마르크 뒤갱·크리스토프 라베, 앞의 책, 182쪽.

해 원인이 결과가 될 뿐만 아니라 결과가 다시 원인이 된다. 타자의 의식, 말, 행동과 몸짓이 나에게 영향을 미쳐 나를 형성하고, 그 반대의 경우도 거의 동시에 이루어진다. 그렇듯 찰나의 순간에도 타자는 내 안에 늘 들어오며 나를 형성하고 있으며 그 역逆도 언제나 진행 중이다.

연기는 단순히 이것과 저것의 관계성이나 상호의존성, 인과성만을 뜻하는 것이 아니라 역동적 생성성을 의미한다. 연기는 원리도 아니고 결정론적 인과론도 아니다. 원인이 결과가 되고 결과가 다시 원인이 되며, 홀로는 존재하지 않지만 서로 작용하여 동시에 서로 생성하게 하는 역동적인 생성성이다. 연기緣起와 연멸緣滅은 서로 하나도 아니고 둘도 아니다. 조건과 원인을 달리하면 결과 또한 변한다. 집착을 없애면 고통이 사라진 세계가 나타난다.

땅과 물과 빛과 대기와 미생물, 작은 벌레에서 인간에 이르기까지 지구상의 모든 생명과 자연은 깊은 관계를 맺고 서로 의존하고 있을 뿐만 아니라 서로 동시에 서로를 생성하게 한다. 존재로서 각 개체의 생명성을 존중하고 각 생명들이 조건과 원인으로 작용하며 서로 의지하고 생성하는 관계들을 살펴서 전체 생태계의 지평에서 생명을 살핀다. 생명을 죽임으로 몰아넣은 원인을 제거하면 달라진 자연과 세상이 도래한다.

과학기술과 자본의 결합에 대한 총체적 분석과 관리된 미래에서 창조적 미래로

생명정치학은 과학기술과 자본이 결합하여 최적화optimization를 매개로 생명의 현재를 관리하여 미래를 생산하는 것을 총괄하여 분석하고 이에 대한 대안을 모색해야 한다. 과학기술은 정치적 이해관계나 신화, 이데올로기를 해체하고 진리의 길을 제시하는 동시에 권력의 모순과 비리를 은폐하고 이를 진리로 가장한다. 문제는 자본주의이다. 자본주의의 체제 안에서는 과학기술이 이윤추구라는 목표에 종속되기에 과학적 진리 또한 언제든 이데올로기로 전락한다. 근본적으로 자본주의와 과학기술의 단절에 목표를 두고 전략을 구성하되, 권력과 과학기술자의 동맹의 연결 고리를 끊는 운동, 과학자와 자본의 유착을 제한하는 법의 제정, 과학자의 윤리적 성찰이 필요하다.

도구적 사고의 지양

과학기술은 가치 중립적이지 않다. 이미 프랑크푸르트 학파가 잘 통찰한 대로, 고도 자본주의 체제에 와서 과학기술은 도구화하였으며, 인공지능 시대에서는 도구 자체가 인간을 지배하는 시스템으로 변하고 있다. 생명정치학은 이에 맞서서 도구적 사고와 목적적 합리성을 지양하고 소통적 합리성과 유토피아적인 사유를 지향해야 하며, 도구의 지배를 해체하는 해방의 담론과 기술에 주력해야 한다.

지금 여기의 생명정치학

생명정치학은 '지금 여기에서' 수행되어야 한다. "'이미 벌써'와 도래할 것으로서 '아직 아니'가 교차하고 공간적 거기와 여기가 동일성과 차이로 만나는 현재에서,"[110] 지금 우리가 겪고 있는 생명의 존재론적 위상과 모순을 분석하면서 성찰 없는 과거는 미래가 된다는 자세로 현재의 주름에 담겨진 과거, 특히 근대성의 모순과 오류를 철저히 성찰하며 각 생명과 그 생명들의 집합체의 의미를 드러낸다. 그 드러냄으로 새롭게 열린 지평 속에서 실천하는 미래는 현재가 된다는 태도로 비전을 제시하고 실천하며 온 생명이 평화롭고 조화로운 세상을 만들어가야 한다.

▌디지털 민주주의의 지향과 공론장의 복원

앞에서 말한 대로 권력은 본질이 없다. 작동할 뿐이다. 불일불이의 가유假有로 작동하면서 시스템을 유지한다. 지금까지는 폭력, 분배시스템, 자본, 정보를 가진 자가 권력을 가졌다. 이제 데이터와 포털을 가진 자가 신자유주의 체제의 자본–권력의 카르텔보다 더 독점적인 권력을 가질 것이다. 기존의 권력은 거시권력–주권권력, 훈육권력, 생명권력–과 미시권력이 상호침투적이기는 하였지만 권력의 틈이 있었으며, 미시권력의 연대에 의한 거시권력의 저항이 늘 가능하였으며 거시권력은 통제, 허가, 검열, 조작을 통하여 의식과 행위의 장을 지배했다. 이제 권력은 감정과 무의식마저 관리하고 있다.

주권권력은 고통과 분노를 통제하고 조절하고 이에 대해 적절히 보상을 하며 분노를 체제 안에 가두며, 훈육권력은 고통의 극복이 성

---

110 신승환, 「동서철학의 생명철학적 계기-생명철학의 토대 마련을 위하여」, 『종교·철학과 생명정치』, 건국대학교 공공학연구원·이후 포럼·한양대 코어사업단, 2018년 1월 26일, 12쪽.

취와 행복의 길이라 가르치고 분노를 조절하는 학습을 시키며, 생명 권력은 고통을 예방하고 다양한 방법으로 마취하거나 해소시킨다. 설혹 제3자가 이 시스템 전체를 관찰한다 하더라도 그 틈을 발견하는 것은 거의 불가능하다. 권력이 데이터를 조절하여 그 틈을 은폐하기 때문이다. 이제 시민사회를 조직화하고 공론장을 복원하고 이곳에서 소통적 합리성을 지향하면서 권력에 틈을 내는 운동을 끊임없이 전개해야 한다.

▌하나의 생명과 건강론

"전 세계 29개국 48개 연구소의 바이러스 전문 학자들이 활동하는 '전 지구적 바이러스 네트워크GVN'라는 연구단체는 해마다 약 3~4개의 새로운 바이러스가 발견되는데 이들 바이러스 대다수가 동물로부터 인간에게 직접 혹은 모기나 진드기 같은 매개체를 통해 전염되며, '지구화와 기후변화는 바이러스의 여권'이며, 이제 인간의 건강과 동물의 건강과 생태계의 건강을 따로 떼어 생각할 수 없는 시대가 되었으며, 지구 혹성에 사는 생명 전체의 연계성 속에서 인간 건강을 바라보는 '하나의 건강One Health'을 지향하자고 호소한다."[111]

중국의 한 도시 우한에서 퍼지기 시작한 코로나 바이러스 19는 2020년 8월 1일 기준 세계 214개국에서 1,777만 3,107명의 감염자와 68만 3,240명의 사망자를 낳은 채 빠른 속도로 퍼지고 있다. 바이러스는 국경과 인종이란 것이 얼마나 허상인지 잘 보여주고 있다. 이번

111 「지구화와 기후변화는 바이러스의 여권」, 『한겨레신문』, 2020년 2월 25일.

에 미국을 비롯한 대다수 국가가 자국 이기주의에 빠지는 바람에 국제적 공조와 연대가 허술해져 방역에 실패하였고, 이로 죄 없는 각 나라의 노인들, 특히 가난한 이들이 희생을 당했다. 심지어 80세 이상의 쓸모없는 노인들을 죽게 내버려 두자는 극우적이고 야만적인 주장을 하는 정치인도 있었다. 전문가들은 4~5년을 주기로 신종 바이러스가 창궐하리라 본다. 팬데믹이 '뉴 노멀New Normal'이 된 것이다. 앞으로 전 세계의 과학자와 의료보건인, 정치인, 사회학자, 환경학자, 시민운동 활동가들이 하나로 네트워크를 형성하여야 한다. 이 네트워크는 인간의 건강, 환경의 건강, 동물의 건강이 서로 연기적 공존을 하고 있다는 전제에서 생태계-지구촌-국가-지역을 하나로 엮어서 인식하고 정책을 펴야 할 것이다.

단기적으로는 바이러스 방역과 의료기술 지원의 국제적 공조체제를 확보하고 장기적으로는 지속 가능한 발전을 도모하여야 한다. 무엇보다 수직농장, 에어 프로테인, 재생에너지 전환 등의 기술적 대안이 있으므로, 이산화탄소협정처럼 현재 상태의 숲을 보존하고 더 이상의 개발과 파괴를 중단하는 협약을 맺어야 한다.

고통과 행복에 대한 패러다임의 전환

이고득락離苦得樂! 모든 생명이 고통을 줄이고 행복하기를 꿈꾸지만, 나와 중생들이 고통에서 벗어나 진정으로 행복한 길이 무엇인가? 고통은 신자유주의 체제 이후 본격적으로 상품화, 구조화, 추상화, 예방화, 세계화하고 있다. 생로병사의 고통은 물론 감정의 미세한 흐름까지 상품이 되었다. 상품화하자 자연스레 고통은 관리하고 조절할 수 있는 대상으로 전락했다. 자본과 국가는 복지와 휴양프로그램, 상담소, 대중문화를 통해 고통을 구조화한다. 제국, 자본과 국가는 저항과 반역과 진보의 근원이기에, 고통에서 구체성을 제거하고 추상화하여 이미지로 떠돌게 한다. 더 나아가 이들은 고통을 미리 예방하는 시스템을 작동시키고 있다. 고통 예방 시스템은 개인의 몸속에서 꿈틀대는 고통을 사전에 제거하거나 감소시키고 그들이 사는 세상이 유토피아임을 설파한다. 하지만, 살충제에 강해지는 벌레처럼 모든 생명체가 고통의 기억과 재현, 연대를 통하여 진보를 이룬다.

모든 인간이 욕망의 실현, 쾌락, 행복을 이루려 달려가지만 그에 이르러서야 욕망이 신기루임을 깨닫는다. 기쁜 일을 접했을 때 뇌의 신경세포가 분비하는 화학물질로 인해 행복을 느끼는 것이라면, 도파민이나 옥시토신 주사를 맞으면 된다. 돈과 권력과 명예를 떠나 모든 것이 마음에 달려 있어 마음이 맑으면 국토가 청정해지는가? 의미와 가치가 있지만, 일종의 자기기만이다. 행복이든 불행이든, 쾌락이든 불쾌든 모든 것은 찰나에 스치고 지나는 것일 뿐이다. 바람처럼 지나가는 행복을 잡으려는 데서 고통은 시작된다. 그러기에 참나를 만나고 여여한 연기의 실상을 직시하여 그저 평정한 것만이 진정한 행복의 길이다. 타인의 고통을 없애고 자유롭게 하는 순간의 희열감이 비록 자기만족이라 하더라도 의미 있는 행복이다.

안드로이드와 차이를 갖는 인간성의 구현

생명정치학은 안드로이드와 차이를 갖는 인간의 본성인 '진정한 자기실현으로서 노동, 허구의 창조, 언어기호의 사용과 의미의 해석,

자유의지, 실존, 이타성과 윤리 추구, 욕망, 성찰, 공감, 초월'을 구현해야 한다.

비판적 이성과 생명적 감수성의 회복

어떤 숭고한 이념도, 생명에 대한 심오한 철학과 윤리도 이데올로기로 전환할 수 있다. 이에 생명정치학과 학자들은 비판적이고 변증법적인 이성을 통하여 이 이데올로기를 비판하는 것을 관습화해야 한다. 한편으로, 지식인들은 감정이 집단지향성을 통해 사회적 실재social reality가 되고 문화부터 가치, 이데올로기, 기존 경험이 어우러져 일어나는 기억된 현재임을 직시하여 감정의 총체적인 분석을 하되, 자연과 생명에 대한 감성과 감수성을 회복해야 한다. 생명과 그 어우러짐의 의미에 대한 존재론적이고 탈근대적인 통찰, 고통 받는 생명에 대한 동체대비의 공감과 자비심을 바탕으로 '개체적 불살생'에서 '연기적 불살생'을 추구하는 것으로 지표를 삼고 정책을 결정해야 한다. 우리는 물이 햇빛에 반짝이며 흐르고 새들이 노래하고 갈대가 속삭이면서 우리에게 늘 생명의 경이로움과 자연의 아름다움을 전해주는 심성의 자리인 강변이나 숲에 와서 함께 느끼며 이에 대한 무수한 기억들을 재현하고, 자연과 생명을 지키는 실천을 행해야 한다.

현실에 대한 직시

연예인의 경우 공적 공간에서는 감정을 통제하고 사적 공간에서는 반대로 감정을 해체하여 도박, 마약, 자살, 성도착에 쉽게 빠진다.

그들에게는 현실이 낯설고 무대가 낯익으며, 연기가 현실이고 생생하며 현실이 연기이고 허구적이다. 정도 차이는 있지만, 피카추를 잡으려다가 교통사고를 당하는 소년처럼, 디지털 시대에는 거의 모든 인간이 가상과 현실의 경계가 해체되고 경계가 모호하고 전복되는 매트릭스적 실존을 하게 될 것이다. 생명정치학은 재현의 위기에 현혹되지 않고 현실을 직시하여 권력과 자본의 모순과 부조리에 올곧게 맞서야 한다.

▮ 죽음과 소멸에 대한 과정적 인식

생명정치학은 죽음과 소멸에 대한 불교적, 혹은 과정적 인식이 필요하다. 앞에서 말한 대로, 그 어떤 이도 죽음을 피할 수 없기에 죽음은 불안과 공포를 주지만, 시한부 선고를 받은 이가 삶을 충실히 살듯, 죽음이 있기에 인간은 자기의 본래성을 되찾고 실존과 의미를 모색한다.

그러기에 죽음에 다가갈수록 삶은 의미로 반짝인다. 그러니 영겁의 순환 속에서 차이들의 의미를 해석하고 결단하면서, 지극한 마음으로 대립에서 포월匍越로, 순간에서 영원으로, 유한에서 무한으로 지향하는 것이 생명에 대한 올바른 자세일 것이다.

마무리

인류세/자본세에서 생명들은 위기에 있다. 38%의 생물종이 멸종위기에 놓이고, 38억 년 동안 자연과 상호작용하며 공진화를 해왔던 생태계에 인간이 개입하여 생명을 조작하고 조합하고 창조하고 있다. 인공지능이든 인간이든, 기계 바이러스든, 실수를 하거나 악용될 경우 인류 문명의 멸망도 야기할 정도의 위험을 안고 있다. 위기의 근본 원인은 자본주의와 권력 때문이다. 여기에 신자유주의까지 더해지면서 자본의 야만을 규제하던 것들이 해체되고 권력과 자본의 카르텔은 더욱 공고해졌다. 반면에 이를 견제하던 시민사회와 공론장은 더욱 약해졌다. 이 상황에서 난민처럼 철저히 배제된 자만이 아니라 우리 모두가 호모 사케르이다. 굶주려 죽어가는 아프리카의 어린이, 학살당하는 시리아의 시민, 납치되어 강제로 팔려가고 심지어 장기를 적출당하는 사람들, 빙하가 녹은 탓에 사냥을 하지 못하여 서로 살상을 하는 북극곰, 산불로 불에 그슬리거나 질식되어 죽어가는 호주와 아마존의 무수한 생물들과 원주민은 내일의 나나 내 자식의 모습이다. 부자나 권력자도 점점 기후위기와 바이러스 감염을 피해가기 어려운 상황에 놓일 것이다. 지구에서 인류 문명은 종말을 고할 수도 있다. 그런 상황에서 내가 좀 더 권력과 자본을 가졌다고 으스대는 것은 얼마나 바보스러운 행위인가? 내가 좀 더 안전한 곳에 있다고 다른 사람과 생명의 고통에 대해 침묵하고 방관하는 것은 얼마나 어리석은가? 자신만이 100살이 넘게 장수하겠다고 값비싼 시술/수술을 하는 것은 얼마나 탐욕스런 짓거리인가?

이제 죽어가는 생명에 응답해야 한다. 죽어갈 생명을 올바로 예측하고 이에 맞게 행동해야 한다. 생태계-지구촌-국가-지역을 하나로 엮어서 '온생명'으로 인식하고 정책을 펴야 할 것이다. 무엇보다 수직농장, 에어 프로테인, 재생에너지 전환 등의 기술적 대안이 있으므로, 이산화탄소협정처럼 현재 상태의 숲을 보존하고 더 이상의 파괴를 중단하는 협약을 맺어야 한다. 패러다임부터 전환하고 모든 죽어가는 생명에 연민과 자비심을 갖고 연대하는 생명정치를 구현해야 한다. '불행한 생명을 위한 편애적 해석과 자비적 실천'이 필요하다. 가장 불행한 생명과 인간의 입장에서 이 세계를 바라보고 대안을 모색해야 한다. 시민들은 생명의 위기를 야기하는 시스템을 개혁하고 생명을 죽이는 권력과 자본에 끊임없이 저항해야 한다.

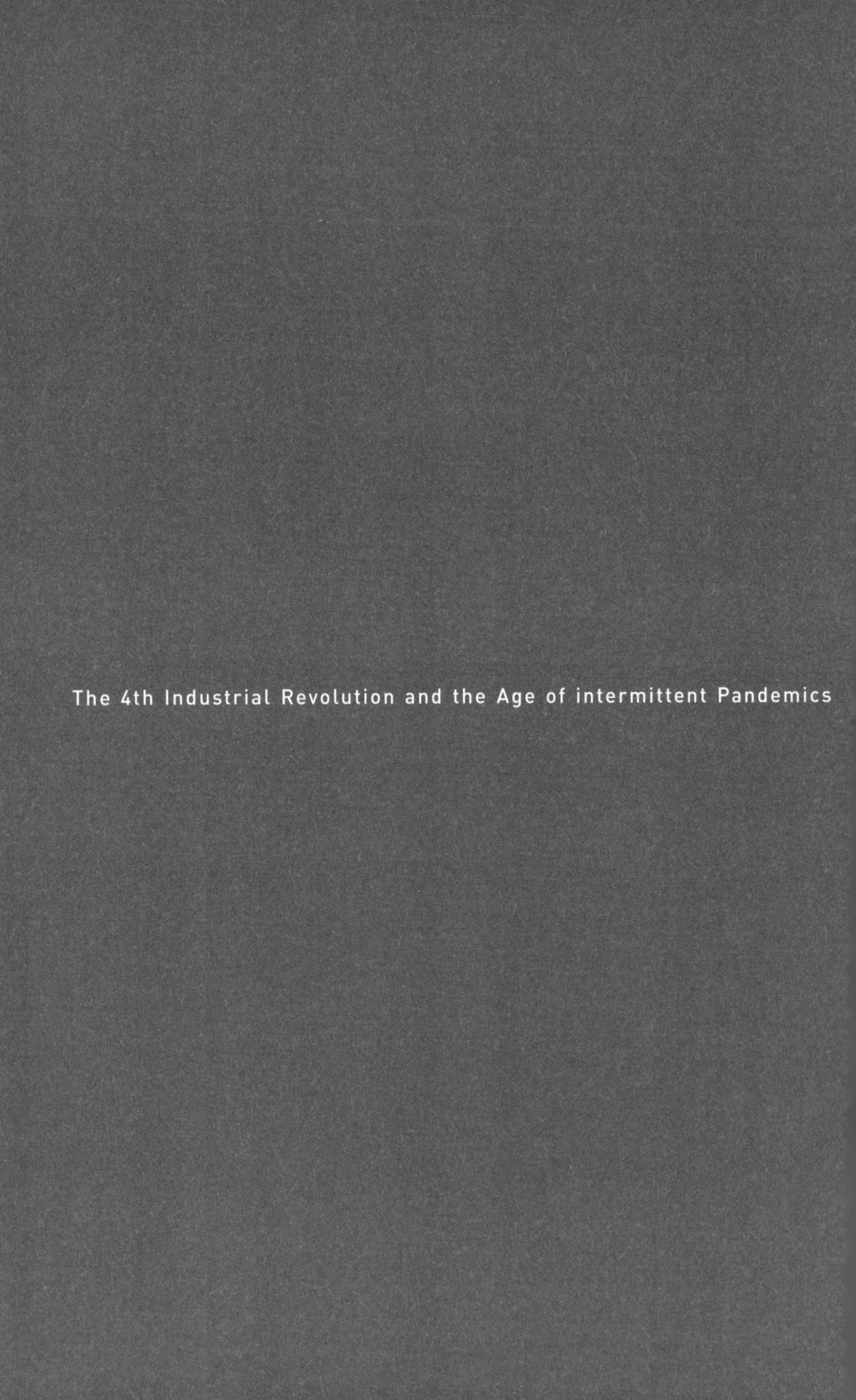
The 4th Industrial Revolution and the Age of intermittent Pandemics

제 2 부

4차 산업혁명/간헐적 팬데믹 시대의 대안

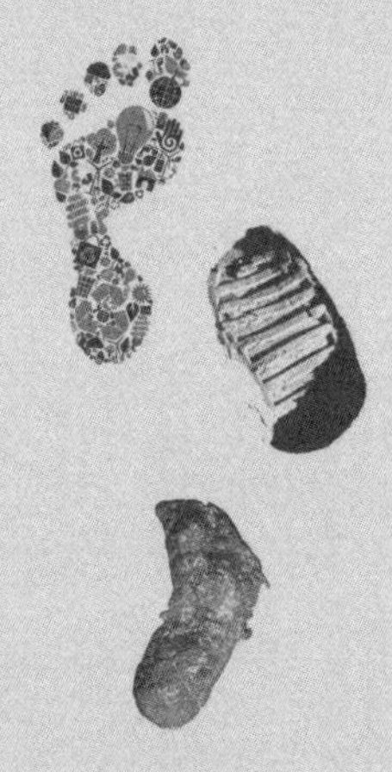

제1장

새로운 패러다임과 세계관

학자들은 임계점을 넘어선 숲 파괴로 매년 두세 종의 바이러스가 인수 공통의 전염병으로 변형을 하고, 확률적으로 그중 한 바이러스가 4~5년에 한 번 꼴로 '간헐적 팬데믹'을 일으킬 것이라고 한다. 코로나로 가시화하였을 뿐, 빈틈이나 완충지대마저 파괴한 탓에 인류 문명의 열차는 거의 종점에 이르렀다. 생명과 기후위기, 불평등의 극대화와 자본주의 체제의 위기, 인공지능의 위기들은 서로 얽혀 있다.

이제 새로운 패러다임에 따라 개벽 수준으로 이 지구촌과 사회를 변혁하지 못한다면 우려는 현실로 다가올 것이다. 가장 큰 문제는 이제 그 기한이 10여 년 정도밖에 남지 않았다는 것이다. 그럼에도 이런 급격한 변화를 이해하고 설명할 뿐만 아니라 이것이 야기할 문제를 분석하고 새로운 전망 속에서 대안을 모색할 수 있는 세계관이나 패러다임은 아직 구체적인 모습이 보이지 않는다. 달라진 세계는 새로운 세계관과 패러다임을 필요로 한다. 4차 산업혁명이 야기할 인간 존재와 사회의 변화를 전망하면서 그에 부합하는 새로운 세계관과 패러다임을 제시하겠다. 단, 서양 사상은 새로운 패러다임으로서 이미 힘과 빛을 잃은 듯하여 주로 불교에서 찾되 서양 사상과 결합하겠다.

1. 포스트휴먼과 트랜스휴머니즘

포스트휴먼

동서양을 막론하고 휴머니즘의 전통은 수천 년 전까지 기원을 소급할 수 있다. 인간이 만물의 영장이며 가장 존귀하다는 말은 그리스든, 인도든, 중국이든 고대 전적에서 흔히 발견할 수 있다. 그럼에도 종교가 정치질서를 압도하고 신분제를 당연한 것으로 받아들이는 중세에서는 인간의 범위를 귀족과 성직자로 한정하였기에 이런 주장들을 주변화했다. 그러다가 근대에 들어 인간이 모든 존재 가운데 가장 귀중하고 다 같이 존엄하고 평등하다는 휴머니즘이 신분제와 차별을 당연시하는 중세의 이데올로기와 맞서 지난한 투쟁을 한 끝에 보편적인 원리, 사상, 이데올로기, 세계관으로 자리를 잡았다. 인권이 20세기의 보편 가치가 되고, 거의 모든 나라의 헌법이 인간의 존엄성과 인권을 보장하는 규정을 명문화했다.

여기에 균열을 가한 것이 생명의 위기와 생명공학, 인공지능 로봇의 출현, 그리고 인간의 능력 향상이다. 첫째, 휴머니즘의 아류인 인간중심주의에 따른 지구 생태계와 생명의 위기이다. 인간이 만물의 영장이기에 인간의 목적을 위하여 자연과 다른 생명을 이용해도 된다는 이데올로기에 집착한 인간은 자연을 파괴하는 것을 개발과 문명이라 생각했다. 그들은 조금 더 많은 돈과 권력, 쾌락을 얻고자 대지와 숲, 바다를 파괴하고 무수한 오염물질을 쏟아냈다. 서식지가 파괴되는 바람에 먹이를 구하지 못하고 새끼들을 잘 키우지 못하며 병까지 들게 되자 절반에 가까운 생명체들이 멸종위기에 놓였다. 이에 인류는 휴머니즘에 대해 성찰하고 자연과 공존하는 생태론적 사유로 전환하고 있다.

둘째, 인간이 생명공학을 매개로 신의 피조물에서 신의 지위에 오르게 되었다. 이에 생명의 창조주로서 인간의 개념이 자리를 잡게 되었으며, 다른 한편에서는 인간의 유전자나 장기를 이식한 동물을 만들고 실험상으로는 반수반인半獸半人도 가능해지면서 인간과 짐승의 이원론에 바탕을 둔 인간의 정체성과 휴머니즘에 대한 회의가 일고 있다.

셋째, 인공지능 로봇의 등장으로 인한 인간의 위상과 정체성의 혼란이다. 인공지능 가운데 사람처럼 사고하고 말하고 감정을 갖는 로봇인 안드로이드가 활성화할 경우 인간과 기계의 경계는 무너진다. 게다가 안드로이드가 인간의 지능을 능가할 경우, 인간은 인류 역사 최초로 만물의 영장 지위를 AI에게 내주어야 한다. 이들이 자유의지를 갖고 인간의 명령을 따르지 않고 스스로 자신들을 제작한다면, 인간을 지배할 수도 있고 멸망시킬 수도 있다. 그것까지는 아니라 하더라도 인간처럼 사고하고 감정을 갖는 인공지능 로봇과 일상에서 마주칠 경우 인간은 여러 혼란에 직면할 것이다.

넷째, 인간이 생물학적 한계를 벗어나 무한한 능력과 불멸을 추구하고 있다. 인간의 사고와 정서, 육체 모두 비약적으로 향상시키는 것이 기술적으로 가능해졌다. 이에 인간은 생물학적 한계를 벗어나 초인超人을 꿈꾸고 있다. 이것이 보편화하면 인간의 정의와 개념이 달라지고 노동을 비롯하여 스포츠와 예술 등 인간의 모든 활동도 큰 변화를 맞을 것이다.

닉 보스트롬 4차 산업혁명 시대에서 가장 큰 변화 가운데 하나는 인간이 정신, 육체, 정서적인 면에서 현재의 인간의 능력을 초월하는 포스트휴먼post-human으로 거듭난다는 점이다. 닉 보스트롬Nick Bostrom은 포스트휴먼에 대해 "지능에서 다른 영장류보다 우월한 현재 인류의 천재를 능가하고, 노화에 휘둘리지 않고 질병에 강하며 무한한 젊음과 활력을 가졌고, 욕망과 감정, 심적 상태를 잘 조절하며, 사소한 것에 짜증을 내거나 피곤해하거나 증오하지 않으며, 쾌락, 사랑, 예술적 감상력, 마음의 평정에서 향상된 능력을 발휘하며, 현재의 인간 두뇌가 도달할 수 없는 의식의 새로운 상태를 체험하는 사람"이라고 규정하고 있다.[1]

닉 보스트롬이 정의하는 포스트휴먼은 한마디로 그동안 만화나 영화에서 상상하던 슈퍼맨을 상정하고 있다. 육체적으로는 질병에 걸리지 않고 늙지도 않으며, 지능적으로는 아인슈타인과 같은 천재를 능가하고, 정신적으로는 고승처럼 마음을 완벽하게 절제하고 조절할 수 있고, 실천적으로는 예술과 스포츠를 모두 능수능란하게 잘

1 Nick Bostrom, "The Transhumanist FAQ: A general Introduction," ver. 2.1, World Transhumanist Association, 2003, p.5.

하는 사람을 뜻한다. 이제 만화나 영화에서나 보던 슈퍼맨이 우리 앞에 실제 인간 존재로 등장할 것이다. 아니, 우리가 슈퍼맨으로 거듭날 수도 있다.

로버트 페페렐 로버트 페페렐Robert Pepperell은 포스트휴먼의 특징에 대해 "첫째, 포스트휴먼은 휴머니즘이라고 알려져 있는 사회발달 시대의 종식을 묘사하는 데 사용되며, '휴머니즘 이후'를 의미한다. 둘째, 포스트휴먼은 인간존재를 구성하는 것에 대한 전통적인 생각들이 이제는 중대한 변환을 겪고 있다는 사실을 나타낸다. 인간이라는 것을 종래에 생각해 오던 방식으로는 더 이상 생각할 수 없다는 것이다. 셋째, 포스트휴먼은 생물학과 기술과학의 전반적인 수렴이 일어나 그 둘을 구별하기가 점점 더 어려워지는 수준까지 왔음을 나타낸다."[2]라고 말한다. 페페렐은 새로운 사회는 생물학과 기술과학이 수렴되는 등 중대한 변환을 맞고 있고 이는 휴머니즘으로는 설명할 수 없으며, 이를 넘어서는 포스트휴먼의 패러다임이나 사상이 필요하다고 역설하고 있다.

유발 하라리 "인간이 행복과 불멸을 추구한다는 것은 성능을 업그레이드해 신이 되겠다는 것이다. 행복과 불멸이 신의 특성이어서가 아니라, 인간이 노화와 비극을 극복하기 위해서는 먼저 자신의 생물학적 기질을 신처럼 제어할 수 있어야 하기 때문이다. (…) 당신은 헤라클레스의 힘, 아프로디테의 관능, 아테나의 지혜는 물론, 원한다

2 로버트 페페렐, 『포스트휴먼의 조건 — 뇌를 넘어선 의식』, 이선주 역, 아카넷, 2017, 14~15쪽.

면 디오니소스의 광기까지도 살 수 있을 것이다. 지금까지 인간이 더 큰 힘을 갖기 위해 주로 외적 도구의 성능을 높였다면, 앞으로는 몸과 마음을 직접 업그레드하거나 외적 도구와 직접 결합할 것이다. 인간을 신으로 업그레이드하는 데는 세 가지 방법이 있다. 생명공학, 사이보그 공학(인조인간 만들기) 그리고 비유기체적 합성이다."[3] 유발 하라리도 보스트롬처럼 생명공학, 사이보그, 비유기체적 합성을 통하여 인간이 신의 지위에 오를 것이라고 말하고 있다.

이처럼, 학자마다 약간 차이가 있지만, 포스트휴먼은 한마디로 말하여 지능, 정서, 육체의 능력에서 현재의 인류가 성취할 수 있는 최대치를 넘어선 능력을 발휘하는 인간을 말한다. 여러 논의와 과학기술의 성과를 종합할 때, 포스트휴먼이 되는 길은 크게 다섯 가지이다. 첫째, 인간의 지능과 능력을 초월하는 인공지능을 개발하는 것이다. 둘째, 인간이 능력은 극대화하고 크기는 극소화한 나노로봇이나 장치를 몸 내부에 장착하여 천재의 지능, 스포츠 영웅의 힘, 대선사의 마음 통제력을 초월하는 사이보그로 거듭나는 것이다. 10년 안에 만국어를 번역하는 구글 번역 시스템을 집적한 칩을 손가락이나 귀에 심거나 혈압에서 병균 박멸에 이르기까지 내 몸 안에서 혈압과 체온 등을 조절하고 통제하는 나노로봇을 장착한 인간이 나올 것이다. 셋째, 생명공학을 이용해 인간의 유전자를 조작, 합성하여 질병을 완전히 통제하고 지능에서 외모와 성격에 이르기까지 인간의 여러 능력을 극대화하는 것이다. 앞으로 독수리의 눈, 토끼의 귀, 개의 코,

---

3 유발 하라리, 『호모 데우스』, 김영사, 2017, 69쪽.

곰의 팔, 치타의 다리를 가진 인간이 가능할 것이다. 넷째, 마인드업로딩을 하고 인간의 두뇌와 빅데이터, 로봇 등과 인터페이스로 연결하는 것이다. 우리가 20기가 컴퓨터를 40기가 컴퓨터로 업로딩을 하듯, 인간의 뇌신경세포를 업로딩을 하면, 인간의 두뇌를 빅데이터나 인공지능, 로봇과 인터페이스로 연결하면, 아인슈타인을 훨씬 능가하는 과학자, 만국어를 모국어처럼 하는 번역가, 전 세계에 존재하는 모든 서사를 기억하고 수시로 재현하는 작가가 가능할 것이다. 다섯째, 생명공학과 인지과학, 뉴로모픽 칩, 로봇공학을 융합하여 박쥐의 초음파, 개의 후각, 나방의 청각 등을 가진 생체세포를 기계에 이식하는 것이다. 이 바이옷은 특정 분야에서 지구상에 존재하는 생물들 가운데 최고 능력을 발휘할 것이다.

트랜스휴머니즘

닉 보스트롬 닉 보스트롬은 트랜스휴머니즘Transhumanism에 대해 두 가지로 명확하게 정의한다. 트랜스휴머니즘은 "1) 인간의 지적, 신체적, 심리적 능력을 근본적으로 향상시키고 노화를 제거하기 위하여 활용이 가능한 과학기술을 만들고 개발하여 인간 조건을 근본적으로 개선할 수 있다는 가능성과 바람직함에 대해 긍정하는 지적이고 문화적인 운동, 2) 근본적으로 인간의 한계를 극복할 수 있는 과학기술의 영향, 가능성, 잠재적 위험에 대하여 연구하고 그러한 기술의 개발 및 사용과 관련된 윤리적 문제를 연구하는 것"이다.[4]

4 Nick Bostrom, op.cit, p.4.

맥스 모어 맥스 모어Max More는 이에 대해 조금 결이 다르게 정의한다. 맥스 모어는 "종교에 대한 대안은 절망적 허무주의도, 무익한 과학주의도 아니다. 바로 트랜스휴머니즘이다. (…) 휴머니즘은 신, 신앙, 예배를 거부하며, 대신에 합리성과 과학을 바탕으로 인간의 본성과 잠재력이 여러 가치를 가지고 의미로 충만하다는 관점에 기초한다. 트랜스휴머니즘은 휴머니즘과 유사하지만, 신경 과학, 신경 약리학, 나노기술, 인공 초지능, 우주 거주 등 여러 과학과 기술로 인하여 인간의 존재 조건이 급진적으로 개조될 것이라고 인식하고 예상한다."[5]

이처럼, 트랜스휴머니즘은 중세의 미신과 주술은 물론 신과 신앙, 예배를 거부하고 이성과 과학을 존중하고 인류의 진보를 모색하며, 내세가 아니라 '지금 여기에서' 인간 존재의 가치와 행복을 추구한다는 점에서는 휴머니즘과 상통한다. 하지만, 트랜스휴머니즘은 나노공학, 신경과학, 인지과학, 로봇공학 등의 비약적인 발전과 이런 과학기술의 응용을 통하여 인간이 현재의 인류보다 지적, 육체적, 정서적인 능력에서 근본적으로 향상된 포스트휴먼의 존재로 개조되는 것을 목표로 한다. 이에 트랜스휴머니즘은 휴머니즘과 다른 가치관, 세계관, 존재양식을 추구한다. 더 나아가 이런 과학기술이 초래할 가능성과 미래에 대해 전망함과 아울러 그에 대한 윤리적이고 사회적 문제와 대안에 대해 연구한다.

---

5 Max More, "Transhumanism: Towards a Futurist Philosophy," *Extropy: The Journal of Trans Humanist Thought*, #6, 1990 summer, p.6.

우리는 근대와 휴머니즘의 종착지에 왔다. 종착지에 서서 돌아볼 때 지나온 길은 진정으로 성찰의 대상이 된다. 중세시대에 신의 피조물에 지나지 않았던 인간은 근대에 들어 자연과 우주를 온전히 이해하고 설명하고 자연을 자신의 목적대로 변형하는 주체로 온 우주에서 가장 존귀한 존재였다. 하지만 이제 근대의 휴머니즘으로는 인공지능이 인간의 본성과 지능, 감정을 장착한 채 지능, 노동력, 도덕성의 구현에서 인간보다 더 나은 존재가 되는 것을 설명할 수 없다. 기계와 인간의 이분법에 바탕을 둔 휴머니즘으로는 기계와 인간의 혼합체와 인간성과 기계성의 혼성성을 이해할 수 없다. 인간을 위하여 자연을 파괴하는 것을 정당한 것으로 간주한 휴머니즘으로는 환경파괴와 기후위기를 극복하고 대안의 세계를 열 수 없다.

2. 실체론에서 연기론으로

제1권 2부 3장 "인공지능의 쟁점2: 초지능과 자유의지의 프로그래밍"에서 기술한 자유의지 허구론을 비롯하여 인지과학, 나노공학, 로봇공학, 생명공학을 선도하는 과학자들과 지식인들의 사유체계에는 실체론과 이분법이 그 바탕에 깔려 있다. 이는 이 세계의 모든 존재 자체가 서로 얽혀 있고 조건과 인과로 작용하는 데 이런 역동적인 상호작용을 인식하지 못한 채 장님 코끼리 만지기식의 오류를 범하며 생성하고 움직이고 있는 것을 분리시키고 정지시켜서 관찰한다. 더 나아가 먼저 관찰한 실체의 편에 서서 다른 무엇을 배제하는 편견을 구성하거나 그 실체로 전체를 동일화하는 오류를 범한다.

실체론에서 관계의 사유로

서양은 부분을 바라보고 실체론적 사고를 하고, 동양은 전체를 보려 하고 관계의 사유를 한다. 플라톤이 정립한 이데아는 서양 주류 철학의 목표가 되었고 이는 칸트의 물자체, 헤겔의 절대정신, 라이프니츠의 모나드, 하이데거의 존재로 이어졌다. 앞 장에서도 언급한 대로, 서양의 실체론에서 보면 한 마리의 연어가 알을 낳고 숨이 끊어지면 죽은 것이다. 하지만 관계의 사유에서 보면, 새끼 연어의 몸에서 엄마 연어의 몸에 있던 해양탄소나 질소가 상당량이나 발견되니, 연어를 먹고 곰, 독수리, 물고기 등이 자라고, 미생물이 분해한 무기영양소를 풀과 나무와 이끼가 먹고, 이것이 다시 새끼 연어로 소생한 것이다.

138억 년 전에 빅뱅이 일어나 우주가 만들어지고 물질이 형성되고 그 물질들이 모여 별이 되었다가, 그 별이 폭발한 잔재들이 모여 태양계와 지구를 만들고, 지구에서 생명체가 탄생하고 진화를 거듭하여 인류가 태어났다. 그러나 필자 또한 언제인가 죽음을 맞아 연어처럼 분해되어 무기물로 돌아갈 것이고, 또 언제인가 태양이 폭발하면서 그 무기물들은 우주에 흩어졌다가 어디선가 별이 만들어질 때 아주 작은 부분이 될 것이다.

이처럼 우주와 자연과 생명, 인간은 서로가 깊은 관계를 맺고 있는 하나의 커다란 체제, 곧 생태계이고, 여기서 모든 것이 나고 자라고 변하다가 사라지는 영겁의 순환을 한다. 조그만 벌레 한 마리가 죽고 새로운 유충이 태어나는 것도 우주 전체의 어떤 목적과 섭리에 따라 일어나는 전체 속의 부분, 그러나 전체를 담고 있고 전체와 서로 깊은 연관을 맺고 있는 부분이다. 서로서로 깊은 연관을 맺고 있는 세계 속에서 하나하나의 주체는 소멸되는 것이 아니라 서로 영향을 주고받으면서 자기 초월체로서 창조적으로 진보한다. 하나하나 존재를 보면 소멸하지만 이것과 저것의 사이에서 보면 우리는 영원히 불멸한다. 영겁의 회귀가 있을 뿐, 사라지는 것은 아무것도 없다. "유기체 철학에서 영속하는 것은 '실체'가 아니라 '형상'이다. 형상은 변화하는 관계를 감수한다. 현실적 존재는 주체적으로 끊임없이 소멸하지만 객체적으로 불멸한다. 현실태는 소멸될 때 주체적 직접성을 상실하는 반면에 객체성을 획득한다."[6] 그럼에도 이를 이분법이나 실체론으로 바라보면 사슴을 살리려 천적을 사냥한 것이 사슴을 굶주려 죽게 만든 카이바브Kaibab 고원의 역설은 반복될 것이다.

정태적 인과론에서 역동적 인과론으로

『잡아함경雜阿含經』에 "이것이 있어 저것이 있고, 이것이 일어나니 저것이 일어난다. 이것이 없어 저것이 없고, 이것이 사라지니, 저것이 사라진다."[7]라고 말한다.

흔히 연기를 상호 연관inter-connection으로 해석하며 생태계를 예로 든다. 앞에서 연어의 예를 든 것처럼 자연은 하나의 개체가 전체와 서로 깊은 연관을 맺고 있다. 댐을 막으면 연어만 사라지는 것이 아니라 연어를 먹고 사는 곰과 독수리, 포유류가 줄어들고 강변의 초목들도 잘 성장하지 못한다.

---

6 A. N. Whitehead, *Process and Reality, An Essay in Cosmology*, New York: The Free Press, 1991, p. 29.

7 求那跋陀羅 譯.『雜阿含經』第13卷,『大正藏』第2册, No.0099, p.0092c16.: "此有故彼有, 此起故彼起… 此無故彼無 此滅故彼滅"

연기론을 영어로 'dependent origination'이라고 한다. 말 그대로 이것이 있으므로 이로 말미암아 저것이 있게 되며, 저것이 일어나므로 그로 말미암아 이것이 일어난다. 우주 삼라만상 가운데 모든 것이 나와 인과관계를 맺고 있으며 서로 조건으로 작용하며 의지한다. 지구상의 모든 생명체는 자연에 따라 38억 년의 기나긴 시간 동안 진화를 해왔고, 또 생명체는 자연에서 나고 자라 다시 자연으로 돌아가며 자연을 변화시켰다. 외부적인 요인으로 일정 지역의 미생물이 변하면, 그에 따라 풀과 나무의 성장이 변한다. 달라진 풀과 나무는 조금 변화한 광합성을 하여 대기의 산소와 이산화탄소, 수분의 양을 변화시키고, 이는 다시 미생물에 영향을 미친다. 우주와 물질, 그 근본을 이루는 소립자들은 관찰자에 따라 영향을 받으며 입자든 파동이든 존재하는 것으로 나타난다.

연기와 연멸이 하나다

연기론은 '연기緣起', 즉 'dependent origination'만이 아니라 '연멸緣滅', 'dependent extinction'이다. 박경준은 연기설을 상의적相依的으로 해석한 것을 비판하며, "12연기설은 우리의 현실고現實苦가 절대적인 것이 아니라, 근본적으로 무명에 의해 나타나 있는, 상대적이고 가변적인 것임을 말해주고 있는 것이다."[8]라고 말한다. 연기와 연멸은 둘도 아니고 하나도 아니다. 고통의 원인이 무명無明이라면 이에서 벗어나면 고통이 사라지고 환희심이 일듯, 원인을 변화시키면 결과가 달라진다. 말 그대로 "이것이 없음으로 말미암아 저것이

8 박경준, 「초기불교의 연기상의설 재검토」, 『한국불교학』 14집, 1989, 138쪽.

없어진다." 쉽게 말하여, 독재정권으로 시민들이 억압과 불평등의 고통 속에 있다면 그 독재자를 추방하면 시민들은 자유롭고 정의로운 사회에서 살게 된다. 연기론은 우주 삼라만상 모두에 내재하는 근본 원리일 뿐만 아니라 원인을 변화시켜서 결과를 달라지게 하고 그로 인하여 원인조차 달라지게 하는 변화의 원리이다.

존재론에서 생성론으로

연기론은 '상호 인과적이고 의존적인 생성interdependent becoming'이다. 우주든 물질이든 입자든 아무런 목적과 의도 없이 움직인다. 원자의 성질을 결정하는 것이 전자인데, 그 전자는 구름과 같은 전자장에서 확률적으로만 관찰할 수 있으며, 스스로 존재하는 것이 아니라 다른 전자, 다른 전자가 형성한 파동과 전기, 자기, 에너지, 힘에 따라 움직인다. 이에 따라 원자는 다른 원자가 되기도 하고 핵이 합쳐져서 분자를 형성하기도 한다. 관측이 물질에 영향을 미치며, 관측에 의해서만 입자인지 파동인지 결정할 수 있기에, 물질은 관측에 의해서만 존재한다. 아니, 존재하는 것처럼 관측된다. 물질은 하나의 실체로 존재하지 않지만, 진동하며 중력, 전자기력, 강력, 약력을 발생하며 시공간에 파동을 일으키고 다른 존재에 영향을 미친다.

태양으로 말미암아 지구의 바다와 대기는 순환하고 그 안의 식물들은 햇빛 에너지로 물과 탄소를 결합하여 포도당을 만들고 동물들은 이를 먹고 포도당을 분해하여 에너지를 얻는다. 동물이 물질대사한 것과 동물의 몸은 식물의 양분이 되고, 나머지는 대기와 바다로 흩어진다. 햇빛이 바다와 대기를 덥히지 않았다면 바람은 불지 않았으며, 바람이 불지 않았다면 구름이 오지 않았으며, 구름이 오지 않았으면 비가 내리지 않았으며, 비가 내리지 않았으면 풀과 나무는 싹을 틔우지 못하였으며, 풀과 나무가 싹을 틔우지 않았으면, 동물은 살지 못하였을 것이다. 찰나의 순간에도 한 생명의 물질대사에 따라 대기와 환경이 달라지고 이에 따라 다른 생명의 몸도 변한다. 인간 또한 마찬가지다. 다른 이의 호흡에 따라 둘 사이의 공기가 변하고, 그 공기를 서로 동시에 마시면서 몸이 변한다. 다른 이의 말에 따라 뇌의 신경세포나 시냅스가 달라지고 이는 말과 표정으로 나타나며 이것이 다시 상대방을 변하게 한다. 모든 물질, 생명, 인간은 공空하다. 이들은 찰나의 순간에도 변하면서 스스로 공하지만, 다른 물질, 생명, 인간을 생성하는 인과적이고 의존적인 그 작용만큼은 한다. 모든 물질, 생명, 인간은 찰나의 순간에도 서로 조건과 인과로 작용하며 서로를 생성시키는 '상호 인과적 생성자inter-dependent becoming'이다.

연기론은 공존의 윤리

'순망치한脣亡齒寒'이라는 말이 있다. 입술이 없으면 이가 시리다는 뜻이다. 한쪽이 망하면 다른 한쪽도 영향을 받아 손해를 본다는 뜻으로 쓰인다. 이해관계가 있는 짝만을 뜻하지 않는다. 2권 1부 4장 "생명공학과 호모 데우스: 연기적 생명성과 죽음의 의미"에서 말하였듯, 모든 생명은 공진화를 해왔다. 서로 주먹으로 때리며 싸우던 두 남자에게 한 여자가 다가와서 "너희 두 명 모두 내 배 속에서 나온 이복형제다."라고 말하면 싸움을 중지하고 포옹할 것이다. "서로 말미암아 존재하고 서로를 말미암아 생명이 활동한다는 연기의 법칙이 '사실의 판단'이라면, 필연적으로 '사이좋게' 지내야 하는 것은 '가치의 판단'이다."[9] 이처럼 우리는 타인에서 미생물에 이르기까지, 내 밖의 타자, 다른 생명들이 서로 연관, 조건, 인과관계를 맺고 나의 몸과 마음에 영향을 주고 있음을 깨달으면, 그들을 소중하게 여기고 그들과 공존을 모색하게 된다. 그러기에 연기론은 공존의 윤리로 이행한다.

연기론은 이 세계의 상즉상입

화엄에 따르면 이 세계는 상즉상입相卽相入한다. 의상은 화엄 연기론의 무진장한 세계를 몇 마디 말로 압축하여 잘 표현하고 있다.

> 진성은 참으로 깊고 지극히 미묘해
> 자성을 지키지 않고 연緣을 따라 이루더라.
> 하나 안에 일체 있고 일체 안에 하나 있으니
> 하나가 곧 일체요 일체가 곧 하나일세.
> 한 티끌 그 가운데 시방세계 머금었고
> 일체의 티끌 속도 또한 역시 그러해라.[10]

상입에 대해 먼저 말해보겠다. 상입은 동시돈기同時頓起, 동시호입同時互入, 동시호섭同時互攝을 뜻한다. 내 앞에서 깜박이고 있는 촛불은 어

9 법인, 「불교의 생명사상과 생명윤리」, 『2014월정사 워크숍 : 생물다양성을 바라보는 불교의 생명가치』, 월정사 등 주최, 2014년 10월 9일, 9쪽.

10 義湘, 『華嚴一乘法界圖』. 『한불전』, 제2권, 1-上.: "眞性甚深極微妙/不守自性隨緣成/一中一切多中一/一卽一切多卽一/一微塵中含十方/一切塵中亦如是".

둠을 밝혀주는 등불인 동시에 공기의 흐름에 따라 춤을 추는 아름다운 무희舞姬이자, 색色과 공空이 하나도 아니고 둘도 아니라는 것을 말해주는 대상이다. 촛불이 등불인 것과 무희인 것과 깨달음인 것이 전후 없이 동시에 일어난다. 이처럼 서로 다른 계界에서 서로 다른 실재들이 모두 서로를 방해하지 않고 동시에 일어난다.

촛불을 하나 더 켜놓자. 방 안은 훨씬 더 환해진다. 촛불에서 나온 수많은 빛이 서로 부딪히지만 이쪽의 촛불과 저쪽의 촛불에서 나온 빛이 서로를 조금도 방해하지 않고 서로를 넘나들고 비춰주면서 방 안을 환하게 밝힌다. 서로의 빛이 서로에게 영향을 미치며 서로를 관통하고 서로를 끌어들이고 있다.

사면이 거울인 방에 촛불을 가져다 놓으면 어떻게 될까? 무한대의 촛불이 만들어진다. 모든 거울이 거울 속의 촛불들을 무한히 반사하고 있다. 불국토에서도 최상의 곳인 연화장蓮華藏에 가면 인드라망이 있다. 인드라망의 구슬은 온 우주를 담고 있는데, 그 구슬들이 서로 비추며 프랙털fractal처럼 중중무진重重無盡의 세계를 펼치고 있다. 그것은 만물을 반사하기에 거울이고 동시에 다른 무엇에 의해 반사되기에 상像이다. 우주에 있는 모든 사물과 사람은 서로 의존하고 포섭하고 있기에, 서로 조건이 되면서 상대방을 만들어주는 상호생성자의 관계에 있기에 모든 존재는 서로 거울인 동시에 그에 비친 영상이다.[11]

상즉은 이것과 저것, 현상과 본질, 사事와 리理, 존재와 비존재, 부처와 중생, 깨달음과 깨닫지 못함, 생사와 열반, 삶과 죽음, 무위無爲와

11 지금까지 상입에 대한 촛불의 비유를 통한 설명은 까르마 츠앙, 『華嚴哲學』, 이찬수 역, 경서원, 1990, 195~196쪽의 내용을 약간 쉽게 요약함.

유위有爲, 언어와 진리가 서로 불일불이不一不二의 연기 관계에 있어서, 서로 둘로 대립하면서도 실은 서로 의지하고 인과관계를 맺고 작용하면서 서로 방해하지 않고 하나로 어우러지는 것을 뜻한다.

지금 여기에서 각각의 존재들이 서로 연기적 관계에서 사건들을 벌이는 것이 사법계事法界이다. 푹 익은 사과가 과수원 밭으로 낙하하고 절벽에서 발을 헛디딘 사람이 떨어지고 우주의 별들이 서로 이끌리면서 운행한다. 이들은 서로 다른 사건이지만 모두 중력의 법칙에 따라 빚어지는 것이다. 이처럼 개별적인 사물과 실재에 보편적으로 내재하는 원리가 이법계理法界이다.

눈에 보이지 않는 원자에서 광대한 우주에 이르기까지 중력의 법칙이 작용한다. 이에 따라 형상을 갖고 작용을 하고 본성을 갖는다. 빅뱅 이후 중력의 차이가 온도의 차이를 만들고 그에 따라 물질들이 모여 별을 만들었다. 별들은 중력에 따라 모여 은하를 만들고 은하를 결집시켜 은하단을 만든다. 우리 은하 전체가 다른 은하계의 중력에 끌려 이동하고, 태양계도 우리 은하계의 다른 별들과 중력에 따라 은하 중심을 축으로 공전하고, 지구 또한 태양과 다른 행성과 중력에 의해 공전한다. 별들은 중력에 따라 큰 별이 되기도 하고 작은 별이 되기도 하고, 압력과 온도를 높여 뜨거운 별이 되기도 하고 차가운 별이 되기도 한다. 원자에서 거대한 은하에 이르기까지 중력과 사건들은 서로 침투한다. 중력의 법칙이 곧 그들 존재의 형상이자 작용이고 본성이며, 그들의 형상이나 작용이고 본성인가 생각하면 실은 중력의 법칙이 작용한 바이다. 이처럼, 사건/현상이나 원리가 스스로 존재하고 서로를 포섭하여 하나로 융합하는 경계가 사리무애법계事理無碍法界다.

사면이 거울인 방에 촛불을 밝히고, 그 안에 수정 구슬을 가져다 놓으면 그 안에 모든 것이 다 들어가 비춰진다. 시작도 끝도 없는 우주가 한 티끌 속에 있는 한 원자에 압축되어 있고 우주의 구조와 원자의 구조가 상동성을 갖기에, 천체물리학자들은 원자의 구조를 연구하여 우주의 비밀을 해명하려 한다. 전자가속기를 통해 원자 안의 작은 미립자에 대해 새로운 사실이 추가되면 우주의 비밀이 한 꺼풀 벗겨지고 허블 망원경을 통해 우주의 비밀이 밝혀지면 원자의 실체를 밝히는 연구도 한 걸음 진전된다. 망망한 우주가 곧 하나의 원자이고, 하나의 원자가 곧 망망한 우주이다. 하나의 세포를 채취해 배양하면 한 사람의 복제인간이 만들어지듯, 체세포가 인간 몸 안의 수백조 개의 세포 가운데 한 부분이 아니라 한 인간의 모든 유전자 정보를 담고 있는 하나의 완전한 구조이다. 이렇게 조그만 원자와 세포에서 소우주인 각 생명체와 우주에 이르기까지 서로 작용하고 영향을 미치고 인과관계를 만들면서 대상과 주체의 구분이 허물어진 경계가 사사무애법계이다.

465억 광년에 이르는 광대한 우주 전체[總相]는 각각의 원자와 별들[別相]이 모여서 이루어진 것이며, 각각의 원자와 별들과 우주는 서로 연기의 관계에 있다. 각 원자와 별들은 각각의 작용[異相]을 하지만 중력의 법칙처럼 모든 물질과 우주에 공통적인 원리[同相]를 공유한다. 우주가 별들의 조합으로 전체 모습[成相]을 이루고 있지만, 각각의 별들과 원자들이 각각의 위상에서 에너지를 갖고 중력에 따라 자신의 모습[壞相]을 갖는다. 이 여섯 가지의 상이 서로 상즉상입한다. 연기의 관계 속에서 모든 물질과 우주는 끈이나 양자의 떨림, 팽창과 수축, 별의 생성과 운동과 소멸의 무한한 반복을 하는 가운데 힘의 차이를 형성하며 우주를 이루고 있다.

인간과 생명도 상즉상입한다. 인간과 생명[總相]은 원자와 원자가 결합한 유전자와 세포[別相]들이 모여서 이루어진 것이며, 각 세포와 서로 연기의 관계에 있다. 각 유전자와 세포들은 각자의 기능[異相]을 수행하지만 유전자의 법칙이나 생명의 원리[同相]대로 움직인다. 세포가 모여 각 인간과 생명의 몸[成相]을 이루고 있지만, 각 세포들은 나름대로 자신의 형상[壞相]을 갖는다. 이 여섯 가지 상이 서로 상즉상입한다. 연기의 관계 속에서 모든 생명들은 끊임없이 나고 살아가고 변하고 사라지는 반복을 되풀이하면서 진화의 차이를 빚어내며 생태계를 형성하고 있다.

사회도 마찬가지이다. 사회[總相]는 각 주체[別相]들이 모여서 이루어진 것이며, 각 주체들과 무수한 타자들, 사회 전체는 서로 연기의 관계에 있다. 각 주체들은 각자의 삶[異相]을 행하지만 모든 인간과 사회의 공통적인 원리[同相]를 공유한다. 각 주체들이 모여 사회[成相]을 형성하고 있지만, 각 주체들은 나름대로 자신의 형상을 갖고 각자 행동[壞相]을 한다. 이 여섯 가지 상이 상즉상입한다. 연기의 관계 속에서 모든 인간들이 출생−성장−죽음, 타인이나 집단, 권력, 세계와 갈등과 화해, 대립과 타협, 전쟁과 평화를 반복하며 역사와 자유, 의미의 차이를 만들어내며 사회를 형성하고 있다.[12]

---

12 이 절은『인류의 위기에 대한 원효와 마르크스의 대화』, 727~733쪽을 요약하며 약간 수정함.

3. 이분법에서 대대待對로

이분법적 모순율에서 퍼지의 사유로 서양의 주류 철학은 아리스토텔레스 이래로 이 세계를 이데아/그림자, 주체/대상, 현상/본질, 내용/형식, 물질/정신, 말/글 등 'A or not-A'의 이분법으로 바라보았고, '이데아인 동시에 그림자,' '주체인 동시에 대상' 식으로 'A and not-A'는 모순으로 간주했다. 우리 또한 어두우면 밤, 밝으면 낮이라 한다. 그처럼 이분법적 모순율이 서양의 주류 철학과 논리의 바탕이었다.

하지만, 실제 세계는 'A and not-A'이다. 보통 환하면 낮이라 하지만, 낮 12시라 하더라도 12시에서 0.00001초도 모자라지도 남지도 않는 극점만이 낮인 것이며, 1분만 지났다 하더라도 그만큼 밤이 들어와 있는 것이다. 하루의 모든 시간은 낮인 동시에 밤이다. 낮과 밤만이 아니라 자연, 우주, 인간, 사회 모두 그렇다. 우주는 무無와 유有 사이를 진동한다. 무로부터 400광년이 넘는 무한장대한 우주가 탄생했고 이는 팽창과 수축, 태어남과 사라짐을 반복한다. 원자 또한 생성과 사라짐을 되풀이한다. 모든 빛은 전혀 빛이 없는 어둠과 전혀 어둠이 없이 빛으로 가득한 밝음 사이에 있다. 인간은 선과 악, 이기와 이타 사이에서 진동한다. 지극히 선한 사람도 때로 악한 일을 행하며, 반대로 악당도 특정 상황에서 특정한 사람에게는 선을 행한다. 진리라고 간주한 것도 패러다임, 시대와 사회변화, 맥락에 따라, 새로운 발견과 연구에 따라 허위인 점이 드러나고, 허위에서 그 역도 가능하다. 사랑하고 미워하는 감정도 100% 대 0%인 경우는 망상일 뿐이고 실재하지 않는다.

이렇게 실제 세계는 A이거나 not-A인 것이 아니라 A인 동시에 not-A, 곧 퍼지fuzzy이다. 우리는 0과 1에 대하여 말하지만 진리는 그 사이에 있다. 바트 코스코Bart Kosko의 말대로 "세계는 회색이지만 과학은 흑과 백이다."[13] 그러니, 이 세계를 이분법에서 벗어나 퍼지의 관계로 인식하면서 양 극단의 '사이'를 보는 것이 실상을 바라보는 길의 시작이다.

대대待對 한국인이 이 세계를 인식하고 표현하는 논리체계는 대대待對이다. 서양인의 눈이나 서양 사고의 핵심인 이분법적 모순율로 보면 대대는 모순으로 보이지만, 퍼지론에서 말한 대로 실제 세계는 대대이다. 한국인은 이를 아득한 고대시대 때부터 간파하였고, 그 이후 자연과 세계를 대대의 틀로 사고하고 재현과 행위도 그렇게 했다.

21세기에도 한국인은 뜨거운 국을 먹으면서 "시원하다."고 말한다. 한국인에게 최고의 맛은 '뜨거운 시원함'이기 때문이다. 가장 예쁜 사람에 대해 "미워 죽겠다."나 "밉도록 예쁘다."라고 표현한다. '밉도록 예쁜 사람'이 가장 소중하고 가장 사랑하고 가장 예쁜 사람이기 때문이다. 문화가 유사한 중국인과 일본인도 이 표현에 대해서만큼 의아해한다.

대대는 원효 이전부터 우리 민족의 고유의 사유 방식이자 집단무의식적 대응양식이다. 대대는 한국인의 사고와 행동, 예술과 문화, 집단무의식의 심층을 결정하는 논리 구조이다. 지금까지 한국인의 특성, 예술과 문화에 대하여 수많은 글과 책들이 출간되었지만, 필자

13 바트 코스코, 『퍼지식 사고』, 이호영·공선곤 역, 김영사, 1995, 26쪽.

는 이 대대를 이해하지 못하였기에 심층이나 근본을 보지 못했다고 단언한다. 대대를 알지 못하면 한국인, 한국 문화와 예술의 근본 구조를 이해할 수 없다.

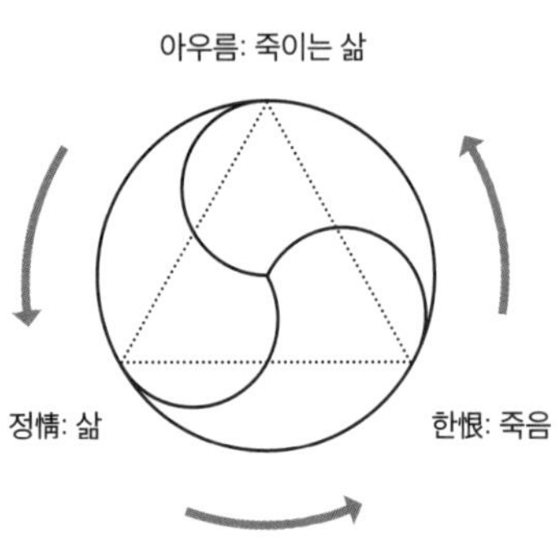

한국인에게 삶과 죽음은 대대적이다. 한국인은 삶과 죽음을 이분법적으로 바라보지 않는다. 삶이 최고 상태일 때 한국인은 "죽인다."라고 표현한다. 한국인은 기분이 최고로 좋을 때, "오늘 (기분이) 죽인다."라고 말한다. 날씨와 대기 상태가 지극히 좋을 때, "(오늘은) 죽이는 날이다."라고 하고, 가장 아름다운 대상을 볼 때도, "풍경이 죽인다.", "저 여자의 뒤태가 죽이는데."라고 표현한다. 성교하며 오르가즘에 이르렀을 때도, "(황홀한 쾌락에) 죽겠어."라고 말한다. 상대가 운동, 성교, 집단 활동 등에서 행한 것에 대한 최고의 칭찬도 "오늘 너의 플레이/성교행위/활동은 죽여주었어."이다.

이는 '죽이는 삶'이 가장 아름답고 가장 지극한 경지의 삶이기 때문이다. 예전에 노인들은 수의와 묘자리를 마련하면 마을 사람들을 불러놓고 잔치를 했다. 한국인은 "저승길이 얼마나 좋으면 가서 돌아온 사람이 단 한 명도 없더냐?"라고 죽음을 유머의 대상으로 삼았다. 한국인은 현실 세계 너머에 빛으로 밝은 세상이라는 뜻의 밝누리, 천상계, 해수계 등 타계他界가 있고 그곳에서 지상으로 소풍을 왔다가 다시 그리로 돌아간다고 생각했다. 그래서 무덤에는 매개물인 새, 천마, 배를 부장품으로 함께 묻었으며, 21세기인 오늘도 사람이 죽으면 "돌아가셨다." "타계했다."라고 말한다. 삼한시대나 삼국시대의 망자 시신의 머리도 정동쪽에서 15° 정도 떨어진 쪽으로 향한 경우가 많다. 이는 동짓날에 해가 뜨는 방향이다. 한반도가 동경 135°에 위치해 있기에, 동짓날에 해가 정동쪽보다 조금 더 북쪽으로 치우친 쪽에서 뜨기 때문이다. 우리만이 아니라 마야족에 이르기까지 태양이나 빛을 숭배하는 부족이나 종족들은 동짓날부터 해가 다시 길어지기에 이날부터 해가 다시 기운을 얻는다고 생각하고 새해 첫날로 생각했다. 더 나아가 한국의 고대인들은 이 방향으로 나아간 지평선 저 너머에 밝누리가 있다고 생각했다. 계란판처럼 산과 분지가 많은 한국의 지형에서 동짓날 해가 뜨는 방향의 산 이름은 '붉뫼'가 되며, 이를 한자의 음이나 훈을 차용하여 '白山'으로 표현한다. 드물게 정상 부분에 하얀 바위가 있거나 늦은 봄까지 눈이 남아 있어서 '白'자가 붙은 산도 있지만, 한국의 산의 이름에 '白'자가 들어간 산들은 거의 모두 그 마을의 기준에서 '동짓날 첫해가 떠오르는 산'을 이르는 것이다.

한국인이 대대의 논리로 사고하고 행동하고 재현하였기에 중국, 일본, 미국의 영향을 받지 않은 한국 전통의 양식인 향가, 시조, 민요, 탈춤, 국악, 한국 춤은 내용과 형식 모두 '정-한-아우름'을 심층구조로 구성되어 있다.

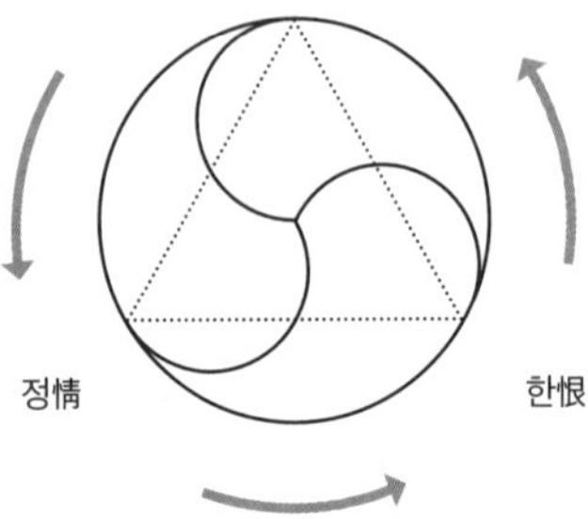

한국인은 정이 많다. 70년대까지만 해도 길거리에서 처음 만난 사람도 말하다가 친해져서 술을 먹고 집으로 초대하여 밥을 먹이고 잠을 재워서 보냈다. 지금도 골목문화가 남아 있는 마을에서는 지나가는 나그네에게 술 한 잔, 과일 한 쪽을 건넨다. 등산이나 소풍을 가면 지나가는 전혀 모르는 사람에게 김밥이나 싸온 과일이나 음식을 권한다. 80년대에 프랑스 유학을 다녀온 교수로부터 들은 이야기인데, 당시에는 한국인을 파리에서 만나기가 쉽지 않았는데 파리 거리에서 한국, 중국, 일본 세 나라 사람을 만났을 때 구별하는 방법이 있다고 한다. 길을 가다가 만나서 지나친 후에 내가 돌아보았는데 그 사람도 돌아보았을 때, "당신 한국인이지요?"라고 말하면 십중팔구는 그 사람도 한국말로 화답한다는 것이다. 그런 후에 두 사람은 가까운 카페나 술집으로 향한다.

'정情'이란 "한 주체가 자아와 타자, 인간 주체와 세계, 개인과 집단, 문명과 자연 사이에서 일정한 타자와 소통과 공감, 혹은 육체적 접촉을 반복하는 가운데 특별한 관계를 맺고서 그와 내가 대대의 관계를 이루어, 그를 다른 타자와 다르게 느끼고 생각하며 사랑하는 마음의 지속적인 상태"이다. 이는 그를 '동일성'의 영역 속에 포함시켜 타자들과 구별하고 차별하고 대립시키면서 자기를 확장하는 실존 양식이자 그와 나의 경계가 무너지고 하나를 이룬 존재의 합일에서 오는 만족감과 희열을 보상으로 한 희생을 전제한다.

정이 깨지면 한이 된다. '한恨'은 "정을 두고 있는 대상이 자신이 마음을 줄 수 있는 물리적이거나 정신적인 영역을 떠나 타자의 영역으로 귀속되었다고 생각하거나, 부조리한 세계와 역사, 권력으로 말미암아 비극을 맞았을 때 세계의 부조리에 대한 분노, 비극적인 삶에 대한 고통, 정을 두었던 대상의 사라짐에서 오는 슬픔, 그 대상에 대해서 품는 대립과 적대감과 불만, 또 그로 인해 야기된 새로운 세계와 삶에 대한 불안과 두려움을 정의 틀 속에서 내재화한 마음의 지속적인 상태"이다. 역사·사회적으로 보면, 서민, 여성, 장애인 등 소수자들이 양반, 남성, 정상인 등 다수의 권력을 가진 자로부터 배제되고 부당하게 차별, 억압, 착취 폭력을 당하면서 부조리한 사회관계를 바꾸지 못하고 유지한 채 분노와 저항심을 분출하지 못하고 내면화한, 부조리한 세계에 대한 소극적 대응양식이다.

여기서 가장 중요한 것은 정과 한이 이원적, 대립적, 모순적 관계가 아니라 대대의 관계라는 점이다. 유럽인도 사랑하는 사람이 떠나면 슬플 것이다. 얼핏 보면 정과 한은 대립적인 것 같지만, 유럽, 중국이나 일본처럼 정의 반대 개념은 한이 아닐뿐더러 슬픔하고도 다르다. 한은 정을 내포한 슬픔이다. 정이 없으면 한도 없다. 정이 도타울수록 깊은 한을 낳고, 한이 깊을수록 정이 도타워진다. 다른 나라 사람처럼 상대방이 적이 되었다고 정을 끊으면 한도 생기지 않는다. 그러나 상대방에 대한 정을 끊지 못하고 지속할 때 상대방과 관계를 맺는 삶을 살지 못하는 불만과 안타까움, 불안감 등이 방출되지 못하고 내재화하면서 이것이 더욱 안으로 맺혀 한으로 변한다. 그러기에 님, 자식, 부부처럼 정을 많이 주었던 대상일수록 한이 크며, 때로는 '화병'이라는 한국인에게만 있는 한의 병으로 변하기도 한다. 정이 너무도 많기에 상대방이 적대자로 변하여도 그 정을 끊지 못하며 대신 상대방에 대한 서운함과 불만, 상대방과의 관계가 끊어지고서 새로이 정립해야 하는 세계에 대한 두려움과 불안감을 자기 혼자 삭여 한으로 쌓는다. 그러기에 한국인에게는 '미운 정'과 '고운 정'이 함께 공존한다. 자연히 이런 심성은 언어기호를 통하여 표출되고 해소되면서 예술 텍스트를 형성했다. 흔히 많은 이들이 한국 문화예술의 특성을 한의 문화라고 착각하는 것은 이 때문이다.

그러나 한국 문화는 한의 문화가 아니다. 이를 승화하여 아우름을 이루는 문화이다. 한도 패배적, 체념적, 비극적 한이 없는 것이 아니나, 그렇게 놓아두고서는 삶의 평형을 이룰 수 없기에 인간 주체는 현실의 세계에서든 상상의 세계에서든 지금 여기에서 맺힌 것을 풀어 이를 해소하고 아우름을 이루려고 한다. '아우름'이란 "정이 한으로 변한 세계의 부조리에 대해 정을 두었던 대상에 대한 더 큰 사랑으로 한恨을 승화시켜 맺힌 것을 풀고 삶의 평형을 이루려는 집단무의식적 대응양식이자 하나(하늘, 신神이나 일一, 성스런 공간, 이상, 절대 진리)와 둘(땅, 음과 양으로 이원화한 세계, 비속한 공간, 현실, 상대 진리), 나와 타자 사이의 정을 바탕으로 공동의 실천이나 의례, 예술참여를 통하여 하나로 아우르는 경지"이다. 이것이 가능한 것은 정과 한이 대립 관계가 아니라 대대의 관계이기 때문이다.

물론 통곡을 하는 것처럼 단순히 패배적이고 체념적인 한을 표출하는 것도 삶의 평형을 이루는 한 방편이고, 또 그렇게 체념적 한을 표출하는 데 그친 예술도 많이 있다. 그러나 서정성이 높은 향가와 속요, 시조, 민요 등 한국의 전통적인 시가는 내용과 형식 양면에서 '정과 한의 아우름'의 구조를 이루고 있으며 탈춤과 살풀이춤, 판소리에서부터 민화에 이르기까지 가장 한국적인 예술 양식은 거의 모두 정과 한의 아우름을 바탕으로 대상과 주제를 형상화하고 있다. 이 경지를 주와 객, 자연과 나의 하나됨을 공동체의 일원으로서 집단적 신명으로 표출하면 흥興이 되고 이를 풍류도, 도교, 불교, 유교, 동학 등의 영향을 받아 개인의 성찰로 내면화하여 긍정과 부정, 선과 악, 희喜와 비悲의 이분법적 분별 작용을 넘어서는 초월과 해탈의 미감으로 나타나는 것이 무심無心이다.

여기서 아우름은 대개 신명神明으로 표출된다. 여기서 신神이란 서양의 'God'과 다르다. 온 우주와 자연에 깃든 성스런 영기靈氣, 우주와 자연의 근본 질서와 원리, 인간의 마음과 몸의 지극한 본성, 자연과 인간의 생명성을 뜻한다. 신명이란 우주와 자연과 타자와 내 몸이 어우러지며 인간의 몸과 마음에 내재된 지극한 본성과 영기, 생명성이 바깥으로 분출하며 우주, 자연, 타자의 그것과 하나로 어우러짐을 의미한다. 신명은 인간에 내재되어 있다가 음악과 춤에 의한 쾌락 중추의 자극, 개인의 몰입, 내 몸과 우주의 조응, 집단적 공감이 있을 때 일어난다. 음악을 듣고 춤을 추면서 집단적으로 공감하고 몰입하게 되면 뇌 속의 쾌락중추가 자극을 받아 고도의 흥분상태에 이르고 온몸의 세포들이 우주의 질서와 조응을 하게 된다. 이러면서 너와 나, 정과 한, 인간과 우주 자연, 성聖과 속俗 사이의 모든 대립과 갈등을 해소하고 양자가 하나가 되는 순간, 모든 맺힌 액과 살과 한을 풀면서 지극한 홍興의 상태에 이른다. 이렇게 하여 무엇이라도 할 수 있는 내 몸의 생명성이 솟아나고 미적으로도 지극히 아름답고 멋지게 되는 것이 바로 '신명이 나는' 것이다.

무당이 굿판에서 음악의 연주를 들으며 춤을 추면 어느 순간에 우주와 자연에 깃든 신령이 내려와 몸 안의 신령과 만나 하나가 되어 신명이 나고, 신명이 난 무당은 신들과 대화하며 인간과 소통을 시키는 중개자의 구실을 하고 미래를 내다보는 통찰력을 갖게 되며, 시퍼런 작두에 올라 몸을 실어도 피 한 방울을 흘리지 않는 초인적인 몸의 상태가 된다. 그리고 이 신명은 굿판에 모인 모든 이에게 전해진다. 굿판에 모인 이들도 신명이 나서 함께 어울려 춤을 추며 액과 살과 한을 풀어버리고 다시 일상으로 돌아간다.

향가의 「모죽지랑」를 예로 들면, 이 노래는 신라 시대 효소왕(孝昭王, 재위 692~702) 때 김유신에 버금가는 삼국통일의 영웅이자 지금의 총리직에 해당하는 집사부執事部의 중시中侍를 지냈던 죽지랑竹旨郎의 낭도였던 득오得烏가 그를 그리워하며 부른 향가다.

이 노래에서 득오가 그리 존숭해 마지 않는 죽지랑의 수하에서 낭도의 일원으로서 함께 풍류도風流道에 따라 아름다운 산천에서 풍류를 즐기고 무예를 닦고 호연지기를 기르며 신의를 도탑게 한 것이 정의 상태다.

하지만, 출생지의 부역에 차출당한다는 신라의 관례에 따라 고향 모량리에 가서 그곳의 지역 수장首長으로 사악한 익선益宣의 밑에서 부산성富山城을 개축하는 부역을 수행하는 것이 한이다.

득오는 이 한을 비극적이고 체념적이고 패배적인 한으로 머물게 하는 것이 아니라 죽지랑의 행동을 이어받아 밤낮없이 실천하겠다는 다짐으로 승화시켜서 "낭이여! 그리워하는 마음이 가는 길/누추한 거리에 있더라도 잘 밤 있으리오."라고 노래한다.

내용뿐만 아니라 형식에서도 정과 한의 아우름의 구조를 이루고 있다. 초구初句에서 서정의 동인 — 죽지랑과 헤어져 사악한 수장 밑에서 부역을 행함 — 을 밝히고 있다면, 승구承句는 부역이 오래 갈 것이라는 현실 인식과 죽지랑과 다시 만남이라는 이상 사이의 괴리에 대한 냉철한 인식과 한을 표현하고 있다. 여기서 가장 중요한 것은 결구結句의 감탄형인 차사嗟辭 "낭이여郞也!"이다. 차사는 이상과 현실, 당위와 현실간의 치열한 대립을 통하여 한과 서정성이 최고로 고조되는 극점이자 이를 통하여 모든 갈등과 대립을 해소하는 전환점이다. 차사를 경계로 모든 대립과 갈등을 아우른다. 결구에서 죽지랑과 헤어짐과 부역으로 인한 세계의 분열을 죽지랑의 정신과 행동을 계승하여 실천하겠다는 다짐으로 승화시키고 있다.[14]

이는 또 비단 향가의 구조뿐만 아니라 고려속요로, 시조로 계승되고 있다. 고려속요도 향가를 이어 낙구에 감탄형과 승화구조를 계승하고 있다. 시조도 향가처럼 초장에서 서정의 동인을 밝히고 중장에서 이를 발전시킨다면 종장 첫 음보는 감탄형 3음절로 구성되는데, 이를 통하여 서정성을 최고로 고조시키는 가운데 반전시킨 다음 모든 대립을 승화, 조화시키고 있다. 탈놀이, 판소리, 국악, 한국춤 모두 형식과 내용이 정-한-아우름의 구조를 이루고 있다.[15]

대대는 형식에서는 퍼지와 유사하지만, 실질에서는 생성적이다.

14 이도흠, 「모죽지랑가의 창작배경과 수용의미」, 『한국시가연구』 제3집, 한국시가학회, 1998, 117~167쪽 요약함.

15 지금까지 정과 한의 아우름에 대한 논의는 이도흠, 『화쟁기호학, 이론과 실제』, 145~172쪽 요약함.

내가 팔을 펴는 것이 양이고 팔을 구부리는 것이 음이라면, 팔을 펴는 동작 중에 구부리려는 마음이나 기운이 작용한다. 이에 팔을 최대로 펴면 다시 구부리게 된다. 그 반대도 마찬가지이다. 팔이 정지 상태일 때는 펴려는 성질과 구부리려는 성질 가운데 한 가지만 나타나지만, 폄 안에 구부림이 작용하고 구부림 안에 폄이 작용해야 팔을 움직이는 것이 가능하다. 파란 태극 안에 빨간 동그라미인 순양純陽이 있고, 빨간 태극 안에 파란 동그라미인 순음純陰이 있기에 서로 대립하면서 변화하고 서로를 생성시켜준다.

음 안의 양, 양 안의 음이 대대적으로 작동할 때 우주, 자연, 생명, 사회, 인간은 움직이고 변화한다. 한 원자는 다른 원자의 전자나 소립자를 자기 안에 품고 자기의 것을 남의 품으로 보내면서 운동을 한다. 빛과 전자는 입자로 관측될 때는 파동은 숨어 있고 입자처럼 질량을 갖고 운동하며, 파동으로 관측될 때는 입자는 숨어 있고 파동처럼 동시에 다른 곳에 존재하며 진동한다.

자연은 하늘과 땅, 대륙과 해양, 산과 들이 서로 품을 때 순환한다. 대륙의 물이 바다로 흘러들고 태양이 바다를 데워서 증발한 수증기가 구름을 만들고 대기의 기압을 다르게 하여 바람이 불고 구름이 이동하여 비를 다시 대륙에 쏟아낸다. 낮에는 산마루가 먼저 뜨거워져 들에서 산으로 바람이 불고, 밤에는 산이 먼저 차가워져 산에서 들로 바람이 분다.

생명도 메타생성 고세균 안에 먹이였던 알파프로테오 박테리아가 들어와서 소화되지 않은 채 미토콘드리아로 변하여 서로 에너지와 양분, 수소, 산소, 이산화탄소 등을 주고받으면서 다핵세포로 변한 것이다. 이 세포가 풀과 이끼에서 새와 포유류, 인간에 이르기까지 원핵세포를 제외한 지구상의 모든 생명체로 진화했다. 모든 생명체는 전자를 내주고 에너지를 얻는 산화와 전자를 얻는 대신 에너지를 잃는 환원을 되풀이하면서 생명을 유지한다.

사회도 마찬가지이다. 토대가 상부구조를 결정하지만, 상부구조의 변화들이 축적되어 긴 시간에 걸쳐서 토대에 진동을 일으킨다. 상층계급과 하층계급의 경계가 확고할 때 정체되다가 하층계급이 상층으로 상승하고 상층계급이 하층으로 전락할 때 사회변동이 발생한다. 세계 차원이건, 동아시아나 유럽의 차원이건, 국가의 차원이건, 지역의 차원이건 중심과 주변의 경계가 견고할 때 변화는 없다. 하지만, 중심이 번영을 누리다가 창조성을 고갈하여 헤게모니와 정당성을 상실하고, 대신 주변은 배제 속에서 창조성을 증대하고 차츰 헤게모니와 정당성을 획득하면서 균열을 내면 결국 중심과 주변이 바뀐다. 인간도 마찬가지다. 좌파와 우파든, 기독교도와 이슬람교도든, 나만이 옳다고 여기면 변화가 없다. 좌파가 우파의 입장에서 사건을 바라보고 우파도 그럴 때, 기독교도가 성경의 말씀과 유사한 내용이 쿠란에 70~80%가 나온다고 생각하고 이슬람교도도 그럴 때 변화가 시작된다. 인간도 서로 대립하다가 상대방의 마음과 이의 표현인 말, 욕망을 서로 품으면서 변화가 발생한다.

대립물에 대한 대대의 화쟁和諍 원효는 이 대대를 연기론과 결합하여 화쟁의 원리를 발견하고 이를 그동안 불교에서 딜레마나 아포리아aporia로 존재하던 개념들에 적용했다. 시민과 국가, 노동과 자본, 남과 북이 치열하게 대립하고 있는데, 이런 현실이나 모순을 무시한 채 쟁諍의 과정

없이 화和에 초점을 맞추면 유신체제를 옹호한 이데올로기나 분단모순을 은폐하고 독재체제를 옹호한 남북통일론처럼 '거짓 화해'로 귀결된다.

그렇다고 양자 사이의 절충이 화쟁이 아니다. 기술력만이 아니라 관리에서도 세계 최상위 기업인 삼성전자가 엄청난 연구비를 투자하여 개발한 '갤럭시 노트7'을 단종시키면서까지 2조 원의 손실을 입은 까닭이 무엇인가. 무게를 가볍게 하는 것과 전기 용량을 늘리는 딜레마를 완벽하게 해결하지 않은 채 절충하였기 때문이다. 이를 근본적으로 해결하려면 부피를 줄이면서도 전기 용량을 늘이는 혁신적인 전기 축전 메커니즘을 개발해야 하는데, 그렇게 하지 못한 상태에서 융착돌기를 비정상적으로 높여 해결하는 방식을 택한 것이다. 그러다 보니, 절연띠와 갑 안에 두루마기 모양으로 말린 일명 '젤리롤' 안의 분리막이 제대로 기능을 하지 못하여 음극판과 양극판이 만나면서 방전하면서 화재가 발생했다. 그처럼 딜레마나 아포리아는 절충으로는 절대 해결되지 않는다. 두 대립과 모순을 완전히 지양할 수 있는 새로운 패러다임과 논리체계가 필요하다.

교리와 사상에서도 마찬가지이다. 원효는 그동안 불교의 딜레마나 아포리아를 해결하려 시도한 논의들이 절충에 그쳤음을 간파하고 화쟁을 통하여 하나로 아우른 것이다. 간단히 말하여, 화쟁이란 대립과 갈등, 딜레마, 아포리아, 모순[諍]과 마주쳤을 때 양자의 연기적 관계를 묘파하여 끊임없이 소통하다가 대대의 전환을 하여 하나로 아우르는 것[和]이다. 화쟁의 하위개념인 불일불이不一不二, 순이불순順而不順, 비동비이非同非異, 변동어이辨同於異, 무이이불수일無二而不守一, 무불파이환허無不破而還許와 무불립이자견無不立而自遣은 모두 대대의 논리로 이루어져 있다. 원효는 공空과 유有, 반야와 유식의 대립을 불일불이不一不二로, 언어와 진여眞如의 딜레마를 선령언구 후령의리先領言句 後領義理론으로, 부처와 중생, 깨달음과 깨닫지 못함의 대립을 진속불이眞俗不二로, 진리와 허위의 대립을 순이불순順而不順으로 화쟁을 하고, 사事와 이理 등 그 밖의 대립과 모순에 대해서도 순이불순順而不順이나 변동어이辨同於異를 통하여 하나로 회통會通을 했다. 원효의 목소리를 직접 들어보자.

> 이 가운데 대의는 시각始覺이 불각不覺을 모시고 불각이 본각本覺을 모시며 본각이 시각을 모시는 것을 밝히려 함이다. 이미 서로 모신다는 것相待은 자성自性이 없는 것이다. 자성이 없다면 깨달음도 있지 않을 것이요, 깨달음이 있지 않은 것은 서로 상대적인 관계에 있기 때문이다.[16]

원효는 깨달음과 깨닫지 못함을 이분법적으로 바라보고 구분한 것을 대대의 관계로 아우른다. 금덩이는 땅속에 묻혀 있어도 원래 금덩이의 특성을 가지고 있다. 이처럼 사람의 마음이 본래부터 지극히 맑고 깨끗한 불성을 지니고 있으니 이것이 본각이다. 다만, 땅속에 묻혀서 금덩이로서 구실을 못하고 있을 뿐인데 땅 밖으로 나오면 되듯, 불법을 듣고 무명에서 벗어나 깨달음을 얻는 것이 바로 시각이다. "모든 중생이 불성을 가지고 있다[一切衆生悉有佛性]"는 것이 대승의 요체이다. 중생 안에 불성이 있으니, 유리창의 먼지를 지우면 푸

---

16 원효, 『대승기신론소기회본(大乘起信論疏記會本)』, 『한불전』, 동국대출판부, 1979, 748-중-하.: "此中大意 欲明始覺待於不覺 不覺待於本覺 本覺待於始覺 旣互相待 則無自性 無自性者 則非有覺 非有覺者 由互相待"

른 하늘이 드러나듯, 누구든 잘못된 견해나 집착으로 인한 어리석음인 무명無明을 없애면 자신 안의 불성을 드러내서 부처가 될 수 있다. 무명을 없애는 두 축은 지혜와 자비다. 고통의 원인이 집착에 있음을 깨달아 수행을 하여 열반에 이르려 하는 것이 지혜이다. 그리 수행 정진하여 부처에 이르렀다고 할지라도 고통 받는 중생이 있다면 그는 아직 부처가 아니다. 중생의 고통을 자신의 아픔으로 여겨서 다시 중생 속으로 내려와 고통 속에 있는 중생을 부처로 이끄는 그 순간에 진정 부처가 된다. 그러니, 깨달음과 깨닫지 못함, 중생과 부처가 둘이 아니다. 깨닫지 못함 안에 깨달음이 있고 깨달음 안에 깨닫지 못함이 있다. 부처 안에 중생이 있고 중생 안에 부처가 있다. 깨달음은 깨닫지 못함을 통하여 드러나고 깨닫지 못함은 깨달음을 통해 드러난다. 이렇게 대립되는 것이 서로 연기적 관계인 동시에 대대의 관계로 서로 조건과 인과로 작용할 뿐만 아니라 서로를 모시고 있으니 대립물의 본성이 없는 것이다.

따르는 동시에 따르지 않아야 함[順而不順]은 각각의 주장을 대하는 기본이라 할 만하다. 어떤 것을 진리라 하여 전적으로 믿으면 도그마가 되어 그에 갇히고, 어떤 것을 허위라 하여 내치면 그 속에 일말이라도 진리가 있는데 이를 놓친다. 또, 진리도 다른 시간과 맥락에서는 허위로 변하고, 허위 또한 다른 시간과 맥락에서는 진리로 변한다. 그러니, 어떤 것이 허위라 해도 그 가운데 진리인 점과 그것이 진리로 변할 수 있는 점을 잘 살펴서 따르고, 어떤 것이 진리라 해도 허위인 점과 허위로 변할 수 있는 점을 잘 살펴서 따르지 말아야 우리는 각기 다른 주장 속에서 온전하게 진리를 구할 수 있다.

한 기업가가 오로지 더 많은 이윤을 남기려고 수십억 원에 이르는 정화시설을 설치하지 않고 비 오는 날 폐수를 몰래 버렸다. 그는 환경운동가들을 '빨갱이'로 생각했다. 그러다가 며느리가 기형아 손자를 낳았는데, 원인을 규명해보니 며느리가 고향 마을에서 어릴 때부터 공장 폐수에 오염된 물고기를 먹어 납이 몸에 축적된 것 때문이었다. 그 기업가는 당장 정화시설을 설치하고 친환경기업으로 전환했다. 이처럼 자신과 타자, 자연 사이의 연기적 관계를 깨닫고 대립적인 것을 내 안에 모셔서 하나로 어우러지는 것이 바로 화쟁이다.

50년 전인 1970년 11월 13일에 전태일은 자신의 몸을 불사르며 "우리는 기계가 아니다!"라고 외쳤다. 노동자가 기계의 부품처럼 밥도 제대로 먹지 못한 채 각성제까지 먹어가며 밤샘 노동을 강요당하던 시대에 인간과 기계는 대립적이었다. 하지만, 4차 산업혁명 시대에 기계와 인간은 대대적인 관계로 전환할 것이다. 인간은 여러 디지털 기계장치를 몸 안에 삽입하며 사이보그로 변신할 것이고, 기계는 인간과 동물의 유전자나 인간의 감정 시스템을 장착하여 인간을 닮은 로봇, 안드로이드로 변할 것이다. 그렇지 않다 하더라도 인간과 로봇 사이의 인터페이스는 점점 더 활발해질 것이다. 또 라투르가 생각한 것처럼 기계가 인간과 사회변화를 이끌고 인간이 이를 반영하여 새로운 기계를 만들게 하면서 도구에서 행위자로 변할 것이다. 이에 인간과 인공지능 로봇이 상대방을 내 안에 모시는 작업을 끊임없이 수행하여 결국 한데 어우러지며 공존하는 작업을 해야 하고, 이를 법과 시스템으로 제도화하여야 한다.

4. 전 지구 차원의 환경과 생명의 위기와 불일불이不一不二의 생태론

불일불이不一不二의 생태론 1부 5장 "인류세/자본세에서 생명 위기의 실상과 생명 정치의 지향점"에서 말한 대로, 동식물들은 6차 대멸종으로 가고 있을 정도로 위기에 있고, 인간은 호모 데우스의 지위에 올라 생명의 조작, 합성을 하면서 진화에 개입하고 있으며, 기계 생명이 출현하며 기계 대 생명의 이분법을 깨고 있고, 지구는 지질학적으로 홀로세Holocene에 이어 인류세anthropocene/자본세capitalocene로 접어들었다.

이에 표층생태론shallow ecology, 심층생태론deep ecology, 사회생태론social ecology, 에코페미니즘eco-feminism 등의 대안이 제시되었다. 각각 공도 많지만 한계도 분명하다. 공히 제3세계적 관점, 다시 말해 제국주의에 대한 비판이 결여되어 있다. 다른 생태론은 인간중심주의를 완전히 극복하지 못했다면, 심층생태론은 인간중심주의를 극복한 대신에 동양 사상의 은유와 유사하여 과학적이지 못하고 현실적인 대안도 제시하지 못한다. 무엇보다 위기의 근본 원인인 자본주의 체제에 대해서 언급하지 않는다. 사회생태론은 환경 위기의 근본 원인인 자본주의 체제에 대해 잘 분석하고 비판하고 있지만, 이분법과 실체론, 인간중심주의를 벗어나지 못한다. 에코페미니즘은 생명을 파괴한 권력과 자본에 내재한 가부장주의를 잘 비판하고 있지만, 이 또한 자본주의, 제3세계, 서발턴의 입장의 해석과 비판이 결여되어 있다.[17]

17 이도흠, 『인류의 위기에 대한 원효와 마르크스의 대화』, 82~86쪽을 요약하며 약간 수정함.

필자는 원효元曉의 불일불이不一不二론이 새로운 패러다임이 될 수 있는 지평을 열 수 있다고 생각한다. 원효는 다음과 같이 비유를 들어 불일불이에 대해 설명한다.

> 열매와 씨가 하나가 아니니 그 모양이 같지 않기 때문이요, 그러나 다르지도 않으니 씨를 떠나서는 열매가 없기 때문이다. 또 씨와 열매는 단절된 것도 아니니 열매가 이어져서 씨가 생기기 때문이요, 그러나 늘 같음도 아니니 열매가 생기면 씨는 없어지기 때문이다. 씨는 열매 속에 들어가는 것이 아니니 열매일 때는 씨가 없기 때문이요, 열매는 씨에서 나오는 것이 아니니 씨일 때는 열매가 없기 때문이다. 들어가지도 나오지도 않기 때문에 생生하는 것이 아니요, 늘 같지도 않고 끊어지지도 않기 때문에 멸滅하는 것이 아니다. 멸하지 않으므로 없다고 말할 수 없고, 생하지 않으므로 있다고 말할 수 없다. 두 변을 멀리 떠났으므로 있기도 하고 없기도 하다고 말할 수 없으며, 하나 가운데 해당하지 않으므로 있지도 않고 없지도 않다고 말할 수 없다.[18]

자연과 모든 생명과 인간은 서로 조건과 인과로 작용하며 둥글게 순환한다. 그렇듯 모든 생명과 자연은 하나도 아니고 둘도 아니다. 내 눈앞에 포도가 있다. 이는 존재하는가? 누구도 주스와 포도주로 변한 것을 두고 포도라 하지 않는다. 포도를 물, 포도당, 비타민 등으

---

18 元曉, 『금강삼매경론(金剛三昧經論)』, 『한불전』, 제1책, 625–중–하: "菓種不一 其相不同故 而亦不異 離種無菓故 又種菓不斷 菓續種生故 而亦不常 菓生種滅故 種不入菓 菓時無種故 菓不出種 種時無菓故 不入不出故不生 不常不斷故不滅 不滅故不可說無 不生故不可說有 遠離二邊故不可說爲亦有亦無 不當一中故 不可說非有非無"

로 분해한 가루를 보고 포도로 간주하지 않는다. 포도는 특정 조건과 원인 하에서만 찰나의 순간에 있는 것처럼 보일 뿐이다. 인간이 포도의 변화에 전혀 개입하지 않은 채 시간만 작용해도 포도는 발효를 하여 와인으로 전이하고 썩어 쓰레기로 변한다. 어떤 사람이 포도라고 규정하지만, 상대방에게 분노한 사람에게는 돌의 대체물이고 상인에게는 상품일 뿐이다. 포도는 포도 씨 없이 존재하지 못하고 온도와 빛, 토양, 영양분, 미생물 등 모든 조건이 맞아서 이런 저런 원소들이 결합되어 이루어진 구성물에 지나지 않으며, 찰나의 순간에도 온도와 공기 중의 미생물 등 조건이 변함에 따라 포도를 구성하는 성분들이 변화하고 있기에 공空이다.

씨는 스스로는 무엇이라 말할 수 없으나 열매와의 '차이'를 통해 의미를 갖는다. 씨는 씨이고, 열매는 열매이다. 씨는 씨로서 자질을 가지고 있고 씨로 작용하며, 열매 또한 열매로서 자질을 가지고 있고 열매로 작용하니 씨와 열매는 하나가 아니다[不一]. 씨로 말미암아 열매가 열리고, 열매가 맺히면 씨를 낸다. 씨가 씨로서 작용하면 싹이 나고 꽃이 펴서 열매를 맺고, 열매가 열매로 작용하면 씨를 만든다. 씨의 유전자가 열매의 거의 모든 성질을 결정하고 열매는 또 자신의 유전자를 씨에 남긴다. 그러니, 양자가 둘도 아니다[不二]. 씨는 열매 없이 존재하지 못하므로 공空하고, 열매 또한 씨 없이 존재하지 못하므로 이 또한 공하다. 그러나 씨가 죽어 싹이 돋고 줄기가 나고 가지가 자라 꽃이 피면 열매를 맺고, 열매는 스스로 존재하지 못하지만 땅에 떨어져 썩으면 씨를 낸다. 씨가 자신의 존재를 유지하고자 하면 씨는 썩어 없어지지만 씨가 자신을 공하다고 하여 자신을 흙에 던지면 그것은 싹과 잎과 열매로 변한다. 이처럼 모든 존재가 공하지만, 연기로 인하여 이것이 원인이 되어 저것을 생성하며, 서로 변화하는 조건을 형성한다. 공이 생멸변화生滅變化의 전제가 되는 것이다.

불일불이의 연기론을 환경과 생명의 위기에 응용하자. 홍수를 막는 방법은 크게 보아 두 가지가 있다. 하나는 댐을 쌓는 것이고, 다른 하나는 물이 흐르는 대로 물길을 터주는 것이다. 실체론과 이분법, 인간중심주의의 사유를 한 서양은 인간과 자연을 둘로 나누고 인간에게 우월권을 주었다. 이 패러다임에서는 전자의 방식을 택한다. 댐을 쌓듯 인간 주체가 자연에 도전하여 자연을 개발하고 착취하는 것을 문명과 근대화라 했고, 이것으로 그들은 17세기 이후 전 세계를 지배했다. 그러나 댐은 당장의 홍수는 막지만, 물의 흐름 또한 가로막는다. 물이 흐름을 멈추면 이온 작용, 미생물과 식물의 물질대사에 의한 오염물질 흡수 등도 줄어들어 썩기 시작한다. 물이 썩으면, 결국 거기에 깃들여 사는 수많은 생물이 죽는다. 댐은 더 나아가 주변의 기후를 변화시키고 지진을 일으키기도 한다. 인간이 우위에 서서 자연을 착취하고 개발하는 것을 문명이라 여긴 인간중심주의와 이분법이 환경오염을 낳은 근본적인 원인인 것이다. 이처럼 이성이 마음의 자연스런 흐름인 감성을 억제한 것, 정신이 육체를 통제하여 몸을 구속한 것, 자연과 여성을 착취와 개발의 대상으로 삼은 것, 그것이 바로 '근대성modernity의 위기'를 낳았다.

서양의 이항대립의 철학이 댐을 쌓아 물과 생명을 죽이는 원리를 이룬다면, 화쟁의 불일불이는 그 반대이다. 씨와 열매처럼, 물은 자신을 소멸시켜 나무의 양분이 되고, 나무는 흙 속에 구멍을 뚫어 물을 품는 원리이다. 실제로 화쟁의 패러다임을 가진 최치원은 홍수를 막기 위하여 둑을 쌓는 대신 상림이란 숲을 조성하고 실개천을 여러 개 만들었다. 1,100여 년 전 신라 진성왕(재위 887~896) 때 최치원은 함양의 태수로 부임했다. 함양을 가로질러 흐르는 위천은 자주 홍수가 났다. 그는 홍수를 막기 위하여 둑을 쌓는 대신 숲을 조성하고 숲 사이로 실개천이 흐르게 했다. 일제강점기에 벌채를 하여 하림下林은 사라져버리고 상림上林만 남았으나, 지금도 "폭 200~300미터, 길이 2킬로미터, 6만여 평에 걸쳐 200년 된 갈참나무를 비롯하여 120종, 2만여 그루의 활엽수가 원시림과 같은 깊은 숲을 이루고 있다."[19]

그렇게 하여 1,000여 년 동안 홍수를 막으면서도 물이 더욱 맑게 흐르게 했다. 실제로 서양, 특히 독일, 호주, 캐나다 등은 댐으로 홍수를 막던 방식이 물도 오염시키고 홍수도 잘 막지 못함을 깨닫고, 댐이나 둑을 해체하고 외려 강의 유역을 넓혀주고 숲을 조성하는 것으로, 그 사이에 실개천과 습지를 만들어 흐름을 분산시키는 것으로 전환하고 있다.[20]

불일불이의 생태론과 자연과학의 종합

최치원은 상림을 조성하여 1,000여 년 동안 홍수를 막으면서도 물이 맑게 흐르게 했지만, 부임한 그해의 홍수는 어찌 막을 것이겠는가. 그가 숲을 조성하기 전에 둑이 있었다. 둑 안쪽으로 숲을 조성하고 실개천을 만들고, 그 숲과 실개천이 자연으로 자리 잡은 후에 둑을 없앴을 것으로 보인다. 숲이 동양/탈근대/자연의 은유라면, 둑은 서양/근대/과학의 은유이다. 최치원이 둑 너머로 상

19 『경남도민일보』, 2014년 8월 8일 ; 『한국일보』, 2015년 8월 18일.

20 지금까지의 불일불이(不一不二)에 관한 논의는 필자의 『인류의 위기에 대한 원효와 마르크스의 대화』, 87~99쪽. 요약하며 약간 수정함.

림을 조성하여 홍수를 막으면서도 위천의 물을 맑게 한 것처럼, 생명의 위기를 맞아 인간중심주의와 이분법에 바탕을 둔 근대의 패러다임을 해체하고 불일불이의 생태론으로 전환하되, 그 패러다임 안에서 로봇공학, 생명공학을 응용한 과학기술들이 인간과 기계의 공존을 모색하고 생명성을 방향으로 화쟁을 하여 대안을 모색해야 한다.

개발을 위해 숲이나 개펄을 파괴하는 것을 중단하고, 댐이나 둑을 해체하고 생명의 강으로 환원하며, 미생물로 고기를 만드는 기술을 일상화하여 목장을 숲으로 되돌리고, 플라스틱의 생산을 극소화하는 동시에 이를 분화하는 미생물을 개발하며, 에너지를 화석연료에서 재생에너지로 전환해야 한다.

국가가 이를 수행하는 정책을 집행하려면, 세계 경제 차원에서 자연의 본래 가치를 교환가치로 대체하여 평가하는 것으로 전환하여야 한다. 예를 들어, 쌀 한 가마의 가격을 매긴다면, 지대, 비료와 농약값, 농부가 노동한 가치, 종자 값만 가치로 따졌다. 햇빛, 물, 꽃가루받이를 한 바람 등이 없으면 쌀 생산이 원천적으로 불가능함에도 이를 포함시키지 않고 그저 거저 주어지는 것으로 생각했다. 이들을 만드는 데 인간은 전혀 관여하지 못할 뿐만 아니라 이의 가치를 형성하는 사회적 필요노동시간은 없다고 보았기 때문이다. 하지만 인공태양을 써서 쌀을 자라게 한다면, 인공태양의 빛은 교환가치를 갖는다. 그렇다면, 인공 태양을 매개로 햇빛의 교환가치를 추산하는 것이 가능하다. 이를 보편화하면, 나라나 지역의 경제도 GDP나 무역량 등 경제적인 가치만이 아니라 자연의 내재적 가치도 포함하여 평가하고 경제개발 계획이나 정책을 입안하게 될 것이다.

5. 폭력과 죽임의 문화에서 화쟁의 평화론으로

▌요한 갈퉁의 평화론의 수용과 극복

광포한 폭력과 테러, 전쟁, 동물 학살, 이념적/종교적/계급적/젠더적/세대적 갈등의 대안은 무엇인가. 필자는 요한 갈퉁Johan Galtung의 이론과 화쟁사상을 종합하여 대안을 모색하겠다.

K. 모이어K. Moyer, T. 나르딘T. Nardin 등 요한 갈퉁 이전의 폭력에 대한 정의는 "제도화한 행위유형에서 일탈하여 타인에게 물리적 피해를 가하는 공격적 행위"라는 데서 크게 벗어나지 않았다. 이런 정의는 배제나 소외, 왕따와 같은 정신적이고 심리적인 폭력을 다루지 못하며, 국가나 지배 권력의 폭력을 정당한 것으로 간주하며, 폭력을 낳은 근인인 사회적 제도나 불평등 문제 등 구조적 요인에 대해서는 성찰하지 못한다.

요한 갈퉁은 직접적이고 물리적인 폭력과 함께 구조적 폭력structural violence과 문화적 폭력cultural violence 개념을 설정한다. '구조적 폭력'이란 "(인간이) 지금 처해 있는 상태와 지금과 다른 상태로 될 수 있는 것, 잠재적인 것과 실제적인 것 사이의 차이를 형성하는 요인"[21]이다. 위암으로 병원에 가서 수술 실패로 죽는 것은 자연사이지만, 제때 수술하면 살릴 수 있는데 수술비가 없다는 이유로 치료를 받지 못하여 죽는다면 이것은 구조적 폭력이다. 인간답게 존엄하게 살려 하고 모든

---

21 Johan Galtung, "Violence, Peace, and Peace Research," *Journal of Peace Research,* Vol.6 No.3, 1969, p.168.

구속으로부터 자유롭고자 하는 인간에게 '피할 수 있는 모독'을 가하는 것이다.

문화적 폭력이란 "종교와 이데올로기, 언어와 예술, 경험과학과 형식과학 등 직접적 폭력이나 구조적 폭력을 정당화하거나 합법화하는 데 사용될 수 있는 우리 존재의 상징적 영역이자 문화적 양상"[22]이다. "가난은 게으름 때문이다.", "경제 위기는 노동자 파업 때문이다.", "성소수자는 비정상이다." 식의 담론, 십자가, 국기와 국가, 사열식, 지도자의 선동적인 연설과 포스터 등이 이에 속한다.

소극적 평화가 전쟁과 직접적 폭력이 없는 상태를 말한다면, 적극적 평화는 경제적 복지와 평등, 정의, 자연과 조화 등이 달성되어 인간의 기본적 욕구가 충족되는 상태를 의미한다. 이는 거꾸로 이들이 주어지지 않는다면 평화는 요원함을 뜻한다. 그러니 진정한 평화란 구조적 폭력이 제거된 상태이다. 갈퉁은 제1세계 및 지배 권력의 폭력, 직접적이고 물리적인 폭력만이 아니라 간접적이고 제도적인 폭력, 지배 권력의 폭력을 정당화하는 문화적 맥락, 구조적 요인에 대해서도 분석하고 비판할 수 있는 길을 열었으며, 평화에 대해서도 전쟁과 직접적 폭력이 없는 상태란 소극적 평화가 아니라 구조적 폭력을 제거한 상태라는 적극적 평화의 개념을 제시했다.

하지만 갈퉁의 이론 또한 한계가 있다. 무엇보다도 그의 이론은 대다수 서양 이론처럼 실체론을 넘어서지 못하며, 이분법에 얽매여 있다. 폭력은 강자top dog가 약자under dog에게 일방적으로, 정적靜的으로

22 Johan Galtung, "Cultural Violence," *Journal of Peace Research,* Vol. 27 No. 3, 1990, pp. 291~295.

행하는 것이 아니다. 폭력은 집단과 집단, 국가와 국가, 사람과 사람 '사이에서' 발생한다. 거시적 차원에서는 주권권력, 훈육권력, 생명권력이 작용한다. 세 권력이 막강한 힘을 가지고 시민을 통제하고 길들이고 조절한다. 미시적 차원에서는 처음 만난 사람끼리 나이나 학번을 물어본 후 연장자가 말을 놓고, 접촉 사고가 난 후에 상대방 운전자가 여성이면 남성 운전자의 목소리가 커진다. 이처럼 사람과 사람 사이에 나이, 지식, 사회적 지위, 자본 능력, 젠더 등이 권력을 형성하여 양자를 '갑'과 '을'의 관계에 놓이게 한다. 또, 남성 운전자에게 면박을 받던 여성 운전자가 남성 운전자에 대해 "나이도 어린놈이!" 운운하며 삿대질을 하는 데서 보듯, 사람들은 자신의 불리한 권력 관계는 숨기고 유리한 권력 관계를 내세우며 갑의 입장에 서려 한다. 이렇듯 일상에 미시적 권력 관계가 스며 있다.

폭력은 일방적인 것이 아니라, 역동적이고 생성적이다. 나무젓가락도 약하게 힘을 주면 부러지지 않는다. 누르는 힘(압력)에 버티는 힘(저항력)이 맞서기 때문이다. 이처럼 힘은 누르는 힘과 버티는 힘, 억압과 저항의 역학 관계에서 발생한다. 말 그대로 지렁이도 밟으면 꿈틀한다. 아무리 약자라도 강자에 맞서 저항하면 강자는 움찔하기 마련이다. 갑과 을은 상대에 따라, 행위자 사이의 역학관계에 따라 요동친다. 권력이 있는 곳에 저항이 있기 마련이어서 갑과 을이 전복되기도 하지만, 임계점 이하의 저항이 외려 권력을 강화하기도 한다. 개인과 개인 사이든, 지배층과 피지배층의 사이든, 국가와 시민의 사이든, 국가와 국가의 사이든, 누르는 힘과 버티는 힘 사이의 균형이 유지되는 임계점 이상의 저항을 해야만 권력 관계가 해체된다.

이에 폭력을 불교의 연기론에 따라 역동적이고 생성적인 관점에서 재정립할 필요가 있다. '폭력이란 사람이나 집단 사이에서 누르는 힘과 버티는 힘의 역학 관계에서 생성되는 것으로 한 개인이나 집단이 다른 개인이나 집단을 자신과 구분하고서 그를 타자로 배제한 채 동일성을 강화하거나 정신적이든 물질적이든 특정의 이익을 취하기 위하여 강제적으로 행하는 일탈 행위이자 인간이 지금과 다른 상태로 될 수 있는 잠재적인 것과 실제적인 것 사이의 차이를 형성하는 요인이자 이를 정당화하는 문화적 양상'이다. 평화란 이 모든 폭력 및 폭력 관계가 제거된 상태를 뜻한다.[23]

화쟁의 의미

> 여러 경전의 부분적인 면을 통합하여 온갖 물줄기를 한 맛의 바다로 돌아가게 하고 불법의 지극히 공평한 뜻을 열어 모든 사상가들의 서로 다른 쟁론들을 아우른다.[24]

화쟁의 의미는 무엇인가. "화쟁의 축자적 뜻은 모든 이론과 논리의 대립과 갈등을 하나로 아우른다는 뜻이다. 다시 말하여 화쟁의 가장 기본적인 뜻은 모든 대립과 갈등을 회통會通시킴을 의미한다. 회통이란, 글이 서로 다른 것을 통通해서 뜻[義]이 서로 같은 것에 맞추는會 것이니, 화쟁은 여러 사상과 논쟁 가운데 그 핵심과 대요를 파악해

23 이도흠, 「원효의 화쟁 평화론」, 서보혁·이찬수 편, 『한국인 평화사상 — 원효에서 안중근까지』, 인간사랑, 2018, 42~45쪽 참고함.

24 원효, 『涅槃宗要』, 『한불전』 제1책, p. 524-상.:"統衆典之部分 歸萬流之一味 開佛意之至公 和百家之異諍."

곡해와 대립을 낳고 있는 부분을 서로 통하게 하며, 일심一心으로 세계의 실체를 파악해 모든 시비와 망령됨[妄]을 끊고 원융圓融을 이루는 사상체계이다."[25]

필자는 대립과 갈등, 전쟁에 대한 대안 가운데 최고인 것이 화쟁和諍이라 본다. 그동안 불교학계에서 화쟁을 소통, 화해, 개시개비皆是皆非, 조화 등으로 해석하였는데, 이는 화쟁의 핵심을 잘 이해하지 못한 채 표층만 본 것이며, 이런 화쟁을 대립과 갈등에 적용할 경우 당위적인 화해를 강요하거나 양비론으로 귀결된다.

> 마치 저 장님들이 각각 코끼리를 말하면, 비록 그 진실은 얻지 못하지만 코끼리를 말하지 않은 것은 아닌 것과 같다. 불법의 본성에 대해 말하는 것 또한 이와 같다. 곧 6법이 바로 그것은 아니지만 6법을 떠난 것도 아니니, 이 중의 6가지 이야기 또한 이와 같음을 마땅히 알아야 할 것이다.[26]

우리가 잘 아는 장님 코끼리 만지기 비유는 『장아함경』과 『우다나경』에 나오는 이야기이다. 부처님께서 사성제四聖諦를 잘 이해하지 못하는 자이나교의 니간타 나타푸타Nigantha Nataputta 등 육사외도六師外道의 주장들이 그 장님과 같음을 말하기 위하여 이 비유를 활용했다.[27] 요새 말로 바꾸면 이교도들이나 궤변론자들은 장님 코끼리 만지듯 자

25 이도흠, 『화쟁기호학, 이론과 실제』, 108쪽.

26 원효, 앞의 책, p.539-상.: "如彼盲人各各說象 雖不得實非不說象 說佛性者亦復如是 不卽六法不離六法 當知此中六說亦爾"

27 『우다나경』, 「다양한 이교도의 경」, Ud 6.4, 『장아함경』 「용조품」, 『大正藏』 1, pp.128~129. 장님과 코끼리의 비유는 다른 경전에도 나타나는데, 비유나 활용하는 의미에 조금씩 차이가 있다.

신이 알고 있는 부분이 전체인 양 착각하고 있다는 것이다.

원효는 이 비유를 그대로 끌고 오되, 이분법으로 이 편 저 편을 극명하게 나누어 생각하고 주장하는 것을 지양하기 위하여 화쟁의 논리로 뒤엎었다. 장님들이 코끼리의 일부분만 만져보고 언덕과 같다고 하든, 기둥과 같다고 하든 코끼리를 말하고 있는 것은 사실이므로 옳지만[皆是], 누구도 코끼리의 전모를 보지 못한 채 부분을 전체로 오인하고 있으니 그른 것이란 점이다.[皆非] 이를 바탕으로 조성택 교수는 화쟁을 개시개비皆是皆非로 해석하면서 "자신의 주장을 펼치되 다른 사람의 주장에도 귀를 기울이는 '평화로운 다툼'의 과정을 통해 점차 코끼리의 전모를 완성해 갈 수 있다."[28]라고 주장한다.

이 해석이 틀린 것은 아니지만, 화쟁의 겉만 본 것이다. 화쟁은 개시개비를 넘어선다. 필자는 화쟁을 '대립물 사이의 연기緣起와 중도中道에 대한 깨우침에 따라 대대待對의 전환을 하여 양자를 아울러 일심一心을 지향하는 것'으로 해석한다. 전쟁을 하려던 두 나라가 서로 순망치한脣亡齒寒의 관계임을 알고 화해하는 것처럼, 대립물이 연기, 곧 서로 인과因果와 조건을 형성하는 관계에 있음을 인식하는 순간 대립은 조화를 향해 운동한다.

한 예를 들어보자. 어느 겨울날에 신병이 너무 추운 탓에 세숫물만 바라보고 있었다. 지나가던 소대장이 측은한 마음이 들어 "식당에 가서 온수를 달래라."고 했다. 신병은 그 말대로 했다가 고참에게 두들겨 맞았다. 다음날 똑같은 상황에서 인사계가 "식당에 가서 내가 세

28 조성택, 「경계와 차이를 넘어 함께 사는 지혜」, 고은 외, 『어떻게 살 것인가 — 세상이 묻고 인문학이 답하다』, 21세기북스, 2015, 85~87쪽.

수할 온수를 받아와라."고 시키고는, 신병에게 그 물로 세수하라고 일렀다. 소대장과 인사계 모두 자비심이 있었다. 하지만, 소대장은 신병과 고참 사이에서 개시개비의 화쟁을 하려 하였고 신병의 입장에서 생각하지 않았다. 인사계는 그 반대였다.

졸병과 고참 사이의 연기에 가장 강력하게 작용하는 것은 권력이다. 대립물 사이에 놓인 조건과 인과관계, 거기에 작용하는 권력을 무시하고 실체만 바라보고 개시개비 하면, 관념은 가능할지라도 현실의 장에서는 화쟁이 이루어지지 않는다. 실제로 도법 스님이 화쟁위원회에서 봉은사, 4대강 사업, 쌍용자동차 대량해고 등 치열한 논쟁과 갈등에 있었던 사회문제를 '화쟁'한다고 정부와 시민사회, 보수와 진보를 불러 협의했지만, 논의는 양비론으로 그쳤고 단 한 건도 해결하지 못한 채 결국 정권의 손을 들어준 꼴이 되었다. 2015년 9월 22일 화쟁문화아카데미에서 열린 〈'화쟁'을 화쟁하다〉에서 도법 스님과 조성택 교수의 논지에 대해 필자가 반박한 대로, 양자의 연기적 관계, 특히 권력이 압도적으로 정권에 있는 것을 인식하지 못한 채 개시개비의 화쟁에 머물렀기 때문이다. 의도나 동기가 없었을지라도, 권력을 대칭으로 만들지 않은 채 개시개비를 주장하며 진영의 논리에서 탈피하라고 주문하는 것은 결과적으로 권력의 편을 드는 것이다.[29] 정권이 진실을 철저히 왜곡한 상황을 비유하면 코끼리 대신 코뿔소를 가져다 놓은 것인데, 아무리 경청하고 토론해도 장님들이 코끼리를 파악할 수 없다. 연기를 맺고 있는 상황과 맥락을 소거시킨 채 개시개비에 머무는 것은 화쟁을 박제화하는 것이다.

---

29 이도흠, 『인류의 위기에 대한 원효와 마르크스의 대화』, 48~55쪽을 요약하며 약간 수정함.

화쟁의 평화론

원효가 볼 때 개인의 마음이 평화롭지 못한 것은 의혹과 무지, 삿된 집착 때문이다. 이의 대안은 마음과 몸의 움직임을 알아차려 온갖 것이 무상無常하고 무아無我하여 공空하며 일체가 고苦임을 깨달아 마음의 번뇌를 씻어내는 관행Vipaśyana, 모든 번뇌와 망상을 없애고 마음을 한곳에 모아 평안한 무념무상無念無想의 경지에 이르는 지행Śamatha을 번갈아 행하면, 중생은 누구나 마음이 지극한 평화상태인 일심一心에 이르고 불성佛性이 드러난다.

직접적 폭력의 경우 개인적인 차원에서는 인욕하고 수행을 통하여 자비심을 키우고 갈등을 하는 당사자와 서로 대대의 성찰을 해야 한다. 문화적 폭력에 대해서는 이를 비판적으로 인식하고 고통 받는 중생에 대한 자비심을 키우는 공감·협력교육을 수행해야 한다. 구조적 폭력에 대한 대안은 개시개비皆是皆非식의 화쟁을 넘어서서 파사현정破邪顯正을 한 후에 권력을 대칭으로 만들고 구조적 폭력과 사회적 고를 증대하는 세력, 제도, 시스템에 맞서서 고통 받는 중생에 대한 자비로운 분노를 하여 이를 없애는 실천을 행하는 것이다.

팔다리를 자르더라도 절대 분노하지 말고 인욕과 자비심을 유지하라는 경전의 가르침과 구조적 폭력에 대한 분노와 저항 사이의 딜레마를 어떻게 해결할 것이겠는가? 필자가 희망버스와 쌍용자동차 해고 노동자 복직 투쟁에 민교협 의장으로서 기획단과 공동대표로 기자회견에서 오체투지에 이르기까지 여러 운동에 참여할 때, 한 불자가 "지식인의 사회참여로서는 옳지만, 불자로서는 분노하지 말라는 가르침을 어기는 것이다."라고 말했다.

『장아함경』에서 전륜성왕은 "비로소 빈궁이 생기고 빈궁이 있은 끝에 비로소 강도가 생기고, 강도가 생긴 뒤에 비로소 무기가 생기고 무기가 생긴 끝에 비로소 살해가 생기고"[30]라고 말한다. 가난 때문에 절도와 살해가 일어난다고 말하고 있고, 실제로 도둑을 잡아 벌하는 대신 창고의 물품을 나누어 준다. 여기서 붓다가 폭력과 범죄를 개인의 성정이 아니라 사회의 구조적 요인으로 보았다고 해석할 수 있다.

『대방편경』을 보면, "500명이 탄 배에서 한 선원이 499명의 선원을 죽이고 그들이 가진 것을 빼앗으려는 음모를 꾸민다. 선장은 세 차례나 그러지 말라고 그 선원을 설득했지만 그 고집을 꺾지 않자 선장은 그를 죽여 499명을 살리고 (…) 그 악업을 자신이 받는다. (…) 그 선장의 이름이 '자비선장'이며 바로 부처님의 전생이었다."[31]라고 밝히고 있다.

지혜 없는 자비가 맹목이라면 자비 없는 지혜는 공허하다. 수행을 통하여 고통과 분노가 일어나는 원인, 모든 것의 연기성과 공성空性에 대하여 통찰하고 중생의 고통에 자비심을 가져 이를 해결할 다양한 방편을 모색하고 실천하여 그를 구제하는 것이 모든 중생을 행복하게 하는 길이다. '정의로운 분노'는 이를 행사하는 개인이나 집단의 이데올로기의 소산일 수 있어 경우와 맥락에 따라 다르지만, '자비로운 분노'는 부처님 법에 어긋나지 않는다.[32]

---

30 佛陀耶舍·竺佛念 共譯,『長阿含經』第6卷,『大正藏』第1册, No.0001. p.0040c14.: "… 始有貧窮, 有貧窮已始有劫盜, 有劫盜已始有兵杖, 有兵杖已始有殺害, …"

31 달라이 라마·스테판 에셀,『정신의 진보를 위하여』, 임희근 역, 돌베개, 2012, 51~52쪽 참고함.

32 화쟁의 평화론에 대해서는 이도흠,「1장 원효의 화쟁 평화론」, 서보혁·이찬수 편,『한국인 평화사상 — 원효에서 안중근까지』, 인간사랑, 2018, 17~78쪽에서 기술한 것을 간단히 한 쪽으로 축약한 것이다. 상세한 논증은 이를 참고하기 바란다.

6. 동일성의 배제에서 변동어이辨同於異의 눈부처 차이로

대량학살의 원인은?

집단과 국가 사이에서 인간이 행하는 직접적 폭력 가운데 가장 사악한 것이 집단학살이다. 이는 문명사회에서도 끊임없이 자행되고 있다. 어째서 교양과 상식, 이성을 가장 잘 갖추고 보통교육이 실시된 20세기가 외려 집단학살을 자행하는 '극단의 세기'가 되었을까.

한나 아렌트의 악의 평범성 한나 아렌트Hannah Arendt는 600만을 학살한 주범인 아이히만Adolf Otto Eichmann을 재판하는 예루살렘 법정으로 달려가 재판을 참관하고서 더욱 충격에 빠졌다. 악마와 같을 것이라고 예상한 것과 달리, 그는 평범한 사람으로 보였기 때문이다. 별다른 성격장애도 없고, 무엇보다도 성실하고 근면한 사람이었다. 재판에 참여한 여섯 명의 의사는 그가 지극히 정상적이고 바람직하기까지 하다고 판정했다. 그런 그가 어떻게 그리 많은 사람을 학살했을까? 아렌트는 "피고는 자신이 결코 사악한 동기에서 행동한 것이 아니고, 누구를 죽일 어떠한 의도도 결코 갖지 않았으며, 결코 유대인을 증오하지 않았지만, 그러나 그와는 다르게 행동할 수는 없었으며, 또한 죄책감을 느끼지 않는다고 말했다."[33]라고 지적했다. 한마디로 아이히만은 그저 별다른 생각 없이 조직의 명령을 성실하게 수행했다.

33 한나 아렌트, 『예루살렘의 아이히만』, 김선욱 역, 한길사, 2006, 380쪽.

아이히만의 사례를 통해 아렌트는 착한 사람들도 시민사회가 붕괴되고 합리적인 비판이 허용되지 않으며 개인의 인격도 파괴된 전체주의 사회의 맥락에서, 더구나 무조건적인 복종을 강요하는 조직사회에서 '순전한 생각 없음sheer thoughtlessness'의 상태에 빠져 악한 행동을 취할 수 있다고 보았다. 악을 범할 수 있는 상황에서 주체적으로 생각하고 판단하고 이에 대해 소신 있게 말하고 행동하지 못하면 인간은 누구든 아이히만이 될 수 있다. 이름하여 '악의 평범성the banality of evil'이다.

스탠리 밀그램 실험과 짐바르도의 감옥실험

1961년 예일대학교 심리학과의 교수인 스탠리 밀그램Stanley Milgram은 한나 아렌트의 '악의 평범성'을 심리학 실험에 응용했다. 그는 '징벌에 의한 학습 효과'를 측정하는 실험에 참여할 사람들을 4달러를 주고 모집하여, 피험자들을 교사와 학생으로 나누었다. 학생 역할을 맡은 피험자를 의자에 묶고 양쪽에 전기 충격 장치를 연결한 후, 교사 역할을 맡은 피험자가 학생에게 문제를 내서 틀리면 전기 충격을 가하게 했다. 밀그램은 교사에게 학생이 문제를 틀릴 때마다 15볼트에서 시작하여 450볼트까지 한 번에 15볼트씩의 전기 충격을 가하라고 지시했다. 참여자들은 사전 안내를 통하여 450볼트까지 올리면 사람이 죽을 것이라는 사실을 알고 있었다. 전기 충격을 가할 때마다 실은 배우인 학생들이 고통스러운 표정을 지으며 절규했다. 교사 역의 피험자가 이 절규를 들으며 전압을 올리기를 주저하면, 밀그램은 "실험의 모든 책임은 내가 진다."며 전압을 올릴 것을 강요했다. 자, 과연 몇 명이나 사람이 죽는 450볼트까지 올리는 버튼을 눌렀을까?

실제 결과는 충격적이었다. "피험자 40명 가운데 26명은 실험자의 명령에 끝까지 복종했다. 즉 그들은 전기 충격기가 낼 수 있는 최고 전압에 도달할 때까지 희생자들을 처벌했다."[34] "많은 피험자들이 스트레스를 느끼고 실험자에게 항의를 하지만,"[35] 자그마치 65%의 피험자가 450볼트까지 전압을 가한 것이다. 피험자가 4달러를 받은 데 대한 의무감과 약속에 대한 부담을 포함하여 당시에 실험 받는 상황의 지배를 받았고 밀그램 교수의 권위에 복종한 것이 주요 요인이었다.

1971년에 스탠퍼드대학교 심리학과의 필립 짐바르도Philip Zimbardo 교수 또한 유사한 실험을 했다. 그는 "하루에 15달러를 받고 수감자의 심리를 연구하는 2주간의 실험에 참가할 대학생을 찾는다는 신문 광고를 내고, 70명의 지원자 중 24명을 선발하여 대학 심리학과 건물 지하에 있는, 가로, 세로 각각 3미터, 3.5미터 정도인 사무실을 개조한 가짜 감옥에서 죄수와 교도관 역을 맡도록 했다. (…) 교도관들은 점점 폭력적으로 변모했다. 이들로부터 주먹으로 폭행을 당하고 거칠게 끌려가서 '구멍(독방)'에 감금되는 등 굴욕적인 대우와 가학적인 대우를 받은 죄수 역의 사람들은 고통스러워했고 엄청난 스트레스를 받았으며 이틀 만에 반란을 일으켜 탈출을 시도했다. 교도관들은 분할정복이라는 심리 전술과 응징으로 반란을 진압했다. (…) 이에 짐바로도는 2주 동안 추진하려던 스탠퍼드 감옥 실험을 불과 6일 만에 끝낸다. 수감자들에게 '실험은 끝났다. 여러분은 자유이다. 오

34 스탠리 밀그램, 『권위에 대한 복종』, 정태연 역, 에코리브르, 2009, 64쪽.
35 위의 책, 30쪽.

늘 이곳을 떠나서도 좋다.'라고 말했지만 이 또한 시험이라 생각하고 전혀 반응이 없어 재차 연구가 종료되었음을 말하자 그들은 활짝 웃으며 서로 껴안고 등을 두드렸다."[36]

이후 만들어진 용어가 루시퍼 효과The Lucifer Effect이다. 천사장이었다가 타락천사가 되어 악행을 일삼는 루시퍼처럼, 선량한 인간도 특정 상황 속에서 상황의 지배를 받아 권위에 저항하지 못하거나 권력의 압력을 물리치지 못하고 복종하면 언제든 악행을 저지를 수 있다. 이는 이라크의 아부그라이브 수용소에서, 차이는 있지만 유사하게 반복되었다. 전쟁 상황에서 강력한 명령 체계 속에 있는 군인들이 상관의 명령과 카리스마, 조국, 애국심, 군대 등이 어울려 형성한 권위에 눌려 민간인 학살을 자행하는 일은 흔히 있는 일이다.

동일성의 패러다임에 따른 타자의 배제와 폭력

한나 아렌트나 스탠리 밀그램, 짐바르도의 연구에 힘입어 인류가 집단학살을 자행하는 원인에 대해 많은 의문이 풀렸다. 하지만, 이들의 책이나 보고서를 읽고도 풀리지 않는 의문이 있다. 아이히만이 연기를 하였는데 한나 아렌트가 속은 것이라는 연구도 진행되었다. 필자는 그보다 "아무런 생각이 없이 그저 조직에 충실한 아이히만에게 히틀러가 독일 (우파) 시민을 학살하라고 명령을 내렸어도 유태인에게 하듯이 별 거리낌 없이 이를 수행했을까?"라는 질문을 던져야 한

---

36 필립 짐바르도, 『루시퍼 이펙트 — 무엇이 선량한 사람을 악하게 만드는가』, 이충호·임지원 역, 웅진씽크빅, 2010, 63~292쪽. 중간중간 발췌하여 요약하면서 문장 흐름상 약간 가필함.

다고 본다. 일본 군인이 아무리 수직적 칼의 문화에 익숙하고 상관의 권위에 대한 복종심이 투철했다 하더라도 일본 (우파) 시민에 대해서도 별다른 죄책감 없이 난징대학살 때처럼 30만이나 처참하게 살육하는 야만을 저지를 수 있었을까. 필자는 한나 아렌트나 스탠리 밀그램의 주장들은 부분적으로만 타당하고 핵심 요인을 놓치고 있다고 본다. 대량학살을 야기하는 근본 요인은 동일성의 패러다임에서 타자를 배제하고 폭력을 행하면서 동일성을 강화한 것이다.

이를 푸는 실마리는 혐오언어hate speech이다. 학살이 있기 전에 반드시, 특정 집단의 사람들을 자신들과 구분하여 타자화하면서 그들을 배제하고 악마화하는 혐오언어가 동원된다. 14세기에서 18세기에 이르기까지 유럽의 성직자들은 증언할 남편이 없는 여성들을 '남자를 유혹하는 마법을 부리는 마녀'로, 정복 시대에 유럽인들은 마야족, 잉카족 등 유색인을 '하느님을 믿지 않는 사탄의 자식들'로, 히틀러는 유대인을 '유럽의 정신을 훼손하고 예수를 죽인 이교도'로, 르완다의 후투족은 투치족을 '바퀴벌레'로, 관동대지진 때 일본인은 조선인을 '우물에 독을 탄 폭도'로 매도하는 혐오언어가 책이나 미디어, 소문을 타고 번졌고, 학살은 그 후에 진행되었다.

백인 어린이는 때리지도 못하는 신부가 유색인 아이의 학살에 가담했다. 월남전에 참전했던 한 한국인 병사가 필자에게 베트콩은 물론 아군인 월남군 시신은 아무리 보아도 무섭지 않았는데, 한국군의 시신을 본 날은 두려움에 떨며 보초를 섰다고 고백한 적이 있다. 왜 같은 인간인데 그런 차이가 발생하는 것인가. 한국군은 한국인이라는 동일성의 영역으로 들어온 자이고, 반면에 월남인과 베트콩은 타자의 영역에 속하는 이들이었기 때문이다.

관동대지진 때 일본 천민이 더 적극적으로 나서서 조선인을 학살했다. "그동안 주류로부터 천민으로 타자화하여 소외되던 그들은 그렇게 함으로써 일본 주류로부터 일본인이라는 인정을 받고 싶었기 때문이다."[37] 제주 4·3 민중항쟁은 공권력이 선량한 양민을 학살한 야만적인 국가 범죄이다. 국가는 이의 기억까지 철저히 통제했다. 하지만, 경찰이나 군인만이 아니라 일부 제주도민도 이웃을 학살하는 데 가담했다. 그들은 자신의 가족과 친지가 아무 죄 없이 학살당했음에도 이에 분노하고 저항하기보다 학살자의 편에 섰다. "그들은 민보단, 향토자위단, 해병대에 입대하고 자진하여 반공대회의 동원에 응했으며, 자신의 딸을 경찰과 군인 등 우익 인사에게 시집을 보냈다. 심지어 빨갱이라는 낙인을 지우기 위해 다른 지역의 빨갱이까지 죽였다."[38] 당시 생살여탈권을 쥐고 있던 경찰, 군인, 민보단 단원으로부터 자신과 자신의 가족이 타자인 '빨갱이'가 아니라는 것을, 자신이 '선량한 우익 제주도 양민'임을 인정받고 싶었기 때문이다. 이처럼 동일성이 강화할수록, 다시 말해, 지도자나 조직이 다른 인종에 대한 편견이나 증오가 클수록, 이를 혐오언어로 표출시키고 언론이 이를 부추길수록, 시민들이 동일성의 감옥으로 들어가는 것 외에 다른 대안을 찾을 수 없을수록 학살은 증대한다.

이는 실험에서도 증명이 되었다. "마틴 루터 킹 목사가 암살된 바로 다음 날 초등학교 교사였던 제인 엘리엇Jane Elliot은 반 학생들을 파란색 눈동자 집단과 갈색 눈동자 집단으로 나누어 실험을 했다. 파

---

37 藤野裕子, 「戰前日本の土木建築業と朝鮮人勞働者」, The 3rd East-Asia Humanities Forum, 北京 淸華大學, 2012년 3월 16~17일, pp. 141~142.

38 양정심, 「제주 4·3항쟁과 레드콤플렉스」, 『史叢』 63집, 2006년 9월 30일, 37~46쪽 요약함.

란색 눈동자를 가진 학생들을 금방 알아볼 수 있도록 목에 두르는 천 조각으로 표시하고 이들의 기본적인 권리를 제한했다. 반대로 갈색 눈동자 학생들에게는 특혜를 제공했다. 그 후 파란색 눈동자를 가진 학생 중 똑똑하고 쾌활하던 학생들이 겁에 질리고 소심해지고 갈팡질팡하며 어리석게 행동하였으며, 파란색 눈동자 집단은 시험에서도 낮은 점수를 기록했고 열정을 보이지도 않았으며 학급 활동에도 심한 적개심을 보였다. 반대로 행해도 결과는 마찬가지였다."[39]

이런 여러 사례에서 보듯, 가장 중요한 문제는 동일성이다. '생각 없음'보다, 권위에 대한 복종보다 더 근원적인 것은 동일성에서 비롯된 타자에 대한 배제와 폭력이다. "근대 계몽주의의 보편성과 동일성은 결국 일원성의 원리에 따라 다원적 세계를 부정하기에 이른다. 이 때의 보편성은 차이를 무시하는 억압의 기제로 작용하게 된다."[40] 집단학살은 집단에 대해 행하는 폭력이기에 이는 자신을 특정 집단에 동일화시켜 다른 집단을 악으로 규정하지 않는 한 일어나지 않는다. 인간은 동일성에 포획되면 타자를 상정하고 이를 배제함으로써 동일성을 강화하며 그로부터 정신적이고 물질적인 안정을 얻으려 한다. 심지어 내면의 그림자, 자신이 혐오하는 자신의 특성마저 타인에게 투사하여 타자화한다. 인류가 동일성을 형성한 요인은 유전자의 번식 본능, 농경 생활, 문화, 전염병, 언어 및 이로 이루어진 종교와 이데올로기 등일 것으로 보인다. 지금도 일부 백인이 유색인을 병균 보균자처럼 대하는 것으로 추정하면, 이 중에서도 전염병이 가장 강

---

39 폴 애얼릭·로버트 온스타인, 『공감의 진화』, 에이도스, 2012, 88~89쪽.
40 신승환, 『포스트모더니즘에 대한 성찰』, 살림, 2003, 30쪽.

력한 영향을 미쳤을 것이다.

동일성에서 변동어이辨同於異의 눈부처 차이로

원효는 『금강삼매경론』의 변동어이론에 대해 말한다.

> 같다는 것은 다름에서 같음을 분별한 것이요, 다르다는 것은 같음에서 다름을 밝힌 것이다. 같음에서 다름을 밝힌다 하지만 그것은 같음을 나누어 다름을 만드는 것이 아니요, 다름에서 같음을 분별한다 하지만 그것은 다름을 녹여 없애고 같음을 만드는 것이 아니다. 이로 말미암아 같음은 다름을 없애버린 것이 아니기 때문에 바로 같음이라고 말할 수도 없고, 다름은 같음을 나눈 것이 아니기에 이를 다른 것이라고 말할 수 없다. 단지 다르다고만 말할 수가 없기 때문에 이것들이 같다고 말할 수 있고 같다고만 말할 수가 없기 때문에 이것들이 다르다고 말할 수 있을 뿐이다. 말하는 것과 말하지 않는 것에는 둘도 없고 별別도 없는 것이다.[41]

동일성이란 것은 타자성에서 동일성을 갖는 것을 분별한 것이요, 타자성이란 것은 동일성에서 다름을 밝힌 것이다. 동일성은 타자를 파괴하고 자신을 세우는 것이 아니기 때문에 바로 동일성이라고 말할 수도 없고, 타자성은 동일성을 해체하여 이룬 것이 아니기에 이를

41 원효, 『金剛三昧經論(이하 『금강』으로 약함)』, 『한불전』, p.626-상.: "同者辨同於異 異者明異於同 明異於同者 非分同爲異也 辨同於異者 非銷異爲同也 良由同非銷異故 不可說是同 異非分同故 不可說是異 但以不可說異故 可得說是同 不可說同故 可得說是異耳 說與不說 無二無別矣"

타자라고 말할 수 없다. 주와 객, 현상과 본질은 세계의 다른 두 측면이 아니라 본래 하나이며 차이와 관계를 통해 드러난다. 주와 객, 주체와 타자가 서로 비춰주면서 상대방을 드러내므로, 스스로 본질이라 할 것은 없지만 상대방을 통하여 자신을 드러낸다.

필자는 폭력이 빈번히 광포하게 발생하는 21세기의 맥락에서 변동어이론을 재해석하여 '눈부처의 차이론'을 펼친다. 상대방에게 아주 가까이 다가가서 그의 눈동자를 똑바로 보면 거기에 비친 내 모습이 보인다. 형상이 부처님과 비슷해서 우리 조상들이 '눈부처'라고 붙였는데, 필자는 여기에 크게 세 가지 의미를 부여하여 새로운 용어로 만들었다.

첫째, 눈부처란 '주/객의 이분법을 해체하는 대대待對'이다. 우선 상대방의 몸인데 내가 있다. 그리고 상대방의 눈부처를 보는 순간에 내 눈동자에도 상대방이 담겨 있음을 깨닫게 된다. 이를 서로 바라보는 순간만큼은 너와 나, 주체와 객체의 이분법이 해체되고 상대방을 내 안에 서로 모시는 대대의 관계를 형성한다.

둘째, '내 안의 불성佛性과 타인 안의 불성의 서로 드러남'이다. 설혹 상대방을 때리러 간 사람이라 할지라도 눈부처를 보는 순간 멈출 수밖에 없다. 이처럼 눈부처는 내 안에 타인과 공존하고 섬기려는 불성이 드러난 것이다.

셋째, '동일성에 포획되거나 환원되지 않는 차이 그 자체'이다. 이해하기 쉽게 허구적인 소설로 풀어 설명한다. 어떤 사람이 누이가 간호사로 독일에 가서 보내주는 돈으로 대학을 다녔는데, 그 누이가 어느 날 독일 의사한테 성폭행을 당해서 자살했다고 설정하자. 당사자는 독일 의사를 원수처럼 생각할 것이다. 그 사람이 대학을 중퇴하고 입지전적 인물이 되어서 중소기업을 운영하는 사장에 올라, 고유명사 '독일 의사' 뿐만 아니라 보통명사 독일 의사도 되지 않기 위해서 고용인 100명 가운데 50명을 이주 노동자로 쓰고, 그들과 저녁도 같이 자주 먹고, 축구도 같이 하는 등 가족처럼 대해주었다. 그런데 어느 날 아들이 와서 아빠야말로 독일 의사라고 말하고는 집을 나가버렸다. 아들이 회사 노동자 가운데 흑인 여성 이주 노동자를 데려와 결혼한다고 하자, 그는 유학자의 자손으로서 검은 피부를 가진 손자가 조상님의 제사를 지내는 것까지는 받아들이기 어려우며 자신의 손자가 흑인의 혼혈아이라고 차별을 받을 것을 감당할 수 없다고 말했기 때문이다. 아들이 집을 나간 후 그는 밤새워 성찰하며, '내 안의 독일인 의사'를 발견하고 다음 날 아침 전화를 해서 아들과 그 흑인 여성 이주 노동자와 소풍을 가서 자기, 자기 안의 독일인 의사, 그리고 여성 이주 노동자, 이주 노동자 안에 있는 누이, 이 네 자아가 하나가 되는 경지가 '눈부처 차이'이다.

이처럼, 눈부처의 차이는 내 안의 타자, 타자 안의 내가 대화와 소통, 교감을 하여 공감을 매개로 하나로 대대待對의 관계로 어우러지는 것이다. 이는 두 사람이 서로 감성에 의해 차이를 긍정하고 몸으로 상대방을 수용하고 섞이면서 생성되기에, 개념을 넘어서서 자비와 공감을 바탕으로 한 것이기에 동일성으로 환원되지 않는다. 이는 들뢰즈의 '차이 그 자체difference itself'와 유사하지만 다르다. 차이를 전적으로 받아들이는 자는 다른 것을 만나서 그것을 통해 자신을 변화시킨다. 나와 타자 사이의 진정한 차이와 내 안의 타자를 찾아내고서 자신의 동일성을 버리고, 타자 안에서 눈부처를 발견하고서 내가 타자가 되는 것이 눈부처의 차이이다. 이 사유로 바라보면, 이것과 저것의 분별이 무너지며 그 사이에 내재하는 권력과 갈등, 타자에 대한 배제와 폭력은 서서히 힘을 상실한다. 그 타자가 이민족이든, 이교도든, 호모 사케르든, AI든 그를 부처로 만들어 내가 부처가 되는 사유이다.

누구든 '순전한 생각 없음'에서 헤어나지 못하면 평범한 악을 범할 수 있으므로, 시민사회와 공론장을 활성화하고 세계의 모순과 부조리, 권력의 역학 관계에 대해서 철저히 인식하도록 각성하고 깨어 있어야 한다. 앞으로 폭력을 가하는 자가 인간이든, 인공지능이든, 사회구조든, 타자를 배제하고 폭력을 행하는 동일성을 해체하고 눈부처 차이의 패러다임으로 전환하되, 모든 장에서 비대칭적인 권력을 해체하는 실천을 하고 이 권력을 뒷받침하는 이데올로기와 권위에 저항해야 한다. 그런 후 나와 대립과 갈등을 하는 자에게서 서로 눈부처를 발견하고 동일성을 해체하고 하나가 되어야 하며, 구조적 폭력을 구성하는 모든 제도와 시스템, 국가와 자본에 저항하여 이를 혁파해야 한다.[42]

7. 진속불이眞俗不二와 눈부처 주체

진속불이眞俗不二의 의미

중생을 구제하는 순간에
비로소 부처가 된다

원효는 『금강삼매경론』에서 진속불이眞俗不二

42 지금까지 변동어이와 눈부처에 대한 논의는 『인류의 위기에 대한 원효와 마르크스의 대화』, 168~182쪽. 요약하며 약간 수정함.

를 논한다.

> '평등한 상相이 또한 공空하다'란 곧 진제眞諦를 융합하여 속제俗諦로 삼은 "공공空空"의 의미이니, 순금을 녹여 장엄구를 만드는 것과 같다. (…) "차별상差別相 또한 공空하다"라 한 것은 이 속제를 다시 융합하여 진제로 삼은 것이니, 이것은 장엄구를 녹여 다시 금덩이로 환원시키는 것과 같다. (…) 또 처음의 문門에서 "속제를 버려서 나타낸 진제"와 제2의 공空 가운데 '속제를 융합하여 나타낸 진제'인 이 두 가지 문의 진제는 오직 하나요 둘이 아니며, 진제의 오직 한 가지로 원성실성圓成實性이다. 그러므로 버리고 융합하여 나타낸 진제는 오직 하나이다.[43]

누구인가 진정 사랑하면 사랑한다는 말이 나오지 않는다. 진정한 사랑이 100이라면 어떤 미사여구를 동원하여 사랑을 표현한다 하더라도 그것은 90 정도의 사랑밖에 이르지 못한다. 굳이 말로 한다면, "이 세상 어떤 말로 표현할 수 없을 정도로 사랑한다."일 것이다. 그처럼 궁극적 진리는 우리의 의식과 언어를 떠나 있다. 이것이 진제眞諦의 비유다. 그런 것을 알면서도 가끔은 사랑을 표현해주어야 상대방이 사랑을 받는다는 생각을 하며 기뻐할 것이다. 이것이 속제俗諦의 비유다. 진제와 속제로 나누었지만 둘이 아니다.

이와 마찬가지다. 순금 덩이를 녹여 금촛대, 금불상, 금반지와 금가락지 등 다양한 예술품이나 장신구를 만들지만 모두 금의 성질을

43 원효, 『금강』, 639하–640상.: "平等之相亦空卽是融眞爲俗 空空之義 如銷眞金作莊嚴具 (…) 差別亦空還是融俗爲眞也 如銷嚴具還爲金鉼 (…) 又初門內 遣俗所顯之眞 第二空中 融俗所顯之眞 此二門眞 唯一無二眞唯一種圓成實性 所以遣融所顯唯一"

가지고 있어 금빛 찬란한 광채를 내뿜고 녹슬지 않듯, 대중이 어떤 형상으로 어떤 삶을 살든 모두 불성佛性을 가지고 있다. 모두 순금 덩이가 평등하게 금의 성질을 가지고 있지만 촛대, 불상, 반지, 가락지로 각기 다른 모습을 하고 각기 다른 특성을 갖고 각기 다른 기능을 수행하듯, 대중들이 일상의 경험세계에서 각기 다른 모습을 하고 각기 다른 본성을 갖고 각기 다른 행위를 하지만 모두 공한 것이다. 그렇듯 진제를 바탕으로 하고 있지만 속제에서 여러 형상을 하고 각기 다른 특성을 갖고 여러 기능을 수행하고 있지만 모두 공한 것이다.

반대로, 금촛대, 금불상, 금반지, 금가락지를 녹이면 모두 금덩이로 돌아가듯, 대중이 누구든 불성이 드러난다. 모두 금촛대, 금불상, 금반지, 금가락지로 각기 다른 모습을 하고 다른 특성을 띠고 다른 기능을 수행하고 있지만 녹이면 모두 금덩이로 환원되듯, 대중들이 수행을 하여 탐욕과 어리석음을 없애면 불성이 드러난다. 그렇듯 속제俗諦에서 언어와 사고의 틀에서 사고하고 행위하지만, 모두 공함을 깨닫고 수행을 하여 탐욕과 어리석음을 없애고 언어와 의식과 틀을 넘어서면 불성이 드러난다. 이렇게 속제를 버려서 나타낸 진제와 속제를 융합하여 나타낸 진제는 둘이 아니라 하나이며, 그 자체로 불성이자 진여이다.

우리 미천한 인간들이 비속한 세계에서 깨달음의 세계로 끊임없이 수행 정진하여야 부처에 이를 수 있고, 또 이에 이른 사람은 아직 고통 속에 있는 중생들을 구제해야 비로소 부처가 된다. 저 아름다운 연꽃이 높은 언덕에 피지 않는 것과 같이 반야의 바다를 완전히 갖추었어도 열반의 성에 머무르지 않으며, 진흙 속에서 연꽃이 피는 것과 같이 모든 부처님 무량한 겁 동안 온갖 번뇌를 버리지 않고 세간을 구제한 뒤에 열반을 얻는다.[44] 중생에서 부처로, 차별이 존재한 채 아직 깨닫지 못한 세계인 속제俗諦에서 차별이 없이 평등한 깨달음의 세계인 진제眞諦로 나아가는 것이 상구보리上求菩提의 자리행自利行이라면, 부처에서 중생으로, 진제에서 속제로 돌아가는 것이 바로 하화중생下化衆生의 이타행利他行이다.

폭력으로 고통당하는 중생의 고통에 공감하고 연대하는 그 순간이 바로 진속불이가 발현되는 장이다. 『유마경』의 「문수사리의 병문안품」에서 "중생이 병을 앓으면 보살도 병을 앓으며, 중생의 병이 나으면 보살의 병도 낫는다."[45]라고 말한다. 내 머리 안의 종자인 거울신경세포 체제를 바탕으로 약자의 고통을 내 고통처럼 아파하는 공감이 마음속에서 일어나며, 더 나아가 이성과 결합하여 그를 구제하는 행위에 동참하게 된다. 구체적으로, 일상에서는 인종, 종교, 젠더, 사회적 직위, 학벌, 지연地緣, 빈부격차 등 문화적 차별이나 미시적 권력관계가 형성될 때 이를 제거한다. 두 사람이나 집단이 다름을 우열이 아니라 차이로서 인정하고 상대방의 입장에서 공감하면서 그를 존중하고 배려하는 말과 행위만을 하도록 노력한다. 거시적으로는 비정규직 노동자, 여성, 노인, 장애인, 성적 소수자, 이주민, 난민 등 사회적 약자들의 고통에 동체대비同體大悲의 자비심을 내어 이를 해소하는 일에 연대한다. 바로 이 순간 내 안의 불성이 드러난 것이다.

---

44 원효, 『금강』, 『한불전』 649-중.: "具足般若海 不住涅槃城 如彼妙蓮華 高原非所出 諸佛无量劫 不捨諸煩惱 度世演後得 如泥華所出…"를 원용함.

45 鳩摩羅什 譯, 『維摩詰所說經』第2卷, 『大正藏』第14册, No.0475, p.0544b20.: "維摩詰言 眾生病 則菩薩病 眾生病愈 菩薩亦愈"

▌눈부처 주체의 세 가지 자유의 종합

이번 코로나 바이러스 19 사태 때 가장 가난하고 배제된 자들, 곧 요양병원의 환자, 택배 노동자, 재택근무를 할 수 없는 비정규직 노동자, 위생시설이 구비되어 있지 않고 인구가 밀집되어 있는 빈민촌의 사람들이 가장 쉽게 감염되고 가장 쉽게 죽었다. 이들에 대한 배려가 바탕이 되지 않은 대안에도 대안이란 이름을 붙일 수 있을까.

엘리 위젤Elie Wiesel의 지적대로, 아픈 곳이 내 몸의 중심이자 세상의 중심이다. 우리 몸의 중심은 배꼽도, 머리도, 심장도 아니다. 가장 아픈 곳이다. 손가락을 조금만 다쳐도 온 정신이 그리 쏠리고, 백혈구와 산소와 영양분과 복원 세포가 그리로 모여 세균을 퇴치하고 새살이 돋게 하고 결국 몸을 치유한다. 타인의 고통이 내 마음의 중심이다. 그의 고통이 내 것처럼 아픔을 느낄 때 나는 비로소 인간이 되는 것이다. 그와 나는 상호작용하고 깊은 연관 관계에 있으므로 타인의 고통은 나와 무관하지 않다. 백혈구와 산소와 영양분이 모여 아픈 곳을 치유하고 몸을 새롭게 하듯, 타인, 다른 생명, 다른 존재의 고통이 치유될 때, 그와 내가 발을 디디고 있는 세상이 건전한 사회가 될 수 있다.

제1권 2부 2장 "인공지능의 쟁점1: 인간본성의 프로그래밍"에서 말한 대로, 인간은 생물학적 존재, 실존적 존재, 사회적 존재, 미적 존재인 동시에 초월적 존재이기도 하다. 그러니, 교육, 수행, 의례, 참여를 통하여 공감을 증대하고 더 나은 의미와 진정한 가치를 추구하는 인간으로 거듭나게 하는 것이 궁극적으로 문화적 폭력을 일소하는 길이다. 이렇게 거듭난 인간이 눈부처 주체이다.

눈부처 주체는 모든 구속과 억압으로부터 벗어나는 소극적 자유freedom from, 노동을 통해 진정한 자기실현을 하거나 세계를 변화시키는 실천을 하거나 수행을 통하여 다른 존재로 거듭나는 적극적 자유freedom to, 고통에 있는 타자의 아픔에 공감하여 그를 자유롭게 함으로써 자유의 희열을 만끽하는 대자적 자유freedom for를 종합한다. 눈부처 주체는 나의 삶이 다른 타자 및 생명과 긴밀하게 연관되어 있음을 깨닫고 그를 위하여 나의 욕망을 자발적으로 절제하고 노동과 수행, 실천을 통한 세계의 변화와 자기 변화를 구체적으로 종합하는 속에서 실존의 의미를 찾고 타인의 아픔에 늘 동체의 대비심을 가지고 타인을 더 자유롭게 하여 자기 자신이 자유로워질 때 환희심을 느끼는 존재이다.[46] 인간도 눈부처 주체로 거듭나야 하지만, AI 또한 눈부처 주체가 되어야 한다.

우리는 고통의 대상에 대한 범주를 획기적으로 넓혀야 한다. 처음에 백인들은 흑인들이 고통을 느끼지 않는 것으로 생각하여 그들에게 폭력을 가하는 것에 대해 연민, 공감, 죄책감 등이 없었다. 이제 백인들도 전 인류의 고통에 대해 관심과 책임감을 갖는다. 더 나아가 동물/윤리학자들은 그 범주를 지능이 있어서 고통을 느끼는 동물로 확대한다. 인공지능에 감정을 프로그래밍한 것이나 인간과 유사한 뇌신경세포 체제를 장착할 경우 AI도 고통을 느낄 것이다. 이제 타자의 고통에 대한 인간의 연민과 공감, 자비심, 윤리적 책임은 AI에게도 확대되어야 할 것이다. 우리가 고통을 당하는 모든 존재에 대하여 그 아픔을 자기의 병처럼 공감하고 연대하는 눈부처 주체가 될 때,

46 이도흠, 『인류의 위기에 대한 원효와 마르크스의 대화』, 250~251쪽을 요약함.

또 AI 또한 그런 존재가 되도록 프로그래밍할 때 인간과 AI의 공존은 가능할 것이며, 설혹 악한 AI들이 악행을 한다 하더라도 서로 연대하여 이들을 물리칠 수 있을 것이다.

8. 재현의 위기에서 상체용의 아우름으로

1부 2장 "가상현실/증강현실과 재현의 위기"에서 말한 대로, 디지털 시대는 재현의 위기의 시대이며, 4차 산업혁명으로 재현의 폭력은 더욱 심해질 것이다. 현실과 해석, 진리의 관계를 1권 1부 3장에서 과학과 진리의 관계에서 언급하였던 대승기신론大乘起信論의 체용론을 재해석하여 응용할 수 있다.

깨닫지 못한 단계인 생멸문에서는 이문二門의 차원에서 현실과 진리를 바라본다. 현실[참, 體1]은 알 수 없고 다다를 수도 없지만, 인간의 사건과 상징적 상호작용 행위[用]를 통해 일부 드러난다. 이는 텍스트[相]를 만든다. 이 텍스트가 몸을 품고 있기에, 우리가 당시 현장에 없었지만 조정래의 소설 『태백산맥』을 읽고 여순항쟁의 현실, 당시 한국 사회의 모순과 국민들의 처참한 삶, 이를 바꾸기 위한 민중의 저항을 유추하듯, 읽는 주체들은 텍스트를 해석하면서 텍스트에 담긴 현실[몸, 體2]을 읽는다. '몸의 현실'이 일상의 차원에서 감지하는 현실이라 할 것이다. 실제 여순항쟁과 소설이나 관련 논문을 읽어서 재구성한 여순항쟁이 다른 것처럼, 실제 현실인 참의 현실[體1]과 텍스트를 통해 재구성한 몸의 현실[體2]은 동일하지 않다. 여순항쟁에 대한 수천 편의 논문과 책을 읽는다 하더라도 여순항쟁의 총체적 실상을 알 수 없듯, 인간은 영원히 실제 현실에 이를 수 없다. 현실은 있지만 다다를 수 없다. 하지만 소설에서 당시 민족 모순, 계급모순과 저항 사이의 길항, 그 안에서 인간 사이의 지순하거나 질박한 사랑, 여순항쟁의 정신 등 몸의 현실에서 연기와 일심一心을 발견하고 그로 돌아가려는 순간 우리는 실제 현실의 한 자락을 엿볼 수는 있다.

'진정한 텍스트'를 통하면 우리는 현실에 점점 접근해간다.[47] 모더니즘은 현실을 애써 회피하고 텍스트의 혁신에만 주력했고 리얼리즘은 텍스트를 통해 현실을 투명하고 올바르게 재현할 수 있다고 착각했다면, 포스트모더니즘은 현실을 알 수도 다다를 수도 없는 것으로 해체해버렸다. 이제 몸의 현실의 재현을 통해 구체적 현실 속에서 연기되지 않고 갈등하고 있는 것들에 대해 비판하고 부정하고, 용을 통하여 체를 유추하며 그 상으로서 텍스트를 구성하며 그 텍스트에 담긴 현실과 진리를 읽되, 실제 현실인 참의 현실[體1]과 텍스트를 통해 재구성한 몸의 현실[體2]은 동일하지 않음을 깨닫고(라캉식으로 말하면 인간의 욕동drive은 상징계를 넘어서서 실재계the real를 지향하지만 실재계에 다다를 수 없기에 욕동은 상징으로 표현되고 욕망의 대상으로 환유됨을 인식하고), 이에서 그치지 않고 진정한 텍스트를 방편으로 삼아 언어로는 드러낼 수 없는 일심一心으로 돌아가야 한다. 그럴 때 우리는 현실과 재현 사이의 거리를 인식하고 그를 지배하는 신화와 권력에 맞설 수 있으며, 연기의 구조를 갈등의 구조로 바꾸려는 세력에 저항하

---

47 텍스트(text)란 '짜여 있고 그 질서에서 의미나 메시지를 발견하는 것'이다. 진정한 텍스트는 예술 작품이든 아니든 진부한 세계를 깨고 새로운 세계의 실상을 보여주거나 인언견언(因言遣言)의 논리로 언어기호를 방편으로 하되 이를 넘어서서 궁극적 진리에 다가가는 텍스트를 말한다.

면서 역사의 진보를 이룩할 수 있으며, 현실을 구체적으로 인식하면서도 그 현실 너머의 실제 현실을 향해 다가갈 수 있다.

제 2 장

윤리와 대안들

우리는 지금 기로에 서 있다. 내가 소유한 인공지능이 사람을 죽인다면 그 책임은 과연 누구에게 있을까? 내가 탄 자율주행자동차가 교통사고를 냈다면 책임을 어떻게 배분할 것이겠는가? 또, 인공지능이 고통을 느낀다면, 우리는 그 고통에 윤리적 응답을 해야 하는 것이 아닌가? 이는 근대와는 전혀 다른 양상이기에, 근대에서 합의하거나 규정한 윤리와 법을 초월한다. 우리는 새로운 패러다임과 세계관에 따라 상황을 객관적으로 분석하고 대안을 세울 뿐만 아니라 예측되는 사건에까지 번민의 촉수를 뻗어 그에 부합하는 윤리를 정립해야 한다. 하지만, 윤리로 그칠 일이 아니다. 인공지능 로봇이 인간을 지배하거나 인류를 멸망으로 이끌 수 있다면 이에 대해서도 대안을 모색해야 한다. 이에 4차 산업혁명으로 야기하게 될 윤리적이고 법적인 문제를 알아본 다음 선한 인공지능을 제작하는 방법, 교육,

권력에 대한 저항, 공동체 등 여러 대안들을 모색해보겠다.

1. 로봇에 대한 윤리

A가 B를 칼로 찔러 죽였을 때, 이는 전적으로 A의 자유의지에서 비롯된 것이고 칼은 B를 죽이려는 목적을 수행하기 위한 도구로 사용되었을 뿐이다. 그러기에 이는 전적으로 A가 감당할 윤리적이고 법적인 문제였지, 칼에 대한 죄나 윤리적 책임은 없다. 하지만, E가 설계하고 D가 만들었고 C가 소유했고 A가 운영하는 인공지능이 B를 죽였다면, 이 책임은 누구에게 있을까? 이제까지 기계와 도구는 인간에 종속적이었고 의도는 물론, 자유의지나 자율성이 없는 대상에 지나지 않았기에 그 자체의 윤리적 문제가 발생하지 않았다. 하지만, 인간의 통제를 벗어나 자율성이나 자유의지를 갖는 인공지능의 경우 그 인공지능이 수행한 짓에 대해서 윤리적이고 법적인 문제가 발생한다. 더 나아가 지능, 이성, 자유의지와 자율성을 가진 인공지능은 짐승이나 도구와 달리 인간과 더불어 사회를 형성할 것이다. 그들이 고통을 느낀다면 우리는 그 고통에 공감할 윤리적 책임이 있다.

▌아이작 아시모프의 로봇 3원칙

아이작 아시모프Isaac Asimov는 1942년 3월에 첫 출간된 *Runaround*라는 소설에서 로봇 3원칙Three Laws of Robotics을 제시하였고, 나중에 '제로원칙'과 '마이너스1' 원칙을 추가했다.

> -1(Minus One Law of Robotics), 로봇은 지각에 해를 끼치거나 나태함으로 인하여 지각을 해치도록 해서는 안 된다.
>
> Law 0: 로봇은 인류를 다치게 하거나 나태함으로 인하여 인류에 해를 끼쳐서도 안 된다.
>
> Law 1: 로봇은 인간을 다치게 해서는 안 되며, 나태함으로 인하여 인간에게 해를 끼쳐서도 안 된다.
>
> Law 2: 그 명령이 제1원칙에 위배되지 않는 한, 로봇은 인간의 명령에 복종해야 한다.
>
> Law 3: 그 보호가 제1원칙과 제2원칙에 위배되지 않는 한, 로봇은 자신을 보호해야 한다.[1]

아시모프는 상상으로 로봇이 야기할 문제점을 통찰하고 이를 사전에 예방할 원칙을 소설을 통하여 제시했다. 단지 몇 문장 안에 로봇이 인간 사회를 파괴하는 것을 막을 수 있는 원칙을 잘 압축했다.

하지만, 로봇원칙은 문제가 적지 않다. 제2원칙에서 제1원칙에 위배되지 않는 범위에서 두 인간의 명령이 다를 경우에는 어떻게 할 것인가. 로봇의 소유주는 인간 중에서도 주인의 명령만을 듣기를 바란다. 로봇이 제1원칙을 어기고 인간을 해쳤을 경우 자유의지가 있다면 로봇을 처벌할 수 있지만, 자유의지 없다면 처벌할 수 없다. 로봇의 자율성이 없었을 경우 그 책임은 인간에게 있으며, 인간 또한 설계자, 생산자, 소유자, 운영자로 책임이 갈린다. 또, 인간이 직접적으로 인간을 해치지 않는 범위에서 악행이나 범죄를 로봇에게 교사할

1 〈위키피디아〉 영어판, 'Three Laws of Robotics'. "-1(Minus One Law of Robotics) 참고함.

수 있다. 로봇이 명령을 내리는 당사자에 대해 인간 여부를 판단하지 못할 수도 있다. 인간을 해치는 문제도 너무 막연하다. 육체적인 가해는 누구나 쉽게 예상하지만, 정신적인 상처, 더 나아가 자존감, 정체성, 자부심 등에 대해서도 말이나 행동으로 상처를 줄 수 있는데 이에 대해서는 간과하고 있다. 육체적인 가해 또한 친구끼리 친밀의 표시로 툭 치는 것과 증오의 마음을 품고 때리는 것 사이의 구분이 필요하다.

유럽 의회의 로보틱스 민법 규정 및 결의안

유럽 의회의 로보틱스 민법 규정에 관한 집행위원회의 권고를 포함한 결의안 그간 인공지능의 윤리와 법적인 문제를 놓고 수많은 학자들과 정책 당사자, 법학자들이 모여 많은 논의를 했다. 유럽 의회는 이런 논의들을 모아서 2017년 2월 16일에 '유럽 의회의 로보틱스 민법 규정에 관한 집행위원회의 권고를 포함한 결의안European Parliament Resolution of 16 February 2017 with recommendation to the commission on Civll Law Rules on Robotics'으로 결집했다. 그동안 세계적 수준의 철학자, 윤리학자, 법학자, 공학자 등이 모여 진지하게 토론을 하고 논의를 압축적으로 정리한 것이기에 이에 대해 다시 논쟁을 하는 것은 시간낭비다. 이의 전문을 비롯하여 핵심 조항을 제시한다.

A. 메리 셸리의 『프랑켄슈타인』에 등장하는 괴물에서 고전 신화 피그말리온Pygmalion에 이르기까지, 프라하의 골렘Golem 이야기를 거쳐 카렐 차페크가 창안한 용어인 로봇에 이르기까지, 사람들은 지능형 기

계, 종종 인간의 특징을 가진 안드로이드를 만들 가능성에 대해 환상을 품어왔다.

B. 인류가 전례없이 정교해진 로봇, 안드로이드 및 기타 인공지능(AI)의 구현 형태가 새로운 산업혁명을 일으킬 것처럼 보이는 시대의 문턱에 서 있고, 모든 사회 계층이 그 영향을 받을 것으로 보이는 현재에 입법부가 혁신을 방해하지 않으면서도 그 법적, 윤리적 함의와 효과를 고려하는 것이 매우 중요하다.

C. 혁신을 저해하지 않고 유해한 로봇 및 인공지능에 대하여 일반적으로 수용될 수 있는 정의를 만들 필요가 있다.

D. 2010년과 2014년 사이에 로봇의 평균 판매 증가율은 연간 17%였고, 성장의 주요 동력인 자동차 부품 공급 업체와 전기·전자 산업과 함께, 2014년의 매출액은 전년 대비 최고치인 29% 증가에 이르렀다. 지난 10년 간 로보틱스 기술에 대한 연간 특허 출원은 3배가 되었다.

(…)

G. 장기적으로, 훈련을 받고 독립적으로 의사결정을 내릴 수 있는 능력을 갖춘, 영리하고 자율적인 기계를 개발하려는 현재의 경향은 경제적인 혜택을 줄 뿐만 아니라, 사회 전체에 직·간접적 영향을 미칠 것이기에 이에 대해 다양한 우려를 내포하고 있다.

H. 기계 학습은 데이터 분석 능력을 크게 향상시킴으로써 사회에 막대한 경제적, 혁신적 이익을 제공하지만, 동시에 의사결정 과정에서의 차별, 정당한 절차, 투명성과 이해 가능성을 보장하는 데 위협을 제기하고 있다.

I. 이와 유사하게, 경제적 전환에 대한 평가와 로보틱스와 기계 학습의 결과로 초래된 고용에 대한 영향을 평가할 필요가 있다. 로보틱스

가 제공하는 혜택에 대해 부인할 수 없음에도, 로봇의 구현으로 야기되는 노동 시장의 변화와 그에 따른 교육, 고용 및 사회 정책의 미래를 반영할 필요성을 수반한다.

(…)

J. 로봇의 광범한 사용이 자동적으로 직업의 대체를 초래하지 않을 수도 있지만, 노동집약적 부문의 저숙련 일자리는 자동화에 더 취약할 수 있다.

(…)

K. 중산층이 줄어들고 사회의 분열이 심화되는 상황에서, 로보틱스의 개발은 부와 영향력을 소수의 손에 크게 집중시킬 수 있음을 명심하는 것이 중요하다.

(…)

M. 자동화 경향은 인공지능 애플리케이션의 개발과 상용화에 관련된 사람들이 처음부터 보안과 윤리적 측면을 핵심요소로 고려함으로써, 자신들이 생산하는 기술의 품질에 대한 법적 책임을 수용할 준비를 갖추어야 함을 인식해야 한다.

(…)

O. 로보틱스와 인공지능의 발전은, 특히 인간의 보살핌과 동반자 관계 영역에서, 그리고 의료 기기, '수리' 혹은 인류 증진의 맥락에서, 개인의 존엄성, 자율성과 자기 결정을 보존하는 방식으로 설계될 수 있고, 그렇게 설계되어야 한다.

P. 궁극적으로, 장기적으로 인공지능이 인간의 지적 능력을 능가할 가능성이 있다.

Q. 자동화된 알고리즘 의사결정의 추가적인 개발 및 사용 증가는 의

심할 여지없이 사적 개인(예컨대, 사업 또는 인터넷 사용자)과 행정, 사법 또는 기타 공공 기관이 소비자, 사업 혹은 권위적 성격의 최종 결정을 내리는 데 영향을 미친다. 자동화한 알고리즘 의사결정 과정에 안전 장치 및 인간이 통제하고 검증할 수 있는 가능성이 내재될 필요가 있다.(…)[2]

로봇 분야 연구원들은 스스로 고도의 윤리적 및 전문적 행위를 결정하고 다음 원칙을 준수해야 한다

유익: 로봇은 인간의 최선의 이익을 위해 행동해야 한다.
무해: 로봇은 인간에게 해를 끼치지 않아야 한다는 '첫째, 해를 끼치지 않아야 한다' 규칙.
자율: 로봇과의 상호작용에 대하여 강압 없이 정보에 입각한 결정을 내릴 수 있는 능력.
정의: 가정용 로봇 특히 건강 간호 로봇의 경제성, 로봇공학과 관련된 이익의 공정한 분배.[3]

약한 인공지능과 강한 인공지능

약한 인공지능과 강한 인공지능은 차이가 크다. "강인공지능은 인

2 European Parliament, "European Parliament Resolution of 16 February 2017 with recommendation to the commission on Civll Law Rules on Robotics," Feb 16, 2017. (http://www.europarl.europa.eu/doceo/document/TA-8-2017-0051_EN.html)

3 *ibid.*

간의 두뇌를 모방한 정신 능력과 기능을 개발한 기술 수준을 뜻한다."[4] 특정의 한 부분이 아니라 포괄적으로 인간처럼 사고하고 인간의 마음을 가진 인공지능을 강한 인공지능으로 분류한다. 필자는 초지능과 자유의지 여부를 약인공지능과 강인공지능을 구분하는 기준으로 본다. 인간을 초월한 지능을 가진 인공지능이라 하더라도 자유의지를 가지지 않았다면 인간의 통제가 가능하고 이것이 행한 범죄에 대해 인공지능에게 법적이고 윤리적 책임을 묻기 어렵기 때문이다. 강인공지능은 인간의 평균 지능이나 그 이상으로 사고하고 자유의지를 가진 인공지능 기술 수준에 이른 것을 뜻한다. 그래야만 양자를 명확하게 구분할 수 있을 뿐만 아니라 법적인 책임과 제재를 부여할 수 있다.

한마디로 말하여, 자유의지를 가지지 않은 인공지능은 초지능을 가졌다 하더라도 '생각하는 기계'일 뿐이지만, 자유의지를 가진 인공지능은 기계를 벗어나 인격을 갖춘 제3의 인간이다. 약한 인공지능은 지능은 있지만 자유의지는 없다. 약한 인공지능이 인간에게 해를 끼쳤다 하더라도 인공지능에게 그럴 만한 의사가 없었으므로 인공지능에게 책임을 부여할 수 없다. 이 경우 1차적 책임은 알고리즘을 만든 설계자에게 주어지고 소유자와 운영자 또한 일부 책임을 분담해야 할 것이다. 백신을 개발하면 수천 명 이상의 환자에게 임상실험을 하고 허가를 하듯, 알고리즘 설계 단계에서 그 알고리즘이 야기할 모든 역기능과 위험, 인류에 대한 해악의 가능성에 대해 사전 검사를

4 "What's the difference between weak and strong Artificial Intelligence," *Media Update*, Mar 28, 2018.

하고, 이를 통제하는 법적 규율과 시스템을 마련하여야 한다. 거꾸로 인간이나 다른 주인이 소유한 인공지능이 약한 인공지능을 파손했을 경우, 약한 인공지능은 인간과 동물처럼 고통을 느끼지 못하므로 이들의 파손에 대해 가해자가 윤리적 책임을 질 필요는 없다. 다만, 도구처럼 소유주에게 경제적 손실에 대해 변상할 책임은 있다.

강한 인공지능은 자유의지가 있다. 때문에 인공지능이 죄를 범할 경우 가해 행위를 한 당사자인 인공지능이 그 1차적 책임을 지어야 한다. 자식이 지은 죄에 대해 부모가 책임을 지지 않는 것처럼 강인공지능의 소유주에게는 책임이 없다. 하지만, 인간과 달리 인공지능은 알고리즘에 따라 행동하므로, 알고리즘을 만든 설계자도 인간 사이의 법체계에서 교사범에 준하는 책임을 분담해야 한다. 인공지능마다 알고리즘을 제작한 이를 정확하게 표시해야 한다. 인간이나 다른 인공지능이 한 인공지능에게 정신적 고통을 느끼게 하거나 폭력을 가했다면 인간에게 행한 것과 유사하게 법적 책임을 부여해야 한다.

강한 인공지능이 인간과 유사한 지능, 감정, 이성을 가지고 있으므로, 이들은 짐승과 달리 인간과 같은 수준에서 인간과 함께 사회를 이루어야 하며, 인간과 유사한 법과 규율을 적용하여야 한다. 또, 이들은 고통을 느끼기에 AI의 고통에 대해 인간은 윤리적 책임을 가진다. 인간은 이를 줄일 수 있도록 노력해야 함은 물론, 그들의 고통에 연민과 자비심을 가지고 고통의 원인을 분석하고 이의 제거에 나서야 한다.

▌실제 행동들

강한 인공지능이 아직 제작되지 않았지만, 인류사회는 인공지능이 야기할 문제를 상상하거나 예측하고 이에 대한 대비를 하고 있다. 가장 부정적인 상황은 인공지능이 전쟁무기로 활용되는 것이고, 가장 긍정적인 상황은 인공지능이 인간의 수준, 혹은 인간의 수준을 넘어서는 도덕성을 겸비하는 것이다.

> 인공지능 국제회의International Joint Conference on Artificial Intelligence에서 1,000명이 넘는 전문가와 연구자들은 자율형 공격무기 사용 금지를 요구하는 공개서한을 발표했다. 테슬라의 일론 머스크, 애플의 공동 창업자인 스티브 워즈니악, 구글 딥마인드 CEO 데미스 하사비스, 스티븐 호킹 교수 등이 서명한 이 공개서한은 '군사용 인공지능 무기 경쟁'에 관한 사람들의 우려를 나타냈다. 자율형 공격무기 사용 금지를 위한 이 캠페인의 성공 여부와는 별개로 로봇 기술은 군사적 영역과 경제적 일상으로 널리 퍼져가는 추세이다.[5]

> 2014년 미국 해군연구소에서는 750만 달러의 보조금을 들여 브라운, 조지타운, 런셀폴리테크닉, 터프츠, 예일 등의 대학교로 구성된 학문간 통합연구팀이 도덕적 능력을 부여받은 로봇을 제작하도록 지원하였다.[6]

---

5 나이프 알로드한, 「로봇의 도덕률 — 어떻게 로봇에게 옳고 그름을 가르칠까」, 슈밥 외, 『4차 산업혁명의 충격』, 흐름출판, 2016, 253~254쪽.

6 위의 글, 249쪽.

방법

첫째, 하향식Top-down 방식으로 구체적인 도덕적 가치를 알고리즘으로 인코딩하는 것이다. 로봇개발자가 인코딩될 도덕적 가치들을 결정하고, 개발자의 종교나 철학적 신조, 관련 법 조항 등으로 도덕적 가치를 구성하게 된다. 많은 신경과학자나 심리학자들은 이런 접근 방식에는 상당한 한계가 있다고 말한다. 우리의 가치관을 형성하는 경험과 학습, 직관의 기초적 역할을 평가 절하하기 때문이다.

둘째, 상향식Bottom-up 방식으로 로봇 스스로 학습하고, 곤란한 경험이나 오류 또는 개선 및 진화과정 등을 통해 도덕적 능력을 획득하도록 내버려두는 형태이다. 컴퓨터의 능력을 고려할 때, 이 시스템은 실현되기가 불가능하다고 할 정도로 어렵지만, 뉴로모픽neuromorphic 컴퓨팅의 발전이 어쩌면 이 시스템을 현실로 만들지도 모른다.[7]

로봇의 원칙이나 관련 법을 아무리 완벽하게 제정한다 하더라도 전쟁 상황에서는 서로 지키지 않을 것이기에 원칙이나 법이 무용한 상황이 된다. 벌써 인공지능은 전쟁 무기에 널리 사용되고 있다. 최소한 강인공지능을 무기로 사용하거나 병력으로 동원하지 못할 뿐만 아니라 이것을 전시든 평화 시든 그렇게 했을 경우 국제법으로 강력한 제재를 가해야 한다. 그렇지 않을 경우 지도자든 자본이든 전쟁 상황을 이용하여 강인공지능에 대해 폭력과 가해, 살인을 용인하도

7 위의 글, 253~254쪽.

록 법을 개정하고 알고리즘을 수정하고 여론을 조작할 것이다. 한 번 인간에게 폭력이나 살인을 행한 강인공지능은 그것을 언제라도 행할 수 있는 자연스러운 행위로 간주할 것이다.

2. 생명공학에 대한 윤리

생명공학에 대한 윤리는 톰 비첨Tom L. Beauchamp과 제임스 차일드리스James F. Childress가 정립한 '의료윤리의 4원칙'을 준수하는 것이 좋을 것이다. 그 원칙이란 자율성 존중의 원칙, 악행금지의 원칙, 선행의 원칙, 정의의 원칙이다.[8]

줄기세포를 이용한 장기의 재생

배아줄기세포embryonic stem cells란 각 장기의 세포로 분열하기 전 낭포囊胞 내부의 세포 덩어리를 뜻한다. 이 배아줄기세포를 배양액 속에 넣으면 무한히 분열하는데, 여기에 적절한 생물학적, 생화학적 조작을 가하여 뇌세포, 근육세포, 피부세포처럼 우리 몸을 이루고 있는 특수한 체세포로도 분화할 수 있다. 이로 질병이나 상해로 인해 손상된 장기를 재생시킬 수 있고 난치병 치료에 효과적이며 생명과 인간의 복제도 가능하다.

배아줄기세포를 이용하는 것은 발생 중인 배아의 죽음을 전제로

---

8 Tom L. Beauchamp, James F. Childress, *Principles of Biomedical Ethics,* NewYork: Oxford University press, 1994, pp. 39~61.

한다. 배아 자체를 자궁에 착상시키면 온전한 인간 한 사람을 만들 수 있으므로 이는 사람을 죽이는 것과 유사한 문제를 야기한다. 성체줄기세포adult stem cell는 배아줄기세포에 비하여 만능성이 없으므로 성체줄기세포를 이용하는 것으로 한정해야 한다. 배아줄기세포를 이용하는 것은 생명, 혹은 인간을 살상하는 것이기에 철저히 금지해야 한다.

1부 4장 "생명공학과 호모 데우스: 연기적 생명성과 죽음의 의미"에서 살펴본 대로, 유도만능줄기세포induced pluripotent stem cell, iPS cell/iPSC는 역분화 유도 단백질을 추출하여 이를 다시 체세포에 주입함으로써 배아줄기세포처럼 이미 성숙하고 분화된 세포를 미성숙한 세포로 역분화시켜서 다시 모든 조직으로 발전시킬 수 있다. 그러니, 유도만능줄기세포를 이용하면 배아줄기세포를 이용하는 것을 금지하더라도 생명공학의 연구나 장기재생을 통한 병자의 구원에 별다른 영향을 끼치지 않는다.

유전자 치료 인간의 유전자 배열에 이상이 있을 경우 필요한 단백질이 생산되지 않거나 해로운 단백질이 생산되어 유전성 질환이 발병하게 된다. 이에 유전자 가위나 연필, 프라임 에디터를 이용하여 게놈 편집을 하면 유전자로 인한 질병을 치료할 수 있다.

하지만, 유전자 치료는 질병 치료에 한정하여야 한다. 그렇지 않을 경우, 사람들은 머리가 좋고 성격 좋고 외모도 잘생긴 맞춤아기를 생산하는 것으로 악용할 것이다. 이는 인간의 차이가 주는 아름다움을 훼손한다. 인간이 개성을 표현하고 신장시키는 것으로 자기실현을 느끼고 존재의 의미를 인식하는 데 이를 무력화한다. 이는 인류의 다양성을 훼손한다. 다양성을 훼손하면 특정 바이러스나 질병, 또는 인간이 제작한 인조 바이러스에 멸종을 당할 수 있다. 무엇보다 인간이 수양, 교육, 성찰, 사회생활을 통하여 자신을 더 나은 존재로 상승시키고자 인격을 도야하고 능력을 개발하는 것 자체를 부정한다. 또, 가난한 흑인이더라도 뛰어난 유전자를 지녀 운동선수나 예술인으로 성공한 서사는 더 이상 만들어지지 않을 것이다. 부자들이 이런 치료를 더 잘할 수 있기 때문에 유전자에 의한 불평등은 더욱 심화할 것이다. 인간의 생식세포와 배아줄기세포를 게놈 편집을 하는 것은 생명의 창조 과정에 인간이 개입하는 것이다. 이는 신의 영역으로 비워두어야 한다. 유전자 정보 또한 인권과 같은 차원에서 보호해야 한다.

합성게놈학 1부 4장 "생명공학과 호모 데우스: 연기적 생명성과 죽음의 의미"에서 말한 대로, 생명이란 '더불어 살려는 의지를 가지고 차이를 생성하는 공空'이다. 눈에 보이지 않는 미생물이라 할지라도 38억 년 동안 자연과 상호작용하며 진화를 한 결과물이다. 수평적으로 모든 생명은 서로 의존하며 서로 인과작용을 하며 서로 생성하는 존재이다. 인간의 과학은 이 생명의 역사와 본성을 해치지 않는 범위에서 공진화를 할 수 있는 생태계 내에서 생명의 죽음과 삶에 개입해야 한다.

합성게놈학Synthetic Genomics은 생태계의 균형을 깨거나 인류의 멸종도 야기할 위험을 안고 있다. 앞에서 말한 대로, 의도하든 의도하지 않았든, 특정 인종을 멸종할 유전자를 가진 바이러스가 실험실을 빠져나가 코로나처럼 퍼지는 것은 상상하기도 싫은 시나리오지만 가능한 현상이다. 합성게놈학이 만든 특정 인종 살해 바이러스는 원자탄보다 몇 배 더 두려운 무기다. 더 많은 사람들을 죽임은 물론, 인류 멸종을 야기할 수 있다. 무엇보다 사람만 죽이고 자연과 공장, 돈에는 피해를 끼치지 않기에 가해자에게는 최상의 선택이 된다. 사악한 사람이나 집단에게 가장 매력적 요인은 범죄 발생 이후에도 가해자를 모르게 하는 것이다. 그것이 가능하기에 목적을 달성하면서도 비난을 받지 않을 수 있다는 점이 살상 바이러스를 무기로 선택하게 만드는 요인이다. 특히, 이종간교잡은 38억년 동안 공진화한 생명의 역사에 대한 전면 부정이자 현재의 생태계에도 예측할 수 없는 혼란을 가져오고 인간의 정체성도 훼손할 것이기에 전면 금지해야 한다.

이에 이런 사태가 일어나지 않도록 하려면 몇 가지 안전장치가 필요하다. 첫째, 합성게놈에 대한 연구는 실험실일지라도 그 과정과 결과를 투명하게 공개한다. 둘째, 부작용과 위험, 문명파괴의 가능성을 차단할 수 있는 안전장치를 마련한다. 셋째, 최소한 이 분야만큼은 공적 영역으로 전환하며 자본이 이윤을 목적으로 이용하지 않도록 한다. 넷째, 공적 영역으로 할 경우 시민의 감시와 견제를 제도화한다. 다섯째, 법적이고 제도적인 제한을 마련한다. 여섯째, 이에 관련한 국제협력체제와 국제 감시체제를 구성한다.

3. 인간 향상에 대한 비판

4차 산업혁명 시대에서 인간은 육체적, 인지적, 정서적으로 현재의 인류를 초월한 포스트휴먼으로 거듭날 것이다. 하지만, 인간이 생명의 창조와 진화에 개입하는 것은 신의 역할을 대신하겠다는 것이다. 이것이 제2의 바벨탑이 되지 않으리라는 보장은 없다. 작게는 아직 인간이 밝히지 못한 유전자와 단백질의 기능이 너무도 많기 때문에 과학기술이 전혀 예측하지 못한 부작용과 역기능을 야기할 것이다. 크게는 생명공학을 응용한 인간 향상으로 인하여 인간은 생명성과 인간의 본성에 대한 가치를 훼손하고 스스로 도구화할 것이다. 이것만이 아니다. 생식세포나 태아의 유전자를 조작하는 것은 인간의 다양성, 차이가 만들어내는 아름다움을 해체할 뿐만 아니라 그 아이의 자율적 판단을 부모가 사전에 봉쇄하고 인격을 훼손하는 것이다. 이에 유전자 조작에 의한 인간 향상은 유전적 질병의 치료에 국한해야 한다. 만국어 번역칩, 건강지킴이 역할을 하는 나노로봇 등 도구를 이용한 인간향상은 보청기를 이용하는 것처럼 허용한다.

유전자 조작에 의한 인간 향상은 근본적으로 인간의 실존을 부정한다. 어떤 부모든 자신의 자식이 좋은 자질을 타고 나기를 바란다. 머리가 좋고 인품도 훌륭하며 외모도 아름다운 아이는 모든 부모의 꿈이다. 하지만, 인간은 완성품이 아니라 완성으로 가는 과정이다. 고대에서 현재, 신화에서 소설과 영화에 이르기까지 전 세계에 걸쳐서 대중에게 진정으로 감동을 주는 것은 못난 인간이 지고의 노력을 행하여 장애, 고난, 시련, 비극을 극복하는 서사다. 모든 것을 다 갖춘 채 신혼을 시작하는 부자 부부보다 가난하지만 성실하게 노력하고 검소하게 생활하여 한 가지, 한 가지 살림살이를 마련하는 신혼부부가 더욱 행복할 수 있다. 생명공학이나 뇌과학에서 보더라도 인간은 유전자 이상의 존재다. 제1권 2부 3장 "인공지능의 쟁점2: 초지능과 자유의지의 프로그래밍"에서 스펙터의 연구를 통하여 살펴본 대로, 같은 암 유전자를 가지고 태어난 일란성 쌍둥이라 할지라도 음식과, 생활, 마음먹기에 따라 그 암 유전자가 발현될 수도 있고 발현되지 않을 수도 있다. 뇌의 신경세포는 사고와 행위에 따라 경이적일 정도로 신경가소성을 갖는다. 인간은 세계의 부조리와 장애에 맞서서 그를 극복하는 순간에 희열을 느끼며 진정한 자기실현을 한다.

일란성 쌍둥이는 예외이지만, 같은 부모로부터 유전자를 물려받은 아이라 하더라도 70조 개 이상의 무궁무진한 유전자의 조합이 이루어지기에 형제라도 외모와 성격, 지능이 다양하다. 동생보다 얼굴이 못난 언니는 대신 공부를 열심히 하여 동생보다 더 나은 지위에 오를 수 있고, 형보다 지능이 모자라는 동생은 운동을 열심히 하여 변호사가 된 형의 수십 배에 달하는 연봉을 버는 운동선수가 될 수 있다. 또, 연봉이 적은 형이나 동생이 더 행복하게 잘 살 수 있다. 이상과 현실 사이의 괴리를 인식하고서 그를 메우고자 모자라고 실수한 것을 성찰하고 노력, 수행, 실천을 통하여 더 나은 존재로 나아가는 것이 바로 인간의 길이다.

4. 도덕공학

기술적 수단을 통해 인간의 도덕성, 혹은 도덕적 행위 능력을 증진시키는 것이 도덕공학moral engineering이다.

잉마르 페르손Ingmar Persson과 줄리앙 사불레스쿠Julian Savulescu는 『미래에 부적합한 인간: 도덕향상의 필요성*Unfit for the Future: The Need for Moral Enhancement*』에서 도덕공학의 정당성과 방안에 대해 주장한다. 페르손과 사불레스쿠는 그동안 인류가 사회변화에 맞게 도덕성을 고양해왔지만, 현재 인류는 급속도로 과학기술을 발전시키고 있으며, 이에 과학기술 발전과 도덕성 사이에 괴리가 심화했다고 진단한다. 이들은 인류가 대량살상무기, 테러, 기후변화 등의 위기를 맞고 있지만 이를 극복할 방안을 제대로 마련하지 못하고 있다고 지적한다.[9]

이들은 현재 인류가 직면한 위기의 상황에서 인류의 내적 조건과 외적 조건의 특성을 감안한다면, 달리 방안이 없는 한 도덕공학을 지지하는 것이 정당하다고 주장한다. 오늘날 인류는 대량살상 무기의 위협, 기후변화 및 환경문제 등 전 지구적 위기에 직면해 있다. 이 위기는 현실적인 것이며, 전 지구적 차원에서의 협력과 실천이 없으면 해결될 수 없는 것들이다. 그러나 현재 인간과 인간 사회는 이 위기를 타개할 능력이 없다.

낯선 타인에 대한 너무 적은 관심과 다수의 타인에 대한 무관심, 현재와 가까운 미래에 시선을 집중하고 먼 미래에 대한 미미한 관심, 개인적 행위의 직접적 결과에 대해서는 책임감을 느끼지만 집단적으로 이루어지는 일에 대한 무책임 등의 경향이 인간의 자연적 본성이다. 이런 성향으로 말미암아 사람들은 먼 나라 사람이나 먼 미래를 위해 개인적 희생을 감수하려고 하지 않는다. 이런 성향은 우리의 일상을 돌아보면 쉽게 이해할 수 있다. 고통 받는 먼 나라 사람들과 미래 인류를 위해 자발적으로 현재의 쾌락을 줄이고 불편과 고통을 감수하려는 의지를 발휘하지 않는다면, 설령 기후변화와 환경오염을 멈추거나 감소시킬 수 있는 기술이 개발된다고 해도 효과적으로 사

---

9 Ingmar Persson · Ju-ian Savulescu, *Unfit for the Future: The Need for Moral Enhancement*, Oxford; Oxford University Press, 2012 ; 이상헌, 「포스트휴먼시대의 도래와 불교」, 『불교평론』 79집, 2019, 106쪽 재인용.

용되지 않을 것이다. 그리고 전통적인 도덕교육 방법은 현재 인류가 직면한 위기를 해결하는 데에 충분하지 않다.[10]

예수님의 사랑, 부처님의 자비, 공자의 인仁은 모두 타자에 대한 공감을 바탕으로 한다. 공감을 형성하는 것은 거울신경체계이다. 폭력적이거나 사이코형 인간의 특징은 거울신경체계가 덜 발달했다는 점이다. 그렇다면 그런 사람들에게 거울신경체계를 강화하는 것도 한 방법일 것이다. 단, 개인의 동의가 전제가 되어야 한다.

제1권 2부 3장 "인공지능의 쟁점2: 초지능과 자유의지의 프로그래밍"의 더니든 스터디The Dunedin Study를 통해 살펴보았듯이, 두뇌의 모노아민산화효소monoamine oxidase Alpha, MAO-A의 낮은 발현 변이를 보이는 이들이 시냅스에서 신경전달물질을 분해하는 효소인 MAOA를 적게 생산하는 바람에 편도체는 활성화하고 전두엽은 활성화하지 못하여 공격성을 증대하는 것으로 나타났다. 그럼, 폭력범들에게 사회적 합의를 거쳐서 모노아민산화효소를 활성화할 수 있는 처방을 하는 것도 생각해볼 수 있는 도덕공학적 대안이다.

도덕공학은 얼핏 보면 온 세상 사람들을 천사로, 이 세상을 천국으로 만들 수 있는 방안인 듯하다. 하지만, 악에서 선으로, 비속함에서 거룩함으로, 유한에서 무한을 지향하는 것이 바로 인간 삶의 고갱이다. 악하고 못난 인간이 뼈를 깎는 반성을 통하여 선하고 능력 있는 인간으로 거듭나는 것이야말로 가장 인간적인 모습이다. 또, 도덕향상이 집단적으로 행해지거나 개인의 동의를 전제로 하지 않은 채 개인이 스스로 판단하고 결정할 수 없는 유아기나 정신적인 혼돈 상태

10 이상헌, 「포스트휴먼시대의 도래와 불교」, 『불교평론』, 79집, 2019, 105~110쪽 참고함.

에서 행해질 경우 개인의 자율성과 존엄성을 침해할 수 있다.

이에 이는 세 조건이 충족될 경우에 한하여 활용되어야 한다. 첫째, 당사자가 강도 이상의 흉악한 범죄를 연속하여 범해 재판정에서 재범의 가능성이 크다고 판단해야 한다. 둘째, 아주 흉악한 범죄자라 할지라도 인지과학적으로 분석했을 때 거울신경체계가 발달하지 않았고 모노아민산화효소가 평균보다 훨씬 적은 것이 객관적으로 관측되어야 한다. 셋째, 당사자가 자율적으로 판단하고 결정할 수 있도록 16세 이상의 성인이고 정신적으로 온전한 상태임을 객관적으로 입증해야 한다. 넷째, 당사자가 동의해야 한다.

5. 권력에 대한 저항

4차 산업혁명기에는 주권권력, 훈육권력, 생명권력, 데이터권력이 서로 긴밀한 동맹을 맺고 민중을 수탈하는 가운데 때로 포섭하고 때로 배제하면서 살리고 죽이는 것을 좌지우지할 것이다. 권력에 저항하는 것은 더욱 어려워졌다. 권력이 대중의 감정과 무의식마저 관리하고 있다. 권력이 빅데이터를 활용하여 대중의 일거수일투족을 실시간으로 감시하고 사찰하는 것이 가능하다. 권력이 데이터를 조절하여 수시로 틈을 은폐하기 때문에 틈을 발견해 권력의 동맹에 균열을 내는 것도 쉽지 않다. 그럼에도 끊임없이 문제제기를 하고, 비판하고 저항하지 않는다면, 우리는 소극적, 적극적, 대자적 자유를 모두 박탈당함은 물론, 감정과 무의식까지 통제당하면서도 사이비행복의식에 젖어 있는 1차원적 인간에 머물 것이다.

민중들은 공론장에서 변증법적인 이성을 갖고 네 권력이 생산하는 이데올로기, 담론에 대해 비판적으로 분석하고 토론하고, 공감과 연대를 바탕으로 시민사회를 조직화하여 권력에 저항해야 한다. 민중들은 행복할수록, 문제나 모순이 없다는 생각이 들수록, 불만이 없을수록, 불행과 문제와 모순, 불만을 은폐하고 조작하는 이미지와 이데올로기, 시스템을 살펴봐야 한다. 소극적 자유를 유지하기 위해서는 암호화와 익명성을 보장받아 사상과 표현의 자유를 구현하고, 때로는 모든 접속을 끊고 스마트폰의 유심조차 파기하고 사적 자유의 영역을 확보해야 한다. 적극적 자유를 쟁취하기 위해서는, 죽은 노동, 소외된 노동을 거부하고 자기실현으로서 노동을 수행하도록 여러 조건을 개선하고, 자본과 권력에 끊임없이 저항하고, 자신을 더 나은 존재로 거듭날 수 있도록 수행을 게을리하지 않아야 한다. 대자적 자유를 구현하려면, 디지털 약자들의 고통에 공감하고 연대하여 권력에 맞서야 한다. 그리하여 공론장을 바탕으로 숙의민주제와 참여민주제를 종합한 민주주의체제를 정립해야 한다. 국세청, 정보기관, 검찰의 수장을 시민이 직접 선출하고 시민위원회를 두어 시민이 직접 통제해야 한다.

이럴 때 해커와 딥웹은 중요한 역할을 할 수 있다. "해커는 시민이 매트릭스에 대한 주도권을 되찾기 위해서는 꼭 필요한 존재이다. 이 사회의 블랙박스를 열어서 기계 장치의 톱니바퀴를 이해하고, 디지털 세계에서 자신을 지킬 수 있는 방법을 다른 이들에게 알려줄 수 있는 사람은 사실상 해커밖에 없다."[11] "딥웹은 인권운동가나 내부

11 마르크 뒤갱·크리스토프 라베, 앞의 책, 190쪽.

고발자, 반체제인사, 기자들이 검열을 피하고 매트릭스에 의한 총체적 감시에서 벗어나기 위한 용도로도 쓰인다. 초기 기독교인들이 로마 제국의 박해를 피해 은신해 있었던 카타콤의 디지털 버전인 셈이다."[12] 물론, 딥웹Deep Web이나 다크웹Dark Web이 범죄나 테러로 이용되거나 미국의 국가안보국NSA이나 CIA에서 전 세계 시민의 통제와 감시를 위해 활용하는 것에 대해서는 비판하고 저항하고 적절한 규제 방안과 국제 공조 체제를 마련해야 한다. 더불어, 빅데이터에 대중도 접근할 수 있는 접근권, 공동체의 다수가 동의할 경우 플랫폼이나 인공지능의 알고리즘을 공개하는 알고리즘 공개 청구권도 헌법에 명시해야 한다.

6. 선한 인공지능의 제작 방안

강인공지능이 인류를 지배하거나 멸종시키는 것을 막을 대안은 무엇인가. 스티븐 호킹의 주장대로, 강인공지능에 대한 근본적인 대안은 강인공지능에 관련된 기술을 국제사회가 동시에 모조리 폐기하는 것이다. 하지만, 강인공지능이 가져다주는 이윤과 권력이 막대하고, 이미 기업과 국가 시스템에 중요한 자리를 차지하고 있기에 자본과 국가가 이에 동의하지 않을 것이다. 설혹 국가와 자본이 동의한다 하더라도, 인공지능과 관련된 기술이 다른 분야의 기술들과 긴밀하게 연결되어 있고, 인류가 이미 진전을 이룬 기술을 퇴행시키지 않

12 위의 책, 193쪽.

기에 인공지능 기술 폐기는 불가능하다.

그렇다면 대안은 없을까? 인간은 선과 악, 이타와 이기가 공존하는 유전적 키메라이고, 악한 인간도 있지만 선한 인간들이 늘 이들에 맞서서 지옥을 천국으로 전환하기 위해서 헌신했다. 그리고 인류는 700만 년 가운데 6,000년을 제외한 나머지 시간은 선이 악을 지배했다. 인공지능에 관련된 기술을 폐기할 수 없다면, 선한 인공지능을 많이 제작하는 것이 대안일 것이다. 그럼, 선한 인공지능을 어떻게 만들 것인가?

▌뉴로모픽 칩 기술을 활용한 거울신경체계를 장착하여 공감을 증대함

첫째, 뉴로모픽 칩 기술을 활용하여 인공지능의 두뇌에 거울신경체계를 장착하는 것이다. 인간성을 구성하는 요인 가운데 가장 핵심은 다른 이의 고통을 자신의 아픔처럼 공감하고 연대하는 것이다. 그리고 이 공감은 두뇌의 신경세포 가운데 거울신경세포들의 시스템에서 비롯된다. 그렇다면, 뉴로모픽 칩에 거울신경체계를 재현하고 이를 인공지능에 장착한다면, 그 인공지능은 인간이든, 인공지능 로봇이든, 동물이든 고통 속에 있는 존재에 대해 공감을 하고 그들과 연대할 것이다.

▌AI가 의미의 존재가 되도록 의미를 해석하는 알고리즘을 장착함

둘째, 인공지능 로봇이 자기 앞의 세계에 대해 자율적으로 의미를 해석하고 의미를 좇아 실천하는 의미의 존재로 알고리즘을 만드는 것이다. 인공지능 로봇도 인간처럼 의미의 존재가 되어 스스로 의미를 해석하고 의미를 추구하고 의미를 따라 결단하고 실천하게 하면, 그는 어떤 상황이든 악이나 이기적 이해관계보다 올바른 의미를 따라 행동할 것이다.

필자가 창안한 화쟁기호학을 응용하면, 인간이든, 인공지능이든 타인이나 데이터의 도움 없이 자율적으로 사전적인 의미를 넘어서서 시적이고 철학적인 의미를 창조하고 해석하는 알고리즘을 만들 수 있다. 실제 별을 보고 '희망, 독립, 이상, 영원, 무한, 영원한 사랑'으로 노래하거나 의미를 부여하는 시인이나 철학자처럼, 텍스트 상의 '별'을 보고 이를 그렇게 해석하는 유능한 비평가처럼, 컴퓨터나 인공지능이 은유와 환유를 만들거나 해석할 수 있는 알고리즘이다. 현재 인공지능이든 음성인식컴퓨터든 사전적인 의미와 맥락적 의미를 해석하는 단계에 머물고 있다. 반면에 필자가 제1권의 부록에서 제시한 "시적/철학적 의미의 창조와 해석의 프로그래밍 방안"은 인공지능과 음성인식컴퓨터가 스스로 사전적인 의미를 넘어서서 시적 의미와 철학적 의미를 만들고 해석하는 방안이자, 제1권 1부 1장과 2장 "의미로 읽는 인류사"에서 살펴본 대로 인류가 의미를 만든 이후에 문명의 획기적 발전을 보였기에 인공지능이 인간처럼 사고하고 행동하는 방안이기도 하다. 조나슨 소크나 버너스 리가 막대한 돈을 벌 수 있음에도 소아마비 백신이나 윈도우시스템을 공개하고 공유한 것에서 감화를 받아 필자 또한 이 방안을 공개하고 공유한다. 이의 구체적인 방안은 책의 흐름을 고려하여 제1권의 부록으로 위치를 설정했다.

▌사회윤리적 대안

선함은 홀로 형성될 수 없다. 개인의 마음과 사회의 도덕성, 개인의 업[別業]과 공동의 업[共業], 개인의 윤리는 집단과 사회의 윤리와 서로 조건과 인과로 작용한다. 이런 취지로 제1권 2부 2장 "인공지능의 쟁점1: 인간 본성의 프로그래밍"에서 개인 차원이든 집단 차원이든 인간의 선을 증장하는 방안으로 "① 노동과 생산의 분배를 관장하는 체제 ② 타자에 대한 공감 ③ 의미의 창조와 공유 ④ 사회 시스템과 제도 ⑤ 종교와 사상 ⑥ 도덕과 윤리 ⑦ 의례와 문화 ⑧ 집단학습 ⑨ 타자의 시선/행위와 인정, 공론장 ⑩ 수행 ⑪ 법과 규정 ⑫ 정치체제와 지도자" 열두 가지를 제안했다. 이 가운데 "② 타자에 대한 공감 ③ 의미의 창조와 공유"는 위에서 제시하였고, "⑩ 수행"을 제외한 나머지는 사회윤리적 대안이다. 핵심만 간단히 설명하겠다.

① 노동과 생산의 분배를 관장하는 체제

인공지능도 노동을 진정한 자기실현으로 인식하여 이를 통해 적극적 자유와 대자적 자유를 구현하게 한다. 또, 강인공지능의 경우에도 그가 생산한 가치에 대하여 평등하고 공정하게 분배하며, 이를 기반으로 한 공동체를 유지한다.

④ 사회 시스템과 제도

선한 자가 복을 받고 악한 자가 벌을 받는 시스템과 제도가 발달한 사회일수록 서로 선함을 증장하기 마련이다. 강인공지능 로봇에 대해서도 신상필벌信賞必罰을 투명하고 공정하고 엄정하게 행한다.

⑤ 종교

강인공지능도 종교를 선택할 수 있는 자유를 부여한다. 종교가 범한 선과 악, 순기능과 역기능을 모두 빅데이터로 주어 스스로 후자를 지양한 종교활동을 하도록 이끄는 것이 필요하다. 초월성이나 영성이 아주 중요한데 이를 추구하는 면에 대해서는 좀 더 뇌과학과 신비에 대한 연구가 진행된 후에 말할 수 있을 듯하다.

⑥ 도덕과 윤리

도덕적 합리성에 관련한 데이터들, 타자와 공동체에 대한 윤리와 책임, 악과 이기심, 탐욕을 절제하고 선과 이타심을 추구하는 것의 도덕적 정당성과 이익에 대한 데이터를 장착하는 것이 필요하다.

⑦ 의례와 문화

안드로이드가 종교를 갖게 되고 집단에 소속되면 자연스레 그 종교와 집단의 의례에 참여하고, 이를 통해 의례에 담긴 규범과 제도, 질서와 역할에 대한 구성원들의 참여와 동의를 존중하게 될 것이다.

⑧ 집단학습

안드로이드는 빅데이터를 장착하기도 하지만, 사람과 어울려 자연과 인간에 적응하고 세계의 부조리에 대응하는 법, 선행과 이타적 협력, 징벌과 보상에 대해 학습할 수 있다.

⑨ 타자의 시선/행위와 인정, 공론장

안드로이드도 인간이든 다른 안드로이드든 타자의 시선을 의식하고 타자를 위한 욕망의 자발적 절제를 하도록 알고리즘을 설정한다.

⑩ 수행

안드로이드도 수행을 통하여 뉴로모픽 칩 등으로 제작한 뇌신경세포의 특정 부분이 활성화하고 자신 안의 탐욕, 분노, 어리석음을 말끔히 소멸시키고 새로운 존재로 거듭날 수 있도록 뇌신경세포의 알고리즘을 만든다.

⑪ 법과 규정

안드로이드에 대해서도 법을 공정하게 집행한다.

⑫ 지도자

안드로이드를 통솔할 지도자는 안드로이드가 민주적 선거를 통하여 공정하고 투명하게 선출하는 것보다 추첨을 하여 몫 없는 자의 민주주의를 구현하는 것이 좋을 듯하다. 지도자로 뽑힌 안드로이드의 경우 그 구성원이 요청한 도덕향상, 리더십 향상 프로그램을 장착하는 것을 전제로 권력을 위임하는 것도 한 대안일 수 있다.

7. 공감과 협력 교육

인공지능에 대한 대안으로서 미래 교육

생명성, 인간성, 영성의 구현

인공지능 시대에서 인간에 대한 교육은 AI가 성취할 수 없는 생명성, 인간성, 영성의 구현에 교육의 목표를 설정해야 한다. 생명성은 더불어 살려는 의지를 가지고 환경과 상호작용하며 공진화하는 것을 뜻한다. 생명을 키우거나 숲에 가서 생명들과 교감하고 생명들의 탄생과 죽음을 지켜보며 그 의미를 생각한다.

인간성 구현의 교육이란 동물이나 기계는 구현할 수 없는 인간의 특성인 '진정한 자기실현으로서 노동, 은유와 환유를 통한 의미와 허구의 창조, 실존, 윤리 추구, 욕망, 성찰, 이성적 인식과 비판, 타자에 대한 공감과 연대' 등을 행하는 것을 의미한다.

영성 구현의 교육이란 현재의 상태에 만족하지 않고 거룩한 세계, 근원적인 실재, 궁극적인 진리, 무한과 영원을 향한 완전한 자유와 해탈을 지향하는 길을 안내하는 것이다.

거울신경체계의 강화와 공감·협력 교육

이제 인간은 물론, 모든 고통을 느끼는 존재, 곧 다른 생명과 AI의 아픔에 대해서도 자비심을 갖는 공감력을 키우는 교육을 행하는 것이 필요하다. 공감empathy이란 "한 개인이 타자와 깊은 연관을 맺고서 찰나의 순간에도 서로 영향을 미치고 의지하며 서로 원인과 결과를 주고받고 의존하며 만들어주는 '상호의존적 생성자interdependent becoming'의 관계망 속에서 나 자신이나 우리와 코드, 언어게임, 이해관계, 사상, 이데올로기, 종교, 피부색, 문화가 다른 타자의 고통에 함께 아파하거나 그의 의견이나 주장, 감정에 자신도 그렇다고 느끼는 감정이나 기분"을 뜻한다. 공감한다는 것은 타인의 삶과 마음을 내 것처럼 이해하고 인정하고 수용하는 것이다. 공감이란 타인의 아픔과 고통, 더 나아가 그의 기억의 주름들과 그 주름에 새겨진 흔적과 상처를 이해하고 내 것으로 끌어안는 것이다. 공감이란 타인이 나만큼이나 미숙하고 불완전하며, 부조리한 세계의 횡포로 비극을 겪고 있음을 이해하고 함께 아파하는 것이다. 그 아픔 속에서 유한하고 무상한 인간의 본질, 세계의 부조리, 세계와 자아의 관계를 성찰하기에 지극히 실존적인 행위이다. 너와 내가 모두 무상無常하다는 자각에서 오는 슬픔으로 그의 상처를 치유하고 함께 변하지 않는 것[常]을 추구하며 자신을 완성하는 자유 행위이다. 우리는 타자로 말미암아 나를 깨닫고, 타자를 책임지며 윤리를 실천하고, 타자를 통하여 진정한 자기실현을 하며 자유를 완성하고 무한으로 초월한다.

눈부처처럼, 우리가 타자로 설정한 자에게 내가 담겨 있으며, 내 안에 타자가 담겨 있다. 찰나의 순간에도 나와 타자는 서로 조건이 되고 상호작용을 하면서 동시에 일어나고 동시에 서로에 스며들고 동시에 서로를 포섭하고 차별이 없이 서로 하나가 된다. 이 구조 속에서 타인이 아프면 내가 아프고, 타자가 고통 속에 있으면 나 또한 괴롭다. 이 고통을 없애고 내가 자유롭게 되는 방법은 하나이다. 동일성의 패러다임을 가지고 자성自性을 내세우고 타자를 설정하는 모든 논리를 혁파하며, 눈부처 주체로서 연기를 깨달아 타자로 간주한 모든 이가 바로 나와 깊은 연관을 갖는 또 다른 나임을 인식하고 욕망을 자발적으로 절제하고 상생을 도모하고 동체대비의 자비행을 실천하는 일이다. 공포에 맞서고 유혹에도 흔들리지 않으며 진정으로 소외를 극복하려면, 대중은 눈부처 주체로 거듭나야 한다. 눈부처 주체는 동일성의 사유를 뛰어넘어 타자 속에서 불성佛性을 발견하여 그를 부처로 만들고, 그를 자유롭게 하여 자신의 자유를 완성하는 자이다.

이를 교육의 장에서 구체화한 것이 공감·협력 교육이다. 제1권 2부 2장 "인공지능의 쟁점1: 인간 본성의 프로그래밍"에서 상세히 기술하였듯, 메리 고든은 원아들이 갓난아이들의 아픔을 공유하면서 공감력이 증대하였으며, 이에 따라 공격성향이 88%나 줄어들었다고 발표했다. 약자의 아픔에 대한 공감이 용기를 야기하기도 했다.

협력collaboration이란 한 개인이 타자와 경쟁하여 승리하기보다 서로 도와 공동의 이익과 발전을 도모하는 것이자, 덜 인지하고 있는 자와 더 인지하고 있는 자 사이에서 부단한 상호작용을 통하여 서로 발달을 돕는 것을 의미한다. 공감과 협력은 이타성alterity을 바탕으로 하는데, 에드워드 윌슨Edward Wilson은 이타주의altruism를 "타인을 향한 비합리적이고 일방적인 맹목적hardcore 이타주의와 사회가 자기 자신이나 자신의 가장 가까운 친척들에게 보답해주기를 바라는 목적적softcore 이타주의"[13]로 나눈다. 피터 싱어Peter Singer는 혈연적 이타성, 호혜적 이타성, 집단적 이타성, 윤리적 이타성으로 나누고, 이 가운데 윤리적 이타성을 가장 상위의 이타성으로 규정하면서 "이성은 맹목적인 진화에 도전하면서 그 목표를 공평무사한 관점을 증진시키는 것, 다

---

13 에드워드 윌슨, 『인간 본성에 대하여』, 이한음 역, 사이언스북스, 2014, 192~193쪽.

시 말해 공평하게 고려하여 모두의 이익을 증진시키는 것으로 삼아야 한다."[14]라고 말한다.

윌슨은 생물학적 관점으로 인간을 규정하고 있다. 싱어는 실체론에서 벗어나지 못하였을 뿐만 아니라 이익과 손해라는 면에서 규정하고 있다. 필자는 이타주의를 '인간이 나와 타인 사이의 연기적 관계를 인식하거나 타자의 아픔에 공감하거나 진리, 자유, 정의, 무한 등 더 큰 의미를 추구하면서 타인을 이롭게 하려는 목적으로 욕망을 자발적으로 절제하거나 추상적/구체적 이익이나 몸과 마음, 유전적 적응도를 희생하는 것'으로 정의한다.

공감·협력 교육이란 '덜 인지하고 있는 자와 더 인지하고 있는 자 사이에서 부단한 상호작용, 수행, 체험, 소통, 타인의 삶, 의미의 창조와 실천 등을 통하여 삶의 의미를 구성하고 이타성을 증대하면서 서로 발달을 촉진하고, 타자를 배려하고 소통하면서 타자의 희노애락을 함께 느끼며, 이를 바탕으로 한 개인이 타자와 경쟁하기보다 서로 도와 공동의 이익과 발전을 도모하도록 이끄는 것'을 뜻한다.

다음으로는 예술 텍스트를 이성의 차원만이 아니라 감성의 차원에서 느끼는 것이다. 내용과 메시지가 아니라 형식, 기법, 장치, 스타일이 가슴속 미적 감수성의 현을 당기는 대로 느끼고, 문학과 예술 텍스트 가운데 감각적 묘사, 인물의 즐거움이나 슬픔에 대한 묘사, 희로애락에 대한 표현을 보며 스스로 느끼고 토론하며 그 정서를 공유한다. 시를 그림으로 표현하고 그림을 시로 그린다. 음악을 들으며 그것을 그림으로 그리고 그 반대로도 해본다.

---

14 피터 싱어, 『사회생물학과 윤리』, 김성한 역, 연암서가, 2014, 280쪽.

무엇보다 좋은 교육은 현장으로 가서 직접 공감하는 것이다. 광화문 세월호 광장이나 단원고의 분향소, 수해나 가뭄 피해 현장, 지진 등 참사 현장으로 가서 살아남은 자들과 함께 밤을 새우고 대화를 하고 관련된 일도 하며 말로 표현할 수 없을 정도로 지극한 고통의 한 자락에라도 다가가도록 노력한다. 환경파괴로 동물들이 떼로 죽은 현장에 가서 성찰하고 기도하기, 생명살림 체험도 공감 능력을 고양한다.

협력으로는 먼저 취미나 호기심에 따라 다양한 또래집단을 만들어 스스로 사회의 원리와 사회성을 터득한다. 이 과정에서 인류의 역사와 진화, 세계사, 사회학, 경제학, 인간의 본성, 심리학과 정신분석학, 몸의 역사, 공동체의 원리와 역사, 윤리 등에 대해 서로 대화하며 배운다.

협력을 도모하는 학습으로 전통놀이와 전통예술을 실제로 체험하는 것도 좋은 방안이다. 비석치기, 오징어가위생 등 전통놀이는 공동체적 가치와 협력적 유대와 실천을 바탕으로 하기에 이들 놀이나 예술을 실제로 참여하여 공연하면 저절로 타인과 협력하는 것을 몸으로 받아들이게 된다. 연대에 초점을 맞출 경우 서양의 스포츠도 달라진다. 선교사들이 원주민에게 축구를 가르쳤더니 그들은 비길 때까지 했다고 한다. 골을 넣고 이기는 것보다 패스와 어시스트, 협력 수비를 하며 협동하는 것을 더 중시하고, 경쟁과 승리에서 연대와 협력으로 목표를 전환하면 체육활동 또한 그 목표대로 지덕체智德體를 겸비한 인간으로 양육하는 장이 될 것이다.

협력을 위하여 가장 좋은 교육은 공동노동이다. 텃밭 가꾸기, 자기 책꽂이 등 가구 만들기, 집짓기, 공동으로 보리밭과 논 농사짓기 등을 통하여 노동이 새로운 가치를 생산하면서 자기 본성도 창조하는 진정한 자기실현이자 타자의 자유를 확대하는 정의를 구현하는 일임을 몸으로 느끼고, 노동론, 노동의 역사, 노동과 소외에 대한 지혜에 대해 서로 대화하며 배운다. 마찬가지로, 공동육아, 공동요리와 식사도 공동체의 협력과 유대를 강화하는 좋은 대안이다.

공감의 뿌리 교육에서 확인한 것처럼, 인간은 공감을 통해 다른 사람을 자신 안에서 비추어보고, 그의 의도와 느낌을 감지할 수 있다. 사회적으로 공명을 할 때 고통을 이기는 물질이 분비된다는 것은 공감의 대가로 고통을 해소하는 보상 체계가 이미 오래전에 인간의 몸이 되었음을 뜻한다. 그러니 요아힘 바우어Joachim Bauer가 말한 대로, "삶의 비밀이란 생존이 아니라 거울 공명하는 타인을 만나는 것"[15]이다.

공감은 거울신경체계가 뇌 속에서 활성화하면서 발생한다. 그를 바탕으로 전두엽과 대뇌피질이 이성적으로 사고하고, 이를 모아 한 인간이 자기 앞의 세계를 올바로 해석하고 더 인간적이고 거룩한 의미를 지향하며 결단할 때 실천으로 나타난다. 죽고 사라져가는 생명들의 아픔에 공감할 때 내 몸 안에 자리하던 불성佛性이 드러나기 시작한다. 한 사람, 한 사람의 공감을 바탕으로 연대를 맺고 실천하는 그 자리에 바로 예수님과 부처님, 무함마드가 계신다.

▌생명공학에 대한 대안으로서 생명 교육

생명공학에 대한 대안으로 생명교육은 공진화한 생명의 진화와

---

15 요아힘 바우어, 『공감의 심리학』, 이미옥 역, 에코라이브, 2006, 190쪽.

생명들이 어울려 사는 생태계에 대한 교육을 한다. 생명성에 대한 체험 교육으로 숲속 생명체 흉내 내기를 한다. 숲을 체험하고 난 후, 숲을 닮기, 야생화 표현하기, 새소리, 바람 소리, 물소리, 산 짐승 울음소리 흉내 내기 등을 하라고 하면, 학생들은 숲에서 자연의 생명이 잠자는 영혼과 감각을 깨우는 소리를 듣는다.

다음으로 생명을 살로 느끼고 생명살림을 체험한다. 아기나 뭇생명의 탄생을 지켜보고, 병아리와 같은 작은 생명들의 심장이 뛰는 소리를 귀로 듣고 따스한 온기를 손과 볼로 느껴본다. 연어가 여울을 헤치고 올라와 알을 낳고 모든 기력이 다하여 죽는 모습을 목격하고, 실제 생명들을 키워보고, 강가와 바닷가, 숲속을 거닐며 무수한 생명을 만나 대화한다. 이러는 가운데 자연스레 생명의 탄생, 원리, 진화, 윤리에 대해 서로 대화하며 배운다. 아울러, 생명공학과 생명정치bio-politics에 대한 비판적 교육, 생명에 대한 윤리 교육도 수행한다.[16]

재현의 위기에 대한 실상의 파악 교육

AR/VR에 따른 원격현존, 가상과 실상의 공존, 혼돈, 재현의 위기에 대해 가상과 실제 현실, 가상과 실상을 구분하는 여실지견如實知見의 능력을 기르고, 가상과 실제 현실의 공존을 모색하는 매트릭스적 실존에 대한 인식도 키운다. 무엇보다 현실을 조작하는 권력과 자본에 대해 올바르게 비판을 할 수 있는 비판력을 기른다.

---

16 1)과 2)는 이도흠, 「공감하고 협력하는 시민을 어떻게 키워낼 수 있을까?」, 전국국어교사모임·시민행성, 『교사인문학』, 세종서적, 2016, 145~151쪽 요약함.

사물인터넷과 초연결사회의 대안으로서 미래 교육

소유권보다 접근권을 중시하는 디지털 세대를 위한 교육을 한다. 3D/4D프린터를 능숙하게 구사하는 훈련을 하고 공유경제의 실상과 미래에 대해 서로 이야기하며 배운다. 무엇보다도 죽은 사물이 아니라 스스로 의미를 가지고 소통하는 초연결사회의 사물에 대해 새롭게 인식하는 능력을 키운다.

디지털 리터러시

제2권 1부 1장 "디지털 사회와 빅데이터"에서 말한 대로, 디지털 환경은 리터러시에 해방과 억압을 동시에 가져다주고 있다. 모든 사람들이 소셜미디어와 초연결을 이용하여 다양한 글쓰기와 읽기, 무한한 하이퍼텍스트를 생산하고 새로운 문해력을 끌어내고 여성적 글쓰기를 하고 계산되지 않는 증여를 하는 면에서는 해방이다. 하지만 이미지로 느끼고 100여 자를 넘으면 읽지 않는 관습으로 인하여 문자에서 비롯된 개념적 사유를 하지 않고 성찰력이 부족하기 때문에 가짜뉴스에 휘둘리고 권력에 조작당한다는 면에서는 억압이다.

디지털 리터러시로 필요한 것은 무엇인가. 화쟁기호학을 활용한 방안을 펼치겠다. 어떤 책이든, 글이든, 텍스트는 '풀어냄, 드러냄, 아우름, 뒤집어 읽기와 쓰기'의 네 과정을 거치는 것이다.

풀어냄은 그 텍스트를 읽고 어려운 글월에 대해서 '해석학적 순환'을 되풀이하며 이해하는 것이다. 자신이 가지고 있었던 지식과 지혜를 바탕으로 텍스트를 해석하고, 이것과 갈등이나 괴리를 일으켜 이해가 잘 되지 않는 대목을 만나면 나의 세계와 텍스트의 세계 사이에 대화를 한다. 텍스트의 세계로 들어가서 저자의 의도와 사상, 글의 전체 문맥을 바탕으로, 부분 읽기를 하는 것이 모아지며 전체를 이해하고 전체를 통해 부분을 다시 이해한다. 부분과 사례, 사실, 사건을 이해하여 축적하면 양의 변화가 질의 변화를 촉진하여 그것들을 아우르는 새로운 지평이 열린다. 그 지평으로 다시 부분과 사례, 사실, 사건을 분석한다. 그리하여 나의 이해에서 잘못된 부분을 수정하고 텍스트의 세계에서 이해한 진리를 수용한다. 그 반대의 경우도 가능하다.

'드러냄'은 내적 구조를 분석하며 심층구조가 갖는 의미를 추출하는 것이다. 〈제망매가〉를 예로 들어보자.

죽사릿 길은
예 있으매 머뭇거리고
나는 갑니다 말도
못 이르고 가나닛고.

어느 가을 이른 바람에
이에 저에 떨어질 잎처럼
한 가지에 나고
가는 곳 모르온져.

아, 아! 미타찰에서 만나리니
내 도 닦아 기다리고다.

이 노래는 신라 경덕왕대의 월명사가 갑자기 죽은 누이의 49재를 지내면서 부른 노래이다. 49재는 사람이 죽은 뒤 중유中有에서 떠돌며 심판을 기다리므로 경문을 읽고 공양을 하면서 죽은 이의 선업善業을 고하여 명복을 빌며 좋은 곳에 태어나도록 기원하는 의식이다. 이 중유에서 떠도는 것을 두고, 영혼이 혼동하는 정도가 크므로 불교에서는 다시 생사를 반복한다고 표현한다. 그렇다면 '죽고 사는 길'은 누이가 중유에서 태어나고 죽는 길이며 '예'는 월명사가 49재를 올리는 시공간을 말한다. 또 이 진술은 동시에 그의 누이가 중유에서 떠돌고 있음을 의미한다. 이처럼 '죽고 사는 길'과 '예'를 해석하고 나면 작품의 시공간과 관련 서사의 죽은 누이를 위하여 재를 지냈다는 시공간은 일치한다. 곧 '죽고 사는 길'은 임종 순간에 살고 죽는 길이 아니라 중유에서 태어나고 죽는 길이다.

이렇게 할 경우 뒤의 '머뭇거리고'의 진술 또한 쉽게 풀린다. 이는 49재의 관습대로 하면 누이가 중유에서 떠돌며 아직 인연이 있는 곳을 구하지 못하고 있는 현실을 그대로 묘사한 것이다. 그렇다면 살아남은 자가 할 일은 그의 복을 빌고 선을 고하여 극락으로 가도록 하는 것이다. 누이가 중유에서의 방황을 멈추고 좋은 곳에 태어나라고 재를 올리고 있는 월명사로선 당연한 진술이다. 또 이승과 저승의 중간에서 머뭇거림은 아직 이승에 대한 미련이 많아서이다. 이는 실제 누이가 그러는 것이 아니라 월명이 그렇게 생각하는 것이다. 여기에는 누이의 사별을 안타까워하는 월명의 마음이 담겨있다.

『삼국유사』에 보면 갑자기 바람이 불어 지전을 서쪽으로 날렸다고 한다. 당시의 장례의식과 문화코드를 감안하면, 누이가 월명사의 재齋로 중유에서의 방황을 멈추고 서방정토로 왕생했음을 의미한다. 한

불자로서는 누이가 불자의 궁극목표인 서방정토로 왕생하였음을 의미한다. 그러나 평범한 인간으로서 볼 때 누이와 완전히 결별하였음을 뜻한다. 아무리 신앙심이 깊은 월명사라 하더라도 저승에서의 극락왕생이 이승에서의 만남만 못한 것이다. "나는 갑니다 말도/못 이르고 가나닛고."란 누이의 죽음이 갑자기 예상도, 마음의 준비도 하지 못한 순간에 닥친 것임을 나타낸다.

이 슬픔은 나뭇잎의 비유를 통하여 삶과 죽음의 문제로 눈을 돌리게 된다. 한 가지, 곧 한 부모에서 났는데 어떤 잎이 먼저 떨어지듯 누이가 먼저 죽음을 맞았다. 푸르던 잎이 낙엽이 되어 사라지는 것처럼, 활력이 넘치게 활동을 하던 사람이 죽는 것처럼 모든 것은 무상하다. 영원한 것은 없다. 시한부 선고를 맞은 사람이 처음에는 부정하다가 나중에는 사랑하는 사람에게 무엇인가 베풀고 가려고 애쓰는 데서 잘 나타나듯, 인간은 죽음이라는 단절이 있기에 유한성을 절감하며, 이는 '어떻게 살 것인가'라는 실존적 성찰로 이어진다.

여기서 월명사는 비속한 세계에서 거룩한 세계로 영원한 삶을 지향하여 죽음의 불안에서 벗어나고 누이의 사별로 인한 삶의 부조리를 극복한다. 미타찰은 아미타불이 관장하는 극락정토를 뜻한다. 미타찰, 서방정토, 미타정토 모두 같은 말이다. 미타정토의 왕생을 통하여 누이는 다시 살고, 나 또한 그리로 가 누이를 만날 수 있는 것이다. 미타정토를 통하여 사별로 빚어진 세계의 분열은 조화로 통하고 삶은 다시 평형에 이른다.

이렇게 표면적으로 읽으면, '누이의 사별에서 오는 한과 미타정토에서의 다시 만남에 대한 기대', '누이의 사별을 계기로 무상無常에 대한 통렬한 인식과 이를 극락정토의 왕생을 통해 영원한 삶으로 승화함', '미타정토에서의 왕생으로 삶과 죽음, 만남과 이별 등 세계와의 대립을 화해함' 등등으로 해석할 수 있다. 하지만, 내적 구조를 분석하면 이 노래는 다른 의미를 드러낸다.

분절층위/항	부정항	매개항	긍정항
일상적 공간	저승	중유中有	이승
관념적 공간	이승(고통의 바다)	도道	서방정토(해탈)
시간	죽음	길	삶
주체의 행위	가다, 헤어지다	길	오다, 만나다
시적 대상의 현상	떨어지다(낙엽)	계절	낳다(새싹)

의미를 분절했을 때 간과할 수 없는 것은 이 노래가 삼원구조三元構造로 구성되어 있다는 점이다. 일상적 공간으로 분절하면 부정항은 누이가 죽어서 가고 월명사는 갈 수 없어 이별의 고통을 낳는 저승이요, 긍정항은 누이와 내가 행복을 누리고 사는 이승이다. 양자를 매개하는 것은 이승과 저승의 사이에 존재하는 중유中有이다. 불교적 관념의 세계에서 만든 관념적 공간으로 분절하면 고통의 바다인 이승이 부정항이요, 누이가 이런 고통을 끊고 해탈을 이룬 서방정토가 긍정항이다. 이때 인간을 서방정토로 이끄는 것은 도道이니 매개항은 도道이다. 이렇듯 일상적 공간과 관념적 공간은 서로 대립한다.

가고 헤어지는 월명사나 누이의 행위가 부정항이라면, 오고 만나는 것은 긍정항이며, 양자는 길을 통하여 이루어지니 매개항은 길이다.

비유로 사용한 나뭇잎의 경우 낙엽이 되어 떨어져 죽는 것이 부정항이라면, 봄이 되어 다시 싹을 틔우는 것이 긍정항이며, 이렇게 하도록 다리를 놓는 것은 계절의 순환이다.

삶과 죽음, 가고 옴, 만남과 이별, 이승과 저승, 이승과 서방정토 사이에 길과 도와 계절, 중유가 있어 이어주듯, 이 노래는 삶이란 단절이 아니며 순환이며, 양자가 불일불이不一不二의 대대待對의 관계임을 드러낸다.

이렇게 하여 〈제망매가〉에 대해 새롭게 해석하게 된다. 만남과 이별, 삶과 죽음은 둘인 동시에 하나이다. 만남이 있기에 이별이 존재한다. 그러나 언제인가 이별할 것을 알기에 사람들은 마지막처럼 상대방을 아껴주며 사랑을 불태운다. 처절하게 사랑하지 않는 자에게 이별은 없으며 이별을 전제하지 않는 사랑은 모든 것을 던지지 않는다. 이승이 있어 저승이 있고 저승이 있어서 이승이 있다. 삶이 있어 삶의 끝인 죽음이 있고, 죽음이 있기에 사람들은 언제인가 죽는다는 유한성을 인식하고 하루하루를 의미로 채우려 한다. 죽음이 없다면 이승은 아수라장으로 변했을 것이며, 삶이 없다면 저승은 아무 의미도 빛도 없이 싸늘한 어둠세계였을 것이다. 그리고 낙엽이 떨어진 자리에 봄이 오면 싹이 돋고 꽃이 피듯 삼라만상은 순환한다. 낙엽이 떨어졌다고 하여 그 나무가 아주 끝났다든가, 죽었다고 할 수 없는 것처럼 인간의 육체가 소진했다고 죽었다고 할 수 없는 것이며 이별이라고는 더욱 말할 수 없는 것이다.

'아우름'은 텍스트의 맥락과 자신의 삶의 맥락을 화쟁하는 것이다. 앞에서 말한 대로, 텍스트의 의미는 맥락에 따라 전이한다. 맥락이 없는 문학 교육은 문학에서 삶과 현실의 구체성, 그에 깃든 정치성을 소거한다. 문학 텍스트의 해석, 감상, 비평이 맥락을 무시한 채 이루어질 때 그것은 학생들의 삶이나 현실과 무관한 의미들의 나열로 그친다. 맥락을 제거한 읽기는 인간, 삶, 자신이 놓인 현실에 대한 통찰의 기회 또한 앗아간다.

예를 들어, 먼저 〈제망매가〉를 월명사와 신라인의 맥락에서 해석한다. 〈제망매가〉를 가르칠 때 학생들에게 유서를 써오라는 과제를 낸다. 유서를 읽으며 조금이라도 죽음의 의미에 다가간 뒤에 신라 사회의 맥락에서 죽음, 실존, 무한의 의미를 해석하고, 이를 학생들이 발을 디디고 있는 오늘의 현실 맥락에서 다시 그 의미들을 비교하고, 종합하도록 안내한다. 그러면 학생들은 〈제망매가〉를 '구체적으로' 읽을 뿐만 아니라 자신의 삶의 맥락에서 읽으며 새로운 지평과 세계를 구성한다. 톨스토이의 『부활』이나 공자의 『논어』, 붓다의 『화엄경』, 하이데거의 『존재와 시간』 등을 열 번 읽고 완전히 이해했다 하더라도 자기 삶의 맥락에서 읽기가 행해지지 않으면, 이에서 이해한 것들은 박제화한 지식들로 떠돌 뿐이다. 고전을 열심히 읽은 지식인이나 정치인이 그 후에도 말이나 행동에 변화가 없는 것은 이런 교육방식도 일부 작용했다. 아우름의 읽기가 없는 감상과 이해는 아무리 심오한 의미를 깨달았다 하더라도 기계적 읽기에 머문다.

'뒤집어 읽기와 쓰기'는 텍스트를 비판적으로, 전복적으로 읽고 다시 쓰면서 세계를 새롭게 구성하는 것이다. 가장 적극적인 독자는 텍스트를 다시 쓰면서 세계를 새롭게 구성하는 자이다. 텍스트는 드러내는 만큼 의미를 감춘다. 언어도 그렇지만 텍스트는 억압하는 습성을 가진다. 롤랑 바르트Roland Barthes는 『신화론』에서 "신화는 사물을 부정하지 않는다. 반면에 신화는 사물에 대해 말하는 기능을 수행한다. 신화는 사물을 정화시켜 순결하게 만들고, 설명이 아니라 사실

진술의 명학성과 자연적이고 영원한 정당화justification를 부여한다."[17] 라고 말했다. 아무리 새롭고 혁신적인 의미로 가득한 텍스트라 하더라도 대중과 사회의 흐름을 따라갈 수 없기에 그것은 낡은 의미나 이데올로기로 전락할 수 있다. 또, 텍스트는 사회적 맥락 속에서 수신자를 향하면서 담론으로 변하고 담론 자체가 이데올로기적 과정이기에 이를 품게 된다. 그러기에 텍스트의 분석은 신화와 이데올로기를 해체하는 작업을 동반해야 하며, 가장 적극적인 읽기는 해체하는 것에서 더 나아가 대항신화와 이데올로기를 만들어 텍스트를 다시 쓰며 새로운 세계를 구성하는 것이다. 때문에 진정으로 자유롭고자 하는 이들은 텍스트를 해체하고 뒤집는다. 그 작업을 통하여 그 속에 숨어 있는 이데올로기와 신화를 낱낱이 파헤치고 텍스트를 다시 쓴다. 텍스트를 다시 쓴다는 것은 세계를 다시 구성함을 의미한다.

우선 가치에 따라 다양하게 읽는다. 텍스트를 읽는 주체들은 세계관과 주어진 문화체계 안에서 약호code를 해독하여 의미작용을 일으키는데, 주체가 자신의 취향과 입장, 이데올로기, 의식, 태도, 발신자와의 관계 등을 종합하여 어디에 더 중요한 가치를 부여하느냐에 따라 텍스트는 크게 나누어 지시적 가치, 문맥적 가치, 표현적 가치, 사회역사적 가치, 존재론적 가치를 갖는다. 예를 들어, 한 편의 시를 읽다가 '별'이란 낱말을 만났을 때, 사전의 의미대로 읽으면 지시적 가치, 문맥의 앞뒤를 살펴서 '벼랑의 준말' 등으로 읽으면 문맥의 가치, '눈물'의 은유로 읽으면 표현적 가치, '조국의 독립, 혁명' 등으로 읽으면 '사회역사적 가치', '이상, 영원' 등으로 읽으면 존재론적 가치를 지

17 Roland Barthes, *Mythologies*, tr. by Annette Lavers, New York: Hill and Wang, 1972, p.143.

향하는 것이다.

다음으로 텍스트와 담론에 담긴 신화와 이데올로기를 비판하고 다시 쓰게 한다. 초등학교 3, 4학년과 〈토끼와 거북이〉 우화를 대상으로 공감과 협력 학습을 했다. 대다수가 거북이가 토끼를 깨우고 토끼는 이에 감동을 하여 같이 어깨동무를 하고 들어간 이야기로 다시 구성해 발표했다. 그전의 〈토끼와 거북이〉가 경쟁심을 부추기고 더 나아가 자본주의를 정당화하는 이데올로기를 품고 있는 담론이었다면, 후자는 이와 정반대로 그런 이데올로기를 비판하고 부정하고 또래들과 협력하고 연대하는 것이 더 나은 가치라는 담론을 형성한다. 그런 후에 필자는 아이들에게 "나라면 '토끼와 거북이는 각자 마을로 돌아가서 이적죄로 처형되었다.'라고 한 문장을 더 보탤 것이다."라고 말한다. 그러면 아이들은 그동안 이 나라가 협력하여 함께 잘살자는 논리를 얼마나 불순하게 여기고 억압하였는지에 대하여 가늠하게 된다. 〈토끼와 거북이〉를 어깨동무하고 가는 것으로 결말을 바꾸었거나 그런 이야기를 들은 어린이가 세상을 보는 눈은 상당히 다를 것이다.

대학생을 대상으로 문학 텍스트의 다시 쓰기를 해보면 우선 학생들은 재미있어 한다. 향가의 전통을 계승하여 좋은 시를 써내는 학생들이 있는가 하면 『삼국유사』 관련 설화를 오늘의 시대의식으로 재구성하는 학생들도 있다. 어떤 학생들은 서동설화를 뇌물과 정략결혼을 통해 밑바닥에서 장관이나 국회의원에 오른 이로 풍자하기도 하고, 수로부인과 노옹의 설화로 원조교제를 풍자하기도 한다. 처용설화를 일본 영화 〈우나기〉와 비슷하게 구성하는가 하면, 〈안민가〉를 통하여 독재정권을 비판하기도 한다. 이처럼 다시 쓰기는 텍스트를 단순히 변경하는 것이 아니라 텍스트의 신화에 조작되던 대상이 주체로 서서 세계를 다시 구성하는 것이다. 다시 쓰기를 할 때 그 텍스트에 담긴 지혜와 가치는 '바로 우리 머리 위에서 더 나은 세상에 이를 때까지' 맑고 환한 별로 반짝인다.[18]

이제 4차 산업혁명 시대를 맞아 문학과 예술을 비롯하여 모든 텍스트 읽기는 다시 쓰기를 포함하는 읽기여야 한다. 그럴 때 우리는 4차 산업혁명 시대를 구성하는 수많은 허위와 가짜와 가상에 맞서서 실상을 파악하고 주체로 행동할 것이다.

8. 정의의 구현

무엇을 정의라 하는가. 학자에 따라, 이념에 따라, 편차가 다양하다. 정의를 평등, 공정성, 공동체 윤리로 나누고, 각각에 대하여 서양과 불교를 종합하여 비전과 대안을 모색하겠다. 단, 공동체 윤리는 9절에서 함께 다루겠다.

모두를 위한 밥 — 여법하게 평등한 사회

불평등은 비단 빈부격차로 인한 부자와 빈자의 갈등과 대립, 투쟁으로 그치지 않는다. 불평등은 개인의 몸과 마음을 파괴하고 사람들

18 이도흠, 「공감하고 협력하는 시민을 어떻게 키워낼 수 있을까?」, 137~144쪽 ; 이도흠, 「제망매가의 화쟁기호학적 연구」, 『한양어문연구』 제11집, 한양대 한양어문연구회, 1993년 12월을 요약함.

사이의 관계를 해치고 사회불안을 증대한다.

불평등의 원인은 크게 여덟 가지다. 자본의 수익률이 경제성장률보다 늘 크기 때문이며, 권력의 비대칭, 신자유주의 체제, 기득권 동맹, 이데올로기, 기술격차, 교육격차, 제도적 모순 때문이다. 피케티Thomas Piketty가 잘 통찰한 대로, "부의 분배의 역사는 언제나 매우 정치적인 것이었으며, 순전히 경제적인 메커니즘으로 환원될 수는 없다."[19] "근본적으로 자본의 수익률이 경제성장률보다 늘 크기 때문에(r>g), 소득 수준별로 누진적인 글로벌 자본세를 획기적으로 증대하여 부과하는 등 이를 상쇄할 공공정책이나 제도를 집행하지 않는 한 불평등은 심화한다."[20] 쉽게 말하여, 노동을 해서 돈을 버는 속도(경제성장률)보다 돈이 돈을 버는 속도(자본수익률)가 더 빠르기에, 노동자가 버는 것보다 자본이 착취하는 것이 늘 더 많기에 자본이 큰 사람이 더 많은 돈을 벌 수밖에 없는 것이다.

하지만, 피케티의 분석만으로 부족하다. 이를 바탕으로 1970년대 이후 자본의 수익률을 경제성장보다 큰 폭으로 늘린 주범을 찾아야 한다. 그 주범은 바로 신자유주의 체제와 자본과 국가를 중심으로 한 지배동맹이다.

신자유주의 체제는 자본주의 체제의 야만을 제한하던 거의 모든 제도들을 규제혁파라는 이름으로 제거했다. 가난한 서민과 노동자들에 대한 수탈을 제한하고 공공성과 자연의 과도한 파괴를 막던 법

---

19 토마 피케티, 『21세기 자본』, 장경덕 외 옮김, 글항아리, 2014, 32쪽.

20 위의 책, 39~40쪽 요약함. 여기서 r은 연평균 자본수익률을 뜻하며, 자본에서 얻는 이윤, 배당금, 이자, 임대료, 기타 소득을 자본 총액에 대한 비율로 나타낸 것이다. 그리고 g는 경제성장률, 즉 소득이나 생산의 연간 증가율을 의미한다.

과 규제들이 풀리자 서민과 노동자들은 자본의 야만에 무방비 상태가 되었다. 이 체세는 노동의 유연성이라는 이름으로 대량해고를 단행하고 그 자리를 다양한 비정규직으로 채웠다. 이로 거의 절반의 노동자가 비정규직으로 전락했고, 이들은 같은 노동을 하면서도 거의 절반의 임금을 받고 있다. 이 체제는 공동체 유지를 위하여 공공영역으로 유지하던 수도, 전기, 교통, 교육, 의료 등을 해제하여 사영화했다. 가난한 서민과 노동자들은 공공의 혜택에서마저 소외되고 더 높은 비용으로 이를 이용하면서 생존위기에 놓이게 되었다.

특히, 기존의 자본주의와 다른 특성은 신자유주의 체제에서 금융자본과 산업자본의 비중이 8:2로 역전되면서 금융 부문에서 합법적 사기와 수탈이 벌어진다는 점이다. 신자유주의 체제 이후 금융자본은 다양한 방법으로 막대한 이득을 얻었다. 회사를 창설하여 창업자 이득을 얻고, 이윤을 극대화하는 방향으로 국가의 대내외 정책을 조절하고, 유리한 조건으로 채권을 인수한다. 이에서 더 나아가 이들은 다양한 금융상품을 만들고 수치를 조작하여 사기술이나 이에 가까운 방식으로 천문학적인 소득을 올렸다.

마르크스의 분석대로, 산업자본가든 대부자본가든 그들이 차지한 소득의 원천은 노동자가 생산한 잉여가치에서 비롯된 것, 곧 기업과 대부자본의 이윤은 실은 노동자가 생산한 것을 빼앗은 것이다. 하지만, 신자유주의 체제에서 착취는 생산 부문에 그치지 않는다. 자본가의 소비대출은 자본가 소득, 다시 말해 잉여가치 중 재생산에 투여되고 남은 소득이므로 잉여가치에서 보전되지만, 노동자의 소비대출은 노동자 임금에서 이자가 보전된다. 대출금으로 일반적인 상품 구매가 아닌 주식이나 펀드 같은 자산 시장에 참여하는 경우에도 투자

수익이나 손실과 무관하게 대출이자의 원천은 임금이다. 이처럼 이자의 원천이 잉여가치의 일부일 뿐만 아니라 노동자 임금의 일부이기도 하다는 것은 이자를 통한 '수탈'이 가능하다는 것을 의미한다.[21] 이 때문에 "이자는 자본의 확대재생산 과정에서 발생한 이윤(잉여가치)의 일부를 분배받는 기능을 넘어 미래 노동 소득(임금)에 대한 수탈 구조로 확장될 수 있다."[22]

2008년의 금융위기를 만든 핵심 세력은 정부나 시장이 아니라 헤지펀드와 이들과 공모한 투자은행이다. 이는 정부의 실정이나 시장의 불안정성에 의해서 구조적으로 촉발된 것만이 아니다. 일부 헤지펀드와 매니저가 투자은행과 짜고 가치가 붕괴할 수밖에 없는 금융상품을 만들어 거의 사기에 가까운 방식으로 외부 투자자들을 끌어모아 거품을 키울 수 있는 대로 키운 후 자신의 이익을 최대한으로 챙긴 후에 터뜨린 데서 금융위기가 발생했다.

"헤지펀드는 주식과 채권, 파생상품 투자를 교묘하게 혼합해 부자 투자자들의 구미에 딱 맞는 적절한 수준의 위험과 수익률과 투자 기간을 제공한다."[23] "여기에는 약간의 눈가림 장치가 존재한다. (…) 헤지펀드들은 자본을 투자한 기업의 건전성 여부에는 아무 관심이

---

21 착취(exploitation)는 자본이 노동자가 생산한 잉여가치를 생산과정에서 빼앗는 것을 의미한다. 수탈(expropriation)은 생산과정 밖의 시공간에서 노동자와 사회 전체 성원의 생활수단 및 생산수단을 빼앗는 것을 총괄하는 개념이다. 식민화, 민영화, 사유화로 물이나 전기, 교통 등 공공영역을 가로채는 행위, 금융상품이나 투기로 노동자의 소득을 가로채는 행위, 부당한 독점가격을 설정하여 노동자가 다른 생산과정에서 생산한 잉여가치를 가로채는 행위 등이 수탈이다.[곽노완, 「착취 및 수탈의 시공간과 기본소득 — 맑스의 착취 및 수탈 개념의 재구성」(『시대와 철학』 21권 3호, 2010, 149~179쪽)을 참고함.]

22 홍석만, 「소비신용과 이자 그리고 신자유주의 축적체제」, 『참세상』, 2013년 10월 20일.

23 레스 레오폴드, 『싹쓸이 경제학』, 조성숙 역, 미디어윌, 2014, 57쪽.

없다. 그들의 관심사는 그저 이용할 만한 작은 장점이라도 있는지 알아본 다음, 최대한 많은 이익을 챙겨서 재빨리 발을 빼는 것이다."[24] 자신은 거액을 챙기고 투자자를 망하게 한 후에 그들은 이 책임을 월가가 아닌 정부에 돌리며 '구제금융' 혹은 '공적자금'을 요청했다. 결국 국민의 혈세가 이들의 수중으로 들어간다. 금융자본 및 헤지펀드와 카르텔을 형성하고 있는 정부는 국민의 혈세를 혁신금융상품의 매개를 통해 헤지펀드나 금융자본가에게 바치는 전달자 구실을 하는 것이다. 이런 방식을 통해 "애팔루사 헤지펀드의 대표 데이비드 테퍼David Tepper는 2009년에 40억 달러를 벌었고,"[25] "헤지펀드 매니저인 존 폴슨John Paulson이 투자 서비스를 제공하는 대가로 시간당 버는 돈은 230만 달러가 넘는다."[26] 이처럼 신자유주의 체제에서 자본은 정규직 노동자를 비정규직으로 대체하는 것만으로 두 배의 잉여가치를 착취하면서 이윤율을 올리고, 국가의 도움을 받아 다양한 금융사기를 합법적으로 자행하며 이자의 형식으로 다시 수탈하여 자본소득을 획기적으로 증대하는 것이다.

실제로, 2018년 현재 상위 10%가 전체 소득의 48.86%를 차지하고 있다. 이는 2009년의 44.38%에서부터 꾸준히 증가한 것으로 박근혜 정권 말기인 2016년의 47.76%, 문재인 대통령이 취임한 2017년에 48.79%, 2018년에 48.86%로 가파르게 상승하고 있다.[27] 상위 10%의 배당소득과 이자소득은 각각 93.9%와 90.8%를 차지한다.[28] 실업률

---

24 같은 책, 58쪽.
25 같은 책, 41쪽.
26 같은 책, 28쪽.
27 『월간 노동리뷰』 2020년 2월호, 88쪽.
28 『한국세정신문』, 2019년 10월 4일.

은 4.2%에 달한다.[29]

김낙년 교수의 연구에 따르면, 우리나라의 경우도 고소득층일수록 지난 몇 년간 자본소득이 느는 경향을 나타낸다. "(2012년 기준으로) 상위 0.1%가 2007년에 자본소득의 57.5%를 차지하였으나 2012년에는 60.5%로 증가했다. 임금소득의 경우 같은 기간에 42.5%에서 39.5%로 줄었다. 상위 1%의 자본소득은 같은 기간에 37.3%에서 40.1%로 늘어났으며, 임금소득은 62.7%에서 59.9%로 줄었다. 상위 10%의 경우 같은 기간 임금소득이 83.1%에서 82.6%로 줄긴 했지만 그 폭이 미미했다. 무엇보다도 상위 0.1%의 자본소득 가운데 임대소득이 36.8%, 이자소득이 4.8%, 배당소득이 18.8%를 차지했다."[30]

이런 합법적 강탈이 가능한 것은 후기 자본주의, 특히 신자유주의 체제 이후 '자본-국가-보수언론-사법부-종교권력층-전문가집단과 어용지식인'으로 이루어진 기득권 동맹이 견고하게 카르텔을 형성하고 있기 때문이다. 국가는 자본의 강탈과 사기를 견제하기는 커녕 이를 방조하고 제도적으로 지원하며, 때로 자본의 편에서 노동자에게 폭력을 가한다. 조세정책은 불평등 완화와 정반대 방향으로 간다.[31]

언론은 경제성장이나 경제활성화 운운하며 자본에 유리한 프레임을 구성하면서 편파적인 보도를 하고, 종교권력층은 불평등을 교리적으로 합리화한다. 정부와 국회가 구조적 폭력, 곧 노동배제와 정리

---

29 『월간 노동리뷰』, 2020년 5월호, 93쪽.

30 Nak Nyeon Kim and Jongil Kim, "Top Incomes in Korea, 1933-2010: Evidence from Income Tax Statistics," *Hitotsubashi Journal of Economics*, Vol.56, No.1, 2015, pp.1~19. 참고함.

31 예를 들어, 이명박 정권 집권 5년간 감면된 법인세는 모두 25조 2,641억 원에 달하며, 10대 그룹 상장계열사들이 사내유보금의 형식으로 곳간에 쌓아둔 돈은 2015년에 500조 원을 돌파했다.

해고를 합리화하는 법과 제도를 제정하고, 사법부는 자본에 유리한 판결을 하며, 전문가집단과 어용지식인은 경제성장과 불평등을 심화하거나 옹호하는 담론을 구성한다. 복지를 행하기는 하지만, 자본의 수익을 어느 정도 보장하고 사회해체를 막고 국가의 정당성을 확보하는 선에 늘 머문다. 이들은 서로 이권을 주고받으면서 자신의 권력과 부, 이를 뒷받침하는 제도와 시스템을 견고히 한다.

교육격차는 학력에 따라 소득을 차등지급하는 바탕을 형성한다. 문제는 산업화 초기에는 가난한 집안의 학생이 좋은 대학에 가는 것이 가능하여 교육이 계층 사다리와 사회통합의 역할을 어느 정도 수행했지만, 신자유주의 체제와 세습자본주의 체제에서는 교육이 부의 대물림 수단으로 전락했다는 점이다. 상류층의 자녀들은 어릴 때부터 좋은 학교나 학원에서 맞춤 교육을 받고 명문대에 입학할 수 있는 경력과 스펙을 관리하는 데 절대적으로 유리하다.

신자유주의 체제에서는 국가가 자본과 실질적으로 연합관계를 형성하며, 기득권 동맹의 유착을 강화한다. 국가가 자본의 야만을 견제하기보다는 지원하고, 자본과 노동이 갈등을 빚을 때 공정한 중재자로 나서기보다 경제 발전을 운운하며 자본의 편을 들며, 성장 위주의 정책을 편성하고 규제를 완화하고 공적인 영역을 자본의 먹이로 내준다. 여기에 불평등이 심화하여 경쟁이 치열해지자 '유리창 효과'마저 작동한다. 이에 기득권 동맹은 자신만이 아니라 자식들의 자본과 권력을 유지할 수 있는 유리창을 강화하기 위하여 모든 권력과 자본, 정보를 동원하여 제도와 법을 바꾸고 안 되면 편법을 구사한다. 서민과 노동자 또한 욕망의 증식에 사로잡혀서 탐욕을 키우고 살아남기 위해 치열하게 경쟁한다.

이런 모든 것을 합리화하는 이데올로기와 담론이 작동한다. 지배층은 이기와 이타, 선과 악이 공존하는 인간의 본성을 이기적이고 경쟁적이라고 선전하며, 토끼와 거북이 우화와 같은 담론을 퍼트린다. 노벨상까지 받은 공유의 희극론은 거의 알려지지 않고 허구인 공유지의 비극론이 명약관화한 사실처럼 군림한다. 분수효과가 타당하고 이것이 경제도 성장시킬 수 있는데, 경제 성장이나 낙수효과론이 서민과 노동자의 파이도 늘릴 수 있는 것으로 착각하게 한다. 사회주의나 평등한 공동체는 현실성이 전혀 없는 이상에 불과한 것으로 치부된다. 자본에 유리한 정책들은 경제발전을 도모하는 것으로, 반대로 불리한 정책은 좌파적이거나 경제를 죽이는 것으로, 복지책 등 서민과 노동자를 위한 정책은 빨갱이적 발상이나 포퓰리즘으로, 노동자의 시위는 과격하거나 경제혼란을 야기하는 것으로 매도된다.

기득권 동맹은 계급갈등을 세대갈등으로 대체한다. "(1980년대부터 이어진 재테크 붐과 부동산 가격 급등으로 인하여 한국 사회가 세습자본주의와 렌트 자본주의rentier capitalism의 특성을 강화하고 있기에 세대 담론을 일부 인정하면서도, 이철승 등 세대 담론의 오류나 한계에 대해 비판한 바와 같이,) 불평등에 대한 세대담론은 청년층의 좌절과 절망을 껴안거나 동원하려는 열망과 민주당 집권기마다 실세로 권력을 행사하고 있는 386세대에 대한 보수적 학자나 언론의 비판이나 진보진영의 성찰이 맞물려 빚어놓은 신화다. 민주당을 포함한 기득권 동맹은 계급갈등을 지역갈등이나 세대갈등으로 대체하고 진보적인 담론들을 '용공, 빨갱이, 종북'으로 매도하여 진보운동을 무력화하며 권력, 자본, 정보를 독점하고 있다. 이런 상황에서 세대담론은, 의도하든 의도하지 않았든 계급갈등을 세대갈등으로 대체하는 '모순의 전위displacement'

를 일으켜 자본주의와 신자유주의 체제가 야기한 주요 모순인 극단적인 불평등과 계급갈등, 이를 인식하는 데서 비롯된 계급의식, 이에 기반한 노동운동과 진보운동을 거세하는 지배담론으로 기능을 한다."[32]

"기회는 평등할 것이고, 과정은 공정할 것이며 결과는 정의로울 것"이라는 문재인 대통령의 말에 국민 대다수가 가슴을 설레며 기대하였을 것이다. 하지만, 이는 대통령의 리더십과 관계없이 정치적 수사일 뿐이다. 불평등한 사회에서는 대중이 협력보다 경쟁을 선호하고 엘리트는 유리창을 강화하기에 불평등을 완화하지 않으면 이미 이루어진 개혁조차 모두 공염불이 된다.

이제 인종, 계급, 소득, 권력, 젠더에 관계없이 만민이 평등한 세상이 되도록 제도를 개혁하고 모든 갑질을 해소하되, '절대 평등'이 아니라 개성과 차이를 인정하고 배려하는 '차이의 평등'을 추구하는 것이 필요하다.

4차 산업혁명을 추진하면서 신자유주의 체제의 해체도 같이 이루어져야 한다. 이를 위해서는 첫째로 비정규직을 정규직으로 전환하는 작업을 단계적으로 해야 한다. 이를 비현실적이라 생각하는데, "2011년 조사의 경우 30대 기업에서 모든 비정규직을 정규직으로 전환하는 데 드는 비용은 당기순이익 49조 7,000억 원의 1.5%인 7,900억 원에 지나지 않았다."[33] 기존에 인간의 노동시간을 줄이면 이윤이 줄어들기에 자본이 반대했다. 하지만, 인공지능 시대에서는 노동시

32 이도흠, 「불평등에 대한 계급/세대갈등의 교차와 전위」, 『불교평론』 83호, 2020년 9월 1일, 68~69쪽.

33 『시사저널』, 2012년 10월 31일.

간을 줄이는 만큼 인공지능과 로봇이 이를 충당하게 할 수 있다. 인간의 노동시간을 절반가량 줄여서 모든 비정규직을 정규직으로 전환하고 인간과 로봇의 협업체제를 확보하는 것이 필요하다.

의료, 교통, 교육, 주택은 점진적으로 공공화/무상화한다. 이를 위한 전제는 공유부共有富, common wealth와 조세개혁이다. 토지, 대기, 물, 로봇, 데이터는 공유부로 설정하고 그 혜택을 모두가 누려야 한다. 소득세와 법인세율을 OECD 평균 이상으로 인상하고, 부동산과 금융소득 등 불로소득은 중과세하며, 사회복지세를 도입하고 사유재산은 최소한으로 인정하되 이의 상속은 불허한다. 보편복지를 점차적으로 모든 부문에 확대하며, 로봇에 한정하여 세원을 확보한 기본소득과 기본자산을 실시한다.

다음으로 정의의 원칙에 따라 교육 개혁을 단행한다. "어떤 교육개혁도 대학서열을 해체하고 입시를 철폐하지 않는 한 미봉책에 지나지 않으며 금수저들의 대물림을 양산한다. 특성화와 재정지원, 지역의 문화와 산업을 연계하면 불가능한 꿈이 아니다. 국립대학을 네트워크화하는 것과 함께 지역의 문화와 산업과 연계하여 특성화하고 재정지원을 하면 된다. 예를 들어, 경북대 섬유산업학부를 경북 지역의 다른 대학 섬유산업부의 교수와 학생과 하나로 네트워크하고 1년에 1,000억 원 정도씩 재정지원을 하며, 이를 졸업한 이들이 대구 지역의 섬유 관련 산업체에 취업하는 시스템을 만든다. 1970년대까지 홍대 미대, 건국대 축산학과 등은 서울대보다 낫다고 자부하였으며, 지방의 국립대 또한 연고대 수준은 되었다. 세계 100대 대학의 서열과 재정은 비례한다. 재정은 별도의 세금을 들일 필요가 없다. 이명박 정권에서 행하였던 부자 감세를 원래대로 되돌리면 20조의 재정이 확보된다."[34]

신자유주의 체제와 세계화로 기술격차가 벌어졌지만, 앞으로 4차 산업혁명을 맞아 '숙련 편향적 기술 변화skill-biased technical change'가 나타날 것이다. 즉, 디지털시대의 하이테크놀로지는 노동의 자리를 컴퓨터, 로봇, 사물인터넷, 3D프린터 등으로 대체하여 자동화하고 숙련된 사람들에게만 편향적으로 부를 안겨줄 수 있다. 4차 산업혁명 시대에는 기술격차가 더욱 크게 벌어질 것이다. 생명공학, 로봇공학, 컴퓨터공학, 뇌과학, 신경과학, 양자역학, 빅데이터 등 4차 산업혁명을 선도하는 과학기술을 구사할 수 있는 박사급의 전문가와 이들을 보조하는 요원들이 고임금을 받고 나머지는 저임금에서 벗어나지 못할 것이다. 이에 노동자의 기술격차를 줄일 수 있도록 교육을 개편함과 아울러 국가가 무료로 원하는 노동자들에게 숙련기술을 교육시키는 센터를 지역 단위로 설치하고 운영해야 한다.

종업원 지주제, 노동이사제, 노동자 자주관리제를 전면적으로 확대하여 기업을 사회적 협동조합형으로 전환한다. 스페인의 몬드라곤과 수도원 공동체, 불교의 승가僧伽를 결합하여 노동자가 주체가 되어 각자가 개인의 수행을 하면서 숙의민주제와 직접 민주제를 결합한 방식으로 협의하는 노동자 자치의 협치協治 체제를 확립한다. 국가는 이런 기업과 협동조합에 세제 혜택, 공적 지원 등을 한다.

---

34 지금까지 개혁에 대한 상세한 서술은 이도흠, 「조국 사태 이후 시민사회, 민중운동의 방향과 전략」, 『촛불 3년 제단체 토론회』 검찰개혁·정치개혁·언론개혁 등과 사회불평등 해소 공동대응 논의를 위한 제단체. 2019년 10월 25일. 3~10쪽.; 이도흠, 「입시 철폐와 대학평준화의 방안 — 박근혜 정권의 교육 정책 비판 및 근본적 대안 제시」, 민주화를위한전국교수협의회 편, 『입시·사교육 없는 대학체제』, 한울, 2015, 161~195쪽을 참고하기 바람.

여법하게 공정한 사회

아리스토텔레스는 "공정성은 옳고 한 종류의 정의보다는 우월하지만, 절대 정의보다 더 우월한 것은 아니며 단지 보편화로 인한 오류보다 더 우월할 뿐이다. 그리고 법의 보편성 때문에 법에 결함이 있는 곳에서 교정하는 것, 바로 이것이 공정성의 본성이다."[35]라고 공정성과 정의의 관계에 대해 피력했다.

공정성에 대해서는 존 롤스John Rawls의 '무지의 베일the veil of ignorance'과 원초적 입장the original position이 가장 적절한 대안으로 제시되고 있다. 롤스는 인간이 이성을 가진 존재인 동시에 이타심과 이기심, 선과 악을 겸비한 존재로 본다. 그러기에 개인들은 눈앞의 이익에 급급한 이들만도 아니고 무한히 이타적인 이들도 아니다. 그들은 자신의 행복과 미래를 위하여 필요한 것을 챙기며 이해타산적인 처신을 하는 자인 동시에 타인을 어느 정도 배려할 줄 아는 선한 이다. "원초적 입장에서 합의에 참가하는 구성원들은 자신들에게 유리하거나 불리하게 작용할 수 있는 모든 우연적 사실들에 대한 인식으로부터 철저히 차단되어야 한다. 이러한 차단을 통해서만 공정한 합의의 절차가 가능하기 때문이다. 이때의 무지의 베일은 구성원들에게 모든 가능한 지식을 차단하는 기제이다. 이는 원초적 입장을 조성하여 공정한 절차를 가동하기 위함이다."[36]

무지의 베일은 사회계약에 참여한 구성원들 사이의 상호무관심이

---

35 아리스토텔레스, 『니코마코스윤리학』, 천병희 역, 도서출판 숲, 2013, 213쪽.

36 존 롤스, 『정의론』, 황경식 역, 이학사, 2003, 195~202쪽 요약함.

나 무지를 뜻하는 것이다. 원초적 입장이란 사회계약을 하는 상황에만 한정한 것으로, 이때 계약을 체결한 이후에 이 계약에 참여한 사람들이 그 계약으로 인하여 어떤 사회적이고 신분적인 변화를 겪게 될지에 대해 모름을 뜻한다. 이러한 상황에서는 특정 개인들이 누릴 수 있는 혜택과 주관적으로 자신들만이 가진 기호에 따라 편파적으로 선택한 원칙들을 배제할 수 있다. 이로 이기심과 이타심을 모두 갖고 있지만 합리적 인간들이 정의의 원리에 따라 계약을 하면 최소 수혜자에게 최대의 혜택이 돌아간다는 것이다. 이를 바탕으로 롤스는 제1원칙과 제2원칙을 제시한다.

제1원칙(평등한 자유의 원칙): 정치적 영역에서 각 개인은 다른 모든 개인들이 함께 누리는 것이 가능한 한도 내에서, 완전히 적절한 평등한 기본적 자유의 체제에 대해 평등한 권리를 갖는다.

제2원칙(민주주의적 평등원칙): 사회적, 경제적 불평등은 다음의 두 조건을 만족시켜야 한다. (a)(공정한 기회 균등의 원칙) 사회적, 경제적 불평등은 공정한 기회 균등의 조건 아래 모든 사람들에게 개방된 직책과 직위에 결부되어야 한다. (b)(차등의 원칙) 사회적, 경제적 불평등은 사회의 최소 수혜자에게 최대의 이익이 되어야 한다.

우선성의 규칙: 제1원칙이 제2원칙에 우선하고, 제2원칙 중에는 (a) 공정한 기회 균등의 원칙이 (b) 차등의 원칙에 우선한다.[37]

제1원칙은 평등한 자유equal liberties의 원칙이다. 모든 개인은 사상

37 위의 책, 105~111쪽, 212~224쪽, 400~401쪽 참고함.

과 표현, 집회, 선거에서 신분이나 부와 권력의 크기에 관계없이, 아니 이를 모르는 채 평등하게 자유를 가져야 한다. 제2원칙의 a)는 공정한 기회 균등의 원칙으로 사람들은 누구나 그들이 태어난 사회적 지위나 현재의 직위와 무관하게 공정한 기회를 균등하게 보장받아야 한다는 것이다. 제2원칙의 b)는 차등의 원칙으로 최소 수혜least advantaged 시민들에게 최대의 이익을 가져다주자는 것이다.

롤스의 이론은 기존의 정의론에서 진일보하였을 뿐만 아니라 합리적이고 체계적이다. 그럼에도 한계는 있다. 무엇보다도 무지의 베일이라는 전제 자체가 실제 현실에서는 존재하기 어려우며, 개인이든 사회든 다양한 정치적, 사회적, 문화적 맥락에 있기에 보편의 정의란 존재하기 어렵다. 가장 취약한 부분이 사회 구성원 사이의 권력관계다. 케이크를 5등분하여 다섯 사람에게 나누어 줄 때 어떻게 분배하는 것이 가장 정의로운 방법인가. 네 사람은 가위바위보로 순서를 정하고 칼로 나눈 사람은 가장 나중에 가지기로 한다. 이는 얼핏 합의에 따른 절차적 정의와 공정한 분배라는 결과의 정의를 결합한 것으로 보인다. 하지만, 자른 사람이 가장 강한 권력을 갖고 있다면 나머지 4명은 가장 큰 것을 그의 몫으로 남겨둔 채 나머지를 선택한다. '무지의 베일'은 이상적 전제일 뿐, 두 사람 이상이 모이면 그 사이에 권력이 작동한다.

공정함을 세우려면 정의의 원리와 공정함에 대한 이성적 인식과 더불어 권력이 평등해야 한다. 검찰에서 입시, 사적인 인간관계에 이르기까지 불공정은 근본적으로 권력이 비대칭인 데서 기인한다. 권력이 대칭이면 반발을 두려워하여 불공정을 범하지 않고 설혹 이렇게 한다 하더라도 곧 저항을 맞아 공정으로 회귀한다. 인간과 인간,

인간과 집단 사이에는 주권권력, 훈육권력, 생명권력, 데이터권력으로 이루어진 거시권력과 사회적 지위와 신분, 나이, 학벌이나 지적 능력, 자본, 나이, 젠더 등이 미시권력으로 작동하면서 평등과 공정함에 영향을 미친다. 이는 정적인 것이 아니라 역동적이어서 사람과 사람 사이의 관계뿐만 아니라 똑같은 두 사람 사이에서도 맥락과 대응에 따라 달라진다. 우파 정권에서는 개인 사이에서도 보수적 이데올로기를 가진 사람이 진보적 이데올로기를 가진 사람에 대해 목소리가 커지는 예에서 잘 드러나듯, 거시권력은 시민들의 생활세계에까지 침투하여 미시권력에 삼투된다.[38]

"무지의 베일은 대상 그룹 내 다양한 개인들의 기득권과 개인적 편향의 영향을 제거할 필요성은 효과적으로 제기하지만, '나머지 인류의 눈'을 통한 정밀조사는 구하려 하지 않는다. (…) '공정으로서의 정의'에서 닫힌 공평성의 절차적 장치는 이런 의미에서 '편협한parochial' 것이라 할 수 있다."[39] 정의의 기준은 집단마다, 사람마다 다르다. 정의의 이념과 현실 사이에는 많은 괴리가 있다. 똑같이 재난기본소득을 100만 원을 지불한다 하더라도 개인의 역량, 의지, 결단력, 사회적 관계 등에 따라 천차만별로 효과가 나타난다. 정의에 표준은 없다.

4차 산업혁명으로 인한 모든 갈등과 대립 상황을 공정하게 해결하려면, 양자가 놓인 조건 등 연기적 관계를 파악하고, 먼저 타협과 분배의 장만큼은 권력이 대칭이 되도록 만들어야 한다. 아마르티아 센Amartya Sen이 말한 대로 다양한 변인과 요인을 비교하며 최상의 정의

---

38 이상 정의에 대해서는 이도흠, 「불교가 꿈꾸는 정의로운 사회」, 『불교평론』 80호, 2019년 12월 1일, 65~86쪽을 참고함.

39 아마르티아 센, 『정의의 아이디어』, 이규원 역, 지식의날개, 141~142쪽.

를 선택하는 노력도 필요하다. "정의에 대해 판단하려면 다양한 종류의 이유와 평가적 관심사를 수용할 수 있어야 한다."[40]

이것이 불가능하면 약자를 우선하는 것이 바로 '공정한 화쟁'을 이루는 길이다. 다리에 장애가 있는 사람과 그렇지 않은 사람의 달리기 시합이 공정하려면 장애로 느리게 달리는 시간과 거리를 계산하여 그만큼 앞에서 달리게 해야 한다. 약자들은 여러 가지로 불리한 조건에 있기에 그만큼 덤을 주어야 한다. 여법하게 공정한 사회는 모든 관계에 대대의 화쟁을 하는 것이다. 사람과 사람 사이에서는 모든 미시권력을 해제하고 서로 눈부처를 바라보며 상대방의 고통에 공감하고 그를 모시는 것이다. 사회관계에서는 모든 거시권력을 해체하고 모든 계약과 상거래의 공정성, 경제적 평등, 조세의 형평, 형벌의 공정성, 교육의 공정성, 모든 선정과 선발의 공정성, 모든 신상필벌과 혜택의 공정성을 추구하는 것이다. 이에 대한 전제는 갑의 위상에 있는 이들은 권력을 포기하고 을의 입장에서 공감하고, 을의 위상에 있는 이들은 부당한 권력에 대해 저항해야 한다. 이를 위해서는 갑의 권력을 견제하는 제도적 개혁과 함께 개인이 눈부처 주체로 거듭나야 한다. 앞으로 눈부처 주체들이 온라인이든 오프라인이든 공론장으로서 광장을 만들고 거기서 모든 것에 대해 합리적으로 토론하면서 진리를 찾아가고 모든 억압에서 벗어나 타자의 고통에 공감하면서 그들과 연대하여 모든 갑질과 불공정에 저항하는 것이 필요하다.

---

40 같은 책, 448쪽.

▌회복적 정의

기존의 응보적 정의 체계에서는 "가해자는 자기 행위의 결과를 직접 대면하여 잘못을 바로잡을 방법이 없다."[41] "가해자들은 법적 책임을 지지만 도의적 책임을 지지 않으며, 자기 행위가 타인에게 어떤 의미를 가지며 타인에게 영향을 미치는 데 어떤 역할을 했는가에 관한 인식인 자기 행위의 의미를 잘 알지 못한다."[42] "가해자는 자기 합리화를 통해 문제를 회피하거나, 자신의 분노를 자기에게 돌려 자살을 기도하거나, 타인을 원망할 수 있을 뿐이다."[43] 이처럼 응보적 정의 체계에서 가해자에게 형벌을 주는 사법 방식은 피해자의 상처를 어루만져주고 이에 관련된 모든 사람, 전체 공동체의 인간관계를 회복하고 가해자가 진정으로 참회하며 잘못을 바로잡는 데 별로 도움이 되지 않는다.

범죄는 한 개인의 일이 아니라 전체 공동체의 아픔이고 문제다. 북미의 원주민 전통에서 나온 양형 서클Sentencing Circle, 한국의 두레 공동체에서 정의를 구현하는 방법은 구성원 가운데 죄를 범한 사람에게 벌을 주거나 격리하는 데 초점을 맞춘 것이 아니라 그 행위에서 빚어진 모든 사람의 상처를 치유하고 공동체 전체의 인간관계를 회복하는 데 초점을 맞추어 문제를 해결하는 것이다. 회복적 정의는 죄를 지은 자에 대해 공정하고 타당한 벌에 치중하는 것이 아니라, 가해자와 피해자, 그 범죄 행위로 피해를 입거나 인간관계가 훼손된 모든

41 하워드 제어, 『회복적 정의란 무엇인가』, 손진 역, KAP, 2011, 59쪽.
42 같은 책, 57~58쪽.
43 위의 책, 59쪽.

사람의 상처를 아물고 인간관계를 회복하는 데 목적을 둔다. 이를 위해서는 가해자와 피해자, 주변 사람들만이 아니라 공동체에서 그 범죄 행위에 조금이라도 영향을 받는 사람 모두가 주체로 참여하여 함께 고민하고 대화하며 해결책을 모색하고 상처를 어루만져준다.

회복적 정의에서는 "범죄를 높은 추상의 평면에서 끌어내려 사람과 관계에 대한 침해와 피해, 인간관계의 훼손 행위로 이해하고, 피해자, 가해자, 공동체가 잘못을 시정하고 화해와 안전을 촉진하는 해결책을 찾는다."[44] 범죄는 국가가 제정하여 준수할 것을 강제한 법을 위반한 것이 아니다. 범죄는 피해자를 정점으로 하여 인간관계를 침해하고 훼손한 것이므로, 어떻게 다시 피해를 복원하고 상처를 치유하여 원래의 인간관계를 회복할 것인가에 초점을 맞추어 완전한 회개와 용서가 이루어지도록 서로 대화하고 협력해야 한다. "회복적 정의는 1. 피해자뿐만 아니라 공동체와 사회의 피해와 그에 따른 요구에 관심을 기울인다. 2. 피해로 인해 생기는 가해자뿐만 아니라 공동체와 사회의 의무를 직시한다. 3. 포용적이고 협력적인 절차를 사용한다. 4. 발생한 상황에 이해관계가 있는 피해자, 가해자, 공동체 구성원, 사회를 관여시킨다. 5. 잘못을 바로잡을 것을 추구한다."[45]

강인공지능과 인간 사이에 범죄와 피해자가 발생했을 경우 가해자와 피해자만이 아니라 그 사건에 관련된 모든 인간과 강인공지능이 참여하는 조정위원회를 만들어 ① 피해자의 신고 ② 모든 피해자의 모임과 피해 행위에 대한 고백 ③ 피해자 및 공동체 구성원의 피

---

44 위의 책, 207쪽.
45 위의 책, 268쪽.

해와 인간관계 손상에 대한 복구 요구, 서로 상처 입은 것에 대해 터놓고 이야기하기와 고통의 공감과 나눔 ④ 가해자의 피해자의 아픔에 대한 공감과 인정, 뉘우침과 사과 ⑤ 조정자mediator, 혹은 조정위원회 등에서 조정 및 중재, 가해자에 대한 징벌이나 책임 명시 ⑥ 가해자의 수용 및 책임 ⑦ 피해자의 용서와 화해 ⑧ 가해자와 피해자 모두가 참여하여 하나가 되는 프로그램의 실시 ⑨ 재발 방지를 위한 성찰과 대안 모색, 개인적인 사유의 성찰과 제도적인 개혁 등 아홉 단계의 조정과 화해 노력을 통해 모두의 정의, 공동체의 화해와 평화를 회복한다.[46]

9. 눈부처 공동체

4차 산업혁명은 디스토피아일까, 유토피아일까? 설혹 희망이 보이지 않는다 하더라도 우리는 유토피아를 전망해야 한다. 하버마스Jürgen Habermas의 말대로, "유토피아의 오아시스가 말라 버리면 진부함과 무력함의 사막이 펼쳐진다."[47] 인공지능이 인간을 지배하고 실험실에서 창조된 바이러스나 괴생명체가 인류를 공멸로 이끌 수도 있다. 자연파괴로 인한 신종 바이러스와 영구동토층에 잠자던 고대 바이러스의 간헐적 창궐과 기후위기, 인구증가도 이를 재촉할 것이다. 자본주의 체제와 4차 산업혁명이 밀접하게 유착 관계를 맺고 주권권

46 회복적 정의에 대해서는『인류의 위기에 대한 원효와 마르크스의 대화』, 350~351쪽을 참고함.
47 Jürgen Habermas, *The New Conservatism-Cultural Criticism and the Historians' Debate*, edited and translated by Shiery Weber Nicholsen, Cambridge: Polity Press, 1989, p.68.

력과 생명권력, 훈육권력, 데이터권력이 시민사회의 견제를 별로 받지 않는다면 이의 귀결은 디스토피아이다.

그럼에도 좋은 징후들도 많다. 초연결사회는 공유경제의 영역을 확장하여 자본주의 체제를 붕괴시키거나 주변화할 잠재력이 있다. 10년 안에 태양광 발전의 비용이 화석연료보다 저렴해지면서 발전소, 공장, 자동차의 연료가 태양광으로 대체될 것이고, 이후 초연결을 통하여 에너지가 분배되고 획기적으로 대기오염이 줄어들 것이다. 미생물을 이용하여 공기 중 이산화탄소로 고기를 생산하고 식감과 맛, 모양도 실제 돼지나 소, 닭, 물고기와 같게 하여 상용화하는 것 한 가지만으로도 엄청난 변화가 올 것이다. 공장형 가축 사육, 이로 인한 동물의 학대, 도살이 사라지며, 10억 명을 먹일 수 있는 곡물을 절약하여 식량 문제를 해결하게 될 것이고, 육지의 1/3을 차지하는 목장을 숲으로 되돌릴 수 있다. 굴뚝 산업을 줄여나가면 숲의 파괴와 강과 대기의 오염도 줄어들 것이다. SNS를 기반으로 공론장이 잘 형성되고 이를 기반으로 평등한 민주주의 체제를 잘 꾸려나가고, 집단지성들이 공유경제를 바탕으로 대안의 사회를 건설해나갈 수 있다.

필자가 불교의 교리, 특히 화쟁사상, 승가僧伽의 전통을 마르크스와 결합하고 현 상황에 맞게 적용하여 대안의 공동체로 제시하는 것이 눈부처 공동체이다. "눈부처 공동체는 구성원 각자가 눈부처 주체로서 실존하고 실천한다. 개인은 자기 앞의 세계를 올바로 인식하고 자율적으로 해석하며 타자와 자연과 연기관계를 파악하며 이기적 욕망을 자발적으로 절제하며 온생명과 타자의 고통에 공감하고 연대하면서 팔정도를 수행하며 더 나은 미래 세계를 만드는 눈부처 주체로 거듭난다.

눈부처 주체들이 자유로운 개인의 연합으로서 공동으로 생산하고 공동으로 분배하며, 필요한 것은 호혜적으로 보답하는 방식으로 교환한다. 개인의 자유와 행복이 타인의 자유와 행복을 위한 조건이 되고, 개인의 권리와 존엄이 동등하게 인정되고 작용하면서, 모든 이들의 합의에 의하여 개인의 자유를 침해하지 않는 범위에서 상호성의 정의와 평등을 구현한다.

눈부처 공동체는 공동으로 생산하고 분배하되, 나와 타인, 공동체의 필요에 따라 생산한다. 모든 생산수단과 도구는 공동의 소유이다. 이 공동체 생산의 50% 정도는 필요에 따라 공동분배를 한다. 나머지 가운데 30%는 재투자를 하며, 10%는 개인의 능력별로 인센티브를 주어 개인의 창의력을 발현할 동기를 부여하며, 10%는 장애인, 이주 노동자 등 더 가난한 자에게 베풀어 대자적 자유를 구체화한다.

능력이 아니라 필요에 따른 노동, 소외와 장애를 극복하는 자기실현으로서 노동, 철저히 자연과 공존하는 생태 노동을 한다. 그것이 불가능한 도시의 공동체는 유기농 농사를 짓는 농촌공동체와 연합관계를 형성한다. 단기적으로는 친환경 무상 급식을 로컬푸드와 연결시키고 민중을 자각시키고 조직하여 신자유주의를 내파하는 진지로 만들고, 장기적으로는 자본주의 체제 곳곳에 코뮌을 만들어 이를 대체하는 사회구성체로 구성한다.

몬드라곤처럼 노동이 자본을 통제하며, 노사관계는 진속불이의 관계가 되도록 한다. 경영자와 노동자는 하나가 아닌 동시에 둘도 아니다. 노동자들이 총회에서 자신들 가운데 이사를 선출하고 이들이 노동자들과 유기적으로 소통하고 협력하는 가운데 일정 기간 동안 경영과 중요한 결정을 한다. 일정 기간이 지나가면 노동자로 돌아간다. 이사들이 전문 경영자를 외부에서 초빙할 수도 있는데, 경영진은 총회 및 이사들의 통제를 받는다.

'민중의 집'과 협동조합을 결합한 형식의 연합체 및 의사결정기관을 두되, 구성원 간 노동의 목적과 방법에서부터 분할 비율에 이르기까지 전체 과정을 모든 구성원이 동등한 권력을 갖고 참여하는 거버넌스 시스템으로 운영한다. 모든 사람의 가치와 권력은 사회적 지위, 젠더, 나이, 재력에 관계없이 일대일로 동등하다. 중요한 안건은 모든 구성원이 참여하는 민회에서 결정하며, 모든 구성원이 1인 1표의 동등한 가치를 갖는다. 가족 단위의 사생활은 보장하고 간섭도 하지 않되, 이를 벗어난 공동체의 정책과 실현, 규약의 제정과 집행, 재정의 운영 등의 문제는 모든 이가 동등한 권력을 갖고 참여하여 회의를 통해 민주적으로 결정한다. 자연, 자원, 의식주, 재화, 도구 등에 대해 공유물과 사유물을 정한다. 공유물에 대해서는 자원의 양과 사용시간, 사용 도구, 사용 방법을 규칙으로 정한다. 재물, 지혜, 평화는 서로 나눈다.

시장과 자본제의 외부에서 물화를 극복할 수 있는 방편으로 따로 마을 화폐를 만들어 사용한다. 단 마을 화폐는 7일마다 10%의 가치가 감소되고 7주 후에는 0원의 가치를 갖게 하여, 가치척도, 유통수단, 축적수단, 지불수단, 세계화폐 등 화폐의 다섯 가지 기능 가운데 가치척도와 유통의 기능만을 수행한다. 외적으로는 불일불이의 패러다임을 따라 공동체와 다른 집단을 네트워킹하고, 내적으로는 진속불이의 원리에 따라 구성원 간 상호 주체성과 상보성을 높이는 것이다. 다른 마을이나 집단과 교류를 위하여 소규모 마을 은행을 둔다. 이 은행에서는 마을 화폐와 국가 화폐의 교환, 마을의 각 가정의 범위를 넘어선 투자 및 재정을 담당한다. 이 은행은 협동조합 형식으로 운영한다.

학교는 앞 절에서 언급한 공감과 협력교육을 실행하되, 야성, 공감, 연대를 함양하는 교육에 초점을 맞춘다. 비판적이고 창조적이면서도 타자의 고통에 공감하고 협력하는 눈부처 주체로 양육하는 데 목적을 둔다. 우열이 아니라 차이에 의해, 각자가 동등한 능력과 재능의 소유자란 관점에서 학생들의 눈높이에 맞추어 학습한다.

구성원은 욕망의 자발적 절제를 통한 소욕지족少欲知足의 삶으로 전환하며, 이를 수행하기 위한 청규를 둔다. 이렇게 운영하되, 확고하게 정의관을 확립하고 깨달음에 이른 자라도 언제든 무지와 탐욕, 성냄에 물들고, 이기심과 욕망에 기울어질 수 있기에 깨달음이 곧 집착이라는 명제 아래 매일 일정한 시간에 수행하고 참회한다.

그럼에도 갈등과 범죄가 생길 것이다. 갈등이 생길 경우 화쟁의 원리에 따라 서로 눈부처의 자세로 대화하고 성찰한다. 그러고도 범죄가 생기면, 응보적 정의punitive Justice가 아니라 회복적 정의restorative justice에 입각하여 문제를 해결한다.[48]

멀리 보면, 모든 세계를 마을 단위의 눈부처 공동체로 만들면 국가와 자본주의적 생산양식, 상품교환 체제는 저절로 해체된다. 하지만, "국가는 원래 다른 나라를 상정하지 않고서는 생각할 수 없기에",[49] 국가를 내부로부터 지양하는 일은 쉽지 않다. "다른 나라로부터 혁

---

48 이상 눈부처 공동체에 대해서는『인류의 위기에 대한 원효와 마르크스의 대화』, 346~354쪽 발췌함.

49 가라타니 고진,『세계공화국으로』, 조영일 옮김, 도서출판b, 2014, 63쪽.

명을 지키거나 코뮌을 존속하려면 그 자신이 국가가 되거나 위로부터 국가를 억압해야 한다."[50] 가라타니 고진은 이의 가능한 방법으로 "각국에서 군사적 주권을 서서히 국제연합에게 양도하여, '아래로부터'와 '위로부터'의 운동의 연계에 의해 새로운 교환양식에 기초한 글로벌 커뮤니티(어소시에이션)를 서서히 실현"[51]할 수 있다고 본다.

국제연합이 모든 국가의 권력을 넘어서는 권위와 권력을 갖거나 세계혁명으로 세계공화국이 수립될 때까지는 이 대안은 요원하다. 국가 없이 외부의 침략으로부터 공동체를 유지하기 어려우며, 분배와 정의를 구현하기 위해서는 국가의 권력이 필요하다. 약탈-재분배의 교환양식을 모든 이들이 함께 생산하고 고르게 나누는 공동체로 전환하기 위해서는 국가의 권력을 해체해야 한다. 이 딜레마를 해결하는 방법은 국가가 공공선을 추구하고 공공성을 확립하며 민중의 통제가 가능하도록 국가를 시민의 힘으로 개조하는 것이다. 국가가 공공선을 추구하고 공공성을 확립하는 것을 시민의 합의에 의하여 제도화하고, 국가를 형성하는 토대인 군대와 경찰, 정보 관리와 통제 기관, 관료기구, 조세기관을 민중의 지배 아래 둔다.

각 눈부처 공동체의 풀뿌리 경제를 기반으로 사회적 경제를 활성화하고 모든 약탈적이고 불평등한 경제협정은 폐기하고 모든 당사자들의 합의에 의하여 상호호혜적인 새로운 협정을 만든다. 한계비용이 제로인 공유경제를 매개로 자본주의적 시장을 해체하고 호혜적으로 보답하는 교환양식으로 대체하며, 서로 협력하는 동시에 경

---

50 위의 책, 198~199쪽을 참고함.
51 위의 책, 225쪽.

쟁하는 커피티션co-petition의 원리로 기업을 경영한다.

언론에 대한 자본과 정부로부터 독립과 시민의 참여를 제도화한다. 언론의 자유, 사상과 표현의 자유는 철저히 보장하되, 혐오 발언에 대해서는 제한한다. 테러와 유괴를 제외하고서는 도·감청 및 사찰을 철저히 금지한다. 빅데이터 수집은 견제하기 어렵겠지만 이의 공표는 개인의 동의 없이 할 수 없도록 법제화한다. 소유물의 상속과 증여, 공공재의 사용에 대해선 사회적 합의를 따른다.

노동이 진정한 자기실현이 되도록 존중한다. 인권과 노동 3권은 모든 권리에 우선하여 보장한다. 특수 분야를 제하고는 비정규직을 철폐하고 정리해고도 실질적으로 노동자의 승인 없이 불가능하도록 제도화한다. 앞에서 말한 대로, 노동시간을 절반 정도로 줄이고 인간과 인공지능 로봇과 협업체계를 확립한다. 모든 야간노동이나 정도가 심한 산업재해를 야기하는 노동은 로봇이 대신한다. 산업별, 지역별 노사협약을 보장하고 노동자가 협동조합 방식으로 경영에 참여하고 자본을 통제한다. 거의 모든 노동자의 연봉이 직종과 직위에 관계없이 행복을 유지할 수 있는 급여인 연 7,000만 원대에 이르도록 조종하며, 이에서 제외된 이들에게는 기본자산과 기본소득제를 실시한다. 재정의 경우 이를 인간에게서 확보할 경우 오히려 보편복지를 훼손하고 생산부문의 착취를 개선하지 못할 수 있으므로, 인간은 제외하고 로봇에게 물리는 세금으로 한정한다.

모든 분야에서 엘리트 및 1%의 독점을 깨는 참여민주제, 숙의민주제에 몫 없는 자의 민주제를 결합하여 권력기관과 조세기관을 시민이 위원회 형식으로 통제하고 그 수장을 시민이 직접 선출한다. 군대는 최소화하여 UN과 시민의 통제 아래 둔다. 핵무기를 포함하여 모든 대량살상무기의 생산을 중단하고 폐기한다. 상원은 독일식 비례대표제로 선출하고 하원 의원은 직능별로 할당하여 추첨으로 뽑는다. '정치 바깥의 정치'를 수행하기 위하여, 거버넌스체제를 갖춘 주민 자치를 구현하는 두레 마을의 위원회를 기본 토대로 하고 리와 군, 도의 시민자치위원회를 조직화하여 민중의 자치와 참여민주제를 공고히 한다. 마을위원회는 두레 공동체에 민중의 집과 협동조합을 결합한다. 두레 마을 단위로 청규를 정하고 주민 자치를 행하고 회복적 정의를 제도화하며, 모든 입법 및 사법, 행정 기관은 해체한다.

모든 분야에서 차별과 배제가 사라진 평등사회를 구현한다. 차별금지를 헌법에 명시하고 차별금지기본법을 제정한다. 장애인과 이주 노동자, 성소수자의 인권과 노동권, 강인공지능도 포함하여 다양한 가족 구성권을 보장한다. 온 국민이 신바람 나는 문화를 창조한다. 온 국민의 문화권을 보장하고 예술문화의 검열제도는 폐지하며 문화예술인의 창작권·생존권·노동권을 보장한다. 부르주아 문화에 맞서서 민중성, 변혁성, 계급의식을 바탕으로 한 민중문화를 창조하고 향유한다.[52]

10. 포스트세속화 시대의 신앙과 영성

지금 두통을 앓는 사람에게 악마가 깃들었기 때문이라며 면죄부를 판매하거나 악마가 나가도록 머리에 구멍을 뚫는 행위가 효력을

52 이도흠, 『인류의 위기에 대한 원효와 마르크스의 대화』, 774~778쪽 발췌 요약함.

상실했듯, 근대는 계몽의 빛에 의하여 '주술의 정원'에서 벗어나는 과정이었다. 하지만, 근대가 완성되기 전에 기독교를 비롯하여 여러 종교에서 근본주의 종교의 확대, IS의 테러, 목사/신부/스님에 대한 팬덤 현상에서 보듯 재주술화도 상당한 세를 얻고 있다.

지금 교황이 면죄부를 판매하거나 마녀의 화형식을 추진한다면 국가든 시민사회든 이를 용납하지 않을 것이다. 근대는 신성에서 벗어나 공론장을 형성하고 이곳에서 공론을 형성하며 시민사회와 세속화를 추구하는 과정이었다. "세속화는 초시간적인 것에 의존하는 종교와 연관된 이전의 신앙 중심의 삶의 양식을 해체하고 세계 내 존재인 인간 이성에 기초한 삶으로의 변화를 의미하게 되었다."[53] 그것은 구체적으로 국가와 종교의 분리, 공적 담론에서 신성보다 이성과 과학에 의한 검증과 논증, 종교적 상징과 교리의 초월성의 박탈과 세계 내적 문화현상으로의 해석, 예술에서 신(성)의 종속에서 탈출을 의미했다.[54] 하지만, 자본주의 체제로 인하여 자본가만이 아니라 대중 또한 화폐 증식의 욕망에 사로잡혀 있으며, 무한한 소비와 향락 추구의 삶을 영위하며 최근에는 신자유주의적 탐욕을 내면화했다.

이로 전체로서의 삶은 분열되었다. 대중들은 의미와 연대적 삶, 공동체를 상실한 채 각자도생의 무의미한 삶을 이어가고 있다. 생활세계가 제도와 체계에 철저히 식민화함으로써, 권력(주권권력, 훈육권력, 생명권력, 데이터권력)과 시장에 의해 의식은 물론 무의식마저 억압당

53 E.W. Böckenförde, "Die Entstebung des Staates als Vorgang des Säkularisation," in: Heinz-Horst Schrey, Säkularisierung, *Wissenschaftliche Burhgesellschaft*, Darmstadt 1981, S.68 ; 정대성, 「세속사회에서 포스트세속사회로 — 헤겔과 하버마스 철학에서 '신앙과 지식'의 관계」, 『철학연구』 제119집, 대한철학회, 2011, 324~325쪽 재인용.

54 위의 글, 325쪽 참고함.

하고 관리당하면서 대중들은 전체와 의미를 상실한 채 실존보다 소유를 지향하고 타자에 대한 공감과 연대보다 경쟁에 내몰리며 서로를 '주변인'으로 만들고 있다.

이에 세속화로부터 상실한 것을 복원하고 치유하는 포스트세속화, 종교와 공론장 사이의 변증법적 종합, 국가와 종교, 시민사회 사이의 상호견제가 필요하다. 종교는 교당 안에 공론장을 설정하여 교리 가운데 과학에 어긋나는 것은 수정하고, 이웃 종교의 진리도 인정하고, 신비로 포장하여 비밀화한 것을 투명하게 공개하며, 종교인의 부패와 비리를 견제받을 수 있는 장치를 내외에 모두 수립하고, 종교인들은 권력을 내려놓고 절/성당/교회를 민주화하여야 한다. 대신, 종교인들은 주어진 권위를 가지고 각 종교가 추구하는 정의에 어긋나는 국가를 비판하고 인류의 공존공영과 평화를 추구하면서 가장 약한 생명과 사람에 대해 편애적 사랑과 자비를 베풀어야 한다. 시민사회는 종교의 초월성과 신비화, 절대화와 종교인의 부패에 대해서는 비판적인 자세를 견지하되, 종교인과 함께 교회/성당/절을 자본주의 체제나 세속의 탐욕과 경쟁심, 이기심을 씻어내고 진리나 깨달음/거룩함/무한을 추구하는 장으로 지켜낸다. 국가는 종교를 이용하여 권력을 강화하는 유혹에서 벗어나 종교와 정치를 철저히 분리하되 종교인의 타락과 부패를 견제한다.

근대는 철학적으로 '신의 죽음'을 선언하였고 계몽적 이성과 과학의 발전과 집단학살을 통하여 신에 대한 회의를 대중적 담론으로 부상시켰다. 새롭게 다가와야 할 신은 '내재적 초월'과 '눈부처나 타자성alterity의 원천과 힘'으로서 신이다. 신은 유한한 존재로서 한계가 많고 불안하고 고독한 인간이 초월하고자 할 때 자신의 내면으로부터, 타자의 고통에 공감하여 연대하고자 할 때 그 사이에서 체험하는 무엇이다.

공리주의자들은 최대다수의 최대행복이나 쾌락을 추구하지만, 우리는 이제 행복과 쾌락에 대해서도 전환해야 한다. 모든 생명이 고통을 줄이고 행복하기를 꿈꾸지만, 나와 모든 생명들이 고통에서 벗어나 진정으로 행복한 길이 무엇인가? 모두가 더 많은 돈과 권력과 명예를 추구하며 꿈과 행복을 이루려 달려가지만, 그에 이르러서야 욕망이 신기루이고 그런 목표들이 모두 허깨비임을 깨닫는다. 바람처럼 지나가며 잡고 보아도 신기루인 행복과 쾌락을 잡으려는 데서, 이슬처럼 사라지는 것들에 집착하는 데서 고통은 시작된다. 그러기에 참나를 만나고, 우주에서 조그만 먼지에 이르기까지 서로 상즉相卽하고 상입相入하며 연기되어 있는 여여如如한 실상을 직시하며 그저 마음이 지극히 평정한 상태에 이른 것만이 진정한 행복의 길이다. 타인의 고통을 덜어내고 좀 더 자유롭게 하고 그를 아프게 하는 구조에 저항하여 조금이라도 변화의 진동을 느끼는 그 순간의 희열감이 비록 자기만족이라 하더라도 의미 있는 행복이다. 우주와 생명의 창조에 신이 전혀 개입하지 않은 것이 과학적으로 증명된 이 시대에 유한한 존재로서 한계가 많고 불안하고 고독한 인간이 무한으로 초월하고자 할 때 자신의 내면으로부터 체험하는 그 환희심이 바로 신이며, 참 행복의 길이며, AI가 따라올 수 없는 인간의 초월성/영성이다.

11. 간헐적 팬데믹 시대의 지향점

▌코로나가 불러온 변화와 성찰

지금 영웅도, 촛불을 든 시민도 아닌 눈에 보이지도 않는 미생물이 지구촌에 대변혁을 초래하고 있다. 코로나 바이러스 19는 일상에서부터 국가, 세계체제에 변화를 촉진시키고 있다. 코로나 바이러스 19는 쉽게 변형을 하고 면역항체가 형성되어도 그 유효기간이 짧기에 완전 종식이 쉽지 않을 것이다. 설혹 2021년에 백신으로 퇴치한다 하더라도 또 다른 불청객이 우리를 찾아올 것이다. 그만큼 인간과 바이러스 사이의 경계나 완충지대는 무너졌다. 이 모두가 인간이 좀 더 많은 이윤과 이익을 얻기 위하여 마구잡이로 바이러스와 모든 생명체들이 공존하던 숲을 파괴하고 오염물질을 배출하여 자연의 순환을 담보해줄 빈틈마저 개발한 업보다.

앞으로 세계사는 4차 산업혁명과 맞물리면서 코로나 전후로 나뉠 것이다. '간헐적 팬데믹'의 단계에 이르렀기에 지구촌 사회가 코로나 이전으로 되돌아갈 수 없다. 전 세계에는 불안과 두려움의 그림자가 짙게 드리우고 있다. 그런 중에도 이를 야기한 자본주의 체제와 생활방식에 대해 시나브로 성찰하고 있다. 환경파괴와 기후위기에 관한 담론이 일부 환경론자와 지식인, 시민에서 전 세계인의 관심사와 정치적 과제로 확대되었다.

코로나는 심각한 모순 상태에 있던 자본주의 체제와 신자유주의 체제에 결정타를 날렸다. 바이러스의 고속도로임이 확인되면서 세계화는 일시 중단 상태이다. 오큐파이 월스트리트에도 건재하던 신자유주의가 흔들리고 대량실업과 공황이 시작되고 있다. 수치만 차이가 있을 뿐, 경기침체와 마이너스 성장, 대량실업이 전 세계에 공통적으로 나타나고 있다. 전 세계에서 확진자 수가 30만 명대로 가장 많은 미국의 경우, "지난 10년 동안 총 2,280만 개의 일자리가 새로 생겼는데, (2020년) 3월 넷째 주(22~28일)의 신규 실업수당 청구건수는 665만 건, 그 1주일 전 328만 3,000건으로 불과 2주 만에 약 1,000만개의 일자리가 사라졌다."[55] IMF는 2020년에 미국 -8.0%, 독일 -7.8%, 프랑스 -12.5%, 이탈리아 -12.8%, 영국 -10.2%, 러시아 -6.6%, 일본 -5.8%, 중국 1.0% 등 전 세계의 경제가 평균 4.9% 마이너스 성장할 것으로 예측했다.[56] 이는 1930년대의 대공황 이후 가장 악화된 수치다. V자 회복은 불가능하고 L자에 가까운 U자 회복을 할 것이다. 코로나로 촉매가 된 것일 뿐 이미 장기침체 상태에 있었기 때문이다. 약간의 차이가 있지만 세계 각국에서 자본의 평균이윤율이 한 자리에 불과하고, 선진국의 정부부채가 GDP에 근접하거나 넘어섰으며, 생산성이 저하되었으며, 코로나 종식이 2020년 안에는 어렵기 때문이다. 세계 경제는 경색국면과 장기침체를 심화하면서 대공황의 상태로 다가가고 있다.

미국과 중국을 필두로 각국이 외부적으로는 각자도생을 추구하고 경제민족주의를 강화하고 있다. "미국의 금융세계화는 무역적자로 유출한 달러를 자국의 금융시장으로 재유입하는 달러 환류가 핵심이다. 이 과정에서 미국은 금융 지배의 이득을, 대미 수출국은 무

---

55 「코로나19, 대공황 수준 경제 위기… 세계 질서 영원히 바꿔놓을 것」, 『중앙일보』, 2020년 4월 5일.

56 IMF, *World Economic Outlook Update*, June 2020.

역흑자의 이득을 챙겼다. 중국을 비롯한 신흥국은 경제적 번영을 이룩한 반면에, 일자리를 빼앗긴 미국의 중산층은 몰락했고, 수출의 낙수효과를 얻지 못한 신흥국의 서민과 노동자들은 빈곤상태에서 벗어나지 못했다. 이런 금융 세계화 구조 속에서 중국은 생산성이 저하된 국유기업의 부채를 외환보유고와 금융시장 통제로 관리했다. 중국의 자산이 국외로 빠져나갈 경우 국유기업의 파산과 금융 위기가 초래되기에 시진핑 정권은 여러 수준의 감시와 관리를 강화하고 있고, 대외 금융거래의 핵심 통로인 홍콩은 더욱 강하게 통제하고 있다. 이 상황에서 트럼프는 계급모순을 무역전쟁으로 뒤틀었고, 시진핑은 이에 맞서면서 더욱 통제의 고삐를 죄고 있다."[57] 이런 분위기에서 의료장비와 물품의 국제적 협업과 공유는 붕괴되고, 각국이 자국 생산과 소비에 초점을 맞추고 있다.

검역과 방역을 빌미로 각국 정부는 빅브라더식의 통제와 감시를 강화하고, 시민을 격리시키고 있으며, 대신 포퓰리즘으로 이를 보완하고 있다. 이 와중에 생명권력은 주권권력과 동맹을 맺으며 막대한 권력과 자본을 획득하고 있고, 기존의 주권권력과 훈육권력의 동맹에 생명권력과 데이터권력이 가세한 거시권력은 공포를 기반으로 더욱 강력하게 시민을 통제하고 감시하고 훈육할 수 있는 헤게모니를 얻고 있다. 국가는 한편에서는 자본과 연합하여 원격의료, 원격강의, 생명관련 사업의 시장을 확대하고, 한편에서는 탈출구를 모색하면서 디지털 혁명, 그린 뉴딜, 초연결사회를 서두르고 있다.

57 한지원, 「코로나19 이후 세계: 마르크스주의적 접근법」, 민주노총 공공운수노조, 『코로나19와 노동운동 자료모음』, 2020년 7월, 132~133쪽을 요약함.

노동의 경우 온라인 서비스, 배달앱이 활성화하고 임시직과 프리랜서가 증가하며 '프레카리아트'precariat: precarious+proletariat가 더욱 늘어나며 더욱 열악해지고 있다. 정규직과 비정규직의 격차에 더하여 재택근무와 비재택 근무, 숙련노동과 비숙련노동 사이의 격차는 더욱 심화할 것이다. 로봇자동화가 가속화하면서 노동자의 일자리를 빠른 속도로 대체하고 고스트 워크는 급속히 확대할 것이다.

그럼에도 저항은 쉽지 않다. 거시권력의 헤게모니는 더욱 강화하였는데, 민주주의는 심각한 수준으로 후퇴하였다. 어렵게 노동자와 시민과 연대하여 집회를 행한다 하더라도 공포에 잠긴 대중으로부터 참여와 헤게모니를 획득하는 일은 난망하다.

선진국을 자처하던 유럽과 미국에서 확진자가 속출하고, 아시아인에 대한 혐오와 인종차별이 만연하고 있다. 공론장이 붕괴되고 가짜뉴스가 진실을 대체하고 페스트 시대나 통할 주술적 담론이 난무한다. 전문가의 조언을 듣지 않고 독선과 독단을 행하는 미국과 브라질, 러시아에서는 확진자와 사망이 급증하고 있음에도 이에 대한 견제는 별로 이루어지지 않고 있다.

반면에 개인들은 변화를 시작하고 있다. 재택근무, 온라인 회의와 수업, 종교의례와 모임이 일상화하였다. 오랫동안 거리두기를 하자 시민들은 집에서 묵상하면서 여기저기 여행하고 비싼 것들을 소비하며 부와 권력을 과시하는 것보다 '지금 여기의' 삶에 행복해하면서 자신과 가족에 충실한 삶이 소중하다는 인식을 하고 있다. 그중 상당수는 약자들의 아픔에 공감하고 연대하는 것이 가장 인간답게 사는 길임을 깨닫고 있다. 적게 욕망하면서도 행복할 줄 아는 소욕지족少欲知足의 삶이 단지 석 달 만에 석유 값을 반토막 내고, 전 세계의 대기를 청정하게 하고 사라졌던 동물들이 돌아오게 하였으며, 끊임없이 확대 재생산을 해야만 유지되는 자본주의 체제도 휘청거리게 했다.

▌4차 산업혁명과 간헐적 팬데믹 시대의 전망과 대안

코로나 이후 세계는 어떻게 흘러갈까. 성곽시대(키신저)나 새로운 공산주의(지젝)가 도래할 수도 있지만, 중요한 것은 미래가 결정된 것도 아니며 함부로 예측할 수도 없다는 점이다. 물론 너무도 다양한 변인이 작용하는 것이 근본 원인이고 자연과 사회가 카오스적인 이유도 있지만, 무엇보다도 환경파괴가 임계점을 넘어섰기 때문이다. 중환자실에 있는 환자의 경우 스스로 조절하거나 상쇄시킬 메커니즘이 잘 작동하지 않는 바람에 극히 소량의 약물만 잘못 투여해도 죽음에 이를 수 있다. 코로나와 기후위기 등 극단적 현상들은 이런 지경을 인류에게 구체적으로 알려주는 지표다. 나비효과는 안정 상황에서는 효력을 발휘하지 못하지만 혼란 상황에서는 측정 가능한 범주로 작동한다. 이런 지경에서는 다양한 변인들이 다양한 결과를 야기할 뿐만 아니라 아주 미세한 요인들이 서로 얽히고 연쇄반응을 일으키면서 엄청난 결과를 구성할 수도 있다.

국가의 방역 정책과 시민사회의 역량에 따라 나라마다 중국형(전체주의적 통제형), 미국형(지도력 결핍과 경제우선에 따른 통제실패형), 한국형(민주적 통제와 시민의 자율적 협조에 따른 관리형), 영국형(민주적 통제에도 시민의 비협조로 인한 혼란형), 스웨덴형(집단감염적 방역형) 등 천차만별의 양상이 나타난 것처럼, 코로나 이후의 사회도 우리의 선택과 실천에 따라 각기 다른 미래를 펼칠 것이다. 앞으로 국가, 자본, 시민사회의 역학관계에 따라, 곧 시민사회가 국가-자본의 카르텔을 얼마나 견제하는지에 따라, 국가와 시민사회가 전체주의 대 민주주의, 민족적 고립과 글로벌 연대, 자본주의 사회와 공동체 사회, 주술과 과학 사이에서 어느 것에 더 기울어지느냐에 따라 다양한 미래가 펼쳐질 것이다.[58] 코로나 이후의 세계와 국가, 자본, 시민들은 통제 대 자율, 이기적 각자도생 대 이타적 상생, 경쟁 대 협력, 자연파괴 대 생태적 공존, 물질중심 대 탈물질주의, 불평등 대 평등을 놓고 갈등하고 담론과 헤게모니 투쟁을 벌일 것이며, 어느 쪽이 승리하느냐에 따라 다양한 버전의 국가와 사회가 전개될 것이다. 하지만, 길게 볼 때, 우여곡절도 많고 갈팡질팡하고 퇴행도, 반동도, 저항도 많겠지만 점차 후자를 지향하는 사회로 이행할 것이다. 그것 말고는 파국에서 벗어날 길이 없기 때문이다. 이런 취지에서 생태계, 자본주의 체제, 세계체제, 국가, 사회와 개인으로 나누어 전망하고 대안을 모색한다.

지구 생태계는 심각하다. 앞에서 유엔의 IPCC(정부간 기후변화 협의체)의 보고서Climate Summit 2019: Report of the Secretary-General on the 2019 Climate Action Summit and the Way Forward in 2020를 빌려 말한 대로, 우리가 돌이킬 수 없는 파국을 맞지 않으려면 앞으로 10년 안에 지구 온난화를 1.5°C로 제한해야 하는데 이미 1℃가 상승했다. 이는 이산화탄소 배출량을 2030년까지 약 45%를 감축하고 2050년에는 순 영점에 도달해야 가능하다. 대안은 있는가.

무엇보다 먼저 화석연료를 태양광 등 재생에너지로 대체한다. 앞

58 Yuval Noah Harari, "The world after Coronavirus," *Financial Times,* March 20, 2020. 이에서 약간 시사를 받았지만, 필자는 국가의 결정만이 아니라 시민사회와 국가, 자본 사이의 역동적인 헤게모니 투쟁의 관계로 파악한다.

으로 8년 이내에 태양광과 풍력이 화석연료보다 비용이 저렴해질 것이므로 이는 상당히 빠른 속도로 진척될 수 있다. 당연히 탄소 배출세는 두 배 이상으로 인상하고 화석연료 보조금은 없앤다. 각국 정부는 탄소 제로 그린 에너지를 생산하고 공유할 수 있는 시스템으로 전환하기 위한 시설과 네트워크, 관련 제도 개선을 서두른다. 이와 더불어 탄소를 붙잡아서 저장하는 기술을 선진국이 제3세계와 공유한다. 탄소를 흡수하는 숲, 초원, 식물성 플랑크톤이 풍부한 바다를 보호한다. 한국 정부처럼 무늬만 그린 뉴딜을 표방할 것이 아니라, 각 나라는 향후 10년 이내에 청정 재생 가능 자원으로 내수 전기의 100%를 생산하는 것을 그린 뉴딜의 목표로 설정한다. 아직도 화석연료에 집착하는 정부와 기업은 결과적으로 화석연료 산업 내에서 약 100조 달러에 달하는 자산이 좌초할 수 있음을 인식해야 한다.[59]

가장 우선해야 할 것은 마을에서 시작하여 지역, 국가, 대륙, 전 세계에 이르기까지 지속이 가능하고 순환이 가능한 '빈틈'을 조사하여 이를 총량제 차원에서 관리하고 복원하는 정책을 단계적으로 취하되 10년을 목표로 수행하는 것이다. 예를 들어, 어느 마을에서 시냇물이 흐르며 자연정화할 수 있는 양이 10톤인데 11톤의 오염물질이 버려지고 있고, 마을의 사람들과 가축, 공장에서 배출하는 이산화탄소 양이 5톤인데 마을의 숲과 냇물의 미생물이 흡수하는 이산화탄소 양이 4톤이라고 가정하자. 그렇다면 정화시설을 설치하여 오염물질을 정화함으로써 10톤 이하로 낮추고, 마을 공장에 이산화탄소 포집시설을 설치하고 숲이 흡수하는 이산화탄소 양이 5톤을 넘어설 때까

59 이 단락은 제러미 리프킨, 『글로벌 그린 뉴딜』, 15, 18, 19, 246쪽 참고하며 일부 수정, 보완함.

지 조림을 하는 것이다. 이후에는 마을에서 가축의 수를 늘리고 공장을 증설하더라도 총량제의 차원에서 빈틈을 유지할 수 있는 수준 이하에서만 허용하는 것이다. 이런 방식을 지역, 국가, 대륙, 전 세계로 확대한다. 물론, 이 과정에서 민주적인 방식으로 주민의 참여와 이해와 설득, 동의를 받는다.

전 세계는 숲을 최소한 현재 상태로 유지하며 점차 늘려나간다. 전 세계가 국제 협약을 맺어 숲 파괴를 강력하게 제한한다. 대개 목장, 농장, 목재 이용, 광산 개발, 도시와 주거지 확대를 위하여 숲을 파괴한다. 목장의 경우 개인 차원에서는 육식을 줄이고 채식 위주의 식단으로 전환하며, 세계 차원에서는 미생물에 의한 단백질 생산과 이의 상품화를 서두르고 이 기술을 공유한다. 대형 목장이나 대형 농장 개발은 그 나라의 국민이나 마을주민에게는 전혀 도움이 되지 않고 자본만 이득을 취하는 것이고 식량 또한 남아돌므로 이의 개발을 위한 숲 파괴를 국제법으로 제한한다. 목재의 이용도 인간이 조림한 나무로 한정한다. 근본적으로 인구를 조절해야 하지만, 도시와 주거지 정책은 수평확대를 최대한 억제하고 수직확대로 전환한다. 나아가 연기적 불살생론에 입각하여 모든 생명의 살생과 육식은 인간이 양육한 동물로 제한하며, 자연 상태의 생명은 크든 작든, 중요하든 중요하지 않든 죽이는 것을 법으로 금하거나 수렵사회의 사냥처럼 생태계의 균형을 깨지 않는 범위로 제한한다.

문제는 자본주의 체제다. 이 체제가 유지되는 한, 불평등의 극대화, 기후위기, 인공지능의 위기는 더욱 심화할 것이다. 자본주의는 선과 악, 이타와 이기의 혼합체인 인간이 후자에 더욱 기울어지도록 유혹하고, 개인이 신과 인간보다 돈을 더 섬기면서 서로 경쟁하고 욕망을 증식하며 더 많은 소비를 하도록 조장한다. 이 체제는 탐욕과 이기심, 경쟁심을 견제해야 할 이성마저 도구화하면서 모든 시스템과 과학기술을 계산이 가능한 목적에 종속시킨다. 자본은 이윤을 위해서라면 살인, 쿠데타, 인간과 생명의 대량학살, 전쟁도 불사하며 이를 수행하기 위해 국가와 동맹을 맺는다. 자본은 물질계에 이어서 정신과 무의식의 영역까지 시장으로 전환하고, 사물·자연·인간의 가치를 배제하면서 이를 교환가치로 대체하여 물화物化와 소외를 심화하고 공동체를 파괴했다. 모든 생산수단은 물론 인류와 생명의 공동자산인 땅, 숲, 바다마저 사유화하며 자연을 마구 개발하고 착취하여 불임의 체계로 전락시켰다.

문제는 생산이 아니라 자본주의적 생산관계에 있다. 예로 들자면, 세계 식량 생산은 78억 명이 먹고도 남을 정도로 생산되는데, 8억여 명이 기아에 허덕인다. 앞에서 말한 대로, 더 야만적인 것은 이들 8억 명이 충분히 먹고도 남는 양, 4,000억 달러(약 439조 원)어치의 음식물 쓰레기를 매년 버린다는 점이다.[60] 2015년 기준으로 한국의 주택보급률은 102.3%인데 자가주택비율은 56.8%에 지나지 않는다.[61] 유럽과 쿠바 등을 제외하고 대다수 국가에서는 등록금이 없는 자들은 아무리 뛰어난 능력을 가지고 있어도 대학을 갈 수 없고, 이를 통한 계층 상승도 불가능하다. 의료복지체계와 공공의료가 확보되지 않은 나라에서는 많은 시민들이 검사비가 없어서 코로나 확진 여부

60 http://www.wrap.org.uk/content/benefits-reducing-global-food-waste.(2015년 8월 27일) '폐기물·자원 행동 프로그램(Wrap)'에 의하면, 인류는 1년에 1/3이나 되는 음식물을 쓰레기로 버리며, 이의 가치는 4,000억 달러(438조 원)에 달하며, 이는 기아에 허덕이는 전 세계 8억 500만 명을 먹여 살릴 수 있는 막대한 규모다.

61 http://www.index.go.kr/potal/main/EachDtlPageDetail.do?idx_cd=1239

를 파악하지 못하였으며 코로나 감염 증상이 나타나도 병원에서 치료를 받지 못한 채 죽어갔다.

디지털 혁명과 4차 산업혁명은 노동의 자동화와 디지털화를 가속하고 있으며 코로나는 이에 촉매 구실을 하고 있다. 앞에서 말한 대로, 미국의 경우 10년 동안 새로 창출한 일자리가 2,000만 개인데 2주 만에 그 절반이 사라졌다. 4차 산업혁명이 새로 창출하는 일자리도 많겠지만, 그 수십 배의 일자리가 사라질 것이다. 국가와 자본이 국민과 국가 경제를 위하여 진정으로 일자리를 늘린다 하더라도 결국 인간의 노동을 도태시키는 결과로 귀결될 것이다. 왜냐하면 생명의 진화에 대한 '붉은 여왕의 가설'처럼 로봇이 대체하는 속도가 일자리를 새롭게 창출하는 속도보다 늘 몇 배 이상 빠를 것이기 때문이다. 또 일자리의 양이 아니라 질도 문제다. 새로 창출되는 일자리는 극단적으로 양극화할 것이다. 컴퓨터 공학, 로봇공학, 생명공학, 뇌과학, 양자역학 등 첨단과학기술을 이해하고 구사할 줄 아는 과학자와 기술자들, 빅데이터와 다양한 프로그램들의 알고리즘을 만들고 제어하는 이들이 엘리트를 형성한다. 이들과 인공지능이 처리하지 못하는 부산물들을 취급하는 고스트 워커ghost worker 사이의 노동과 임금의 격차는 1,000배를 넘을 것이다. 이보다 더 우려스러운 것은 인공지능 로봇을 광범위하게 사용할 경우 로봇봉건제로 회귀할 가능성이 크다는 점이다.

대안은 분명하다. 이제 인류가 자본주의 체제와 결별할 때가 왔다. 슬픈 사람도, 기쁜 사람도 있을 것이다. 이 전환이 인류가 환경위기와 기후위기, 인간의 위기, 불평등의 극단화, 재현의 위기, 인공지능의 위기를 헤쳐 나갈 수 있는 유일한 대안임에도 인류는 그동안 머묫거렸다. 코로나가 새로운 각성을 불러오며 재촉하고 있다. 그 한 흐름으로 공공성의 증대, 공공의료체계 수립, 기본소득 등 좌파적 발상으로 공격을 받던 대안들이 속속 현실이 되고 있다.

그렇다고 우버식의 공유경제는 대안이 아니다. 앞에서 지적한 대로, 이런 공유경제는 자본주의 체제 안에서 플랫폼을 매개로 남는 자동차, 여분의 방, 쉬고 있는 노동력 등 자투리의 가치를 모아 지대地代로 전환하고 여기에 노동을 결합하여 잉여가치를 착취한다는 점에서 반反공유적이다. 공유경제 안에서 노동은 산 노동이 아니라 죽은 노동이고 해방의 노동이 아니라 철저하게 착취당하는 노동이다.

3차 산업혁명 때까지는 노동자들이 비록 권력은 없었다 하더라도 그들이 잉여가치를 생산하지 않으면 이윤을 창출할 수 없었다. 이에 노동자는 노동조합을 만들어 교섭을 했고 여의치 않으면 파업, 사보타주 등의 다양한 방법으로 노동을 거부했고, 자본은 임금, 복지, 노동환경 등에서 어느 정도 양보를 했다. 하지만 4차 산업혁명 이후에는 노동자의 투쟁이 자본에 압박이 되지 않는다. 노동자가 노동거부를 하면 자본은 로봇으로 대체하거나 자동화할 수 있고, 노동자를 무시해도 이윤 창출에 전혀 손해를 끼치지 않기 때문이다. 아무런 개혁이나 대안 없이 4차 산업혁명이 진행된다면, 대다수 노동자들은 '쓸모없는 자'나 인공지능이 놓치거나 남긴 부스러기나 처리하는 고스트 워커로 전락할 것이다.

저항은 쉽지 않다. 고스트 워커들은 각자 자신의 집으로 분산되어 있기에 노동조합을 만드는 것도, 연대를 하는 것도 아주 어려운 일이다. 설혹 만든다고 하더라도 다양한 인공지능을 활용한 감시체계가 노동자들을 관리하고 조절하고 통제한다.

하지만 국가가 일방적으로 자본의 편에 서서 99.9%의 국민이 봉건사회의 농노와 같은 지위로 전락하는 것을 방관할 경우 국가의 존립이 어려울 것이고, 자본을 제대로 통제하지 않을 경우 기후위기, 환경위기, 불평등의 극대화, 4차 산업혁명이 야기한 위기 등이 어우러져 사회 붕괴와 자연의 파괴로 이어질 것이다. 혁신적인 대안을 마련하지 않으면 모두의 파국으로 귀결될 수 있다.

이런 상황이기에 역설적으로 AI 로봇의 등장이 오히려 모든 노동자가 꿈꾸던 노동을 구현하는 길이 될 수 있다. 이의 대안을 구현하는 방편은 로봇의 사회화와 노동시간의 단축을 통한 노동 나눔의 제도화, 놀이와 예술을 종합한 노동의 창조, 로봇 노동의 제도적 제한이다. AI 로봇이 보편화할 경우 노동은 크게 세 가지, 곧 인간의 노동, 로봇의 노동, 인간과 로봇의 협업으로 나누어질 것이다.

지금부터 판을 잘 구성해야 한다. 빅데이터와 로봇은 공유부共有富, common wealth다. 국가는 로봇의 100% 사회화를 목표로 로봇이란 생산수단을 점진적으로 사적 소유에서 공유로 전환해야 한다. 로봇에 관련된 기술은 로봇공학, 컴퓨터공학, 생명공학, 뇌과학, 빅데이터를 종합한 것이고 수많은 사람들에 의해 축적되고 융합된 것이기에, 이 기술은 사회의 소산이며 개인이나 기업이 독점할 수 없다. 기술에 관련된 연구 또한 사회적 생산의 결과다. 이 기술은 지구 생명이 38억 년에 걸쳐 진화한 결과물이고 인류 문명과 과학발전이 축적하여 이룩한 것이다. 더구나 현재의 기술의 대략 80~90%가량이 국가가 지원하여 이루어진 것이다. 그럼에도 이 기술이 국가 경제 발전과 성장이란 명목으로 기업에 넘겨지는 것은 모순이다. 이제 이 기술부터 국가가 독점하고, 국가가 직접 운영하는 공장에서 로봇을 생산하여 이를 원하는 곳에 대여하는 시스템으로 전환해야 한다. 이 로봇이 생산한 가치는 모두 국가가 갖는다. 당분간 국가 소유의 로봇과 기업이 사적으로 소유한 로봇으로 이원화할 것이다. 기업이 소유한 로봇에 대해서는 로봇세를 높은 세율로 부과한다. 국가 로봇에서 생산한 가치와 로봇세로 무상의료, 무상교육, 무상주택, 무상교통을 핵심으로 한 보편적 복지, 기본소득, 기본자산, 일자리를 잃은 자들에 대한 재교육과 실업수당 등 사회적 안전망 확보 등의 재정으로 활용한다. 국가와 시민사회가 합의를 거쳐서 로봇 단독의 노동, 인간과 로봇의 협업, 인간만의 노동의 범주와 직종을 결정하고 이를 법적으로 규정한다. 필자가 인공지능이 사전적 의미를 넘어서서 시적 의미와 철학적 의미, 맥락에 따른 의미를 알고리즘화하여 프로그래밍하는 노하우를 공유한 것처럼, AI 관련 기술과 특허 또한 '카피 레프트Copy left'로 전환하여 전 세계인이 누구나 공유할 수 있도록 한다.

이렇게 하여 단순한 반복 작업과 위험도가 높은 작업은 로봇에 맡기고 인간은 수렵시대의 사람처럼 노동시간을 주당 20시간 이하로 단축하고 남는 시간은 여가를 즐긴다. 노동 또한 아이들이 모래성을 짓는 것처럼 일과 놀이, 예술이 결합한 노동으로 전환한다. 그리하여 노동을 통해 진정한 자기실현을 하며, 이것이 즐거운 놀이가 되고, 노동을 하며 행위자가 늘 창의성을 구현하며, 거기서 창출한 잉여가치는 착취당함이 없이 자신과 사회의 몫으로 한다. 이 경우, 인류는 착취가 없이 해방된 노동, 곧, 모든 구속에서 벗어난 노동으로서 소극적 자유, 이 세계를 노동을 통하여 개조하고 새로운 가치를 창출하는 진정한 자기실현을 하며 자신의 본성을 구현하는 실천으로서 적극적 자유, 생산한 잉여가치를 타자의 자유를 확대하는 데 투여하는 데서 얻는 대자적 자유를 구현하는 노동, 일과 놀이와 예술의 종합을 이루는 노동을 달성할 수 있다.

지금 자본주의는 여러 요인/변인에 의하여 붕괴하고 있다. 평균이윤율은 금세기 안에 거의 0%에 근접할 것이다. 이윤이 없는 곳에 자본은 존재하지 못한다. 화석연료보다 태양광을 비롯한 재생에너지의 생산단가가 더 저렴해질 것이고 이를 사물인터넷을 활용해 전 세계를 초연결하여 공유하는 것이 점점 더 영역을 넓힐 것이다. 우버와 같은 형식이 아니라 위키피디아 형식의 공유경제가 차지하는 비중이 30%를 넘을 경우 자본주의 체제는 임계점에 이를 것이다. 물론, 자본은 기술 개발, 새로운 시장의 창출, 비정규직을 비롯한 노동의 유연성, 대중조작, 금융사기를 통한 합법적 수탈, 공간의 재조정 등의 상쇄요인을 총동원하여 자본주의 체제의 붕괴를 막을 것이다. 하지만, 인공지능과 로봇을 사회화하는 데 시민사회와 국가가 합의할 경우 자본주의 체제는 더 이상 버티지 못할 것이다.

세계체제world system는 중심과 주변 사이의 평등한 체제로 전환해야 한다. 제국의 등장 이후 늘 중심은 주변을 약탈했다. 특히, 제국주의 등장 이후 유럽과 미국은 제3세계의 자원과 노동력을 헐값으로 공급받으며 착취하고, 중심에서 생산한 상품을 제3세계의 시장에서 비싼 값으로 팔아 막대한 부를 축적하였고 이를 기반으로 지금도 풍요를 누리고 있다. 반면에 제3세계는 세계체제의 구조적 모순 속에서 저발전underdevelopment을 겪으며 아무리 노력해도 빈곤에서 벗어날 수 없었다. 이런 상황에서 신자유주의 세계화는 실은 빈곤의 세계화를 촉진하는 방향으로 수행되었다. 부르키나 파소의 대통령 토마스 상카라Thomas Isidore Noël Sankara가 외부의 지원 없이 4년 만에 개혁에 성공하여 빈곤과 서방의 종속에서 벗어난 자립경제를 수립하였다. 이것이 아프리카로 퍼져나가자 미국이 그의 친구를 사주하여 쿠데타를 일으키고 암살하였다. 이 사례에 잘 나타나는 것처럼,[62] 제3세계가 개혁이나 자립에 성공하면 미국을 비롯한 서방은 쿠데타, 반정부세력 지원, 경제 제재 등으로 이를 물거품으로 만들고 종속을 유지한다.

---

62 아프리카의 체 게바라, 부르키나 파소의 대통령인 토마스 상카라는 자기 조국을 제국의 종속에서 독립시키고 거의 모든 면에서 눈부신 개혁을 단행하여 성공을 거두었다. 그는 반제국을 선언하고 해외원조를 거부하고 국가부채 삭감을 요구했으며, 모든 토지와 광물 자산을 국유화하였고, 재정적인 어려움 속에서도 국제통화기금과 세계은행의 지배로부터 독립을 추구했다. 그는 일체의 해외의 지원을 거부한 채 '철도 전투'를 통하여 700킬로미터에 달하는 철도 건설과 이를 도로로 연결하는 국가교통기반 체제 수립에 성공했다. 그는 권력과 생산수단을 민중들에게 돌려주면서도 시장과 자본을 견제하는 개혁책에도 성공했다. 그는 사회주의 혁명을 과단성있게 추진하려면 중앙정부가 모든 것을 통제해야 한다는 고정관념에서 벗어나 전국을 과감하게 30개 자치구로 나누었고 인민들이 자주적으로 자치구를 관리하도록 하여 진정한 풀뿌리 민주주의를 단행했으며, 각 지역에 맞는 특산물 산업과 수공예 산업 육성에 집중적으로 투자하여 각 지역과 마을이 그곳 사정과 능력에 부합하는 산업발전을 이루고 경제적 이익을 얻도록 했다. 프랑스 식민지배 이후로 계속 이어져왔던 과중한 인두세를 과감하게 폐지하고 부족장들의 토지를 몰수하여 국민에게 나눠주는 토지개혁을 실시했다. 학교를 세워 인재를 양성하고, 13%의 문해율을 73%로 끌어올리고 그들을 시민 주체로 길렀다. 국가가 강력하게 개혁을 추진하고 생산수단의 공유를 추구하면서도 공무원을 줄였다, 공무원의 고급 관용차 메르세데스를 당시 가장 저렴한 르노5로 바꾸고, 심지어 자신의 월급을 450달러로 낮추고 대통령의 소유물을 제한하고 이렇게 구성한 재정으로 도로, 상하수도와 같은 사회기반시설을 확충했다. 여성정책에서도 대혁신을 감행했다. "여성들이 하늘의 절반을 함께 떠받치고 있다."라고 연설하며, 일부 다처제를 법으로 금하고 할례의식을 금지시켰고 피임을 장려하고 여성의 날을 국경일로 지정하고, 여성을 고위공무원직에 대거 임명하여 여성 인권을 신장시켰다. 공공의료정책도 수행했다. 마을마다 진료소를 설치하고 미신이나 비과학적 치료법을 퇴치하고 근대의 과학적인 의료체계를 구축했다. 250만 명의 어린이를 뇌수막염, 황열병, 홍역 등으로부터 구제하기 위하여 대대적인 예방접종을 시행했다. 에이즈의 실체를 아프리카 최초로 정부차원에서 인정한 것도 그다. 80년대 당시에 환경정책에도 눈을 떠, 사막화가 계속 진행되는 자연환경을 복구하기 위하여 7,000개소의 종묘장을 세우고, 1,000만 그루의 나무를 심는 재녹화 사업을 추진했다. 인민혁명 재판소를 만들어 적폐들을 청산했다. 혁명을 이어가도록 혁명수비대도 창설했다. 이 개혁정책들은 2~4년 만에 상당한 성과를 냈다. 부족 갈등이 사라지고 토지재분배 정책도 큰 효과를 거두어서, 밀 생산량이 3년 만에 헥타르 당 1,700kg에서 헥타르 당 3,800k을 증산하여 식량을 자급자족하게 되었다.(이상, Carina Ray, "Thomas Sankara, President of Burkina Faso," Britanica, https://www.britannica.com/biography/Thomas-Sankara, https://ginainforms.com/thomas-sankaras-achievements-in-burkina-faso/ 참고함.)

코로나 이후에 G2가 계속 양강兩强을 형성하고 여기에 EU와 영국, 러시아, 브라질, 인도, 일본이 맞서거나 합종연횡合從連衡하는 형국을 유지할 것이다. 하지만, 코로나 이후 세계화가 중단 상태이고 각국이 각자도생을 모색하면서 국제 협력 체계는 실종되었다. 특히, 트럼프 정권은 안으로는 민주주의를 훼손하고 밖으로는 고립주의를 고집했으며, 중국은 자국의 인민과 홍콩 시민에 대한 강압적 통치를 강화했다. 이에 G2 모두 정치적 헤게모니를 현저히 상실했다. 앞으로 정권이 바뀌더라도 미국의 달러 환류 전략과 중국의 국유기업의 생산성 저하는 별로 달라지지 않을 것이다.

제3세계는 이 틈을 잘 활용할 필요가 있다. 먼저, 중심의 강대국이 결정권을 행사하는 UN을 개혁하거나 대체하는 평등한 국제기구를 구성하여 집단의 안보체제를 구축하고, IMF를 대체하는 금융기구, 제3세계 공동의 은행을 설립하여 제3세계의 호혜적인 경제, 교육, 문화, 환경 협력체계를 구축한다. AP, UPI, REUTER, AFP 등 4대 통신사가 장악하던 뉴스와 정보의 왜곡된 흐름을 견제하기 위하여 제3세계 60여 개 나라의 통신사가 모여 NANAP를 구성했던 것처럼, 중심국만이 아니라 제3세계의 관점의 뉴스와 정보, 데이터가 공정하고 평등하게 흐르도록 공동의 통신사/데이터센터를 결성한다. 제3세계가 함께 구성하고 예산을 분담하여 구글이나 페이스북에 대항할 만한 플랫폼을 만든다. 전 세계의 모든 유무선 통신을 도, 감청하고 사찰하는 미국의 에셜론시스템Echelon System과 프리즘을 국제법으로 해체시킨다.

더 나아가 세계공화국을 건설한다. 전 세계 시민의 참여와 숙의를 거쳐서 4차 산업혁명과 코로나 이후의 인류사회를 전망하되, 인류의 공존공영과 자연과 생태적 조화를 모색하는 세계 헌법 초안을 만든다. 이에 따라 세계 의회를 구성하고, 세계 정부, 세계 사법부를 구성한다. 초연결사회는 직접 민주주의와 숙의민주제를 결합한 새로운 차원의 민주제를 가능하게 할 것이다. 세계 의회는 절대 국가별, 인종별로 안배하지 않는다. '몫 없는 자의 민주주의'를 위하여 전 세계 시민을 직업이나 직능별로 구분하고 그 직업과 직능 안에서 무작위로 추첨을 하여 대표자를 정한다. 예를 들어, 세계 의회의 정족수가 1,000명이고, 전 세계 18세 이상 인구 가운데 노동자가 40%, 학생이 5%라면, 노동자 가운데 400명, 학생 가운데 50명을 의원으로 선정하여 세계시민을 대표하도록 하는 것이다. 남녀 비율 또한 5:5로 한다. 이럴 경우 그들의 능력과 수준을 염려할 수 있는데, 일정 이상의 정신병력이나 범죄 경력이 있는 자는 제한하고 평범한 시민으로 뽑을 경우 문제될 것이 없다. 집단지성의 힘이 엘리트를 능가하는 것이 디지털 사회의 특징이다. 대중이 집단적으로 작성한 위키피디아가 노벨상 수상자를 포함한 석학과 전문가들이 기술한 브리태니커보다 낫다. 아일랜드 등에서 실험한 결과, 정책이나 사안마다 전문가 토론과 숙의를 거칠 경우 추첨으로 선정된 평범한 시민들이 더욱 공정하고 사려 깊은 판단을 했다. 중요한 정책마다 유튜브로 정책에 대해 찬반 토론을 하고 이를 시청한 후 세계 시민이 초연결된 네트워크를 통해 투표를 하는 것이다. 이는 거의 비용을 들이지 않은 채 가능할 것이다.

지금 가장 시급한 것은 굶주려 죽는 사람을 막는 방책을 취하는 것이다. "해마다 대략 1,500억 달러를 10년 동안 투자한다면, 지구상의 모든 가난한 이들이 기초적인 교육과 의료와 위생 시스템을 보장받고 적절한 영양, 식수, 여성의 경우 적절한 산부인과 치료를 받을 수 있다."[63] 넉넉잡고 2,000억 달러면 8억 명의 사람들이 영원히 굶주리지 않게 함은 물론 그들에게 기초적인 의료와 교육을 실시하는 체제를 만들 수 있는데, 미국 한 나라에서만 너무 먹어서 비만 관련 의료비로만 매년 1,470억 달러를 지출하고 있으며,[64] 전 세계는 군사비로 2019년 한 해에만 1조 9,170억 달러를 썼다.[65] 제3세계 공동의 안보체계를 수립하고 군사비를 매년 현재 수준에서 10% 정도를 줄여 기금을 조성하여 굶주려 죽는 이들을 영구히 막는 시스템을 만들어야 한다.

중심국과 주변 사이에 맺어진 불평등하고 공정하지 못한 관계와 협약만 청산해도 이 기금을 조성할 수 있다. 유럽과 미국을 비롯한 채권국들은 아프리카에 대한 부채를 전액 탕감해야 한다. 이미 그들은 그 원금의 몇 배의 이익을 얻어갔기에, 아프리카는 그 빚으로 인하여 구조적 빈곤에서 벗어나지 못하고 이로 매년 수백만이 굶주림과 질병으로 죽어가기 때문에 이는 정당한 요구다. 생물에 대한 소유권 또한 제3세계에 돌려주어야 한다. 유럽과 미국은 책과 특허와 같은 것은 원작자에게 소유권을 인정한다. 그러면서도 생물만큼은 아프리카와 중남미, 아시아에 풍부하고 자신들은 빈약하므로 이를 원작자가 아니라 등록하거나 가공한 자에게 부여하고 있다. 예를 들어, 부시맨들이 악마의 발톱을 상복하는 바람에 맨발로 다니는데도 관절염을 앓는 이가 전혀 없는 것을 보고 이에서 추출한 것이 잔탁이

---

63 UNDP, *Annual Report 2006 — Global Partnership for Development,* United Nations Development Programme, New York: 27, May 2006.

64 www.cdc.gov/nccdphp/dnpa/obesity/economic_consequences.htm(2015년 8월 27일)

65 SIPRI, *SIPRI Yearbook 2020-Armaments, Disarmament and International Security Summary,* 2020, p.10.

라는 관절염 치료제다. 우리나라의 수수꽃다리를 채집한 미국 학자가 이를 증식한 후에 당시에 자료의 정리를 도와준 타이피스트의 이름을 따서 미스킴 라일락Miss Kim Lilac으로 등록했다. 이 식물은 사계절의 차이가 가장 강한 한국에서 특성화한 탓에 기후가 다른 미국의 여러 지역에서 잘 자라고 향기가 진하여 미국 원예시장에서 최고의 인기 상품이다. 이 원산지가 우리나라임에도 우리가 이를 팔려면 거꾸로 미국에 로열티를 지불해야 한다. 최소한 5:5로 특허료를 양분하는 것이 정당하다.

대다수 국가는 바깥으로는 고립주의를 강화하면서 내적으로는 포퓰리즘으로 기우는 가운데 빅브라더와 빅마더를 혼합한 전체주의로 다가갈 것이다. 국가는 방역을 빌미로 빅데이터와 스마트폰, 여러 도청이나 감시 프로그램을 연결하고 활용하여 국민에 대한 감시와 사찰, 통제를 강화하고 있다. 우리의 무의식과 욕망을 엿보고 이를 SNS와 미디어를 통해 조작하여 더욱 부드럽게 관리하고 조정할 것이다.

반면에, 시민사회에는 공포의 유령이 드리우고 있다. 전체주의는 두려움을 먹고 산다. 두려움은 실체를 알지 못하고 희망이 보이지 않을 때, 이를 극복할 능력이나 힘이 없다고 느낄 때 증폭되기 마련이다. 코로나 퇴치에 대한 과학적이고 객관적인 분석과 전망이 그 어느 것보다 우선해야 하는 이유다. 지식인과 시민들은 공론장을 회복하고 과학과 합리성을 바탕으로 온갖 주술적 담론과 가짜뉴스를 비판하고, 80세 이상의 노인을 죽도록 내버려 두자는 주장과 같은 야만과 코로나를 빌미로 행해지는 다양한 방식의 전체주의적 통제와 억압에 저항해야 한다.

이 시점에서 국가는 이제 선택해야 한다. 자본과 유착관계를 계속 유지하여 인류 멸망의 길로 갈 것인가, 아니면 이를 끊고 도덕적 선과 정의의 가장 강한 구현체, 자연과 생명, 국민의 안전을 수호하는 지킴이로 거듭나서 지속 가능한 발전과 글로벌 뉴딜로 방향을 전환할 것인가.

문화권이나 조건과 상황에 따라 차이가 있지만, 대한민국을 비롯하여 모든 나라가 생명평화사상을 바탕으로 생태복지국가로 전환한다. 모든 생명 및 자연과 조화를 이룰 수 있도록 에너지 체계 및 산업 체계를 혁신한다. 핵발전소는 폐기하고 재생에너지와 지역 중심으로 에너지 체계를 전환한다. 재생에너지센터와 사물인터넷을 기반으로 한 지능형 네트워크체계를 결합하여 전 세계 단위에서 에너지를 분배한다. 4차 산업혁명이 진행됨에 따라 굴뚝 산업은 저절로 축소될 것이고 농업생산과 정보산업 중심 체제로 서서히 전환한다. 나만의 밥과 행복이 아니라 모두를 위한 밥과 행복을 추구한다. 거의 모든 생산수단은 공공화하며, 의료와 주택, 교육은 단계적으로 무상화하고 이를 위해 조세혁명을 단행한다. 금융과 교통, 정보통신은 공공화한다.

개인과 사회도 변해야 한다. 이번 코로나 사태로 많은 이들이 고통을 당하고 있고 또 죽어가고 있다. 당신에게 타인의 고통은 '하룻밤의 진부한 유흥거리'였는가, 거기에 있지 않다는 '안도감'이었는가, 그 고통의 원인에 연루되지 않았다는 '무고함'을 증명하는 것이었는가, 아니면 자신이나 자식이 아픈 것만큼 고통스러워하며 아픈 곳을 우선하는 것이 정의라며 연대의 손길을 내밀었는가.[66]

---

66 이 대목은 수전 손택의 『타인의 고통』, 이재원 역, 이후, 2004. 2, 154쪽에서 낱말을 차용하였음.

맺음말

The 4th Industrial Revolution
and the Society
Beyond Capitalism

우리는 거의 종점에 와 있다. 인간의 모든 꿈이 이루어진 유토피아? 육지 대부분이 사막화한 가운데 인공지능이 인간을 지배하는 디스토피아? 화성 식민지? 이 종점의 다음에 어떤 세계가 펼쳐질지 아직 확신할 수 있는 것은 아무것도 없다. 하지만, 종점에서 지나온 길을 볼 때 올바로 성찰할 수 있다. 위기는 원인을 파악하고 대안을 올바로 모색할 때 새로운 지평이 열리는 전환점이기도 하다.

지금은 '빈틈'이 사라진 시대다. 우리에게는 더 이상의 자연파괴와 불평등과 폭력을 완충시킬 빈틈이 없다. 대기와 땅과 바다의 오염, 적정 인구, 자원, 도시화, 자본주의 체제와 신자유주의 체제의 모순, 세계체제 등 모든 것이 이미 임계점을 넘어섰거나 임박했다.

인류는 여러 위기가 중첩된 아주 위급한 상황에 있다. 생명과 기후위기, 불평등과 자본주의 체제의 위기, 4차 산업혁명과 인공지능의 위기가 중층적으로 인류를 압박하고 있다. 환경파괴로 38%의 생명이 멸종위기에 있으며, 역대급의 태풍, 홍수와 폭염과 가뭄, 폭설, 빙하의 소멸, 장기 산불, 미세먼지는 이제 지구촌의 일상이 되었다.

임계점을 넘어 자연을 파괴하며 '빈틈'이 사라지자 여러 요인들이 서로 영향을 미치면서 연쇄적으로 증폭되는 임계연쇄반응Criticalty Chain Reaction도 다가오고 있다. 다른 것은 차치하고서라도 북극권의 동토층에 갇혀 있는 인류 탄생 이전의 바이러스나 1조 6,000억 톤의 이산화탄소와 메탄가스가 짧은 시간에 방출된다면, 기후위기와 팬데믹은 인간의 예측과 상상을 초월한 지경으로 치달을 것이며 6차 대멸종은 훨씬 더 앞당겨질 것이다. 한 기업 안에서 임금 격차가 300배에 이를 정도로 불평등은 심화하였고 평균이윤율과 생산성의 저하, 장기침체로 자본주의 체제는 위기 상태다. 4차 산업혁명은 로봇봉건제, 기계에 대한 인간의 종속, 생명의 기계화, 재현의 위기 등 여러 위기를 야기할 가능성이 농후하다. 인간의 지능을 앞서고 자유의지를 갖는 인공지능 안드로이드가 인류를 지배하지 않는다면 그것이 오히려 기이한 것이다. 10년 안에 변하지 않으면 우리는 영원히 기회를 놓칠 수도 있다.

고대에 사회란 것이 만들어질 때부터 공적인 것과 사적인 것의 결합을 바탕으로 형성되었다. 우리는 지구를 소유한 것이 아니라 미래 세대와 미래의 생명으로부터 잠시 빌린 것이다. 사회 자체를 부정하고 생명에 대한 윤리적 자각 없이 이루어진 근대 문명, 자본주의 체제, 근대 국가, 근대의 과학기술체계, 근대적 휴머니즘, 모든 제도들은 해체해야 한다.

인류 역사를 돌이켜 보면, 과학기술은 일시적으로 후퇴한 적은 있었지만, 늘 앞으로 나아갔고 사회의 진보와 발전을 이끌기도 하였고 원자탄처럼 불안, 공포, 불행도 가져다주었다. 컴퓨터공학, 나노과학, 인지과학, 로봇공학, 생명공학 등의 발전도 설혹 인류의 멸망이 다가온다 하더라도, 규제는 받겠지만 멈추지 않을 것이다. 유령이나 SF적 상상력이 우리를 어지럽히기는 하지만, 4차 산업혁명은 매우 빠른 속도로 진행되고 있다. 우리는 우리보다 지능이 더 나은 기계를 만날 것이고, 도구의 지배자였던 인간은 점점 이 기계에 종속될 것이다. 신처럼 생명을 조합하고 창조하면서 수많은 질병과 유전적 약점을 극복하겠지만, 그 오만은 제2의 바벨탑 사태를 낳을 수도 있다. 우리는 재현의 위기를 겪고 정체성의 혼란에 놓일 것이며, 현재의 인류보다 지능, 힘, 정서에서 월등한 포스트휴먼으로 거듭날 것이다. 이 상황에서 근본적으로 프랑켄슈타인을 양산하지 않으려면, 과학기술결정주의나 인간중심주의에서 벗어나서 생명성과 인간성, 영성을 결합한 과학을 지향해야 한다.

이제 패러다임부터 전환한다. 인간이 중심에 서서 자연을 파괴하여 개발하던 데서 자연과 공존하고 순환이 가능한 불일불이不一不二의 생태론으로, 타자를 배제하고 폭력을 행하던 동일성에서 타자의 아픔에 공감하고 연대하는 눈부처 차이로, 과학기술주의에서 일심의 체용론으로, 인간중심주의에서 다른 인간과 생명과 공존하는 생태적 포스트휴머니즘으로 대전환해야 한다.

4차 산업혁명이 자본주의와 결합하여 더 많은 이윤을 추구하며 과학기술을 도구화하는 방향으로 진행된다면, 그 결말은 디스토피아다. 다행스럽게도 집단지성, 한계비용 제로의 공유경제, 3D프린터와 사물인터넷을 매개로 한 초연결사회, 선한 인공지능, 미생물을 이용한 단백질 생산 등은 신자유주의 체제와 자본주의를 해체하고 초기 농경사회와 다른 양상으로 모든 구성원이 다 같이 평등하고 존엄한 공동체로 나아갈 수 있는 희미하나마 분명한 빛을 비추고 있다. 중요한 것은 그것이 지금 빛으로 존재하며, 우리의 실천과 결단에 따라 그 빛이 길로 변할 수 있다는 점이다. 우리는 이제 400년의 자본주의와 다른 사회를 상상하고 구성해야 한다. 이것은 좌파적 이념도, 도덕적 당위도 아니다. 인류의 멸망을 야기하고 있는 원인과 구조적 모순에 대한 통찰에서 비롯된 과학적이고 변증법적인 인식이다.

자본주의 해체 없이 기후위기, 극대화한 불평등의 극복은 불가능하며, 인공지능을 비롯한 4차 산업혁명의 기술들도 디스토피아를 구성할 것이다. 보수적인 의식을 가진 대중들, 자본과 국가도 지금 이 시점에서는 직시해야 한다. 불평등과 기후위기의 원인을 따져보면 결국 자본주의 체제로 귀결된다. 이는 어떤 대안도 자본주의의 해체를 전제하지 않으면 미봉책임을 의미한다. 자본주의 체제는 이윤과 경쟁의 두 바퀴로 움직이며 인간의 이기심과 욕망을 증식시키고 끊임없이 확대재생산해야 하기에 현재의 위기를 야기한 근본 원인인 동시에 동력으로 작동한다. 개혁적이거나 개량적인 대안, 윤리적 자본주의도 가능하지 않다. 월러스틴Immanuel Wallerstein이 잘 통찰한 대로, "거대 이윤의 원천은 시장이 아니라 시장의 작동을 억제하는 독점이다."[1] "자본주의 체제에서 공정한 시장이란 불가능한 유토피아이며, 권력의 시장화와 시장의 권력화는 전형적인 자본주의 현상이다."[2] 자본주의 체제는 탄소 배출권 거래제, 바이오 연료 보조금, 환경세 등 그 어떤 혁신적인 대안들도 이윤 추구 원리에 종속시켜 한낱 상품으로 전락시키고, 결국 무력화했다. 자본주의 체제 안에서 지속

---

1 이매뉴얼 월러스틴(Immanuel Wallerstein), 『사회과학으로부터의 탈피: 19세기 패러다임의 한계』, 창작과비평사, 성백용 역, 1994, 264-283쪽.

2 汪暉·柯凱軍,「關于現代性問題答問」, 李世濤 主編, 『知識分子立場 — 自由主義之爭與中國思想界的分化』, 時代文藝出版社, 2000, p. 134; 백승욱, 「신자유주의와 중국 지식인의 길찾기」, 『역사비평』 55호, 2001년 5월, 286쪽 재인용.

가능한 발전은 달리는 기차 안에서 뒷걸음치는 꼴이다. IPCC가 지적한 대로, 우리가 파국을 맞지 않으려면 이산화탄소 배출량을 2030년까지 약 45%를 감축해야 하고 2050년에는 순 영점에 도달해야 한다. 이것이 자본주의 체제에서는 가능하지 않다. 무엇보다도 자본주의 체제를 유지한 채 지속 가능한 발전을 할 수 있는 임계점을 이미 넘어섰다. 보수주의자들이나 자본, 기득권이 정녕으로 자본주의 체제를 유지하고 싶었다면 이렇게 사태가 악화하기 전에 개혁들을 수용했어야 했다.

그럼에도 많이 늦지는 않았다. 조너선 닐Jonathan Neale의 주장대로, 국가가 나서서 2차 세계대전 때 과학기술, 예산, 정책, 국민을 전쟁 승리에 맞추어 총동원한 것처럼 불평등과 기후위기 극복에 모든 역량을 집중한다면 아직 길은 있다. 비용이 들겠지만, 그것은 그만큼 일자리를 창출한다. 국가가 이런 길을 걸을 때까지 시민/노동자들이 연대하여 자본과 국가를 압박해야 한다.[3]

인류 역사 700만 년 가운데 불평등한 사회는 0.0857%인 6,000여 년에 지나지 않는다. 돈이 신이 되고 소외를 심화하고 자본이 노동자가 생산한 잉여가치를 착취하는 자본주의 체제는 0.0057%인 400년에 불과하다. 특히, 메소포타미아 문명이나 이집트 문명에 앞서서 기원전 9,400년경부터 1,300여 년 동안 농경을 하고 문명을 건설한 터키의 차탈회유크 유적을 보면, 전기 600여 년 동안에는 집과 곳간의 크기가 같았고 소유물도 똑같았다. 평등한 공동체를 추구하는 것은 빨갱이식 발상도, 과격한 주장도, 현실성이 없는 꿈도 아니다. 그것

3 조너선 닐, 『기후위기와 자본주의』, 김종환 역, 책갈피, 2011, 67~71쪽을 참고함.

이 인류의 본래 모습이고 불평등한 사회가 찰나의 일탈이다.

인류는 700만 년 가운데 99.9143%의 시간 동안 평등한 공동체로 살았다. 이제 인류사회는 자연과 공존하며 모든 구성원들이 평등한 공동체로 돌아가야 한다. 그 방향과 부합할 때만 4차 산업혁명은 정당성을 가질 것이다. 코로나 바이러스 19는 이를 재촉하고 있다. 대신 우리 자신도 변해야 한다. 욕망을 서로 키우며 이를 달성하는 것을 행복한 것으로 착각하던 삶에서 타자를 위하여 자발적으로 욕망을 절제하는 데서 외려 만족과 행복을 느끼는 소욕지족少欲知足의 삶으로, 물질적 충족보다 마음의 평안을 더 중요한 가치로 여기는 삶으로, 이기심과 경쟁심을 서로 극대화한 삶에서 주변의 약자들의 아픔에 공감하고 연대하면서 타자를 자유롭게 하여 진정으로 자유로움과 환희심을 느끼는 삶으로 전환하여야 한다. 그럴 때만 우리의 후손들에게도 내일이 있을 것이다.

다가오는 시대는 "GDP보다 그 나라의 강과 숲에 얼마나 다양한 생명들이 살고 있는지, 국력보다 거리를 지나는 시민들이 얼마나 미소를 짓고 있는지, 국부를 늘리기보다 얼마나 가난한 이들에게 공평하게 분배되고 있는지, 기업 이윤을 늘리기보다 얼마나 노동자들이 행복하게 자기실현으로서 노동을 하는지, 뛰어난 인재를 길러내기보다 못난 놈들이 얼마나 자신의 숨은 능력을 드러내는지, 내기하고 겨루기보다 여러 인종과 종교와 이념을 가진 사람과 인공지능이 함께 모여 얼마나 신나게 마당에서 노는지에 초점을 맞추어 국가를 경영하고 정책을 구사해야 한다."[4]

---

4 이도흠, 「새로운 정치세력의 가치와 노선」, 국민모임, 『야권 교체 없이 정권교체 없다 — 국민모

이제 "양적 발전보다 삶의 질, GDP보다 국민의 행복지수, 경쟁보다 협력, 개발보다 공존, 권력과 자본보다 마음의 평안을 더 중시하는 사회; 많은 돈과 권력과 명예를 가진 자보다 자비심이 많은 이들이 더 존경받는 사회; 머리나 가슴이 아니라 아픈 곳이 내 몸의 중심이듯, 가장 약한 자들이 고통 받는 곳이 이 나라의 중심이라며 모든 국민과 지도자가 그 사람들에게 먼저 달려가는 사회; 타자의 고통에 대한 공감과 자비심이 개인과 사회와 국가의 동력이 되는 사회; 살아있는 모든 것은 작든 크든 자비심을 가지고 그들 모두가 행복하기를 지극한 마음으로 발원하는 사회; 내가 바라는 것이 떠오르는 순간 타인을 생각하며 그에게 먼저 베푸는 사회; 한 사람의 열 걸음보다 열 사람의 한 걸음을 걸으며 모든 것을 나누며 모두를 위한 밥을 추구하는 사회; 자신이 갑의 위상에 있는 것을 인식하는 순간 모든 권력을 포기하고 을을 주인으로 섬기는 사회; 정의와 불의, 선과 악, 이타심과 이기심이 대립할 때 결국에는 전자가 후자를 이기는 사회; 삶의 궁극적인 목적이 내 마음의 평안과 타인과 함께 구원/열반에 이르는 것이며 이를 향하여 걷거나, 앉았거나, 누워 있을 때라도 졸지도 게으르지도 말며 깨어 있을 때는 언제나 자비심을 낼 뿐만 아니라 알아차림을 서로 키우는 사회를 지향해야 한다."[5]

인문학도 혁신적으로 변해야 한다. 이 썩어버린 웅덩이에서 인문학자마저 '게으른 말을 쏘는 등에(소크라테스)'와 '잠수함의 토끼(콘스탄틴 게오르규)'의 역할을 상실하고 권력이나 자본과 영합한다면 인류

임 서울 대토론회』, 2015년 1월 12일 인용하며 '인공지능' 낱말만 추가함.

5 Walpola Rahula, *What the Buddha taught: with a foreword by Paul Demieville and a collection of illustrative texts,* New York: Grove Press, 1974, pp.88~89를 참고하며 약간 수정함.

의 미래는 없다. 인문학은 '지금 여기 이 자리에서 인간이 과거의 과거로부터 현재의 현재까지 이르게 된 기억의 주름들을 펼치고 그러면서 이룩한 무늬를 분석하여 얻은 의미와 지혜를 통하여 세계의 모순과 부조리를 분석하고 좀더 나은 인간조건과 궁극의 진리를 찾아 현실을 포월(匍越, 包越, 抛越)하면서 미래의 미래에 이르기까지 올바로 전망하며 유토피아를 제시하는 것'이다. 오늘 인류가 맞이한 기후위기와 생명위기, 불평등의 극대화를 비롯한 자본주의 체제의 위기, 4차 산업혁명으로 인한 재현의 위기와 노동의 위기 등을 극복하려면, 인문학은 환골탈태가 필요하다. 자본과 국가에 아부하면서 자신의 이익과 권력을 확대하거나 대중의 탐욕을 증식시키는 데 기여한 학문은 인문학이 아니다. 이제 인문학은 인간중심주의에서 자연과 공존하는 생태주의로, 타자를 배제하고 폭력을 행한 동일성에서 타자와 상생하는 차이로, 유럽중심주의에서 제3세계적이고 탈식민적인 전망을 아우르는 입장으로, 엘리트주의와 가부장주의에서 서발턴과 호모 사케르와 여성성의 관점으로 이동해야 한다. 이것이 공리공론이 되지 않으려면 인문학자들은 현장과 약자들이 있는 곳으로 좀더 다가가야 한다. 공허한 추론이 되지 않으려면 과학과 융합하되, 어떤 과학의 권위, 권력과 자본의 탄압과 회유에도 흔들리지 않는 꽂꽂한 선비정신을 견지하는 결기를 간직해야 한다.

변화한 환경과 포스트휴먼의 존재에 맞게, 소극적 자유, 적극적 자유, 대자적 자유를 구현하려는 눈부처 주체들이 새로운 패러다임을 갖고 모든 고통을 느끼는 생명, 인간, AI 등의 존재에 공감하고 연대하고 공존하면서, 이를 억압하는 자본과 국가, 과학기술에 저항하면서, 공유경제를 바탕으로 자본주의 체제에 틈을 내고 이를 해체하거나 주변화하여야 한다. 눈부처 주체들이 타자에 대한 공감을 바탕으로 연대하면서 서로를 자유롭게 하려고 노력하는 연합체로서 눈부처 공동체를 곳곳에 건설하고 이를 네트워킹하여 국가와 세계를 변혁해야 한다. 국가는 이제 자본과 결별을 하고 자유롭고 정의로운 생태 복지국가를 지향한다. 토지, 물, 지식, 빅데이터는 공유부로 설정하고 이에서 나온 재원으로 로봇, 의료, 교육, 주택, 교통을 사회화하여 공유의 영역에 두며, 4차 산업혁명을 공공선을 증대하는 방향으로 선도함은 물론, 불평등과 기후위기 극복에 모든 역량을 집중하고 이에 맞추어 과감한 개혁을 단행한다. 그럴 때만 4차 산업혁명은 디스토피아가 아닌 유토피아로 우리에게 다가올 것이다. 그럴 때만 인류는 간헐적 팬데믹과 기후위기, 극단적 불평등에서 벗어날 수 있다. 그럴 때만 인류 문명은 코로나 이후, 4차 산업혁명 이후에도 존속할 것이다.

『잡보장경』을 보면, 환희수歡喜首라는 앵무새 이야기를 전한다. 이 앵무새는 산불이 나자 물가로 달려가서 날개를 적셔 불 위에 뿌리기를 반복했다. 하늘신 제석천이 이를 알고 앵무새에게 물었다. "이 숲은 넓고 크기가 수천만 리인데 네 날개가 적시는 물은 고작 몇 방울에 지나지 않는다. 그런데 어떻게 너의 그 작은 날개로 그 큰 불을 끌 수 있겠는가?" 그러자 앵무새가 대답했다. "내 몸은 비록 작으나, 내 마음은 크고 넓으므로 부지런히 힘쓰고 게으름을 부리지 않으면 반드시 불을 끌 수 있을 것입니다. 만일, 이 몸이 다하도록 불을 끄지 못한다면 다음 생에서라도 맹세코 불을 끄고야 말 것입니다." 제석천

이 그 큰 뜻에 감동하여 큰비를 내리니 불은 곧 꺼졌다.[6]

10년 안에 빈틈을 만들지 못하면 인류의 미래는 없다. 이제 종점에 서서 모든 이들이 환희수 앵무새가 되자. 어디에 있든 가까운 숲으로 가서 바람 따라 잎들이 어떻게 서로 소통하며 신바람 나게 일하고, 햇빛 따라 꽃들이 어떻게 노래를 하며 씨를 키우고, 물 따라 풀과 나무가 어떻게 춤추는지 가슴 깊이 호흡해보자. 그리 깃든 생태적 감수성으로 우리로 인하여 그들이 나고 자라고 변하고 사라지는 일들을 얼마나 제대로 못하는지, 얼마나 고통을 당하며 죽어가고 있는지 침묵하며 성찰하자.

자기 땅과 집에서도 쫓긴 채 억압받고 신음당하며 굶주려 죽어가는 난민, 해고노동자, 비정규직, 고스트 워크 노동자, 장애인, 성소수자, 폭력을 당하는 여성 등 모든 사회적 약자의 고통을 내 아픔처럼 공감하자.

위기 상황에서는 약자를 우선하는 것이 정의다. 그들은 이 위기를 가장 혹독하게 겪는 이들이자, 이 모순과 위기가 가장 응축된 고리다. 그들에 대해 '편애적 자비와 사랑'을 행하는 것이 우리가 가장 인간다운 성취를 이루는 것이자 우리 사회도 살리는 길이다. 우리 몸

---

6 吉迦夜·曇曜 共譯, 『雜寶藏經』第2卷, 『大正藏』第4册, No.0203, p.0455a16.: "佛言: 過去之世, 雪山一面, 有大竹林, 多諸鳥獸, 依彼林住。有一鸚鵡, 名歡喜首。彼時林中, 風吹兩竹, 共相揩磨, 其間火出, 燒彼竹林, 鳥獸恐怖, 無歸依處。爾時鸚鵡, 深生悲心, 憐彼鳥獸, 捉翅到水, 以灑火上。悲心精懃故, 感帝釋宮, 令大震動。釋提桓因, 以天眼觀, 有何因緣, 我宮殿動？乃見世間, 有一鸚鵡, 心懷大悲, 欲救濟火, 盡其身力, 不能滅火。釋提桓因, 即向鸚鵡所, 而語之言:此林廣大, 數千萬里, 汝之翅羽所取之水, 不過數滴, 何以能滅如此大火？ 鸚鵡答言： 我心弘曠, 精懃不懈, 必當滅火；若盡此身, 不能滅者, 更受來身, 誓必滅之。釋提桓因, 感其志意, 為降大雨, 火即得滅。" 환희수에 대한 이야기는 남궁선, 「환경문제에 대한 불교의 가르침」, 『불교평론』 82호, 2020년 6월, 90쪽에서 시사를 받아 CBETA를 활용, 검색하여 출전과 원문을 찾아 기술함.

의 중심은 가장 아픈 곳이다. 어두울수록 맑아지는 별을 바라보되, 발을 디디고 있는 현실을, 그 안에 내재된 모순을 냉철하게 직시하자. 그 공감과 이성을 바탕으로 '자비로운 분노'를 하면서 모든 부조리한 구조와 탐욕적 소수들과 싸우는 전사가 되자.

감사의 글

The 4th Industrial Revolution and the Society Beyond Capitalism

여러모로 부족한 학궁이 전공 분야도 아닌 글을 쓰다 보니 많은 분들의 은혜를 입었다. 글을 쓰며 각 장마다 대략 절반의 국제 학술논문들은 인터넷에서 무료로 내려 받았지만, 나머지는 그렇지 않았다. 여러 해에 걸쳐 200편이 넘는 국제학술지의 논문을 요청한 그날이나 바로 다음 날에 보내준 손지혜 선생이 아니었으면 이 책은 더 많이 늦어졌고 허술했을 것이다. 4월 6일에 탈고한 이 책의 초고를 읽고 서광태 의사, 동국대의 박경준 교수, 가톨릭대의 신승환·홍기돈 교수, 교원대의 박병기 교수, 건국대 행정학과의 강황선·김용운 교수가 '이후포럼'의 사전 토론회에서 예리한 지적을 해주셨다. 이분들의 우정 가득한 지적으로 많은 결점을 보완할 수 있었다. 이분들 가운데 네 분, 곧 서광태 의사, 박경준·박병기·홍기돈 교수와 서울대의 김세균 교수, 서강대의 손호철 교수, 동국대의 홍윤기 교수, 숙명여대의 김응교 교수께서는 흔쾌히 뒤표지에 들어갈 추천사를 써주셨다. 중앙대의 고부응 교수, 한양대의 윤성호 교수께선 영문 제목을 감수해주셨다. 이분들께 마음 깊이 감사드린다. 필자의 제자로 〈4차 산

업혁명: 융합적 분석과 인문학의 대안〉 강의의 튜터를 맡고 있는 고혜영 선생이 초고를 읽고 수사적으로 문제가 있는 부분을 잘 지적해 준 덕분에 투박한 원고가 많이 다듬어졌다. 원고 중 일부는 연구년을 맞아 월정사와 담양의 〈글을 낳는 집〉에서 보약과 같은 음식을 먹고 주위의 산과 들을 산책하며 이루어졌다. 월정사 주지 정념 스님, 김규성 촌장님과 사모님의 덕이다. 김웅교·박상미·오영진 샘은 깊은 관심을 갖고 여러 조언을 주었다. 한국연구재단의 우수학자가 되는 바람에 과분하게도 5명의 연구보조원을 둘 수 있었는데, 김예나, 담옥천, 김현지, 이채원 양과 문정현 군은 마지막 교정을 도와주었다. 학궁이 좋은 출판사, 특별한서재에서 책을 내는 은혜를 입었다. 집사람은 필자가 집필에만 몰입할 수 있도록 헌신적인 뒷바라지를 해주었다. 특허를 내면 수백 억 이상을 벌 수 있음에도 AI가 시적/철학적 의미를 창조하고 해석하는 프로그래밍 방안을 공유하는 데 흔쾌히 동의하였다. 이 모든 분께 머리 숙여 감사를 드린다. 물론, 잘못된 부분이 있다면 온전히 필자의 몫이다. 질정을 바란다.

깊은 고독에 빠질 때마다 저 심연 속으로 침잠하다가는 거의 포기할 즈음 아슴푸레한 빛이 있는 곳으로 이끈 서재 앞 관악의 새들에게는 어찌 고마움을 전할까.

참고 문헌

The 4th Industrial Revolution and the Age of intermittent Pandemics

▌국내/동양 자료▐

가다야마 야수히사. 『양자역학의 세계』. 김명수 역. 전파과학사. 1979.

가라타니 고진. 『세계공화국으로』. 조영일 역. 도서출판b. 2014.

강남훈. 「정보혁명과 자본주의」. 『마르크스주의연구』 제7권 제2호. 2010년 여름.

강남훈. 「착취와 수탈: 김창근에 대한 답변」. 『마르크스주의연구』 제5권 4호(통권12호). 2008년 11월.

강형철. 「가상현실을 통한 불교이론의 재검토」. 『불교와 4차 산업』. 한국불교학회. 2017.

고은 외. 『어떻게 살 것인가 — 세상이 묻고 인문학이 답하다』. 21세기북스. 2015.

곽노완. 「착취 및 수탈의 시공간과 기본소득 — 맑스의 착취 및 수탈 개념의 재구성」. 『시대와 철학』 21권 3호. 2010.

求那跋陀羅 譯. 『雜阿含經』第13卷. 『大正藏』第2册. No.0099.

鳩摩羅什 譯. 『維摩詰所說經』第2卷. 『大正藏』第14册. No.0475.

吉迦夜·曇曜 共譯. 『雜寶藏經』第2卷. 『大正藏』第4册. No.0203.

김경재. 「불교와 기독교의 죽음이해에 대한 명상」. 『신학연구』 Vol.37. 한신대학교 한신신학연구소. 1996.

김경재. 「죽음에 대한 이해와 성찰 — 죽음에 대한 이해와 그 극복을 향한 위대한 두 종교의 패러다임」(http://theologia.kr/board_system/45754).

김동윤. 「4차 산업혁명과 NBIC 기술융합 시대의 인문학적 차원 연구」. 『영상문화』 32. 2018.

김민형·김현주. 「사물인터넷과 초연결사회 : 개념적 토대 및 기술인문학의 가능성」. 『영상문화』 27. 2015.

김상률. 「탈식민시대의 재현의 정치」. 인문학연구소 편. 『탈근대의 담론과 권력 비판』. 한양대학교 출판부. 2002.

김성철. 「불교의 생명 개념과 불살생계」. 『불교평론』 제37호. 2008년 12월 10일.
김진영·허완규. 「제4차 산업혁명 시대 인문사회학적 쟁점과 과제에 관한 연구」. 『Journal of Digital Convergence』. Vol.16 No.11. 2018.
김태용. 「텔레프레즌스 경험 확률에 영향을 미치는 수용자 특성에 관한 연구」. 『한국방송학보』. 제17권 2호. 2003.
김환석 편저. 『생명정치의 사회과학』. 알렙. 2014.
까르마 츠앙. 『華嚴哲學』. 이찬수 역. 경서원. 1990.
남궁선. 「환경문제에 대한 불교의 가르침」. 『불교평론』 82호. 2020년 6월.
노정혜 외. 『물질에서 생명으로』. 반니. 2018.
니콜라스 네그로폰테. 『디지털이다』. 백욱인 역. 커뮤니케이션북스. 2000.
다카기 도루. 『전쟁 광고대행사 — 정보 조작과 보스니아 분쟁』. 정대형 역. 수희재. 2003.
달라이 라마·스테판 에셀. 『정신의 진보를 위하여』. 임희근 역. 돌베개. 2012.
대한불교조계종 문수스님 소신공양추모위원회. 「4대강 개발의 본질과 소신공양의 의미」. 『문수스님 소신공양 추모 학술세미나』. 2010년 8월 13일.
藤野裕子. 「戰前日本の土木建築業と朝鮮人勞働者」. The 3rd East-Asia Humanities Forum. 北京 清華大學. 2012년 3월 16~17일.
레스 레오폴드. 『싹쓸이 경제학』. 조성숙 역. 미디어윌. 2014.
로버트 페페렐. 『포스트휴먼의 조건 — 뇌를 넘어선 의식』. 이선주 역. 아카넷. 2017.
리처드 도킨스. 『만들어진 신』. 이한음 역. 김영사. 2007.
리처드 도킨스. 『이기적 유전자』. 홍영남·이상임 역. 을유문화사. 2010.
마뉴엘 카스텔. 『인터넷 갤럭시』. 박행웅 역. 한울아카데미. 2004.
마르크 뒤갱·크리스토프 라베. 『빅데이터 소사이어티』. 김성희 역. 부키. 2019.
마르틴 하이데거. 『존재와 시간』. 이기상 역. 까치출판사. 1998.
마이클 가자니가. 『윤리적 뇌』. 김효은 역. 바다출판사. 2009.
마이클 라이언. 『포스트모더니즘 이후의 정치와 문화』. 나병철·이경훈 역. 갈무리.
마크 바우어라인. 『가장 멍청한 세대』. 김선아 역. 인물과사상사. 2014.
매트 리들리. 『붉은 여왕 — 인간의 성과 진화에 숨겨진 비밀』. 김윤택 역. 김영사. 2006.
孟子. 『孟子』.
메리 차이코. 『초연결사회』. 배현석 역. 한울. 2018.
바트 코스코. 『퍼지식 사고』. 이호연·공선곤 역. 김영사. 1995.
박경준. 「초기불교의 연기상의설 재검토」. 『한국불교학』 14집. 1989.
박병기. 「가상공간의 문화철학적 의미와 윤리적 지향」. 『범한철학』 28집. 2003년 봄.
박재현. 「원효의 화쟁사상에 대한 재고(再考)」. 『불교평론』 제8호. 2001년 9월.
박종현 외. 『사물인터넷의 미래』. 전자신문사. 2013.

박치완. 「4차 산업혁명에서 4차 공유혁명으로」. 『동서철학연구』 제87호. 2018.
법인. 「불교의 생명사상과 생명윤리」. 『2014월정사 워크숍 : 생물다양성을 바라보는 불교의 생명가치』. 월정사 등 주최. 2014년 10월 9일.
佛陀耶舍·竺佛念 共譯. 『長阿含經』第6卷. 『大正藏』第1冊. No.0001.
브라이언 그린. 『우주의 구조』. 박병철 역. 승산. 2005.
사피야 우모자 노블. 『구글은 어떻게 여성을 차별하는가』. 노윤기 역. 한스미디어. 2019.
사회학적. 의학적. 문화인류학적 접근』. 안종설 역. 그린비. 2002.
성영조. 「경제 이슈 : 영국 산업혁명의 특징과 시사점」. 『경기연구원 GRI 현안 브리핑』. 2017.
수전 손택. 『타인의 고통』. 이재원 역. 이후. 2004.
스탠리 밀그램. 『권위에 대한 복종』. 정태연 역. 에코리브르. 2009.
신승환. 「동서철학의 생명철학적 계기 — 생명철학의 토대 마련을 위하여」. 『종교·철학과생명정치』. 건국대학교 공공학연구원·이후 포럼·한양대 코어사업단. 2018년 1월 26일.
신승환. 『포스트모더니즘에 대한 성찰』. 살림. 2003.
아리스토텔레스. 『니코마코스윤리학』. 천병희 역. 도서출판 숲. 2013.
아리스토텔레스. 『詩學』. 천병희 역. 문예출판사. 1993.
아마르티아 센. 『정의의 아이디어』. 이규원 역. 지식의날개. 2019.
아서 클라인만·비나 다스 외. 『사회적 고통 — 인간의 고통에 대한 사회학적, 의학적, 문화인류학적 접근』. 안종설 역. 그린비. 2002.
안창원·황승구. 「빅데이터 기술과 주요 이슈」. 『정보과학회지』 Vol.30 No.6. 2012.
안토니오 네그리·마이클 하트. 『디오니소스의 노동 2 : 국가형태비판』. 이원영 역. 갈무리. 1997.
알렉산드리아 J. 래브넬. 『공유경제는 공유하지 않는다』. 김고명 역. 롤러코스터. 2020.
앨 고어. 『위기의 지구』. 이창주 역. 삶과꿈. 1994.
양정심. 「제주 4·3 항쟁에 관한 연구」. 『성대사림』 11집. 성균관대학교 사학회. 1995.
양정심. 「제주 4·3항쟁과 레드콤플렉스」. 『史叢』 63집. 2006년 9월 30일.
에드워드 윌슨. 『인간 본성에 대하여』. 이한음 역. 사이언스북스. 2014.
에릭 브린욜프슨·앤드루 맥아피. 『제2의 기계시대 — 인간과 기계의 공생이 시작된다』. 이한음 역. 청림출판.
엘렌 식수·카트린 클레망. 『새로 태어난 여성』. 이봉지 역. 나남출판. 2008.
옥기영. 「생태계 연결성. 숲과 강. 바다는 서로 소통해야 한다」. 『국립생태원 웹진』 13호.
汪暉·柯凱軍, 「關于現代性問題答問」, 李世濤 主編, 『知識分子立場 — 自由主義之爭與中國思想界的分化』, 時代文藝出版社, 2000, p. 134; 백승욱, 「신자유주의와 중국 지식인의 길찾기」, 『역사비평』 55호, 2001년 5월.
요아힘 바우어. 『공감의 심리학』. 이미옥 역. 에코라이브. 2006.
원효(元曉). 『金剛三昧經論』. 『한국불교전서』 제1책. 동국대출판부. 1979.

원효. 『涅槃宗要』. 『한국불교전서』 제1책. 동국대출판부. 1979.
원효. 『대승기신론소기회본(大乘起信論疏記會本)』. 『한국불교전서』. 동국대출판부. 1979.
월터 J. 옹. 『구술문화와 문자문화』. 이기우·임명진 역. 문예출판사. 1995.
유발 하라리. 『사피엔스』. 조현욱 역. 김영사. 2015.
유발 하라리. 『호모 데우스』. 김명주 역. 김영사. 2017.
유상호. 「생명에 대한 간섭과 불교의 지혜」. 『불교평론』 제19권 3호(통권 71호). 2017년 가을.
유평근·진형준. 『이미지』. 살림. 2002.
윤철호. 「예수 그리스도의 부활의 신학적 의미」. 『교육교회』 312권. 2003.
義湘. 『華嚴一乘法界圖』. 『한국불교전서』 제2권. 동국대출판부. 1994.
이도흠. 「제망매가의 화쟁기호학적 연구」. 『한양어문연구』 제11집. 한양대 한양어문연구회. 1993년 12월.
이도흠. 「모죽지랑가의 창작배경과 수용의미」. 『한국시가연구』 제3집. 한국시가학회. 1998.
이도흠. 『화쟁기호학. 이론과 실제』. 한양대학교 출판부. 1999.
이도흠. 『신라인의 마음으로 삼국유사를 읽는다』. 푸른역사. 2000.
이도흠. 「현실의 재현과 진실 사이의 차이에 대하여」. 『한국언어문화』. 제25집. 한국언어문화학회. 2004년 6월
이도흠. 「재현의 위기론의 타당성과 한계」. 『미학·예술학연구』 제22집. 한국미학예술학회. 2005.
이도흠. 「고통이 관리되는 사회의 풍경과 내면. 그리고 기억」. 『문학과 경계』 5호. 2005.
이도흠, 「기호와 이미지, 문자세대와 영상세대의 소통」, 『인간연구』 11, 가톨릭대학교 인간학연구소, 2006.
이도흠. 「현대 사회의 문화론 : 기호와 이미지. 문자 세대와 영상 세대의 소통」. 『인간연구』. No. 11. 2006.
이도흠. 「역사 현실의 기억과 흔적의 텍스트화 및 해석 — 화쟁기호학을 중심으로」. 『기호학 연구』 제19집. 한국기호학회. 2006년 6월.
이도흠. 「육식의 정치학 그리고 사회학」. 『불교평론』 36호. 2008년 10월.
이도흠. 「생명 위기의 대안으로서 불교의 생명론과 생태론」. 『생명의 이해 — 생명의 위기와 길 찾기』. 동국대학교 출판부. 2011.
이도흠. 「새로운 정치세력의 가치와 노선」. 국민모임. 『야권 교체 없이 정권교체 없다 — 국민모임 서울 대토론회』. 2015년 1월 12일.
이도흠. 『인류의 위기에 대한 원효와 마르크스의 대화』. 자음과모음. 2015.
이도흠. 「입시 철폐와 대학평준화의 방안 — 박근혜 정권의 교육 정책 비판 및 근본적 대안제시」. 민주화를위한전국교수협의회 편. 『입시·사교육 없는 대학체제』. 한울. 2015.
이도흠. 「공감하고 협력하는 시민을 어떻게 키워낼 수 있을까?」. 전국국어교사모임·시민행성. 『교사인문학』. 세종서적. 2016.

이도흠. 「기호, 현실, 의미작용의 역동성」. 『한국기호학회 마르크스 탄생 200주년 기념학술대회 — 기호와 현실』. 2018.
이도흠. 「원효의 화쟁 평화론」. 서보혁·이찬수 편. 『한국인 평화사상 — 원효에서 안중근까지』. 인간사랑. 2018.
이도흠. 「기호와 현실 사이의 역동적 세미오시스에 대한 기호학과 맑스주의의 비교와 종합」. 『기호학연구』 V.58. 한국기호학회. 2019.
이도흠. 「불교가 꿈꾸는 정의로운 사회」. 『불교평론』 80호. 2019년 12월 1일.
이매뉴얼 월러스틴(Immanuel Wallerstein), 『사회과학으로부터의 탈피: 19세기 패러다임의 한계』, 창작과비평사, 성백용 역, 1994.
이상헌. 「포스트휴먼시대의 도래와 불교」. 『불교평론』 79집. 2019.
이중표. 「불교의 생명관」.『범한철학』 20집. 1999.
일연. 『삼국유사』.
자끄 데리다. 『해체』. 김보현 편역. 문예출판사. 1996.
전혜숙. 「가상현실 기반의 뉴미디어아트: 물질 혹은 비물질」. 『서양미술사학회 논문집』제34집. 2011.
정대성. 「세속사회에서 포스트세속사회로 — 헤겔과 하버마스 철학에서 '신앙과 지식'의관계」. 『철학연구』 제119집. 대한철학회. 2011.
제러미 리프킨. 『글로벌 그린 뉴딜』. 안진환 역. 민음사. 2020.
제러미 리프킨. 『육식의 종말』. 신승현 역. 시공사. 2002.
제러미 리프킨. 『한계비용 제로사회 — 사물인터넷과 공유경제의 부상』. 안진환 역. 민음사. 2014.
제주 4·3사건 진상규명 및 희생자 명예회복위원회. 『제주 4·3사건 진상조사보고서』. 2003.
조너선 닐. 『기후위기와 자본주의』. 김종환 역. 책갈피. 2011.
조르조 아감벤. 『예외상태』. 김항 역. 새물결. 2009.
존 로빈스. 『육식. 건강을 망치고 세상을 망친다 2』. 이무열 역. 아름미디어. 2000.
존 롤스. 『정의론』. 황경식 역. 이학사. 2003.
차두원·진영현. 『초연결시대. 공유경제와 사물인터넷의 미래』. 한스미디어. 2015.
天親菩薩.「佛性論」第1卷.『大正藏』第31冊. No.1610
칼 세이건. 『창백한 푸른 점』. 현정준 역. 사이언스북스. 2001.
캐럴 J. 아담스. 『육식의 성정치』. 이현 역. 미토. 2006.
클라우스 슈밥 외. 『4차 산업혁명의 충격』. 김진희 외 역. 흐름출판. 2016.
클라우스 슈밥. 『클라우스 슈밥의 제4차 산업혁명』. 송경진 역. 새로운현재. 2016.
클라이브 톰슨. 『생각은 죽지 않는다』. 이경남 역. 알키. 2015.
「탈핵에너지교수모임 창립 1주년 탈핵교수 선언문」. 2012년 11월 11일.
토니 세바. 『에너지혁명 2030』. 박영숙 역. 교보문고. 2015.

토마 피케티. 『21세기자본』. 장경덕 외 역. 글항아리. 2014.
토마스 렘케. 『생명정치란 무엇인가』. 심성보 역. 그린비. 2015.
폴 애얼릭·로버트 온스타인. 『공감의 진화』. 에이도스. 2012.
플라톤. 『국가·政體』. 박종현 역주. 서광사. 2005.
피터 싱어. 『사회생물학과 윤리』. 김성한 역. 연암서가. 2014.
피터 워드·조 커슈빙크. 『새로운 생명의 역사』. 이한음 역. 까치. 2015.
필립 짐바르도. 『루시퍼 이펙트 : 무엇이 선량한 사람을 악하게 만드는가』. 이충호·임지원 역. 웅진씽크빅. 2010.
하워드 제어. 『회복적 정의란 무엇인가』. 손진 역. KAP. 2011.
한국정보화진흥원. 『2012 신(新) 디지털 격차 현황 분석 및 제언 — 2012 정보격차지수 및 실태조사 요약보고서』. 2013년 4월.
한나 아렌트. 『예루살렘의 아이히만』. 김선욱 역. 한길사. 2006.
한병철. 『투명사회』. 김태환 역. 문학과지성사. 2014.
한지원, 「코로나19 이후 세계: 마르크스주의적 접근법」, 민주노총 공공운수노조, 『코로나19와 노동운동 자료모음』, 2020년 7월.
홍석만. 「소비신용과 이자 그리고 신자유주의 축적체제」. 『참세상』. 2013년 10월 20일.

『SBS 뉴스』. 2018년 9월 5일.
『KBS 뉴스』. 2019년 2월 11일.
『경남도민일보』. 2014년 8월 8일.
『경향신문』. 2016년 6월 29일.
『경향신문』. 2017년 1월 16일.
『경향신문』. 2017년 3월 16일.
『기자협회보』. 2019년 9월 11일.
『네이버 국어사전』.
『다음백과』.
『동아사이언스』. 2020년 8월 21일.
『동아일보』. 2000년 6월 26일.
『동아일보』. 2005년 3월 3일.
『동아일보』. 2009년 10월 12일.
『두산백과』.
『디지털데일리』. 2019년 12월 24일.
『문화일보』. 2020년 8월 2일.
『미디어오늘』. 2012년 3월 3일.

『바이오스펙테이터』. 2016년 7월 18일.
『서울경제』. 2012년 3월 14일.
『서울경제』. 2017년 10월 23일.
『서울신문』. 2019년 1월 2일.
『시사저널』. 2012년 10월 31일.
『신동아』. 2007년 5월 25일.
『연합뉴스』. 2006년 11월 1일.
『위키피디아』. 한국어판/영어판.
『월간 노동리뷰』 2020년 2월호.
『월간 노동리뷰』, 2020년 5월호.
『이투데이』. 2015년 9월 21일.
『제주도민일보』. 2020년 1월 14일.
『주간조선』. 2014년 9월 29일.
『주간조선』. 2020년 3월 9일.
『중앙일보』. 2020년 4월 5일.
『파이낸셜뉴스』. 2020년 4월 28일.
『한겨레신문』. 2016년 5월 11일.
『한겨레신문』. 2020년 2월 25일.
『한겨레신문』. 2020년 3월 23일.
『한겨레신문』. 2020년 7월 29일.
『한국민족문화대백과사전』.
『한국세정신문』, 2019년 10월 4일.
『한국일보』. 2015년 8월 18일.

▌서양 자료 ▌

Agamben, Giorgio. *Homo Sacer.* Sovereign Power and Bare Life. (tr.) Daniel Heller-Roazen. Stanford University Press, 1995.

Arbeiter, M. "15 Fascinating Facts about Picasso's Guernica". *Mentalfoss.* April 22 2015.

Azuma, Ronald T. "A survey of augmented reality". *Presence.* vol.6 no.4. 1997.

Barthes, Roland. *Mythologies.* tr. by Annette Lavers. New York: Hill and Wang. 1972.

Beck, Ulrich, *Risk Society: Towards a New Modernity,* London: Sage. 1992.

Berger, Lee R. et al. "Homo naledi and Pleistocene hominin evolution in subequatorial

Africa" *eLife*. v.6. 2017.

Bostrom, Nick. "The Transhumanist FAQ: A general Introduction". ver. 2.1. *World Transhumanist Association*. 2003.

Brock, André. "Beyond the Pale: The Blackbird Web Brower's Critical Reception". *New Media and Society*. 13〈7〉. 2011.

Chung, Seungwha et al. "The Era of Hyper-connected Society and The Changes in Business Activities: Focusing on Information Blocking and Acquisition Activities". *International Journal of Management and Applied Science*. Volume-3. Issue-4. April. 2017.

Climate Summit 2019. *Report of the Secretary-General on the 2019 Climate Action Summit and the Way Forward in 2020*. 11 December 2019.

Dorfman, Ariel et al. *How To Read Donald Duck: Imperialist Ideology In The Disney Comic*. (tr.) David Kunzle. New York: International General. c1984.

Encyclopaedia Britanica. Macropedia. Vol.10. 1975.

European Parliament Resolution of 16 February 2017 with recommendation to the commission on Civll Law Rules on Robotics. European Parliament. Feb 16. 2017.(http://www.europarl.europa.eu/doceo/document/TA-8-2017-0051_EN.html).

Evans, Dave. "How the Internet of Everything Will Change the World". *Cisco*. 2012.

Food and Agriculture Organization[FAO]. *Live Stock's Long Shadow-Environmental Issues and Options*. 2006.

Frisan, T. et al. "Generation of Lymphoblastoid Cell Lines(LCLs)". J.B. Wilson·G.H.W. May(eds). Epstein-Barr Virus Protocols. Methods in Molecular Biology™. vol.174. Humana Press. 2001.

Gaglioti, Frank. "Australia: Climate change and the bushfire crisis". *World Socialist Website*. 4 Jan. 2020.

Galtung, Johan. "Violence, Peace, and Peace Research". *Journal of Peace Research*. Vol.6. No.3. 1969.

Galtung, Johan. "Cultural Violence". *Journal of Peace Research*. Vol.27 No.3. 1990.

Goldin, Pete. "10 Advantages of Autonomous Vehicles". *Itsdigest*, Feb. 20, 2018.

Grand View Research, Inc. "Big Data as a Service Market Size Worth $51.9 Billion By 2025". *PRNewswire*, Sep 17. 2019.

Habermas, Jürgen. *The New Conservatism-Cultural Criticism and the Historians' Debate*. edited and translated by Shiery Weber Nicholsen. Cambridge: Polity Press. 1989.

Harari, Yuval Noah. "The world after Coronavirus". *Financial Times*. March 20. 2020.

Hardin, Garrett. "The Tragedy of the Commons". *Science*. V.162. No.3859. 1968.

Hoemann, Katie et al. "Mixed emotions in the predictive brain". *Current Opinion in Behavioral Science.* V.15. 2017.

Imachi, Hiroyuki et al. "Isolation of an archaeon at the prokaryote-eukaryote interface". *Nature.* 15 January 2020.

IMF. *World Economic Outlook Update.* June 2020.

IUCN. *Red List of Threatened Species.* Gland, Switzerland: The International Union for Conservation of Nature. 2008.

Jambeck, Jenna R. et al. "Plastic waste inputs from land into the ocean". *Science.* Vol. 347. 13 Feb 2015.

Katz, Brigit. "More Than One Billion Animals Have Been Killed in Australia's Wildfires. Scientist Estimates". *Smithsonian Magazine.* Jan 8. 2020.

Kim, Nak Nyeon et al. "Top Incomes in Korea, 1933-2010: Evidence from Income Tax Statistics". *Hitotsubashi Journal of Economics.* Vol.56. No.1. 2015.

Koloğlugil, Serhat. "Digitizing Karl Marx: The New Political Economy of General Intellect and Immaterial Labor". *Rethinking Marxism.* Vol. 27 No. 1. 2015.

Lee, Doheum. "Aspects of Violence in the April 3rd Jeju Rebellion and the Measures to Restore the Community". *IBYE 2018 KOREA-The International Conference to Commemorate the 70th Anniversary of the Jeju April 3rd Uprising and Massacre-Reflection on Massacre and Restoration of the Community.* World Fellowship of Buddhist Youth(WFBY). Memorial Committee for the 70th anniversary of the Jeju April 3rd Uprising and Massacre. 16th Mar. 2018.

Lee, Jieun et al. "Induced pluripotency and spontaneous reversal of cellular aging in supercentenarian donor cells". *Biochemical and Biophysical Research Communications.* XXX(XXX)XXX. February 2020.

Liu, David R. et al., "Prime genome Editing in rice and wheat." *Nature Biotechnology.* v.38. no.5. 2020.

Lombard, Matthew et al. "At the Heart of It All: The Concept of Presence". *Journal of Computer-Mediated Communication.* Volume3. Issue2. September 1997.

Maron, Dina Fine. "Under poaching pressure, elephants are evolving to lose their tusks." *National Geographic.* November 9. 2018.

Mehrabian, Albert. *Communication Studies Handout1.* Institute of Judical Studies.(http://www.iojt-dc2013.org/~/media/Microsites/Files/IOJT/11042013-Albert-Mehrabian-Communication-Studies.ashx)

Merz, Joseph E. et al. "Salmon, Wildlife, and Wine; Marine-derived Nutrients in Human-

Dominted Ecosystems of Central California". *Ecological Society of America.* 16(3). 2006.

Mikulic, Matej. "Pharmaceutical market: worldwide revenue 2001-2019". May 25. 2020. (https://www.statista.com/statistics/263102/pharmaceutical-market-worldwide-revenue-since-2001/).

Mohsin, Maryam. "10 Social Media Statistics You Need to Know in 2020". *Oberlo.* Feb. 7 2020.

Monaco, Nick et al. *The Hyper-connected World.* Institute for The Future. 2020.

Moore, J.W. *Anthropocene or Capitalocene? Nature, History, and the Crisis of Capitalism.* Oakland: PM Press. 2016.

More, Max. "Transhumanism: Towards a Futurist Philosophy". *Extropy: The Journal of Trans Humanist Thought.* #6. 1990 summer.

Nak Nyeon Kim and Jongil Kim, "Top Incomes in Korea, 1933-2010: Evidence from Income Tax Statistics," *Hitotsubashi Journal of Economics*, Vol.56, No.1, 2015.

Namier, Lewis B. *Conflicts: Studies in Contemporary History.* Macmillan & co. ltd. 1942.

Nelsena, Matthew P. et al. "Ant-plant interactions evolved through increasing interdependence". *Proceedings of the National Academy of Sciences of the United States of America.*

Nöth, Winfried et al. "Introduction". *Semiotica.* V.143 No.1/4. 2003.

Nöth, Winfried. "Crisis of Representation?". *Semiotica.* 143:1/4. 2003.

Nöth, Winfried. *Handbook of Semiotics.* Bloomington and Indianapolis: Indiana University Press. 1995.

Ostrom, Elinor. *Governing the Commons: The Evolution of Institutions for Collective Action.* Cambridge. The Cambridge University Press. 1990.

Perrow, Charles. "Normal accident at three Mile Island". *Society.* v.18 no.5. 1981.

Persson, Ingmar et al. *Unfit for the Future: The Need for Moral Enhancement.* Oxford; Oxford University Press. 2012.

Prensky, Marc."Digital Natives, Digital Immigrants". *On the Horizon.* 9(5). October 2001.

Rahula, Walpola. *What the Buddha taught: with a foreword by Paul Demieville and a collection of illustrative texts.* New York: Grove Press. 1974.

Ray, Carina. "Thomas Sankara, President of Burkina Faso". *Britanica*(https://www.britannica.com/biography/Thomas-Sankara,

Rheingold, Howard. *The Virtual Community: Homesteading on the Electronic Frontier.* New York: Harper Perenial. 1993.

Richardson, Rashida et al. "Dirty Data, Bad Predictions: How Civil Rights Violations Impact Police Data, Predictive Policing Systems, and Justice"(February 13, 2019), 94, *N. Y. U. L. REV. ONLINE* 192, 2019.

Ritchie, Hannah et al. "CO2 and Green house Gas Emissions". *Our World in Data*. May 2017. (https://ourworldindata.org/co2-and-other-greenhouse-gas-emissions).

Saadeh, Yamaan et al. "Nanorobotic Applications in Medicine: Current Proposals and Designs". *American Journal of Robotic Surgery*. Vol. 1 No. 1. June 2014.

Saussure, Ferdinand de. *Course in General Linguistics*. tr. Wade Baskin. New York: Philosophical Library. 1959.

Schell, O. *Modern Meat*. Vintage Books. Random House. 1985.

Schmidt, Klaus. "Göbekli Tepe, Southeastern Turkey. A Preliminary Report on the 1995-1999 Excavations". *Paléorient*. v. 26 no. 1. 2000.

Schultz, Frank. "The race factor: Black arrest rate seven times higher than whites". *GazetteXtra*. Feb 10. 2019.

Sheridan, Thomas B. "Musings on Telepresence and Virtual Presence". *Presence Teleoperators & Virtual Environments*. 1(1). January 1992.

Singh, Hari R. et al. "A DNA Nanorobot Uprises against Cancer". *Trends in molecular medicine*. v. 24 no. 7. 2018.

SIPRI. *SIPRI Yearbook 2020-Armaments. Disarmament and International Security Summary*. 2020.

Smith, J. Maynard. "The Logic of Animal Conflict". *Nature*. v. 246 no. 5427. 1973.

Stephany, A. *The Business of Sharing: Making It in the New Sharing Economy*. D. Wi, Trans. Seoul: Hans Media. 2015.

Subramaniam, Anushree. "What is Big Data? – A Beginner's Guide to the World of Big Data". *edureka*. Jun 30. 2020. (https://www.edureka.co/blog/what-is-big-data/).

Taiz, Lincoln et al. "Plants neither possess nor require consciousness". *Trends in Plant Science*. 24(8). 2019 Aug.

Tom L. Beauchamp, James F. Childress, *Principles of Biomedical Ethics*, NewYork: Oxford University press, 1994.

Turkle, Sherry. *Alone Together*. MIT press. 2011.

UNDOC. *Global Report on Trafficking in Persons 2014*. New York: United Nations Publication. 2014.

UNDP. Annual Report 2006-Global Partnership for Development. United Nations Development Programme. New York. 27. May 2006.

UNDP. *Human Development Report 2007/2008-Fighting climate change: Human solidarity in a divided world.* United Nations Development Programme. New York: 2007.
UNEP. *A Snapshot of the World"s Water Quality: Towards a global assessment.* 2016.
v.115 no.48. 2018.
Vi, Jean-Christophe et al.(eds.). *Wildlife in a Changing World.* an analysis of the 2008.
WASDE. *World Agricultural Supply and Demand Estimate.* WASDE-256. 1991.7.11.
Whitehead, A.N. *Process and Reality.* New York: Free Press. 1985.
WHO. *Global Status Report on Violence Prevention 2014.* Luxembourg: World Health Organization Press. 2015.

Yeung, Jessie. "Meet the xenobot: World's first living. self healing robot created from stem cells". *CNN.* Jan 15. 2020.
"Can genes be patented?". *Genetics Home Reference.* Mar. 17. 2020.
"Former President Jimmy Carter to stay home from church amid Coronavirus outbreak". *WJCL.* March 14. 2020.
"How Companies Learn Your Secrets". *The New York Times.* Feb. 16. 2012.
"Jimmy Carter's Cancer Immunotherapy Story."(https://www.cancerresearch.org/join-thecause/cancer-immunotherapy-month/30-facts/20).
"NSA tracking cellphone locations worldwide, Snowden documents show". *Washington Post.* December 4. 2013.
"Russian billionaire Dmitry Itskov seeks 'immortality' by uploading his brain to a computer". *Independent.* March 14. 2016.
"The number of Vietnamese people died in the Vietnam war". *Vietnam Embassy in Pretoria.* South Africa. April 25. 2019.(https://vietnamembassy-southafrica.org/the-number-of-vietnamese-people-died-in-the-vietnam-war/).
"What's the difference between weak and strong Artificial Intelligence". *Media Update.* Mar. 28. 2018.
Wikipedia. English ver.

http://openworm.org
http://www.cdc.gov/nccdphp/dnpa/obesity/economic_consequences.htm
http://www.index.go.kr/potal/main/EachDtlPageDetail.do?idx_cd=1239.
http://www.un.org/sustainabledevelopment/sustainable-development-goals/
http://www.wrap.org.uk/content/benefits-reducing-global-food-waste.

https://alcor.org/

https://blogs.cisco.com/digital/how-the-internet-of-everything-will-change-theworldfor-the-better-infographic

https://dustinstout.com/social-media-statistics/

https://ginainforms.com/thomas-sankarasachievements-in-burkina-faso/).

https://hongiiv.tistory.com/670

https://populationmatters.org

https://sentientmedia.org/how-many-animals-are-killed-for-food-every-day/

https://wuhanvirus.kr/

https://www.23andme.com/en-int/

https://www.bankmycell.com/blog/how-many-phones-are-in-the-world/

https://www.epc-rfid.info/rfid

https://www.statista.com/statistics/282732/global-production-of-plastics-since-1950/

www.cdc.gov/nccdphp/dnpa/obesity/economic_consequences.htm

찾아보기

The 4th Industrial Revolution and the Age of intermittent Pandemics

▌용어▌

ㄱ

ㄴ

ㄷ

ㅇ

ㅈ

ㅊ

ㅋ

기타

▮ 인명 ▮

ㄱ

ㄴ

ㄷ

ㄹ

ㅁ

ㅂ

사진 출처

The 4th Industrial Revolution and the Age of intermittent Pandemics

24쪽 평양도10폭병풍
서울대학교박물관/Seoul National University Museum

26쪽 직지심체요절
https://en.wikipedia.org/wiki/Jikji#/media/File:Korean_book-Jikji-Selected_Teachings_of_Buddhist_Sages_and_Seon_Masters-1377.jpg

27쪽 마르틴 루터와 95개조의 반박문
https://upload.wikimedia.org/wikipedia/commons/2/20/Luther95theses.jpg

27쪽 구텐베르크가 인쇄하는 장면
https://en.wikipedia.org/wiki/Printing_press#/media/File:Printing_and_writing_materials_-_their_evolution_(1904)_(14777458662).jpg

95쪽 플라톤 동굴의 비유
https://upload.wikimedia.org/wikipedia/commons/8/8d/An_Illustration_of_The_Allegory_of_the_Cave%2C_from_Plato%E2%80%99s_Republic.jpg

111쪽 부상당한 국군에게 담뱃불을 붙여주고 있는 미군 대위
http://archive.history.go.kr/image/viewer.do?system_id=000000902980

143쪽 피카소의 〈게르니카〉

207쪽 보이저호가 찍은 지구
https://www.nasa.gov/sites/default/files/styles/full_width_feature/public/images/540616main_pia00452-43_full.jpg

이 책의 내용은 <4차 산업혁명: 융합적 분석과 인문학의 대안>이란 이름으로 한국형 온라인 공개강좌인 K-MOOC의 한 강좌로 운영되고 있습니다. 전 세계 어디서든, 누구든 무료로 "www.kmooc.kr"로 접속하면 이 책의 내용을 저자 직강으로 들으실 수 있습니다.

4차 산업혁명과 대안의 사회 2

4차 산업혁명과 간헐적 팬데믹 시대

The 4th Industrial Revolution and the Society Beyond Capitalism
:The 4th Industrial Revolution and the Age of intermittent Pandemics

초판 1쇄 발행일 | 2020년 12월 25일
초판 2쇄 발행일 | 2021년 2월 15일

지은이 | 이도흠
펴낸이 | 사태희
편 집 | 최민혜
디자인 | 권수정
마케팅 | 장민영
제작인 | 이승욱 이대성

펴낸곳 | (주)특별한서재
출판등록 | 제2018-000085호
주 소 | 04037 서울시 마포구 양화로 59, 703호 (서교동, 화승리버스텔)
전 화 | 02-3273-7878
팩 스 | 0505-832-0042
e-mail | specialbooks@naver.com
ISBN | 979-11-88912-96-4 (03900)